ISBN 978-0-365-08825-7
PIBN 11340023

Kurzgefaßter Commentar

zum

Evangelium des heil. Matthäus

mit

Ausschluß der Leidensgeschichte

zum

Gebrauche für Theologie-Studirende.

———

Von

Dr. Franz X. Pölzl,

o. ö. Professor der Theologie an der k. k. Universität zu Graz.

Mit Approbation des fürstbischöflichen Seckauer Ordinariates.

———

Graz.

Verlags-Buchhandlung Styria.

1880.

Buchdruckerei Styria in Graz.

Dem

Hochwürdigsten, Hoch- und Wohlgebornen

Herrn Herrn

Dr. Joseph Büchinger

Infulirtem Dompropst des Seckauer Domkapitels, Jubelpriester und Comthur
des kaif. öfterr. Franz Joseph-Ordens, Protonotarius Apostolicus ad instar par-
ticipantium, Fürstbischöflichem Generalvicar, Director des Fürstbischöflichen
Priesterhaufes etc. etc.

in größter Hochachtung und Dankbarkeit

gewidmet

vom Verfasser.

Vorwort.

Die Arbeit, welche ich hiermit der Oeffentlichkeit zu übergeben wage, bildet den ersten Theil des auf vier Bände berechneten kurzgefaßten Commentars zu den Evangelien, zu dessen Abfassung ich mich in Folge meiner Erfahrungen als Theologie-Professor entschlossen habe. Der zweite Band soll die Evangelien nach Marcus und Lucas umfassen, der dritte das Evangelium des Johannes, der vierte endlich die Leidensgeschichte nach den vier Evangelien behandeln. — Die Grundsätze, welche mich bei der Abfassung des vorliegenden Commentars leiteten, waren gegeben mit der Zweckbestimmung desselben. Die Arbeit ist zunächst nur für Theologie-Studirende bestimmt; sie soll eine Nachhilfe für die Vorlesungen im Collegium bieten, in das richtige Verständniß der heiligen Schrift einführen, zugleich aber zu tiefer eindringendem Schriftstudium Anregung geben. Diesem Zwecke gemäß ist die Exegese durchgehends kurz gefaßt, sind dort, wo verschiedene Erklärungsversuche einzelner Stellen vorliegen, nur selten mehrere davon namhaft gemacht worden, weil ich es vorzog, die Ergänzung dem mündlichen Vortrage zu überlassen. Der Auseinandersetzung mit der destructiven Schrifterklärung glaubte ich mich fast durchgängig entheben zu dürfen, da dieselbe vielfach nur mehr historischen Werth hat, und auch jene Resultate derselben, die noch festgehalten werden, den Stempel ihrer Unhaltbarkeit an sich selbst tragen und als das, was sie sind, bei richtigem Schriftverständnisse auch sogleich erkannt werden. — Den Umstand, daß ich den griechischen Text der Erklärung zu Grunde legte, glaube ich nicht besonders rechtfertigen zu müssen; ich habe nicht blos auf den Vulgatatext durchgehends die gebührende Rücksicht genommen, ſondern ich glaube auch öfters, als es ſonſt zu geſchehen pflegt, bei Textverſchiedenheiten mich mit Recht für die Leſeart der Vulgata ent= ſchieden zu haben. Die Schrifterklärung nach dem Originaltexte erweiſet aber zugleich auf das Evidenteſte, wie geringfügig die Abweichungen der Vulgata vom griechiſchen Texte ſind. Im Hinblicke auf die Beſtimmung der Arbeit glaubte ich die Texteskritik nicht völlig außer Acht laſſen zu dürfen, und darum habe ich auch auf die Ausgaben von Lachmann, Tregelles, Tiſchendorf (beſonders editio octava critica major) häufig Rückſicht genommen. Indeſſen glaube ich ſelbſt, daß mir in dieſem Punkte eher über das zu Wenig als über das zu Viel ein Vorwurf gemacht werden kann. Das häufige Zurückgehen auf die Erklärung des alten Exegeten Maldonat gereicht nach meinem feſten Dafürhalten meiner Arbeit nur zum Vortheile. Sein Commentar zu den Evangelien, der in unſeren Tagen wieder vom Neuen geſchätzt, und auch von proteſtan= tiſcher Seite gewürdigt und vielfach benützt wird, kann in formeller Beziehung noch immer als muſtergiltig bezeichnet werden, und bietet zugleich auch ſachlich eine reiche Ausbeute. Die übrigen exegetiſchen Arbeiten, welche ich benützte, ſind im Verlaufe der Arbeit angeführt worden. Leider konnte ich den Commentar über Matthäus von Schanz nur mehr vom 24. Kapitel an zu Rathe ziehen. Wenn ich auch, ent= ſprechend der Aufgabe meiner Arbeit, den Theologie=Studirenden die richtigen Reſultate der Schriftforſchung zu vermitteln, die Leiſtungen bewährter Exegeten acceptirte, ſo glaube ich doch auch eine gewiſſe Selbſtändigkeit bewahrt zu haben. — Jetzt, nachdem mein Commentar zum Matthäus=Evangelium im Drucke vorliegt, fühle ich erſt die Mängel desſelben; aber wegen der Schwierigkeiten, die jede erſte ſchriftſtelleriſche Arbeit zu überwinden hat, glaube ich auf eine wohlwollende Beurtheilung derſelben hoffen zu dürfen.

Graz in Steiermark, den 1. Jänner 1880.

Einleitung.

Lebensumstände des Matthäus.

1. Der Apostel und Evangelist Matthäus hieß vor seiner Berufung zur Jüngerschaft Jesu Levi, war Sohn eines gewissen Alphäus (Marc. 2, 14) und gehörte dem von den Juden verachteten und gehaßten Stande der Zöllner an, d. h. er war Zolleinnehmer (= τελώνης) im Dienste der römischen Zollpächter. Er wurde von der Zollbank weg vom Herrn berufen, der sich soeben von Kapharnaum an den See Genesareth begab, folgte dem Rufe alsogleich, und gab in der Freude seines Herzens seinem jetzigen Herrn und Meister ein glänzendes Gastmahl. Wohl zur beständigen Erinnerung an das durch diese Berufung ihm zu Theil gewordene Gnadengeschenk Gottes hatte der Zöllner seinen bisherigen Namen Levi mit dem Namen Matthäus vertauscht, unter dem er fortan in den heiligen Schriften angeführt wird. Matthäus, welcher nachher auch zum Apostelamte berufen wurde, nimmt unter jenen Jüngern, deren Berufungsgeschichte ausdrücklich erzählt wird, die siebente Stelle ein, und in dieser Reihenfolge wird er auch in den Apostel=Verzeichnissen bei Marc. 3, 18 und Lue. 6, 15 aufgeführt, während er bei Matth. 10, 3 und Act. 1, 13 die achte Stelle einnimmt, da ihm hier auch Thomas vorangeht. Der Name Ματθαῖος (oder Μαθθαῖος, wie Lachm., Tregell., Tischend. lesen) wird verschieden abgeleitet: von מַתְיָה (Hilgenf., Einleitung S. 452 vom abgekürzten מַתִּי), oder von מַתִּתְיָה, oder endlich von מַתִּי = donatus. Cf. 9, 9. Aus den dem Wortlaute und der Sache nach völlig übereinstimmenden Berichten der Synoptiker (Matth. 9, 9, Marc. 2, 14, Luc. 5, 27) ergibt sich mit zweifelloser Sicherheit die Identität des Matthäus und des Levi. Dagegen müßten viel schlagendere Gründe geltend gemacht werden können als der Einwand, daß Marcus und Lucas im Unterschiede von Matthäus in ihren Apostel=Verzeichnissen nicht erwähnen, der Apostel Matthäus sei zuvor ein Zöllner gewesen. Darum hat auch

Herakleon (um 150), der nach Clemens von Alex. (Strom. IV, 9) den
Zöllner Levi vom Apostel Matthäus unterschied, nicht zahlreiche Zu=
stimmung gefunden (Hugo Grotius ad Matth. 9, 9; Frisch, Disser-
tatio de Levi cum Matthaeo non confundendo, Lips. 1746; Sieffert,
Ursprung des ersten canon. Evangel., Königsb. 1832; Hilgenf., Histor.
kritische Einleitung in's neue Testament, Leipz. 1875 u. A.), da auch
die Mehrzahl der protestantischen Exegeten mit den katholischen an der
Identität des Levi und Matthäus festhält. Dagegen macht Hilgenf.
vorzugsweise Marc. 3, 18 geltend, weil an dieser Stelle nur Simon
und die beiden Zebedäiden mit eigenen Apostelnamen namhaft gemacht
würden. Es ist richtig, daß der Herr dem Simon bei der Berufung
zum Apostolate den schon früher verheißenen Apostelnamen Petrus bei=
legte (cf. die Erklärung zu 16, 18), aber es ist unrichtig, daß der den
Zebedäiden bei dieser Gelegenheit beigelegte Name filii tonitrui ihr
Apostelname geworden sei. Für die Richtigkeit dieser Behauptung spricht
schon der Umstand, daß dieser Beiname der Zebedäiden in der Schrift
nicht mehr erwähnt wird, so oft auch von ihnen die Rede ist. Aus der
betreffenden Stelle bei Marcus kann nur gefolgert werden, daß Levi
den Beinamen Matthäus nicht erst bei der Apostelwahl vom Herrn
erhielt, sondern daß er ihn damals schon hatte. Ist dem aber so, dann
entfällt auch der aus Marc. 3, 18 entlehnte Einwand gegen die Iden=
tität von Levi und Matthäus.

Der Apostel Matthäus wird außer in den Apostel=Verzeichnissen
nicht mehr namentlich in der evangelischen Geschichte erwähnt. Nach der
Gründung der Kirche Christi hat er zuerst das Evangelium in Palästina
unter den Hebräern verkündet, und darauf die evangelische Heilsbotschaft
auch in die fernen Länder getragen. Nähere Nachrichten über diese außer=
palästinensische Wirksamkeit des Matthäus, welche Eusebius (H. E. III, 25)
ausdrücklich erwähnt, haben wir erst aus späterer Zeit, die indessen ver=
schieden lauten. Am meisten festgehalten wurde die Nachricht des Rufinus
(H. E. X, 9) und des Sokrates (H. E. I, 19), Matthäus habe in
Aethiopien das Evangelium verkündet. Andere lassen ihn entweder in
Macedonien oder Syrien und Persien die apostolische Thätigkeit ent=
falten. Nach Clemens Alex. (Paedag. II. 1, 16) hat Matthäus die
ganze Lebenszeit hindurch ein streng enthaltsames Leben geführt, da er
nur Früchte und Gemüse genoß. Ματθαῖος μὲν οὖν ὁ ἀπόστολος σπερμά-
των καὶ ἀκροδρύων καὶ λαχάνων ἄνευ κρεῶν μετελάμβανεν. Während
nach dem Valentinianer Herakleon bei Clemens Alex. (Strom. IV, 9)

Matthäus eines natürlichen Todes starb, hat er nach anderen Nach=
richten sein Leben durch den Martyrtod beschlossen, und ist im Mar-
tyrol. Rom. sein Todestag am 21. September angesetzt.

Echtheit und Ursprache des Evangeliums.

2. Die bis in die apostolische Zeit zurückreichende Tradition bezeugt
mit der größten Einhelligkeit und Bestimmtheit, daß der Apostel Matthäus
der Verfasser des ersten canonischen Evangeliums sei und daß er das=
selbe in hebräischer, d. h. syrochaldäischer Sprache abgefaßt habe. Bei
der allen Zweifel ausschließenden Bestimmtheit der diesbezüglichen Nach=
richten darf ich mich wohl beschränken auf die Anführung der ältesten
kirchlichen Zeugnisse mit Uebergehung der häretischen und der in den
apokryphischen Evangelien enthaltenen, und zwar auf jene, welche beide
vorher namhaft gemachten Momente bezeugen. Papias, Bischof von
Hierapolis in Kleinphrygien zu Anfang des zweiten Jahrhundertes,
nach Irenäus und Hieronymus ein Schüler des Evangelisten Johannes
und nach Eusebius ein Freund Polycarps, bezeugt in einem bei Eusebius
(H. E. III, 40) aufbewahrten Fragmente aus seiner verlorenen Schrift,
λογίων κυριακῶν ἐξηγήσεις, die hebräische Abfassung unseres Evangeliums
durch Matthäus: Ματθαῖος μὲν οὖν Ἑβραΐδι διαλέκτῳ τὰ λόγια συν-
εγράψατο (al. συνετάξατο). — Pantänus (gegen das Ende des zweiten
Jahrhundertes) hat nach dem Berichte des Eusebius (H. E. V, 13) in
Indien (wahrscheinlich Südarabien) ein Exemplar des hebräischen Mat=
thäus gefunden, welches Bartholomäus dahin gebracht haben soll: Ὁ Πάν-
ταινος καὶ εἰς Ἰνδοὺς ἐλθεῖν λέγεται· ἔνθα, λόγος, εὑρεῖν αὐτόν . . . τὸ
κατὰ Ματθαῖον εὐαγγέλιον παρά τισιν αὐτόθι τὸν Χριστὸν ἐπεγνωκόσιν,
οἷς Βαρθολομαῖον τῶν ἀποστόλων ἕνα κηρύξαι, αὐτοῖς τε Ἑβραίων γράμμασιν τὴν τοῦ Ματθαίου καταλεῖψαι γραφήν, ἣν καὶ σώζεσθαι εἰς τὸν
δηλούμενον χρόνον. Cf. Hieronym. de vir. ill. c. 36. — Irenäus
(adv. Haeres. III. 1, 1 cf. Eus. H. E. V, 10) bezeugt ebenfalls die
hebräische Abfassung des ersten Evangeliums durch Matthäus: Ὁ μὲν
δὴ Ματθαῖος ἐν τοῖς Ἑβραίοις τῇ ἰδίᾳ διαλέκτῳ αὐτῶν τὴν γραφὴν ἐξ-
ήνεγκεν εὐαγγελίου, τοῦ Πέτρου καὶ τοῦ Παύλου ἐν Ῥώμῃ εὐαγγελιζο-
μένων καὶ θεμελιούντων τὴν ἐκκλησίαν.

Der gelehrte Schriftforscher Origenes hat nach dem Berichte des
Eusebius (H. E. VI, 25) das Resultat seiner Forschungen dahin zu=
sammengefaßt, daß das erste für Judenchristen bestimmte Evangelium

vom Apostel Matthäus in hebräischer Sprache verfaßt worden sei: Ὡς ἐν παραδόσει μαθών ... ὅτι πρῶτον (εὐαγγέλιον) μὲν γέγραπται τὸ κατὰ τόν ποτε τελώνην, ὕστερον δὲ ἀπόστολον Ἰησοῦ Χριστοῦ Ματθαῖον, ἐκδεδωκότα αὐτὸ τοῖς ἀπὸ Ἰουδαϊσμοῦ πιστεύσασι, γράμμασιν ἑβραϊκοῖς συντεταγμένον. — Eusebius selbst (H. E. III, 25) erklärt sich dahin, daß Matthäus bei seinem Weggange aus Palästina den Judenchristen das in ihrer Muttersprache geschriebene Evangelium als Ersatz für die bisherige mündliche Predigt hinterlassen habe: Ματθαῖος πρότερον Ἑβραίοις κηρύξας ὡς ἔμελλε καὶ ἐφ' ἑτέρους ἰέναι πατρίᾳ γλώττῃ γραφῇ παραδοὺς τὸ κατ' αὐτὸν εὐαγγέλιον, τὸ λεῖπον τῇ αὐτοῦ παρουσίᾳ τούτοις, ἀφ' ὧν ἐστέλλετο, διὰ τῆς γραφῆς ἀπεπληροῦν. — Cyrillus von Jerusalem (Catech. XIV, 15) schreibt: Ματθαῖος ὁ γράψας τὸ εὐαγγέλιον ἑβραΐδι γλώσσῃ τοῦτο ἔγραψεν. Ebenso äußert sich Epiphanius (Haer. XXX, 3): Ὡς τὰ ἀληθῆ ἐστιν εἰπεῖν, ὅτι ὁ Ματθαῖος μόνος Ἑβραϊστὶ καὶ ἑβραϊκοῖς γράμμασιν ἐν τῇ καινῇ διαθήκῃ ἐποιήσατο τὴν τοῦ εὐαγγελίου ἔκθεσίν τε καὶ κήρυγμα. — Hieronymus endlich, der mit der größten Gelehrsamkeit ausgerüstete Bibelforscher, schreibt (de vir. ill. c. 3): Matthaeus primus in Judaea propter eos, qui ex circumcisione crediderant, evangelium Christi hebraicis literis composuit; und (praef. in Matth.): Matthaeus in Judaea evangelium hebraeo sermone edidit ob eorum maxime causam, qui in Jesum crediderant ex Judaeis.

Die Gegner der Echtheit.

3. Auf Grund obiger Zeugnisse ward die Echtheit des Matthäus-Evangeliums bis in die neueste Zeit allgemein anerkannt, und wird dieselbe erst seit den zwanziger Jahren unseres Jahrhundertes offen bekämpft, seither aber von den Protestanten in der großen Mehrzahl negirt. Die Gegner derselben können sich, da gar keine äußeren Zeugnisse zu ihren Gunsten sprechen, nur auf innere Gründe stützen, und müssen damit indirect zugestehen, daß es um ihre Sache möglichst schlecht bestellt sei. Aber nicht viel besser steht es um die gegen den apostolischen Ursprung unseres Evangeliums geltend gemachten Argumente, welche theils aus der Beschaffenheit des Evangeliums selbst, theils aus seinem Verhältnisse zu den anderen Synoptikern und zu Johannes entnommen sind. — Die Argumente der ersten Kategorie lassen sich dahin zusammenfassen: Das Evangelium sage nicht blos selbst nicht aus, daß es

von einem Apostel verfaßt sei, sondern mit dieser Annahme sei geradezu unvereinbar der Mangel an genauer Ordnung, an bestimmten Zeit- und Ortsangaben, sowie an Anschaulichkeit und Unmittelbarkeit in vielen Geschichtstheilen. Ein Apostel, somit Augen- und Ohrenzeuge des Heilswirkens Jesu, könne ferner nicht Verfasser unseres Evangeliums sein, weil er unmöglich so wichtige Ereignisse wie die Heilung des Blindgebornen, die Erweckung des Lazarus, überhaupt Jesu Lehr- thätigkeit in Judäa und Jerusalem, sowie in der Auferstehungsgeschichte die für die Apostel wichtigen Erscheinungen Jesu in Jerusalem hätte übergehen können. Den nicht apostolischen Ursprung des Evangeliums soll endlich beweisen die Aufnahme von Erzählungen, deren Ungeschicht- lichkeit einem Apostel bekannt gewesen sein müßte; und dazu rechnet man vorzugsweise die angeblich sagenhaft ausgeschmückte evangelische Vorgeschichte, sowie die Versuchungsgeschichte.

Die aus dem Verhältnisse des Matthäus zu den anderen Evan- gelien entlehnten Argumente gegen die Echtheit sind folgende: das Matthäus-Evangelium stehe in einem Abhängigkeitsverhältnisse zum Marcus-Evangelium, dessen Verfasser kein Apostel ist, befinde sich im Widerspruche nicht blos mit den anderen Synoptikern, sondern vor- zugsweise mit dem Johannes-Evangelium, und da dessen apostolischer Ursprung sicher sei, so könne es nicht einen Apostel zum Verfasser haben.

4. Bei der Prüfung der vorgeführten Einwendungen gegen die Echtheit des Evangeliums fällt vorerst auf, daß den alten Exegeten, welche der Abfassungszeit des Evangeliums viel näher standen, welche mit der Sprache desselben und mit den Verhältnissen, unter denen es entstand, viel vertrauter waren, die aus der Beschaffenheit des Evangeliums entlehnten und jetzt so stark gegen dessen Echtheit geltend gemachten Gründe nicht auch aufgefallen sind. Viele derselben ver- fügten doch über umfassende wissenschaftliche Kenntnisse und gingen in der Schriftbehandlung mit großer Strenge und gewissenhafter Sorg- falt zu Werke. Sie unterschieden sich von der großen Mehrzahl der modernen Exegeten nicht durch Mangel an Kritik, sondern darin, daß sie sich nicht dem Glauben hingaben, die heiligen Schriften seien vor- zugsweise dazu vorhanden, um an sie die zersetzende kritische Sonde anzulegen, um Widersprüche sowie Anzeichen nicht apostolischen Ur- sprunges auf jeden Fall herauszufinden. In der Würdigung der Gründe selbst, die nur subjectiver Natur sind, denen eben jener Grad von Beweiskraft innewohnt, welche ihnen der Einzelne nach seinem Geschmacke

beimißt, glaube ich mich kurz faſſen zu können. Der erſte Einwand
geht von der nicht bewieſenen und nicht zu beweiſenden Vorausſetzung
aus, daß der Evangeliſt die evangeliſchen Ereigniſſe in hiſtoriſcher
Reihenfolge habe niederſchreiben wollen, daß er insbeſondere beabſichtigt
habe, jedes einzelne Ereigniß genau nach ſeinem zeitlichen Verlaufe
zu fixiren. Aus dem Mangel an Anſchaulichkeit und Unmittelbarkeit
die Autorſchaft unſeres Evangeliums einem Augenzeugen des Heils=
wirkens Jeſu abzuſprechen, geht abgeſehen von dem Umſtande, daß der
Thatbeſtand in dieſer Hinſicht vielfach übertrieben wurde, ſchon darum
nicht, weil nach der täglichen Erfahrung nicht jeder Augenzeuge auch
ſchon die Gabe beſitzt, die ſelbſt erlebten Ereigniſſe anſchaulich zu ſchildern.
Der aus dem Fehlen wichtiger, evangeliſcher Ereigniſſe entlehnte Einwand
würde nur in dem Falle von Bedeutung ſein, wenn die ihm zur Grund=
lage dienende Vorausſetzung zu erweiſen wäre, daß der Hagiograph
eine wenigſtens alle wichtigen Ereigniſſe im Leben Jeſu umfaſſende
Geſchichtsdarſtellung habe geben wollen. Der aus dem ſogenannten
ſagenhaften Charakter einzelner Geſchichtstheile entnommene Einwand
verdankt ſein Daſein nicht hiſtoriſchen Bedenken, ſondern Wunderſcheu
und hat den gleichen Werth wie die Annahme, daß Wunder überhaupt
unmöglich ſeien. Die angeblichen unlösbaren Widerſprüche zwiſchen
Matthäus und den anderen Synoptikern werden an den betreffenden
Stellen bei Matthäus beſprochen und es fällt einer nicht im Voraus gegen
das Evangelium eingenommenen Exegeſe nicht ſchwer, die beſtehenden
Differenzpunkte auszugleichen. Das Verhältniß des Matthäus zu Marcus
und Lucas werde ich in der Einleitung zu dieſen Evangelien beſprechen
(cf. die ausführliche und gute Auseinanderſetzung bei Schanz, Com=
mentar über das Matthäus=Evangelium, S. 24—35), ſowie auch die
Differenzen zwiſchen Matthäus und Johannes in der Leidensgeſchichte
ihre Erledigung finden werden. Man kann füglich fragen, wie man
denn auf Grund der ſoeben gewürdigten Argumente im Gegenſatze
zur einhelligen Tradition den apoſtoliſchen Urſprung des erſten Evan=
geliums beſtreiten konnte? Die Erklärung liegt darin, daß man die
ganze Tradition auf ein Mißverſtändniß zurückführt, und ſomit den
Werth derſelben zu entkräften ſucht. Dies führt uns zur Auseinander=
ſetzung mit jenen Exegeten, welche im Gegenſatze zur Tradition be=
haupten, das Matthäus=Evangelium ſei urſprünglich griechiſch geſchrieben
worden.

Gegner der hebräischen Ursprache des Matthäus=
Evangeliums.

5. Zuerst verwarf die Tradition über die hebräische Abfassung
unseres Evangeliums Erasmus (adnot. in Matth. VIII), ihm folgte
unter den Katholiken Cardinal Cajetan (Thomas a Vio) und in neuerer
Zeit Leonhard Hug, der indessen ungeachtet der großen Gelehrsamkeit,
womit er die Frage behandelte, nicht mehr bewies, als daß der uns
vorliegende griechische Matthäus die Originalschrift des Evangeliums
sein könnte. Von Seiten der Protestanten wurde die Ansicht des
Erasmus schnell aufgegriffen und acceptirt (Beza, Calvin, Flacius
Illyrikus), vorzugsweise aus dogmatischen Gründen, weil ein ursprünglich
griechischer Matthäus ihrem Inspirationsbegriffe mehr zusagte. Die
neueren protestantischen Exegeten haben, soweit sie überhaupt die Ur=
sprünglichkeit unseres Evangeliums in seiner gegenwärtigen Gestalt noch
annehmen, die Tradition von der hebräischen Ursprache desselben fast
völlig aufgegeben. Sie greifen vorzugsweise das Zeugniß des Papias
an, wogegen sie geltend machen: Papias sei nach Eusebius (H. E. III. 40)
ein beschränkter Mann gewesen, dessen Mittheilung darum wenig Werth
habe; er bezeuge ferner nicht die Abfassung eines hebräischen Evangeliums
durch Matthäus, sondern nur eine von diesem veranstaltete Sammlung
von Reden Jesu; endlich sei dessen Nachricht, wenn sie sich auch auf ein
angeblich hebräisches Evangelium bezöge, von keinem Werthe, weil sich Pa=
pias höchst warscheinlich von den Nazaräern und Ebioniten habe täuschen
lassen. Im Irrthume des Papias oder in einer irrthümlichen Auffassung
seines Zeugnisses habe also die altkirchliche Tradition ihre Quelle.

Wir wollen diese Argumente der Reihe nach prüfen. Es ist richtig,
daß Eusebius ein ungünstiges Urtheil über Papias fällt, aber dieses
gilt nur dessen ausschweifenden chiliastischen Vorstellungen, und nicht
seiner sonstigen schriftstellerischen Thätigkeit überhaupt. Damit wird
aber das einfache historische Zeugniß des Papias gar nicht berührt.
Oder sollte wirklich Papias in dem Grade beschränkt gewesen sein,
daß er ganz gedankenlos die Existenz eines hebräischen Matthäus be=
zeugen konnte, wenn man zu seiner Zeit nur von einem griechischen
Matthäus etwas wußte? Das Zeugniß des Eusebius selbst rücksichtlich
der Ursprache unseres Evangeliums bekundet, daß das Zeugniß des
Papias ungeachtet seiner Beschränktheit nicht anzuzweifeln sei.

6. Seit Schleiermacher (Ueber das Zeugniß des Papias von

unseren beiden ersten Evangelien, Theol. Studien und Kritiken 1832)
werden die λόγια, welche nach Papias Matthäus in hebräischer Sprache
verfaßte, von sehr vielen protestantischen Exegeten für eine Sammlung
von Reden des Herrn und nicht für unser Evangelium gehalten. Gegen
diese Fassung des Papias=Zeugnisses sprechen aber sehr gewichtige
Gründe. Abgesehen von der historischen Thatsache, daß das ganze
kirchliche Alterthum von der Existenz einer Sammlung von Reden des
Herrn in hebräischer Sprache gar nichts weiß, läßt sich obige Deutung
der Nachricht des Papias auch sprachlich nicht rechtfertigen. Hug
(Gutachten S. 33. 34) hat den Nachweis geliefert, daß in der Kirchen=
sprache (und auf diese kommt es hier an) der Ausdruck λόγια die
canonischen Schriften als solche bezeichnet, mögen sie Reden oder Thaten
enthalten. Auch im neuen Testamente selbst kommt λόγια als Bezeichnung
von göttlichen Offenbarungen überhaupt und nicht von Reden vor. Die
betreffenden Stellen sind: Act. 7, 38; Röm. 3, 2; 9, 4; Hebr. 5, 12.
An der ersten Stelle bezeichnet Stephanus die durch Moses vermittelte
alttestamentliche Gottesordnung durch λόγια ζῶντα; Paulus (Röm. 3, 2,
cf. 9, 4) nennt die alttestamentliche Gottesoffenbarung, durch deren
Besitz sich die Juden vor den Heiden unterschieden, τὰ λόγια τοῦ θεοῦ;
im Hebräerbriefe werden mit den gleichen Worten die Gegenstände des
christlichen Heilsunterrichtes bezeichnet: Es frägt sich nur noch, ob Pa=
pias den Ausdruck λόγια in dieser weiteren, nicht blos Reden, sondern
auch Thaten, als Offenbarungen Gottes, umfassenden Bedeutung auch
wirklich gebraucht habe? Obwohl wir nur Fragmente seines Werkes be=
sitzen, so geben dieselben doch vollkommen genügenden Aufschluß über diese
Frage. In der dem Zeugnisse über Matthäus vorausgehenden Stelle über
Marcus erklärt Papias selbst den Ausdruck τὰ λόγια κυριακά durch: τὰ
ὑπὸ τοῦ Χριστοῦ ἢ λεχθέντα ἢ πραχθέντα (Reden und Thaten Christi).

7. Die Behauptung, daß die ganze Tradition über ein hebräisches
Matthäus=Evangelium durch eine Verwechslung mit dem Hebräer=Evan=
gelium entstanden sei, ist nach Meyer ein kritischer Machtspruch, der be=
sonders an den Zeugnissen des sowohl mit dem Hebräer=Evangelium
wie mit dem hebräischen Matthäus bekannten Hieronymus scheitern muß.
Es läßt sich aus den diesbezüglichen Bemerkungen des Hieronymus der
Nachweis liefern, daß er nicht blos den hebräischen Matthäus und das
sogenannte Hebräer=Evangelium von einander streng unterschied, sondern
daß er auch beide durch den Augenschein kannte. Ueber den hebräischen
Matthäus äußert er sich (de vir. ill. c. 3) folgendermaßen: Matthaeus

primus in Judaea propter eos, qui ex circumcisione crediderant, evangelium Christi hebraicis literis verbisque composuit, quod quisque postea in graecum transtulerit, non salis certum est. Porro ipsum hebraicum habetur usque hodie in Caesariensi bibliotheca, quam Pamphilius martyr studiosissime confecit. Mihi quoque a Nazaraeis, qui in Beroea, urbe Syriae, hoc volumine utuntur, describendi facultas fuit. Damit bezeugt Hieronymus rücksichtlich unserer Frage ein dreifaches: Matthäus hat sein Evangelium hebräisch ge= schrieben; dieser Text fand sich zu seiner Zeit noch auf der Bibliothek zu Cäsarea vor; Hieronymus hat den hebräischen Matthäus bei den Nazaräern in Beröa gefunden und abgeschrieben. Diese drei Angaben sind darum wohl auseinander zu halten, weil Hieronymus zwar rück= sichtlich des zweiten und dritten Punktes schwankend geworden zu sein scheint, aber niemals über den ersten Punkt auch nur den geringsten Zweifel geäußert hat. Man hat gegen die Thatsache, daß Hieronymus selbst den hebräischen Text des Matthäus kennen gelernt habe, eine Be= merkung desselben im Briefe ad Hedib. zu Matth. 28, 1 geltend ge= macht: mihi videtur evangelista Matthaeus, qui evangelium hebraeo sermone scripsit, non tam vespere, quam sero dixisse, et eum, qui interpretatus est, verbi ambiguitate deceptum, non s e r o inter- pretatum esse, sed v e s p e r e. Durch die Redewendung „mihi vi- detur" soll Hieronymus verrathen, daß ihm der hebräische Text des Matthäus nicht durch den Augenschein bekannt war, sondern daß er nur vom Hörensagen davon gewußt habe. Aber mit Unrecht argumen= tirt man so; denn nach dem Wortlaute des Citates stellt Hieronymus durch mihi videtur seine Auffassung eines doppelsinnigen Wortes des hebräischen Originals in Gegensatz zu der des Uebersetzers desselben.

Dagegen sagt Hieronymus (de vir. ill. c. 2) vom Hebräer = Evangelium: Evangelium quoque, quod appellatur secundum Hebraeos et a me nuper in graecum latinumque sermonem trans- latum est, quo et Origenes saepe utitur ... und (in Mich. 7, 6): qui crediderit evangelio, quod secundum Hebraeos editum nuper transtulimus. Daß Hieronymus mit diesen Worten das Hebräer=Evan= gelium vom hebräischen Matthäus streng unterscheide, geht nicht blos aus der Benennung evangelium, quod appellatur secundum Hebraeos, sondern auch aus der Bemerkung hervor, daß er es in's Griechische und Lateinische übersetzt habe. Eine Uebersetzung des hebräischen Matthäus wäre aber eine völlig überflüssige Arbeit gewesen, da zur Zeit des Hieronymus derselbe schon lange in die griechische und lateinische Sprache übersetzt war. Ueberdies blickt im Gegensatze zur ungetheilten Anerkennung des Inhaltes des hebräischen Matthäus die nicht allgemein anerkannte Auctorität des Hebräer=Evangeliums in den Worten durch: qui crediderit evangelio...

Die im Vorhergehenden mitgetheilten Aeußerungen des Hieronymus unterscheiden so bestimmt zwischen dem hebräischen Matthäus und dem Hebräer=Evangelium, daß sie kaum eine gegentheilige Interpretation gefunden hätten, fänden sich nicht weitere Aeußerungen desselben, welche völlig geeignet scheinen, um die gemachte Distinction sehr in Zweifel zu stellen. Adv. Pelagianos 3, 2 äußert sich Hieronymus folgendermaßen: In evangelio iuxta Hebraeos, quod chaldaico quidem syroque sermone sed hebraicis literis scriptum est, quo utuntur usque hodie Nazareni, secundum apostolos sive ut plerique autumant juxta Matthaeum, quod in Caesariensi habetur bibliotheca. Hier sagt Hieronymus, daß das bei den Nazaräern gebräuchliche Hebräer= Evangelium von den Meisten für den echten Matthäus gehalten werde, und daß es dasselbe sei mit dem auf der Bibliothek zu Cäsarea aufbewahrten Exemplare, welches Hieronymus vorher selbst als den echten hebräischen Matthäus erklärt hatte; denn die Bemerkung Meyers: in der Bibliothek zu Cäsarea sei sowohl vom echten Matthäus, als vom Hebräer=Evangelium je ein Exemplar aufbewahrt gewesen, scheint mir im Wortlaute der Aussage des Hieronymus nicht begründet zu sein. Damit scheint aber auch weiter die Angabe des Hieronymus, daß er bei den Nazaräern in Beröa den ursprünglichen hebräischen Matthäus eingesehen und abgeschrieben habe, hinfällig zu sein. Ferner berichtet Hieronymus zu Matthäus 12, 13: in evangelio, quo utuntur Nazareni et Ebionitae, quod nuper in graecum sermonem de hebraeo sermone transtulimus, et quod vocatur a plerisque Matthaei authenticum. Diese Stelle ergänzt die vorhergehende Aussage und gibt zugleich deren Inhalt in noch bestimmterer Form wieder: Das nicht blos bei den Nazaräern, sondern auch bei den Ebioniten im Gebrauche stehende sogenannte Hebräer=Evangelium wird von den Meisten (a plerisque) für das echte (authenticum) Matthäus=Evangelium gehalten, und ist zugleich jenes, welches Hieronymus ins Griechische übersetzte. Fassen wir das Resultat der bisherigen Untersuchung zusammen, so scheint das, was wir aus der Aeußerung des Hieronymus (de vir. ill. c. 3) an zweiter und dritter Stelle constatirten, so wie die Unterscheidung zwischen dem hebräischen Matthäus und dem sogenannten Hebräer=Evangelium, die

wir aus de vir. ill. c. 2 folgerten, nicht mehr aufrecht zu halten sein.
Ueber diese Schwierigkeiten hilft unmöglich der Einwand hinweg, daß
Hieronymus ja nur die Meinung Vieler berichte, womit er doch in=
direct das Vorhandensein einer gegentheiligen Meinung aussage; denn
man kann mit vollem Rechte fragen, warum betonte Hieronymus nicht
entgegen der vorherrschenden Meinung seine abweichende Ansicht, wenn
er wirklich von der Verschiedenheit des hebräischen Matthäus und des
Hebräer=Evangeliums überzeugt war? Ja noch mehr, war Hieronymus
nicht dazu verpflichtet, da das Zurückhalten mit der eigenen Meinung
nur geeignet war, Verwirrung in diese Frage zu bringen?

Bei der Lösung der vorhandenen Schwierigkeiten muß vorerst mit
allem Nachdrucke constatirt werden, daß Hieronymus trotz alles schein=
baren Schwankens in seinem Urtheile über das Verhältniß des Hebräer=
Evangeliums zum hebräischen Matthäus, nirgends die von ihm in der
bestimmtesten Weise ausgesprochene Behauptung, Matthäus habe sein
Evangelium hebräisch geschrieben, in Zweifel zieht, geschweige denn in
Abrede stellt. Im Gegentheile stellen selbst jene Aeußerungen des Hiero=
nymus, die in Behandlung unserer Frage Schwierigkeiten bereiten, die
Existenz eines in hebräischer Sprache abgefaßten Evangeliums als der
authentischen Arbeit des Apostels Matthäus außer Zweifel. Es be=
standen demnach Zweifel, respective getheilte Ansichten nur über das Ver=
hältniß des bei den Nazaräern und Ebioniten im Gebrauche stehenden
Hebräer=Evangeliums zum hebräischen Matthäus. Die Beantwortung
der Frage, wie diese Zweifel überhaupt entstehen konnten, führt uns
zur Erörterung des Verhältnisses des Hebräer=Evangeliums zum ur=
sprünglichen Matthäus überhaupt, sowie zur Besprechung der verschie=
denen Gestalten (Recensionen), in welchen sich das Hebräer=Evangelium
bei den Nazaräern und den Ebioniten vorfand. Wir sind diesbezüglich
allerdings nur auf einzelne Aussagen alter Schriftsteller sowie auf wenige
Mittheilungen aus dem Hebräer=Evangelium selbst angewiesen; sie reichen
aber, zusammengehalten mit den Nachrichten des Hieronymus dem un=
geachtet hin, um die nöthige Klarheit zu verschaffen. Es unterliegt nach
dem Zeugnisse alter Schriftsteller keinem Zweifel, daß das Hebräer=
Evangelium in zweifacher, vom hebräischen Matthäus weniger oder mehr
abweichender Gestalt vorhanden war, je nachdem es sich bei den der
Kirche näher stehenden Nazaräern oder bei den von derselben mehr ab=
weichenden Ebioniten im Gebrauche fand. In jeder dieser Gestalten hatte
es kleinere oder größere eigenthümliche Zusätze zum echten Matthäus,

B*

wie aus den auf uns gekommenen Auszügen aus denselben ersichtlich
ist. Außer diesen Zusätzen unterschied es sich vom hebräischen Ori=
ginale auch noch dadurch, daß es nicht den vollständigen Text des=
selben enthielt. So deutet Epiphanius (Haer. XXIX, 19) an, daß dem
bei den Nazaräern gebräuchlichen Hebräer = Evangelium die Genealogie
fehlte, während er das bei den Ebioniten gebräuchliche Evangelium ge=
radezn verstümmelt nennt (l. c. XXX. 13: οὐχ ὅλῳ δὲ πληρεστάτῳ,
ἀλλὰ νενοθευμένῳ καὶ ἠκρωτηριασμένῳ) und speciell das Fehlen der
Kindheitsgeschichte erwähnt (Haer. XXX, 14), so daß es erst mit dem
dritten Kapitel des echten Matthäus anfing. Aus diesen Mittheilungen
des Epiphanius über das Hebräer=Evangelium, aus dem großen An=
sehen, welches dasselbe im christlichen Alterthume genoß, aus dem gün=
stigen Urtheile über dasselbe von Seite der Väter, die sonst häretischen
Bestrebungen mit aller Entschiedenheit entgegentraten, dürfen wir mit
Sicherheit schließen, daß das Hebräer=Evangelium aus dem authentischen
in hebräischer Sprache abgefaßten Matthäus hervorging, daß die Zu=
sätze zu demselben, sowie die Weglassungen aus demselben im häretischen
Interesse erst successive erfolgten, daß es bei den der katholischen Kirche
näher stehenden Nazaräern ältere Exemplare des sogenannten Hebräer=
Evangeliums gab, welche vom hebräischen Matthäus fast gar nicht ab=
wichen, während jüngere einen mehr abweichenden Text enthielten. Aus
diesem Sachverhalte läßt sich das etwas schwankende Urtheil des Hie=
ronymus über das Verhältniß des Hebräer=Evangeliums zum hebräischen
Matthäus leicht erklären und begreifen. Es liegt somit in der Existenz
eines Hebräer=Evangeliums, und im großen Ansehen, dessen sich das=
selbe unbestritten erfreute, ein nicht gering anzuschlagender Beweis für
die hebräische Ursprache unseres ersten Evangeliums.

   8. Von den aus dem Sprachcharakter des griechischen Mat=
thäus entnommenen Argumenten gegen die hebräische Abfassung des
Evangeliums hat nur jenes einige Bedeutung, das aus der Form der
alttestamentlichen Citate hergenommen ist. Diese sind meistens frei an=
geführt, und nähern sich theils mehr dem hebräischen Originaltexte, theils
den LXX. Man hat nun die Bemerkung machen wollen, daß die Citate
dort, wo der Evangelist sie anführt, dem Originaltexte entnommen sind;
dort aber, wo die redenden Personen sie gebrauchen, aus den LXX. Mit
diesem Umstande hält man nun unvereinbar die Annahme, daß unser
griechischer Matthäus eine Uebersetzung aus dem Hebräischen sei, da ein
Uebersetzer die Citate, die er im hebräischen Originale vorgefunden hätte,

entweder alle aus den LXX citirt oder wörtlich aus dem Hebräischen übersetzt haben würde. Gegen diese Argumentation ist folgendes zu bemerken: Da die Citate wie schon bemerkt wurde, meistens in freier Wiedergabe angeführt werden, so daß sie weder mit dem Originaltexte noch mit den LXX übereinstimmen, so wird die Frage, von welchen respectiven Texten sie abzuleiten sind, vielfach verschieden beantwortet (cf. Schanz, l. c. S. 33. 34). Es ist somit schon wegen des Mangels an Uebereinstimmung in diesem Punkte geradezu unzulässig, aus der Form der Citate bei Matthäus einen sicheren Schluß bezüglich der Ursprache des Evangeliums ziehen zu wollen. Ein solcher wäre aber auch unzulässig, wenn die Behauptung bezüglich der Ableitung der Citate richtig wäre; denn in diesem Falle obläge den Vertheidigern des griechischen Matthäus die Aufgabe, den Nachweis zu liefern, daß der hebräisch schreibende Matthäus in Anführung der alttestamentlichen Citate nicht auch frei verfuhr. Da dieser Nachweis aber nicht möglich ist, so muß man sich auch bescheiden, auf die aus der Form der Citate im griechischen Matthäus entlehnten Argumente gegen die hebräische Abfassung unseres Evangeliums zu verzichten.

9. Das frühe Verschwinden des hebräischen Originals unseres Evangeliums hat gar nichts Befremdendes, sondern ist ganz leicht erklärbar. War der hebräische Matthäus überhaupt auf den kleinen Kreis der hebräisch redenden Judenchristen beschränkt, so war dadurch auch schon die Nothwendigkeit einer Uebersetzung in die damals im Oriente weit verbreitete griechische Sprache gegeben, und zugleich dieser Uebersetzung ein weit ausgedehnterer Gebrauch gesichert als der hebräischen Urschrift. Aber auch der Umstand, daß der hebräische Matthäus selbst aus dem Kreise der Judenchristen, deren Muttersprache die hebräische war, allmälig ganz verdrängt ward, ist aus den Zeitverhältnissen völlig erklärbar. Die beim Herannahen der Katastrophe über Jerusalem in Folge der Mahnung des Herrn fliehenden Judenchristen zerstreuten sich entweder in die Gegenden, deren Bewohner griechisch redeten, oder sie ließen sich in der Nähe der Nazaräer und Ebioniten nieder. Im ersten Falle bedienten sie sich hinfort des griechischen Matthäus um der Gleichförmigkeit wegen, im zweiten darum, um sich dadurch von den Häretikern zu unterscheiden, in deren Besitz der mehr oder weniger entstellte hebräische Matthäus blieb.

Die Annahme, daß die griechische Uebersetzung ziemlich bald nach dem Erscheinen der hebräischen Originalschrift besorgt wurde, hat sehr große Wahrscheinlichkeit für sich, da dazu das Interesse an der Sache

Veranlassung gab. Wer der Uebersetzer war, läßt sich nicht mehr be=
stimmen. Schon Hieronymus (de vir. ill. c. 3) kannte verschiedene Ver=
sionen, erklärt aber selbst keine derselben für hinlänglich verbürgt. Die
Annahme, daß entweder der Apostel Jakobus, der Bruder des Herrn,
oder Johannes oder endlich Matthäus selbst die Uebersetzung besorgt
hätten, ist darum blos Vermuthung. Die Canonicität des griechischen
Matthäus ist aber, wer auch immer der Uebersetzer aus dem Hebräischen
sein mag, durch die Auctorität der Kirche, welche denselben recipirte,
außer Zweifel gestellt.

Die ersten Leser des Evangeliums. — Zweck desselben.

10. Die alten Schriftsteller bezengen einstimmig, daß unser Evan=
gelium für palästinensische Judenchristen geschrieben worden sei. Das
älteste Zeugniß dafür enthält Irenäus (adv. haer. III, 1. 1. cf. Euf.
H. E. V, 10), nach welchem Matthäus sein Evangelium geschrieben hat
τοῖς Ἑβραίοις (cf. die im Vorhergehenden mitgetheilte Stelle). An einem
anderen Orte (Fragm. XXIX, ed. Stieren) läßt er dasselbe gerichtet
sein: πρὸς Ἰουδαίους. Daß aber unter Ἑβραῖοι und Ἰουδαῖοι zunächst
die Judenchristen, und nicht die ungläubig gebliebenen Juden zu ver=
stehen seien, geht abgesehen von allen anderen Nachrichten aus den
Zeugnissen des Origenes und des Hieronymus hervor. Der Erstere sagt
bei Euf. VI, 25 (cf. die angeführte Stelle), Matthäus habe sein Evan=
gelium herausgegeben für die Gläubigen aus dem Judenthume (τοῖς ἀπὸ
Ἰουδαϊσμοῦ πιστεύσασιν) und Hieronymus umschreibt den Ausdruck
Ἰουδαῖοι durch: propter eos, qui ex circumcisione crediderant evangelio Christi (de vir. ill. c. 3) und ob eorum vel maxime causam,
qui in Jesum crediderant ex Judaeis (Praef. in Matth.). Die An=
nahme, unser Evangelium sei zunächst zum Zwecke der Bekehrung der
ungläubigen Juden geschrieben worden, hat gar keinen Halt in der Tra=
ditiou und zudem „haben wir auch nicht Eine Andeutung in der heiligen
Schrift dafür, daß das Mittel der Schrift zur Verbreitung des Christen=
thums benützt worden sei" (Schanz). Aus der inneren Beschaffenheit
des Evangeliums selbst ergibt sich mit aller Sicherheit, daß die ersten
Leser desselben mit den palästinensischen Verhältnissen, sowie mit dem
ganzen Wesen des damaligen Judenthums völlig vertraut waren. Wir
finden nämlich in demselben zum Unterschiede von den andern Evan=
gelien und der Apostelgeschichte weder geographische Notizen, noch Er=
klärungen jüdischer Sitten und Gebräuche, noch endlich Interpretationen

hebräiſcher Ausdrücke. Dagegen kann nicht geltend gemacht werden die Erklärung des Namens Emmanuel (1, 23), da dieſe lediglich nur zu dem Zwecke erfolgte, um auf die hohe Bedeutung des Wortes deſto nach= drucksvoller hinzuweiſen. Auch 4, 13 hat nicht den Zweck, die Leſer mit der geographiſchen Lage von Kapharnaum bekannt zu machen, ſondern ſoll nur hervorheben, wie durch Jeſu Wohnen gerade in Kapharnaum die prophetiſche Ankündigung des Ortes, wo das meſſianiſche Heil ſeinen Anfang nehmen werde, in Erfüllung ging. Endlich iſt, um noch ein weiteres Beiſpiel anzuführen, die hiſtoriſche Notiz (22, 23) nicht bei= gefügt, um die Leſer mit einem Lehrſatze der Sadducäer bekannt zu machen, ſondern um gleich auf den Punkt hinzuweiſen, um den es ſich im gegenwärtigen Streitfalle handelte.

11. Da das Evangelium ſelbſt den Zweck ſeiner Abfaſſung nicht namhaft macht, ſo ſind wir bei der Feſtſtellung desſelben auf den Inhalt und die Dispoſition der Schrift, ſowie auf die Zeugniſſe der Väter an= gewieſen. Vorerſt haben wir zu erforſchen, wodurch Matthäus zur Ab= faſſung ſeines Evangeliums veranlaßt ward, und unter welchen Ver= hältniſſen diejenigen lebten, an die es gerichtet wurde. Beide Momente ſind von weſentlicher Wichtigkeit bei der Unterſuchung über die Zweck= beſtimmung des Evangeliums; denn wenn Matthäus ſich veranlaßt ſah, eine Evangelienſchrift zu verfaſſen, ſo hat er doch ohne Zweifel in der Auswahl, Anordnung und Betonung der evangeliſchen Heilsthatſachen auf die Bedürfniſſe ſeiner Leſer Rückſicht genommen. Die nächſte, wenn wir ſo ſagen wollen, die äußere Veranlaſſung, die Matthäus bewog ein Evangelium zu ſchreiben, theilt Euſebius (H. E. III, 25) mit: Als Matthäus daran war, die evangeliſche Heilsbotſchaft in die außerpalä= ſtinenſiſchen Gegenden zu tragen, wollte er den Juden, welchen er das Evangelien bisher mündlich geprebigt, dasſelbe ſchriftlich zurücklaſſen. Es hatte ſomit das Evangelium zunächſt den Zweck als Erſatz zu dienen für die bisherige mündliche Verkündigung der Heilsbotſchaft. Dieſe Zweck= beſtimmung halten auch Reithmayr (Einleitung in die can. Bücher des neuen Teſtamentes), Schegg (Evangelium nach Matthäus), Wieſer, (Ueber Plan und Zweck des Matthäus-Evangeliums) feſt; und Reith= mayr (l. c. S. 355) ſagt geradezu, das Evangelium ſei beſtimmt ge= weſen, um die apoſtoliſche Paradoſis in geſichertem und ſtets friſchem Andenken zu erhalten. — Von ſo großer Bedeutung aber für die Juden= chriſten eine ſchriftliche Darſtellung des Lebens und Wirkens Jeſu auch ſein mochte, ſo würde Matthäus bei der großen Wichtigkeit der mündlichen

Verkündigung des Evangeliums sich kaum durch den bloßen Weggang aus Paläftina zur Abfaffung derselben veranlaßt gesehen haben, wenn nicht tiefer liegende Gründe maßgebend gewesen wären. Diese haben wir zu suchen in den Verhältniffen, unter denen damals die chriftliche Gemeinde Paläftinas dem Judenthum gegenüber lebte. Der Haß der Juden gegen die Chriften lebte ungeschwächt fort und der sich steigernde Haß gegen die Römer entflammte vom Neuen die nie erstorbenen politisch-nationalen Be= ftrebungen des Judenthums. Beides war den Chriften gefährlich, aber gefährlicher noch als die Verfolgungen waren „der neuen Chriftenschaar die steigende nationale Erregtheit, der volksthümliche Zauber, den die alte Hauptftadt mit ihrem Tempel, ihrer Priefterschaft, ihrem Opferdienft aus= übte, und der von blendenden Messiashoffnungen getragene und gehobene jüdische Zelotismus, sammt der Verachtung und den Verunglimpfungen, denen die armen Chriftengemeinden in ihrer Verbrüderung mit den aus= wärtigen, aus dem Heidenthume hervorgegangenen Gläubigen ausgesetzt waren." Wiefer. Nur schwer und allmälig vermochten sich die Juden= chriften von den falschen Vorstellungen eines irdisch siegreichen und glänzenden Messiasreiches, die sie von ihrer Kindheit an in sich auf= genommen hatten, frei zu machen. Darum war die Gefahr des Abfälles um so größer, je armseliger die Lage der paläftinensischen Chriften= gemeinde war, in je bedrängteren Verhältniffen der einzelne Chrift lebte, gerade zur Zeit, da die ganze jüdische Nation sich anschickte, die nationale Selbftändigkeit mit dem Aufgebote aller Kraft wieder zu er= ringen. Diese Verhältniffe, unter denen die Chriftengemeinde Paläftinas eine schwerere Prüfung zu beftehen hatte, als in den bisher geduldig getragenen Verfolgungen spiegeln sich mehr oder weniger wieder in der Art und Weise der Darftellung der evangelischen Geschichte. Nicht nach= drucksvoll genug kann der Evangelift die Wahrheit vortragen, daß in der Person Jesu der Messias der Juden erschienen sei, daß in seinem Leben, Wirken, ja sogar in seiner Lehrweise das von den Propheten entworfene Bild vom verheißenen Messias in allen seinen Zügen sich ver= wirklicht habe. Die völlige Uebereinstimmung zwischen der Persönlichkeit Jesu und dem prophetisch gezeichneten Bilde des Messias der Juden ift der rothe Faden, der sich durch das ganze Evangelium hindurch zieht. Gegenüber der Gefahr, daß die Judenchriften in die Beftrebungen ihrer Volksgenossen, die nationale Selbftändigkeit wieder herzuftellen, hinein= gezogen werden konnten, mußte der Apoftel ausführlich sich verbreiten über die Natur des von Chrifto gegründeten Reiches, über dessen Ver=

hältniß ſowohl zur alttteſtamentlichen Gottesordnung, ſowie zum gegen=
wärtigen Judenthum. Darum theilt gerade Matthäus jene Lehrſtücke
der Bergpredigt mit großer Ausführlichkeit mit, welche über die Natur
und das Weſen des Meſſiasreiches überhaupt, ſowie ſpeciell über deſſen
Verhältniß zum alten Teſtamente handeln, darum der ausführliche Be=
richt über die Parabelreden am See Geneſareth, die in ſo einſacher und
doch ſo erhabener Weiſe das Meſſiasreich zu ihrem Inhalte haben. So
ausführlich wie kein anderer Evangeliſt verbreitet ſich ſerner Matthäus
einerſeits über die Conſtituirung der Kirche Chriſti, über die hierarchiſche
Ordnung in derſelben, ſowie andererſeits über die Verwerfung der Hier=
archen des bisherigen Gottesreiches. Um endlich den Bedürfniſſen ſeiner
Leſer völlig Rechnung zu tragen, mußte Matthäus auch zeigen, wie mit
der Gründung des Reiches Chriſti ſich jene Verheißungen erfüllt hatten,
welche in ſo glänzenden Schilderungen von den meſſianiſchen Segnungen
handeln, wie insbeſondere die gegenwärtige Leidenszeit mit den ver=
heißenen Heilsgütern vereinbar ſei. Dem entſprechend theilt Matthäus
ausführlich jenen Theil der Inſtructionsrede an die Apoſtel mit, welcher
die großen Gefahren und Verfolgungen in der Verkündigung der evan=
geliſchen Heilsbotſchaft ſchildert, darum betont er ſo oft die Beſchwerden
und Gefahren, durch welche die Erlangung des meſſianiſchen Heiles be=
dingt iſt, darum hebt er in den verſchiedenſten Redewendungen die Noth=
wendigkeit der Selbſtverleugnung und des Kreuztragens in der Nach=
folge Chriſti hervor. Faſſen wir das bisher Geſagte zuſammen, ſo kann
der Zweck des Matthäus=Evangeliums dahin beſtimmt werden: es zeigt,
daß Jeſus der den Juden verheißene Meſſias ſei, und darum kein an=
derer erwartet werden dürfe, daß das von ihm gegründete „Himmelreich“
das verheißene Meſſiasreich ſei, deſſen Vorſteher die erwählten Apoſtel,
nicht die verworfenen Hierarchen der Juden ſind, daß die Güter desſelben
vorzugsweiſe geiſtige ſeien, deren Erlangung durch ſittliche Umwandlung,
durch einen Wandel auf dem Wege des Leidens und Kampfes bedingt iſt.

Abfaſſungszeit und Eintheilung des Evangeliums.

12. Die altkirchlichen Zeugniſſe beſtätigen einſtimmig, daß das
Matthäus=Evangelium zuerſt von allen Evangelienſchriften verfaßt wor=
den ſei. Die Väter, deren Zeugniſſe vorher angeführt wurden, ſagen
entweder ausdrücklich, daß Matthäus zuerſt geſchrieben habe, oder wo
dies nicht geſchieht, deuten ſie es indirect dadurch an, daß ſie bei Auf=
führung der Evangelien conſtant Matthäus zuerſt nennen. Obwohl rück=

sichtlich dieser allgemeinen Zeitbestimmung das kirchliche Alterthum keinen Zweifel zuläßt, so gehen die Ansichten doch auseinander, sobald es sich darum handelt, eine bestimmte Abfassungszeit zu fixiren. Die Schwierig=keit liegt vorzugsweise darin, daß die Angaben des Irenäus und des Eusebius, welche sich bestimmter über die Abfassungszeit des Evange=liums äußern, nicht zusammenstimmen. Irenäus adv. haer. III, 1, 1 läßt das Evangelium abgefaßt worden sein zur Zeit, da Petrus und Paulus gemeinschaftlich in Rom predigten. Demnach hätten wir die Ab=fassung unseres Evangeliums in die Zeit zwischen 65 und 67 zu ver=legen. Wegen des großen Ansehens des Irenäus, der der Abfassungs=zeit der Evangelien viel näher stand, als der später lebende Eusebius, haben sich gewichtige Auctoritäten zu dessen Gunsten entschieden und hat auch der neueste Commentator des Matthäus=Evangeliums, Schanz, sich in diesem Sinne ausgesprochen. Damit scheint aber das einhellige Zeugniß des kirchlichen Alterthums, daß das Matthäus=Evangelium zuerst verfaßt wurde, nicht vereinbar zu sein. Weil sich nämlich der Nachweis führen läßt, daß das Evangelium des Lucas nicht später als zwischen 61 und 63 abgefaßt wurde, so muß die Abfassungszeit des Matthäus früher angesetzt werden. Scheint nun die Angabe des Irenäus nicht haltbar zu sein, so liegt kein Grund vor, die Nachricht des Eusebius zurückzuweisen. Nach ihm (H. E. III, 25) hat Matthäus sein Evan=gelium verfaßt, als er daran war, Palästina zu verlassen, um die Heils=botschaft auch andern Völkern zu verkünden. Demnach wird die Zeit um 42 als Abfassungszeit des Evangeliums festzuhalten sein, da nach einer alten Tradition sich die Apostel um diese Zeit trennten, um das Evangelium in der ganzen Welt zu verkünden. Dem entsprechend setzen auch Eusebius (Chron. an. 41), Theophyl. (praef. in Matth.), Euthym. (comment. ad evangel.) die Abfassung in das achte Jahr nach der Himmelfahrt Christi.

13. Rücksichtlich der Eintheilung des Evangeliums glaube ich mich hier auf die Haupttheile beschränken zu dürfen, da die weiteren Unter=abtheilungen in der Erklärung des Evangeliums selbst enthalten sind.

1. Haupttheil: Evangelische Vorgeschichte 1, 1 bis 2, 23. — 2. Haupttheil: Geschichte der Wirksamkeit Jesu in Galiläa 3, 1 bis 18, 35. — 3. Haupttheil: Geschichte der Wirksamkeit Jesu nach dem Weggange aus Galiläa 19, 1. bis 25. 46. — 4. Haupttheil: Leidens= und Verklärungsgeschichte 26, 1 bis 28, 20.

Ueberschrift des Evangeliums.

ΕΥΑΓΓΕΛΙΟΝ ΚΑΤΑ ΜΑΤΘΑΙΟΝ.

Diese Ueberschrift hat die ältesten und besten Zeugen für sich; sie ist sehr alt, obgleich sie nicht die ursprüngliche Ueberschrift zu sein scheint. Die Ueberschrift der Vulgata lautet: Sanctum Jesu Christi evangelium secundum Matthaeum. Εὐαγγέλιον bedeutet eigentlich nach altem Sprachgebrauche „Lohn für eine gute Botschaft", dann in der spätern Gräcität „gute Botschaft" selbst. So durchgängig im neuen Testamente, wo der Ausdruck die frohe Kunde vom Messiasreiche bezeichnet. Matth. 4, 23. 9, 35. 24, 14, Act. 20, 24. Die Präposition κατά gibt den Verfasser an mit der Nebenbedeutung, daß noch andere Urkunden desselben Inhaltes vorliegen, „diversos auctores et modum scribendi diversum declarat". Mald. Ueber Matthäus cf. 9, 9 und die Einleitung.

Erster Haupttheil.

Evangelische Vorgeschichte. 1, 1 bis 2, 23.

Inhalt. Der Evangelist theilt hier mit die Genealogie Christi (1—17), um dadurch dessen theokratische Berechtigung auf Davids Thron nachzuweisen, und berührt kurz seine wunderbare Empfängniß und seine Geburt 18—25. Im 2. Kapitel sind drei wunderbare Züge aus der Kindheitsgeschichte Jesu mitgetheilt (1—18) und daran wird die Mittheilung geknüpft, daß die heilige Familie in Nazareth ihren bleibenden Aufenthalt genommen habe. In den mitgetheilten Ereignissen sieht der Evangelist messianische Weissagungen erfüllt. Der Inhalt des 2. Kapitels ist dem Evangelisten Matthäus eigenthümlich.

1. Kapitel.

Genealogie Christi. 1—17.

Sie bildet das Bindeglied zwischen dem alten und neuen Testamente: Jesus Christus ist der Nachkomme Abrahams, in dessen Samen alle Geschlechter der Erde gesegnet werden sollen, ist ein Sohn Davids, dem ein ewiges Königthum verheißen ward. Cf. Luc. 3, 23—38.

V. 1. Enthält die Aufschrift zu der V. 2—17 folgenden Genea= logie, welche durch Aufzählung der Voreltern Jesu dessen Ursprung aus der seit Abraham laufenden messianischen Stammlinie darthut. Βίβλος γενέσεως „Ursprungsbuch" (Geschlechtsregister), d. h. Buch, welches Aufschluß gibt über den Ursprung Jesu, und zwar, wie aus V. 2—16 ersichtlich ist, durch Aufzählung (βίβλος = סֵפֶר = enumeratio) seiner Voreltern. Ἰησοῦ, hebräisch יְהוֹשׁוּעַ (Exod. 24, 13, Num. 13, 16) oder wie das Wort nach dem Exile geschrieben wurde, יֵשׁוּעַ bedeutet der Etymologie nach: Jehova ist Heil. In der Person Christi hat sich die Bedeutung dieses Namens völlig realisirt. Cf. V. 21 u. Act. 4, 12. Χριστοῦ ist griechische Uebersetzung des hebräischen מָשִׁיחַ „der Gesalbte". Seiner Bedeutung nach ist „Christus" Amtsname und als solcher Be= zeichnung von Hohepriestern (Lev. 4, 3. 5. 16. 6, 13, Ps. 104, 15), von Königen (1 Reg. 24, 7. 11, Ps. 2, 2, Jes. 45, 1) und Pro= pheten (3 Reg. 19, 16). Im spätern Gebrauche wurde dies theokratische Prädicat von den Juden fast ausschließlich dem verheißenen Messias beigelegt, der alle drei Aemter in seiner Person vereinigte. Jesus Christus wird näher bezeichnet als „Sohn Davids", welcher (David) war ein „Sohn Abrahams". David und Abraham sind die Fundamentalglieder in der Reihe der Ahnen Jesu und werden als solche durch Aufführung in der Ueberschrift selbst hervorgehoben: „quod his potissimum duobus promissio nascituri ex ipsis Christi facta esset". Cf. Gen. 12, 3. 22, 18, 2 Reg. 7, 12. Cf. Act. 2, 30 ff. Abraham war der ver= heißungsgemäße Urahne der messianischen Geschlechtsreihe, und nur in einem Nachkommen Davids konnte die diesem zu Theil gewordene Ver= heißung erfüllt werden. So heißt demnach der Messias vorzugsweise „Sohn Davids". Cf. Matth. 12, 23. 21, 9. 22, 42, Luc. 18, 38.

V. 2. „Jakob aber zengte den Judas und seine Brüder." Judas wird aufgeführt, weil der Verheißung gemäß der Messias aus ihm stammen sollte (Gen. 49, 10, cf. Hebr. 7, 14) nud er somit die mes= sianische Geschlechtsreihe weiter führte. Die Brüder werden mit angeführt, weil die zwölf Söhne Jakobs die Väter des Zwölf=Stämme=Volkes (δωδεκάφυλον), des Volkes der Verheißung wurden.

V. 3. „Judas aber zengte den Phares und den Zara aus der Thamar." Phares und Zara waren Zwillingsbrüder, uneheliche Söhne des Judas, welcher sie mit seiner Schwiegertochter Thamar gezeugt hatte.

Gen. 38, 16—30. Da Phares die Geschlechtsfolge fortsetzte, so frägt
es sich, warum Zara in die Genealogie mit aufgenommen wird? Der
wahrscheinlichste Grund ist, weil gerade in der Geburt dieser Zwillings=
brüder die wunderbare, menschlichen Erwartungen widersprechende Gottes=
fügung sich bestimmt zeigt; denn obwohl Zara bereits schon als Erst=
geborner bezeichnet war, ging doch Phares zuerst aus dem Mutter=
schooße hervor und wurde somit Ahnherr des Messias. Cf. Gen. 38,
27—30. Thamar hatte durch List ihren Schwiegervater zur Blut=
schande verleitet. Cf. Gen. 38, 14—18. — Gegen die jüdische Gewohnheit,
wornach Frauen nicht in die Geschlechtsregister aufgenommen wurden,
erscheint in der Genealogie Christi, außer der seligsten Jungfrau, Thamar
mit noch drei anderen Frauen: Rahab, Ruth und Bethsabe, alle vier
mit einer sittlichen Makel behaftet. Es soll aber dadurch das göttliche
Walten rücksichtlich der messianischen Geschlechtsfolge bekundet werden,
denn die vier Frauen sind auf außerordentliche Weise in den Beruf,
die Geschlechtsreihe auf den künftigen Messias fortzuführen, eingetreten.
So schon Mald. Zugleich sollte durch diese Art der Fortführung der
Genealogie angedeutet werden, daß Gott in seiner messianischen Heils=
ökonomie an das Blut der Söhne Abrahams nicht gebunden sei (Ruth
war eine Moabiterin) und daß die Sünden der Menschen statt den
Plänen Gottes hinderlich zu sein, denselben vielmehr dienen müssen.
Viele Väter finden in der Anführung dieser Frauen in der Genealogie
Christi die Wahrheit angedeutet, daß Christus um der Sünder und
Heiden willen Mensch geworden sei. Von Phares bis David ist der
Stammbaum gleich mit Ruth 1, 18—22. Cf. 1. Chron. 2, 5—15.

V. 4. Da Naason beim Auszuge aus Aegypten Haupt des
Stammes Juda (Num. 1, 7) war und Esrom dem Phares noch vor
dem Einzuge in Aegypten geboren wurde (Gen. 46, 12), so fallen in
die Zeit des ägyptischen Aufenthaltes die Zeugungen: Aram, Aminadab
und Naason.

V. 5. Das alte Testament schweigt darüber, daß Rahab (cf. Josue
Kap. 2 u. 6) die Gemalin Salmons wurde; der Verfasser der Genea=
logie schöpfte diese Nachricht aus der Tradition. Nach dem Talmud
ward sie die Gemalin Josues. Ueber die um die Juden verdiente Rahab
ist noch zu vergleichen Hebr. 11, 31, Jak. 2, 25.

V. 6. Mit David trat die messianische Geschlechtslinie in die
königliche Würde ein, und es wird dieser epochemachende Umstand durch
den Beisatz ὁ βασιλεύς ausdrücklich hervorgehoben. In der Genealogie

wird David allein unter den Ahnen Jesu ausdrücklich als König be
zeichnet, und zwar nachdrucksvoll durch Wiederholung des Wortes βασι
λεός „quoniam primus rex et quia perpetui regni promissio ill
facta est" (cf. 2 König. 7, 12). Mald. Weil Jesus als Sohn de
Königs David verheißungsgemäß Anspruch auf das messianische König
thum hatte, so führt Matthäus die messianische Geschlechtsfolge von
David abwärts durch die königliche Linie Salomons fort. Ἐκ τῆς τοῦ
Οὐρίου scl. γυναικός (Bethsabe). Cf. 2 Reg. 11 u. 12. Der Artikel
vor dem nomen proprium „David", obgleich eine mit dem Artikel versehene Apposition folgt, wird meistens gefaßt als auf V. 1 zurück-
weisend. Anders Keil: derselbe sei der Gleichförmigkeit wegen gesetzt,
da der Name des Erzeugten immer den Artikel habe.

V. 7. Cf. 3 König. 11, 43. 14, 31. 15, 8.

V. 8. Nach einem auch sonst bei den Juden nicht ungewöhnlichen
Usus, Genealogien durch Auslassung von Mittelgliedern abzukürzen
(cf. 1 Chron. 8, 1 mit Gen. 46, 21) sind zwischen Joram und Ozias
drei Glieder ausgelassen: Ochozias (4 Kön. 8, 24), Joas (1 Chron.
3, 11) und Amasias (2 Chron. 22, 1. 24, 27). Die Frage wie und
warum diese Auslassung erfolgt sei, wird durch die seit Hieronymus
häufige Annahme, Matthäus habe diese Glieder ausgelassen, um auch
in der zweiten Abtheilung der Genealogie 14 Glieder zu bekommen,
jedenfalls nicht erschöpfend beantwortet. Es kann nämlich die weitere
Frage aufgeworfen werden, warum gerade diese Glieder ausgelassen
wurden. Entschieden festzuhalten ist, daß die Weglassung nicht auf einem
Irrthume beruht, sondern vom Evangelisten beabsichtigt war. Rücksichtlich des Grundes der Auslassung sind verschiedene Meinungen
möglich und zulässig. Indessen dürfte schon Mald. das Richtige getroffen haben, wenn er für die Weglassung einen mystischen Grund
anführt. Es hat nämlich Joram die schändliche Athalia, die Tochter
Achabs geheiratet, dessen ganze Nachkommenschaft (d. i. bis in's vierte
Glied) zu vertilgen, Gott geschworen hatte, und mit ihr den Ochozias
gezeugt. Cf. 3 Kön. 21, 22. Durch die Weglassung der drei oben genannten Generationen habe nun der Evangelist andeuten wollen, daß
dieselben in den Augen Gottes gleichsam nicht existirten.

V. 9. Cf. 2 Chron. 26, 23. 27, 9. 28, 27.

V. 10. Cf. 2 Chron. 22, 23. 33, 20. 25.

V. 11. Die Lesart: Ἰωσίας δὲ ἐγέννησεν τὸν Ἰεχονίαν καὶ τοὺς
ἀδελφοὺς αὐτοῦ ἐπὶ τῆς μετοικεσίας Βαβυλῶνος muß festgehalten werden,

weil ſie durch die meiſten und wichtigſten Handſchriften (dagegen nur
M. U. Minusc.) geſichert und durch die Bulgata verbürgt iſt. Der Vers
beſagt, Joſias habe den Jechonias und deſſen Brüder zur Zeit (= ἐπί)
der Wegführung nach Babylon gezeugt. Nun iſt aber nach dem Berichte
des alten Teſtamentes (1 Chron. 3, 15. 16) der Sachverhalt folgender:

Joſias

| Johanan (Joachas); Eliakim (Joakim), Zedekias, Sellum |

| Jechonias, Sedekias. |

Demnach beſtehen folgende Schwierigkeiten: 1. Joſias ſcheint
Vater (ἐγέννησεν) des Jechonias genannt zu werden, während er doch
deſſen Großvater war. 2. Dem Jechonias werden Brüder zugeſchrieben,
während das alte Teſtament nur Einen Bruder (Sedekias) namhaft
macht. 3. Wird geſagt, Joſias habe gezeugt zur Zeit der Abführung
nach Babylon, während er doch ſchon 610 ſtarb und der Schlußtermin
jenes traurigen Ereigniſſes, das 605 den Anfang nahm, um volle
20 Jahre ſpäter fällt. Die erſte Schwierigkeit läßt ſich leicht beheben,
denn es iſt γεννᾷν wie V. 8 im weiteren Sinne zu faſſen: zum Nach=
kommen haben. Καὶ τοὺς ἀδελφοὺς αὐτοῦ und ſeine (des Jechonias)
Brüder, iſt in folgender Weiſe zu erklären: Wie der Evangeliſt γεννᾷν
im weiteren Sinne vom mittelbaren Zeugen gefaßt hat, ſo iſt auch der
Ausdruck ἀδελφοί im weiteren Sinne zu nehmen, und werden damit
des Jechonias Oheime bezeichnet. Erwähnt werden aber die „Brüder"
des Jechonias, um anzudeuten, daß mit Jechonias die ganze königliche
Familie in's Exil wanderte. Wenn endlich von dem um 610 ver=
ſtorbenen Joſias geſagt wird, er habe den Jechomias und ſeine Brüder
gezeugt zur Zeit der Wegführung nach Babylon, ſo haben wir hier
nicht den Zeugungsact, ſondern ſelbſtverſtändlich die durch die Zeugung
des Joſias begründete Generation zu verſtehen, welche in die Zeit der
Wegführung nach Babylon fällt.

V. 12. Μετὰ δὲ τὴν μετοικεσίαν, nachdem die Umſiedlung geſchehen
war, d. h. nach der Wegführung nach Babylon. Salathiel, Sohn des
Jechonias, wird Luc. 3, 27 Sohn Neris genannt. Er war der älteſte
Sohn einer Enkelin des Jechonias, welche nach dem Geſetze über die
Erbtöchter (Num. 27, 8) einen Mann aus dem Geſchlechte ihres väter=
lichen Stammes heiratete, nämlich den Neri vom Geſchlechte Davids in
der Linie Nathans. Weil er als der Aelteſte in den Erbbeſitz ſeines
mütterlichen Großvaters Jechonias trat, galt er geſetzlich als deſſen

Sohn, und als solcher wird er bei Matthäus angeführt: Zorobabel wird hier wie auch 1 Esdr. 3, 2. 5, 2, Hag. 1, 1 (cf. Luc. 3, 27) ein Sohn Salathiels genannt. Genauer der Bericht 1 Chron. 3, 19, wo zwischen beiden Phadaja steht, der nach 1 Chron. 3, 17 u. 18 ein Bruder des Salathiel war. Die Differenz erklärt sich aus dem Gesetze über die Leviratsehe (Deut. 25, 5—10). Phadaja war der leibliche, Salathiel der gesetzliche Vater des Zorobabel.

V. 13—15. Alle Stammglieder nach Zorobabel kommen im alten Testamente nicht vor. Davids Familie war bereits in Niedrigkeit und Armuth herabgesunken. Ungeachtet seines königlichen Ursprunges sollte der Sohn Gottes in tiefster Niedrigkeit geboren werden, und damit waren zugleich die nationalen Messiashoffnungen der Juden von vorn= herein zurückgewiesen.

V. 16. τὸν ἄνδρα Μαρίας. Dieser Zusatz gehört dem Evan= gelisten an, und ist ἀνήρ im eigentlichen Sinne als Gemal zu fassen, denn als der Evangelist schrieb, war Josef schon längst der Mann Marias gewesen. Μαρία oder Μαριάμ (so bei Matth. 1, 20. 13, 55, bei Lucas durchgehends) = מִרְיָם (Exod. 15, 20, 1 Chron. 4, 17) von מָרָה stark sein, also Maria = die Stärke, die Herrscherin. (An= ders Bernardus: Nomen Mariae quod interpretatum maris stella dicitur.) Ἐξ ἧς ἐγεννήθη; diese von der bisherigen Formel abweichenden Worte lehren, daß Josef nicht der natürliche Vater Jesu war. Die Worte ὁ λεγόμενος Χριστός sind eine historische Notiz des Evangelisten. — Ist Jesus nur der Sohn Marias und nicht auch Josefs, so kann die Frage aufgeworfen werden, mit welchem Rechte konnte Matthäus der Genealogie die Aufschrift geben: Liber generationis Jesu Christi ...? Die Antwort auf diese Frage hängt wesentlich zusammen mit der Beantwortung der Frage nach dem Verhältnisse der Genealogie des Matthäus zu jener, welche Luc. 3, 23—38 gibt. Was zunächst die allgemeinen Differenzpunkte beider anbelangt, so ist Folgendes zu be= merken: Matthäus beginnt seine Genealogie mit dem Patriarchen Abra= ham, dem Stammvater der Juden, und führt sie herab bis auf Christus; Lucas hingegen verfolgt dieselbe von Christus aufwärts bis auf Adam, den Stammvater des ganzen Menschengeschlechtes, wodurch sie zugleich umfangreicher wird als jene. Dieser Unterschied hat seinen Grund in der Verschiedenheit der Zwecke, welche beide Evangelisten sich setzten. Matthäus schrieb sein Evangelium zunächst für die Judenchristen, um ihnen zu zeigen, daß Jesus der den Juden verheißene Messias sei;

darum beginnt er seine Genealogie mit Abraham dem Stammvater der=
selben. Lucas, dessen Evangelium zunächst Heidenchristen im Auge hat,
hebt die universale Bedeutung Christi hervor; dem entsprechend führt
er dessen Genealogie bis anf den Stammvater der gesammten Mensch=
heit zurück. Beide Genealogien haben ferner von David abwärts nur
folgende gleiche Glieder: Salathiel, Zorobabel, Josef, Jesus. Speciell,
um von den weiteren Verschiedenheiten abzusehen, nennt Matthäus Josef
einen Sohn Jakobs: Ἰακὼβ δὲ ἐγέννησεν τὸν Ἰωσήφ 1, 16. Lucas
hingegen sagt: „Ἰωσήφ τοῦ Ἡλί Josef, qui fuit Heli“ (filius) 3, 23.
Die Verschiedenheit dieser Angaben, sowie der übrigen genealogischen
Glieder wird am einfachsten behoben durch die in der alten Tradition
(nachweisbar zuerst bei Epiphanius) begründete Annahme: Matthäus
gebe die Abstammung Josefs von David durch die Salomonische, Lucas
die Marias von David durch die Nathan'sche Linie. Demnach stellt
sich der Sachverhalt so dar: Josef war ein Sohn Jakobs (Matthäus),
Maria eine Tochter Helis (Lucas); durch die Ehe mit Maria wurde
Josef ein Schwiegersohn Helis: „Josef, qui fuit Heli“. Diese Annahme
ist aber auch im Charakter beider Evangelien begründet. Abgesehen
davon, daß bei Matthäus Josef handelnd hervortritt und Maria sich
passiv verhält, entsprach eine Genealogie Josefs auch seiner Tendenz:
Jesum als den verheißenen Messias der Juden darzustellen.

„Zu diesem Zwecke mußte er nämlich darthun, daß Jesus der
rechtmäßige Erbe und Fortsetzer des Davidischen Königthums sei. Er
mußte also die leibliche Abstammung (durch Maria) bei Seite lassen
und auf die theokratisch giltige zurückgehen; er mußte seinen erbrecht=
lichen Zusammenhang mit der Salomonischen Linie des Davidischen
Hauses nachweisen. Dazu forderte besonders die Fundamentweissagung
2. Sam. 7, 13 auf, worin Jehova dem David verheißt, seinen Thron
festzustellen bis in Ewigkeit. Josef war nun der Stammhalter dieses
Hauses und seine theokratische Berechtigung an Davids Thron ging in
Folge seiner durch göttliche Fügung herbeigeführten Verheiratung mit
Maria auf deren dadurch von ihm adoptirten göttlichen Sohn über.“
So gut Bisping. Im Unterschiede von Matthäus läßt Lucas durch=
gehends Maria als Hauptperson in einfach erhabener Schilderung in
den Vordergrund treten, während Josef zurücktritt, so daß schon da=
durch die Annahme nahegelegt wird, er habe die Genealogie Marias,
deren Geschichte er mit großer Sorgfalt in so anschaulicher Weise schil=
dert, gegeben, um so mehr, als ihn nichts veranlaßte, die theokratische

Berechtigung Jesu auf Davids Thron darzuthun. Es konnte demnach
der Evangelist der Stammtafel die Aufschrift Liber generationis Jesu
Christi . . . geben, weil Jesus, obgleich durch den heiligen Geist gezeugt,
eine Frucht des Schooßes Marias, der Tochter Davids war. Cf. Luc.
1, 27. 32. 66. 2, 4. Wenn die Tradition bei Epiphanius (oratio de
laude b. Virg.) und Johannes Damascenus (de fide orthodoxa II.
c. 15) als den Vater der Maria Joachim bezeichnet, so streitet dies
nicht gegen unsere Annahme, daß der bei Lucas genannte Heli Vater
der Maria sei. Heli ist Abkürzung von Heliakim אֶלְיָקִים, Eliakim (Heli)
und יְהוֹיָקִים (Joakim) bezeichnen dasselbe: Gott oder Jehova ist Auf=
richter. Cf. 4 Reg. 18, 18. 23, 34. 1 Chron. 3, 15.

V. 17. Der Evangelist zerlegt die ganze Genealogie Jesu in drei
je vierzehngliedrige Theile. Bei der Zählung der Glieder ist Jechonias
nach dem Vorgange des hl. Augustin (de consensu evang. l. 2, 4)
zweimal zu zählen, weil er selbst zur Zeit der Uebersiedelung gezeugt
war, aber erst nach der Uebersiedelung zeugte, so daß er also als Ge=
zengter in die Periode ἕως τῆς μετοιχεσίας, als Zeugender aber in die
Periode ἀπὸ τῆς μετοιχεσίας gehörte. Ferner muß Jesus Christus als
Schlußglied der Genealogie mitgezählt werden, denn der Evangelist gibt
ja das Geschlechtsregister Jesu Christi und sagt bei Begrenzung der
dritten Tessaradekade ausdrücklich ἕως τοῦ Χριστοῦ V. 17 cf. ἕως Δαυίδ.
Wenngleich zwischen Josef und Jesus keine eigentliche Genea statt hatte,
(cf. 16), so war doch Josef als Gemal der Maria der bürgerlich giltige
Väter des Herrn. Die Bedeutung der Dreitheilung der ganzen Genealogie
gibt Maldonat gut mit den Worten: Evangelistam tribus tessarade-
cadibus triplicem populi statum, sub judicibus, sub regibus, sub
ducibus comprehendere. Jeder dieser Theile umfaßt die gleiche Zahl
von Gliedern, nämlich vierzehn. Nicht in der bedeutungsvollen Zahl 14
(= 2 × 7) an sich, sondern in dem Umstande, daß auf jede große
Entwicklungsperiode des Volkes Israel die gleiche Zahl der Genera=
tionen entfällt, müssen wir eine höhere Bedeutung suchen. Das gleiche
göttliche Walten, welches sich bei den einzelnen Generationen manifestirte,
zeigt sich durch alle drei großen Entwicklungsperioden des Volkes Israel
hindurch, so daß die Geschichte dieses Volkes, ungeachtet der ver=
schiedensten Wechselfälle, den von Gott gewollten Abschluß fand in der
Erscheinung des verheißenen Messias: ἕως τοῦ Χριστοῦ.

Geburt des Messias. 18—25.

Im engen Anschlusse an V. 16 und zur Erklärung der Worte „ex qua natus . . .“ erzählt jetzt der Evangelist näher die Herkunft Jesu.

V. 18. Der Evangelist beginnt seine Erzählung mit dem Zeit= punkte, da Maria dem Josef bereits verlobt war. Ἡ γένεσις οὕτως ἦν, die Geburt war folgendermaßen, d. h. es verhielt sich mit ihr so. Μνη- στεύεσθαι kann sprachlich sowohl „verlobt“ als auch „verheiratet“ werden bezeichnen. Hier ist in Uebereinstimmung mit der Vulgata (desponsari) die erste Bedeutung festzuhalten; es war demnach Maria zur Zeit ihrer Empfängniß erst die Verlobte Josefs. Anders Maldonat nach Chrys.: „Vocat Matthaeus Mariam μνηστευθεῖσαν, sponsam, non quod ducta non esset, sed quod non magis a viro cognita, quam sponsae, quae nondum nuptae sunt.“ Πρὶν ἢ συνελθεῖν αὐτούς, antequam convenirent; συνελθεῖν ist zu fassen vom Zusammenziehen zur häus= lichen Gemeinschaft (cf. V. 20. 24. 25) und nicht von der ehelichen Beiwohnung. Damals schon, als Maria noch Verlobte Josefs war, fand es sich (εὑρέθη), daß sie schwanger war (= ἐν γαστρὶ ἔχειν, oft bei den LXX, seltener bei Profanschriftstellern). Ἐκ πνεύματος ἁγίου ist erklärender Beisatz des Evangelisten: Diese Schwangerschaft Marias rührte her von der Wirkung des hl. Geistes, welcher das zeugende Princip des menschlichen Leibes Christi im Schooße der Jungfrau war, und zwar mit Ausschluß der Zeugungsthätigkeit eines Mannes. Das Verbum „εὑρέθη“ ist gewählt, um das Unerwartete der Erscheinung aus= zudrücken. — Auf die Frage, warum die Zeugung des physischen Leibes Christi der Kraft des hl. Geistes zugeschrieben werde, antwortet gut Maldonat: „Dicitur Christus ex spiritu sancto conceptus per illam usitatam in sacris literis attributionem, quae, quod tribus personis commune (scl. omnia opera sanctae trinitatis extra ipsam) est, propter officium aut proprietatem uni tribuitur, ut quod potentiae gubernationis patri, quod sapientiae filio, quod benignitatis, bene- ficii, liberalitatis, foecunditatis spiritui sancto. Duabus ergo de causis Christi conceptio spiritui sancto tribuitur: et quia summum fuit erga homines beneficium, omniumque beneficiorum caput; et quia foecunditatis ac vivificationis opus fuit.“

V. 19 ff. Josef, der um die Ursache des Zustandes Mariens nichts wußte, geräth in kummervolle Verlegenheit, aus der ihn eine himmlische Offenbarung befreit. Josef obgleich bisher blos Verlobter

Marias, wird ihr Mann genannt vom Standpunkte des Schriftstellers
aus oder nach jüdischer Sitte, dergemäß Verlobte ganz als Mann und
Weib betrachtet wurden. Er wird charakterisirt als δίκαιος „gesetzlich
gerecht", d. h. der das Gesetz zur Norm seines Handelns machte und
als solcher die ihm vermeintlich untreu gewordene Braut nicht zur Ehe
nehmen konnte, sondern sie entlassen mußte. Zugleich war er voll Milde
und Liebe gegen seine Braut und wollte sie darum nicht der Schande
preisgeben, zur Schau stellen (= δειγματίσαι; so lesen Lachm., Tregell.
und Tischend. nach B statt des gebräuchlicheren παραδειγματίσαι der
Recepta). Er beschloß demnach, Maria heimlich (λάθρα) zu entlassen.
ἀπολῦσαι = entlassen durch Ausstellung eines Scheidebriefes. (Cf.
Deut. 24, 1 ff.) Da nämlich das Verlöbniß zwischen beiden zu Recht
bestand, so konnte es nach jüdischer Gesetzesinterpretation gleich der Ehe
nur durch einen Scheidebrief gelöst werden. Die Frage, worin nun die
beabsichtigte Entlassung „im Geheimen" bestehen sollte, wird sehr verschieden beantwortet. Wahrscheinlich darin, daß die Ausstellung des
Scheidebriefes von Seite Josefs erfolgen sollte auf privatrechtlichem
Wege, ohne daß nämlich die vermeintliche Untreue gerichtlich constatirt
worden wäre. Durch Klage und gerichtliche Untersuchung würde eben
nach Josefs Meinung Maria der öffentlichen Schande preisgegeben
worden sein. Die Participialsätze δίκαιος ὢν und θέλων . . . δειγματίσαι
sind causal zu fassen und enthält der erste den Grund für ἀπολῦσαι
und der zweite für λάθρα. Θέλω bezeichnet einfach das „Wollen" als
Thätigkeit, βούλεσθαι, den in Folge der Willensthätigkeit gefaßten
Willensbeschluß.

V. 20. Von seinem sorgenvollen Kampfe wird Josef durch
einen Engel befreit, der ihm den Sachverhalt offenbart. Ἐνθυμεῖσθαι
„mit Theilnahme des Gemüthes (voll Sorgen) etwas durchdenken".
Ἰδού = הִנֵּה ist eine bei Matthäus häufig vorkommende Partikel und
hat den Zweck, bedeutungsvolle Begebenheiten und Wendepunkte in der
Erzählung als solche einzuführen. Ἄγγελος κυρίου = מַלְאַךְ יְהֹוָה ein
himmlischer Geist, von Gott gesendet, um seine Befehle auszuführen.
Κατ' ὄναρ: κατά sowohl die Zeit als auch die Art und Weise bezeichnend; erstere Fassung hier wahrscheinlicher: im, während des Trau-
mes. Die Vision war also ein Traumgesicht. Υἱὸς Δαυίδ, Nominativ
der Anrede, statt des Vocativs. Josef wird Sohn Davids genannt, weil
die Kunde des Engels messianischer Natur ist und weil Josef gerade
als Davids Sohn bewogen werden soll, Maria zu ehelichen, damit so

deren Sohn der rechtmäßige Erbe des David'schen Hauses werde. Τὴν γυναῖκά σου ist entfernter Objectsaccus. Maria als deine Gemalin (Weib) anzunehmen. Als Grund der beruhigenden Ermunterung gibt der Engel an: τὸ γὰρ . . . ἐν αὐτῇ in ihr, in utero ejus. Ἐκ πνεύματος ἁγίου = hat den hl. Geist zum Urheber und nicht rührt ihr Zustand von Untreue her.

V. 21. Die Worte: das in ihr Erzeugte . . . näher erklärend, sagt der Engel: „Sie wird einen Sohn gebären und du wirst seinen Namen Jesus rufen." Das Futurum καλέσεις (häufig bei den LXX, auch im neuen Testamente) ist imperativisch zu fassen; es ist nachdrucks= voller als der Imperativ, da es die zweifellose Befolgung des Befehles ausdrückt. Dem vom Himmel Empfangenen ist also auch vom Himmel der Name gegeben. Der Grund dieser Benennung liegt nach der er= klärenden Bemerkung des Engels in der himmlischen Bestimmung des zu gebärenden Kindes: Retter seines Volkes zu sein, aber nicht nach gangbar jüdischer Vorstellung vom Joche römischer Herrschaft, sondern vom drückenderen Joche der Sündenknechtschaft. Λαός = dem hebräischen עם ist Bezeichnung des Volkes der Auserwählung; diesem zunächst war der Messias verheißen und geboren. (Röm. 1, 16.) Der Plural αὐτῶν geht auf das collectivische λαός. — Die V. 18—21 erzählte Begebenheit ist wahrscheinlich in die Zeit nach der Rückkehr Marias vom Besuche der Elisabeth zu setzen.

V. 22. 23. Den evangelischen Bericht 18—21 begleitet Matthäus mit der Bemerkung (gegen Chrys., Theoph., Euthym., Paulus, Arnoldi, Weiß, welche auch hier noch eine Rede des Engels annehmen): „Dieses Alles aber geschah, damit erfüllt würde das Wort des Herrn durch den Propheten, der da spricht: „Siehe! die Jungfrau wird schwanger werden und einen Sohn gebären, und man wird seinen Namen nennen Emmanuel, d. i. verdolmetscht: Gott mit uns." Τοῦτο ὅλον, d. h. die Empfängniß Marias als Jungfrau, die durch den Engel erfolgte Offen= barung über den Zustand Marias, sowie die Mittheilung rücksichtlich der Geburt und der Namensgebung. Πληροῦν vollmachen, erfüllen; von einer Weissagung gebraucht = das Geweißagte verwirklichen. Ἵνα ist final (τελικῶς) zu fassen: damit. Es wird demnach vom Evangelisten das V. 18—21 Erzählte in einen nothwendigen Zusammenhang mit einem göttlichen Ausspruche gesetzt; weil Gott durch den Mund des Propheten Jesaias die wunderbare Geburt des Messias von einer Jung= frau und seinen Namen schon vorher verkündet hatte, so mußte dies alles auch eintreten, damit die göttliche Vorhersagung, sich gründend auf das göttliche Vorauswissen, factisch in Erfüllung ging. Die B. 23 mitgetheilte Prophetenstelle ist aus Jesaias 7, 14 entlehnt, aber mit Abweichungen sowohl vom Originaltexte als von den LXX citirt. Rück= sichtlich des Zusammenhanges der Worte bei Jesaias ist Folgendes zu bemerken: „Als Achaz, König von Judäa, in der ihm von Syrien und Israel her drohenden Gefahr mit dem Gedanken umging, bei den Assy= riern Hilfe zu suchen, erschien vor ihm Jesaias im göttlichen Auftrage, um den Muth des Königs durch Hinweis auf die sichere göttliche Hilfe aufzurichten. Als Beweis für diese Hilfe ist Jesaias bereit ein Wunder zu wirken und richtet an Achaz die Aufforderung, ein solches zu ver= langen. Der König, sei es aus Unglauben, sei es aus Furcht Jehova dienen zu müssen, weigert sich ein solches Zeichen zu verlangen. Da gibt nun der Prophet selbst ein solches mit den Worten: „Ecce virgo concipiet et pariet filium et vocabitur nomen ejus Emmanuel.“ Obgleich der messianische Charakter der Stelle in Folge der authen= tischen Interpretation durch den Evangelisten zweifellos ist und darum jetzt fast allgemein anerkannt wird, so wird doch darüber gestritten, ob dieselbe direct oder nur typisch messianisch sei, d. h. ob die Weis= sagung direct auf Maria und Christus gehe oder ob sie ihrem zeit= geschichtlichen Sinne nach auf Personen gehe, welche in ihrem Leben und in ihren Schicksalen vorbildliche Beziehung auf Christum haben. Der Inhalt der Prophetie macht die erste Fassung fast zweifellos. Demnach schaut der vom Geiste Gottes erleuchtete Prophet, da er vor dem Könige Achaz steht, in der Jungfrau, die als solche empfangen und gebären wird, die seligste Jungfrau Maria, und in ihrem Sohne Emmanuel den Messias der Juden. Diese Fassung der Weissagung paßt auch gut in den Zusammenhang der prophetischen Rede. Jesaias, welcher mit seinem Antrage eines Rettungszeichens in der Gegenwart kein Gehör findet, weiset in prophetischem Seherblicke hin auf ein Zeichen in der messianischen Zukunft, welches Grund der endlichen Errettung Judas auch aus der gegenwärtigen Gefahr ist.

So ist also das Geheimniß der Geheimnisse „Gott mit uns“ die Grundlage der neutestamentlichen Heilsökonomie schon im alten Testa= mente, freilich noch dunkel, verkündet worden. Jene Exegeten, welche die Prophetie als typisch messianisch fassen, verstehen unter dem Sohne, welchen der Prophet verheißt, dem historischen Sinne nach einen Sohn entweder des Propheten oder des Achaz, oder einer nicht näher be=

zeichneten Frau, welcher durch seinen bedeutsamen Namen den Zeit=
genossen ein Unterpfand der Rettung des Reiches Juda sein werde.
Ἡ παρθένος entspricht dem hebräischen הָעַלְמָה, welches eine mannbare
Jungfrau, aber niemals eine junge Ehefrau bezeichnet; in der messia=
nischen Deutung des Prophetenwortes ist darunter die als wirkliche
Jungfrau schwangere Maria zu verstehen. Statt καλέσουσι steht im
Hebräischen die 3. Perf. sing. fem., die LXX hat καλέσεις als Apo=
strophe an die Jungfrau. Ἐμμανουήλ = עִמָּנוּאֵל = „mit uns ist
Gott". Dies ist ein symbolischer Name, durch welchen im historischen
Sinne der Weissagung das Kind als Unterpfand des göttlichen Bei=
standes zur Rettung aus dem drohenden Untergange bezeichnet wird,
nach der messianischen Erfüllung aber die übernatürliche Erzeugung Jesu
und seine gottmenschliche Natur ausgesagt ist.

V. 24. Sogleich gehorcht Josef dem himmlischen Befehle und
nimmt seine Braut zur Gemalin. Παρέλαβεν τὴν γυναῖκα αὐτοῦ: er
nahm an i. e. zur Ehe seine Verlobte. Der Artikel bei ὕπνος bezeichnet
den Schlaf als jenen bestimmten, in welchem dem Josef die himmlische
Belehrung zu Theil geworden war.

V. 25. Die Leseart der Recepta τὸν υἱὸν αὐτῆς τὸν πρωτότοκον,
womit auch die Vulgata stimmt, statt des bloßen υἱὸν (Lachm., Tregell.,
Tischend.) ist festzuhalten, weil für sie überwiegende Zeugen vorhanden
sind und weil nur für die Weglassung, nicht für die Einfügung Er=
klärungsgründe sprechen. Um die übernatürliche Empfängniß Mariens
bei den Lesern über jeglichen Zweifel zu erheben, weiset der Evangelist
jetzt, wo er soeben deren Verehelichung erzählt hat, nochmals darauf
hin, daß alles ausgeschlossen sei, was zur Annahme einer natürlichen
Geburt Jesu hätte veranlassen können. Γιγνώσκειν, entsprechend dem
hebräischen יָדַע, bezeichnet hier wie auch sonst bei den Griechen und
wie cognoscere bei den Lateinern, die eheliche Geschlechtsgemeinschaft.
Eine solche negirt der Evangelist ausdrücklich: „bis sie gebar ihren
Sohn den Erstgebornen". In diesen Schriftworten glaubten viele von
den ältesten Zeiten bis auf unsere Tage eine biblische Grundlage zu
finden zur Bekämpfung der traditionellen Kirchenlehre von der Jung=
frauschaft Marias ante partum, in partu et post partum. Man
argumentirt: Gibt der Evangelist den Terminus an, bis welchem Josef
die Maria nicht erkannte, so gebe er damit indirect zu verstehen, daß
das cognoscere nach jenem Zeitpunkte erfolgt sei, und werde Jesus der
erstgeborne Sohn Marias genannt, so sei damit ausdrücklich gesagt,

daß dieser nicht der Einziggeborne sei: εἰ πρωτότοκος ὁ υἱός, οὐκέτι μονογενής. Diese Conclusionen aber sind völlig unberechtigt. Ἕως οὗ, donec an sich bezeichnet lediglich, was bis zu einem bestimmten Zeit= punkt geschehen oder nicht geschehen ist, läßt aber unbestimmt, was nach Ablauf dieser Zeit erfolgte (so schon Hieron. u. Chrys.); darüber muß der Context entscheiden. Halten wir nun aber fest, daß der Tenor der evangelischen Erzählung augenscheinlich dahin geht: der Vorstellung zu begegnen, daß Josef der Vater Jesu sei, so haben wir im Contexte in Uebereinstimmung mit der traditionellen Kirchenlehre keinen Grund, das non cognoscere nur bis zur Geburt Jesu einzuschränken, sondern wir dürfen dasselbe als auch über das ἕως οὗ ἔτεκεν fortdauernd festhalten. Eine Schwierigkeit für diese Fassung von ἕως οὗ erwächst aus der näheren Bestimmung: πρωτότοκος bei υἱός. Aus der Bezeichnung πρω- τότοκος hat schon Helvidius gefolgert, Maria müsse außer Jesus noch andere Kinder gehabt haben, und ihm folgen die protestantischen Exegeten der neueren Zeit in der Mehrzahl. Diese Schlußfolgerung ist aber völlig unberechtigt. Das in der Profangräcität nicht häufig vorkommende πρωτότοκος entspricht im biblischen Sprachgebrauche dem hebräischen בְּכוֹר, welches absolute Bezeichnung für das ist, was den Mutterschooß öffnet = פֶּטֶר־רֶחֶם. Es liegt demnach im Ausdrucke kein nothwendiger Gegensatz zu einem Nachgebornen. Ein weiterer Grund, warum der Evangelist Jesum als „Erstgebornen“ bezeichnet, liegt in der alttestament= lichen Bestimmung über die männliche Erstgeburt. Num. 18, 13. Cf. Luc. 2, 23. 24. Es ist demnach der Satz sicher: Durch πρωτότοκος kann sowohl der erste neben anderen, als auch der einzige bezeichnet werden; weitere Folgerungen aus dem Ausdrucke sind als unberechtigt zurückzuweisen. Diese negative Beweisführung findet ihre Ergänzung durch den positiven Nachweis, daß die in der Schrift erwähnten „Brüder Jesu“ nicht leibliche Geschwister des Herrn, sondern seine Ge= schwisterkinder waren. Cf. 13, 55.

2. Kapitel.

Züge aus der Kindheitsgeschichte Jesu. 2, 1—23.

Jesus ist in der Weise geboren worden, wie es der Evangelist des alten Bundes vom verheißenen Messias vorher verkündet hat, als der Sohn der Jungfrau Maria, die mit Josef, dem letzten Nachkommen Davids vermählt war. Darum ist er der Erbe des David'schen König=

thums, der Messias der Juden. Als solcher wurde er gleich nach seiner
Geburt bezengt. Um diese Wahrheit darzustellen, theilt der Evangelist
in diesem Abschnitte drei Züge aus der Kindheitsgeschichte mit, die dem
Mathäus eigenthümlich sind. Die Wahl gerade dieser Stücke geschah,
weil sie auch darthun, daß schon in den Geschicken des neugebornen
Kindes das spätere Schicksal Jesu und seines Evangeliums vorgebildet ist:
Der Erlöser der Juden wird von seinem Volke verkannt und verfolgt,
von den Heiden erkannt und aufgesucht.

Ankunft und Huldigung der Magier. 1—12.

Durch ein Himmelszeichen wird Jesus als Messias bekundet und
als solcher von Repräsentanten der Heidenwelt erkannt und anerkannt.

V. 1 enthält zunächst eine genaue Angabe des Ortes, und eine
allgemeine der Zeit der Geburt Jesu. Βηϑλεέμ (= בֵּת־לֶחֶם), Brot=
hausen, so genannt wegen der Fruchtbarkeit der Gegend. Die Stadt
lag im Stamme Juda (cf. Jud. 17, 9. 19, 1, 1 Reg. 17, 12) un=
gefähr zwei Stunden südlich von Jerusalem und war Davids Geburts=
stätte (1 Reg. 16, 1. 17, 12). Der ursprüngliche Name der Stadt war
Ephrata (cf. Gen. 35, 16. 19). Die nähere Bestimmung τῆς Ἰουδαίας
dient dazu, dieses Bethlehem zu unterscheiden von jenem, welches im
Stamme Zabulon (Josue 19, 15) lag. Die allgemeine Zeitbestimmung
ἐν ἡμέραις τοῦ Ἡρώδου = in der Regierungszeit des Herodes. Herodes,
mit dem Beinamen der Große, war ein Idumaeer von Geburt, Sohn
des Antipater. Seine königliche Würde verdankte er den Römern, denn
er wurde 714 ab u. c. (40 v. Chr.) vermittelst eines durch Antonius
und Octavian bewirkten Senatsbeschlusses zum König von Judäa er=
nannt, doch kam er erst nach drei Jahren in den vollen Besitz seines
Reiches. Cf. Ant. XVII, 8, Bell. jud. I 33, 8, Heges. 1, 30, Euseb.
H. E. 1, 6. Er starb noch unter der Statthalterschaft des Varus vor
dem Passah 750, 70 Jahre alt, nach einer 37jährigen äußerlich glän=
zenden aber lasterhaften Regierung. Cf. Ant. XVII. 6, 4. Regis: „Dum
dicit (evangelista) Herodem hominem alienigenam regnasse, indicat sceptrum de tribu Juda ablatum fuisse exactumque fuisse
tempus, quo ex prophetia Jacob (cf. Gen. 49, 10) Christus venturus erat." Mald. — Damals kamen Magier vom Morgenlande her
nach Jerusalem. Μάγοι ist höchst wahrscheinlich nicht semitischen (מָגִים
für מְחַגִּים von הָגָה meditari), sondern indogermanischen Ursprungs

(Wurzel das fanskrit.: mahet, neuperfisch: mog, griechisch: μέγας lateinisch: magnus) und bezeichnet seiner Etymologie nach die Mächtigen. Nach dem Berichte der alten Schriftsteller (Herodot I, 101) waren die Magier bei den Medern ein eigener Stamm, welcher die Priester= kaste bildete. Der Stammname wurde allmälig Amtsname und bezeichnete als solcher die Priester des medisch=persischen und später auch des baby= lonischen Cultes. (Cf. Jerem. 39, 3.) Weil die Priester sich auch vor= zugsweise mit Astronomie und der damit verbundenen Astrologie und mit geheimer Naturkunde beschäftigten, so erhielt der Ausdruck allmälig eine weitere Bedeutung und bezeichnete jene, die sich mit den genannten Wissenschaften beschäftigten. In dieser weiteren Bedeutung „Gelehrte", „Naturkundige" dürfte der Ausdruck hier zu nehmen sein. So nach Vielen auch Maldonat. Die Magier kamen ἀπὸ ἀνατολῶν, von den Ostgegenden, worunter nach biblischem Sprachgebrauche sowohl Arabien (Gen. 10, 30), als auch Babylonien (Num. 23, 7) verstanden werden kann. In der Tradition finden wir nähere, wenn auch nicht ganz zu= sammenstimmende Angaben über den allgemeinen Ausdruck ἀνατολή, sowie über den Stand und die Zahl der Magier. Daß sie aus Arabien gekommen, sagen Justinus: ἐλθόντες οἱ ἀπὸ Ἀραβίας μάγοι, Dial. c. Tryph. c. 78, Tertull., Cyprian, Epiphan. Aus Persien sind sie ge= kommen nach Malb. quia (haec opinio) plures habet auctores, et quia nomen ipsum Magorum Persicum est, et quia Persicos prae se mores ferunt. Daß die Magier Könige gewesen, lehren die meisten Väter, schon Cyprian., Chrys., Hilarius, wohl auf Grund der Weis= sagung: Reges Arabum et Saba dona adducent. (Pf. 71, 10, cf. 67, 30, Jes. 49, 7.) Aus der Dreizahl der Geschenke hat man schon früh (August., Leo) auf drei Magier geschlossen, deren Namen zuerst Beda anführt. Sie kamen nach Jerusalem, weil sie in der jüdischen Hauptstadt, wenn nicht den Gebornen selbst, so doch sichere Auskunft über ihn erwarten konnten.

V. 2. Mit großer Zuversicht fragen die Magier: „Wo ist der (neu=) geborne König der Juden?" Es ist ihnen die Geburt des Mes= sias zweifellos, unbekannt nur der Ort derselben. Ihre zuversichtliche Sprache begründend, fahren sie fort: „Denn wir haben seinen Stern, d. h. den die Geburt des verheißenen Königs der Juden verkündenden Stern im Morgenlande gesehen." Was bezeichnet ἀστήρ, aus dessen Erscheinen die Magier auf die Geburt des Messias schlossen, und wie kamen sie zu diesem Schlusse? Dem Ausdrucke ἀστήρ, Stern, welcher

verschieden ist von ἄστρον, Gestirn, dem Tenor der evangelischen Er=
zählung und der Ausdrucksweise (cf. V. 9), entspricht entschieden die
Annahme: es sei ein wunderbarer Stern gewesen, von Gott zum Zwecke
der Verkündigung der Geburt Jesu geschaffen, welcher wieder ver=
schwinden sollte, nachdem er seinen Zweck erfüllt hatte. So die Väter
durchgehends, und findet sich das älteste außerbiblische Zeugniß dafür
bei Ignatius Ep. ad Eph. c. 19. Indessen hat auch die schon alte
Ansicht, daß nur ein gewöhnlicher Stern (Gregor v. Nyssa in seiner
Homilie de nat. Christi) oder eine Stern=Conjunction den Weisen ein
Wegweiser gewesen sei, scharfsinnige Vertheidiger gefunden an Kepler
„De stella nova in pede Serpentarii", Pragae 1606 und Münter,
„Der Stern der Weisen", Kopenhagen 1827. Kepler hat nämlich ge=
legentlich einer Conjunction des Saturn und Jupiter im Jahre 1604
am östlichen Fuße des Schlangenträgers einen neuen fixsternähnlichen
Körper gefunden, und da nach seinen astronomischen Berechnungen eine
solche Constellation auch 747 ab u. cond. stattgefunden hatte, so stellte
er die Vermuthung auf, daß ein Stern erster Größe, welcher gelegentlich
dieser Constellation erschien, der Stern der Weisen gewesen sei. Münter
hielt die Stern=Conjunction von 747 selbst für den Stern der Weisen.
Es hat also Gott, der die Ankunft des Erlösers den Juden durch die
Propheten vorher verkündet, die Geburt desselben den Heiden durch
eine Sternerscheinung am Himmel angezeigt. Wie konnten aber die
Weisen aus der Erscheinung eines außergewöhnlichen Gestirnes auf die
Geburt des Messias schließen? Nachweisbar galten den alten Astro=
nomen und Astrologen außergewöhnliche Sternerscheinungen als beson=
ders bedeutungsvoll. Bei dem Erscheinen des Sternes der Weisen auf
die Geburt des Messias zu schließen, lag nun um so näher, als damals
nach dem Zeugnisse des Sueton, Vesp. c. 4, Tacitus, historia 5, 13
und Joseph., b. jud. VI, 5, 4 die Messiaserwartung im Oriente
allgemein verbreitet war. Zudem dürfen wir nach V. 12 als sicher
annehmen, daß die Weisen überhaupt unter himmlischem Einflusse
standen. Προσκυνεῖν (von κυνεῖν, küssen), durch Niederwerfen mit dem
Angesichte zur Erde Jemandem seine Ehrfurcht und Unterwürfigkeit
bezeigen, dann anbeten.

V. 3. Während Heiden freudig herbeikommen, um dem neu=
gebornen König der Juden zu huldigen, bewirkt ihre Nachricht bei den
Juden allgemeine Erregung; Herodes und gleicherweise die Bewohner
von Jerusalem erschrecken. Ἱεροσόλυμα (pl. neutr.) ist hier und 3, 5

als fem. sing. construirt ad sensum, weil die Einwohnerschaft als femin. collectivum gedacht ist.

V. 4. Herodes sieht sich veranlaßt nach dem Geburtsorte des Messias zu forschen. Zu diesem Zwecke beruft er alle Hohenpriester und die Schriftgelehrten des Volkes, die ihm authentische Auskunft geben sollten über die Frage: ποῦ ὁ Χριστὸς γεννᾶται. Γεννᾶται ist präsentisch zu fassen: wo er geboren wird? (scl. gemäß der Verheißung). Zu den ἀρχιερεῖς (principes sacerdotum) gehörte der wirklich fun= gierende Hohepriester, dann jene, welche früher das hohenpriesterliche Amt bekleideten, deren Zahl bei der Willkür der Römer in Absetzung der Hohenpriester (Ant. 15, 3) oft nicht unbedeutend war, und (wahr= scheinlich) die Vorsteher der 24 Priesterklassen. Die γραμματεῖς (scribae) bei Luc. 7, 30 und öfters νομικοί, oder 5, 17 νομοδιδάσκαλοι genannt, waren die gelehrten Gesetzesausleger und gehörten meistens der phari= säischen Partei an. Entgegen der gewöhnlichen Ansicht, Herodes habe den hohen Rath, das Synedrium, berufen, wird seit Grotius von vielen Exegeten (Fritzsche, v. Berlepsch, Arnoldi, Meyer, Weiß, Keil) angenom= men, die von Herodes einberufene Versammlung sei wahrscheinlich eine Privatversammlung gewesen. Nur die Hohenpriester und Schriftgelehrten (nicht auch die Aeltesten des Volkes) habe Herodes berufen, weil ihnen als den Theologen des Volkes nur eine theologische Frage vorgelegt werden sollte. Sicher aber ist, daß die zwei namhaft gemachten Glieder, Hohepriester und Schriftgelehrte auch den hohen Rath bezeichnen können. Cf. 20, 18. Das Synedrium (talm. Sanhedrin) war der höchste Ge= richtshof der Juden; er war zusammengesetzt aus Oberpriestern (ἀρ= χιερεῖς), Aeltesten des Volkes (πρεσβύτεροι τοῦ λαοῦ) und Schrift= gelehrten (γραμματεῖς) und zählte 71 Mitglieder. Obgleich die Tal= mudisten die Entstehung des Synedriums auf Moses selbst zurückführen, dürfte dasselbe doch erst zur Zeit der syrischen Herrschaft entstanden sein. Zum ersten Male wird desselben ausdrücklich Erwähnung gethan unter Antipater und Herodes. Antt. XIV. 9, 4.

V. 5, 6. Die Versammelten bezeichnen Bethlehem als den durch Michäas vorher verkündeten Geburtsort des Messias. Die Stelle V. 6 ist aus Mich. 5, 1 mit Abweichungen sowohl vom Originaltexte als vom griechischen Texte. Nach dem Urtexte ist der Sinn der Stelle: Obgleich Bethlehem zu klein ist, um unter die Gaustädte gerechnet werden zu können, so wird doch der Herrscher Israels daraus hervorgehen; es wird also die räumliche Kleinheit der Stadt in Gegensatz gestellt zu ihrer hohen Bestimmung. Somit ist das Citat bei Matthäus nur der Form nicht dem Inhalte nach vom Originaltexte verschieden. Γῆ Ἰούδα ist Apposition zu Bethlehem: die Stadt kommt mit dem zu ihr gehörigen Landgebiete in Betracht. Durch ἐν τοῖς ἡγεμόσιν, in principibus, ist das hebräische בְּאַלְפֵי (LXX. ἐν χιλιάσιν) wiedergegeben. Das hebräische Alaphim (wörtlich Tausendschaften) bezeichnet Geschlechter als Unterabtheilungen eines Stammes. Mit Rücksicht auf das folgende dux setzt Matthäus statt der Geschlechter die Häupter (principes), welche die Geschlechter repräsentieren. Ποιμαίνειν weiden, nach biblischem Sprachgebrauche regieren, aber mit dem Nebenbegriffe einer milden, vorsorglichen Herrschaft.

V. 7. Den nächsten Schritt macht jetzt der argwöhnische und heimtückische Herodes im Geheimen, da geheim zu verfahren der Schlechtigkeit eigen ist. Er erlangt in geheimer Unterredung mit den Magiern genaue Kunde über die Zeit, seit welcher der die Geburt des Herrn verkündende Stern leuchtet und wird dadurch in den Stand gesetzt das muthmaßliche Alter des Kindes zu bestimmen. Ohne Zweifel hegte er schon Mordgedanken gegen das Jesukind. Ἀκριβοῦν mit Acc. genaue Kunde erlangen = diligenter didicit, Vulg. Theophyl., Euthym. = ἀκριβῶς ἔμαθεν. Τοῦ φαινομένου ἀστέρος, die Präsensbedeutung festzuhalten; wie lange der Stern erschiene. Das Präsens setzt voraus das gegenwärtige Fortdauern des Scheinens. Anders Mald. Quo illis tempore primum coepisset apparere.

V. 8. Um Näheres über den Messias selbst in Erfahrung zu bringen, veranlaßt Herodes die Magier nach Bethlehem zu gehen mit dem Auftrage bei der Rückkehr ihm weitere Mittheilungen zu machen. Durch die heuchlerische Rede: ut et ego veniens adorem eum will Herodes die Magier möglichst sorglos machen. Πέμψας, er hatte sie veranlaßt hinzugehen (und zwar durch Mittheilung des V. 6 enthaltenen Ausspruches), ἐξετάσατε von ἐξετάζω, ausforschen, prüfen.

V. 9. Als nun die Magier ihre Reise nach Bethlehem fortsetzten war der Stern wieder ihr Begleiter und Wegweiser zur Geburtsstätte des Heilandes. Aus dem Beisatze: quam viderant in oriente, darf man nicht schließen, daß die Magier auf ihrer Reise von der Heimat bis nach Jerusalem den Stern nicht mehr gesehen hätten und daß ihnen derselbe erst auf der Weiterreise von Jerusalem wieder erschienen sei; denn damit läßt sich V. 7 nicht vereinbaren. Der Zusatz hat vielmehr nur den Zweck hervorzuheben, daß gerade jener Stern, der den Ma-

2*

giern schon in der Heimat die Geburt des Messias verkündet hatte, sie auch von Jerusalem bis zur Geburtsstätte des Messias begleitete. Der Aorist εἶδον im Relativsatze hat die Bedeutung eines Plusquamperfect = viderant der Vulgata. Προῆγεν ist schilderndes Imperfect: er ging vor ihnen her (scl. während der Reise). Die Ausdrücke: „Der Stern ging vor ihnen her" und „er stand über dem Orte, wo das Kindlein war" sind von einem wirklichen Gehen und Stehen des wunderbaren Sternes zu verstehen und nicht durch die Annahme eines optischen Scheines zu erklären.

V. 10. Dieses Erscheinen und Vorhergehen des Sternes bereitete den Magiern überaus große Freude, weil sie darin eine himmlische Bestätigung dessen fanden, was sie bisher über Jesu Geburtsstätte von Menschen vernommen hatten. Der Begriff des Verbums „freuen" (χαίρειν) ist verstärkt durch das beigefügte Verbalsubstantiv und wird noch gesteigert durch das Adverb. σφόδρα (sehr).

V. 11. Ἐλθόντες εἰς τὴν οἰκίαν. Die Mehrzahl der hl. Väter bezeichnet den nach der Geburt Jesu wohnlicher eingerichteten Stall als die Behausung der hl. Familie während der ganzen Zeit ihres Aufenthaltes in Bethlehem, und somit auch als den Ort, wo die Weisen das Jesukind fanden. In diesem Sinne faßt οἰκία schon Just., welcher Dial. c. 78 sagt, die Magier hätten Jesum ἐν φάτνῃ gefunden, so auch Chrys., August. und Viele. Die Magier bringen dem Jesukinde, wie sie schon ursprünglich beabsichtigt hatten (cf. V. 2) ihre Huldigung dar und geben derselben nach Weise des Orientes noch besonderen Ausdruck durch Darreichung von Geschenken. Was die Bedeutung der dargebrachten Geschenke betrifft, so bemerkt gut Schegg: Diese Geschenke stünden in einer zu nahen Beziehung zur königlichen Würde, als daß diese Beziehung ignorirt werden könnte. Der König wird gesalbt (Myrrhe = fließende Myrrhe), sein ist die Macht und Herrlichkeit (Gold), ihm gebührt Anbetung und Ehre (Weihrauch). Die meisten Väter sagen, die Geschenke der Magier seien Symbole ihrer Erkenntniß der gottmenschlichen Natur Christi gewesen, und zwar werde Jesus durch das Gold als König, durch Weihrauch als Gott, durch Myrrhe als für die Sünden der Menschen sterbender Gottmensch dargestellt.

V. 12. Nach erfolgter Huldigung gingen die Magier in Folge göttlicher Weisung nicht zu Herodes nach Jerusalem zurück, sondern kehrten auf einem anderen Wege in ihre Heimat zurück. Χρηματίζειν, einen himmlischen Bescheid (durch Offenbarung) ertheilen; Pass. einen

solchen Bescheid erhalten, Vulg. responso accepto. Die göttliche Wei=
sung an die Magier, wodurch zunächst die Mordpläne des Herodes
vereitelt wurden, war ihrer Natur nach auch eine Bestätigung des
Glaubens der Magier an die messianische Würde des neugebornen
Kindes. — Ueber die Frage, ob die Ankunft der Magier vor der Dar=
stellung Jesu im Tempel (Luc. 2, 22—40) — so die Mehrzahl der
Väter — oder nach dieser erfolgt sei, sind die Exegeten getheilter Mei=
nung. Die Kirche feiert das Fest Epiphanie (Huldigung der Magier)
am 13. und das der Darstellung im Tempel am 40. Tage nach der
Geburt des Herrn. Ohne Widerspruch befürchten zu müssen, glaube ich
behaupten zu dürfen, daß die Darstellung im Tempel nicht stattfand
in der Zeit zwischen der Ankunft der Magier und der Flucht nach
Aegypten. Einmal macht der evangelische Bericht selbst (cf. Matth.
2, 13) den Eindruck, daß die Flucht unmittelbar nach dem Weggange
der Magier erfolgt sei; dann ist die Annahme nicht gut zulässig, daß
Herodes mit der Ausführung seiner Mordpläne volle vier Wochen sollte
zugewartet haben. Nehmen wir nun — und wie es scheint mit Recht
— an, daß Jesu Darstellung im Tempel am 40. Tage nach seiner
Geburt erfolgte, so ist die Ankunft der Magier später zu setzen. Andere
Exegeten hingegen (darunter Hug, Gutachten; Schegg, Leben Jesu) ver=
setzen die Darstellung im Tempel in die Zeit nach der Rückkehr aus
Aegypten.

Flucht nach Aegypten. 13—15.

Der nächste und äußere Grund, warum das Jesukind gerade nach
Aegypten geflüchtet wurde, war die Nähe des Landes, in dem schon
viele Juden Zuflucht gesucht und gefunden hatten. Es liegt der Flucht
gerade nach Aegypten aber auch ein höheres Motiv zu Grunde, die
Absicht Gottes, jetzt durch das Geschick des Messias, des eigentlichen
Sohnes Gottes, in Erfüllung zu bringen, was schon in der Geschichte
Israels, des moralischen Sohnes Gottes typisch vorgebildet war. Jesus
sollte in Aegypten Zuflucht finden, wie schon Israel dort Zuflucht ge=
funden hatte.

V. 13. Im engen Anschlusse an V. 12 wird die Erzählung in
einfacher Schilderung fortgeführt und als neues Moment in der Ge=
schichte des göttlichen Kindes die auf himmlischen Befehl erfolgte Flucht
nach Aegypten erzählt. Der evangelische Bericht macht den Eindruck,
als ob gleich nach dem Weggange der Magier der Befehl zur Flucht

gegeben worden sei. Εἰς Αἴγυπτον, die spätere Tradition bezeichnet als Aufenthaltsort der hl. Familie in Aegypten Matarea nahe bei Leontopolis, heute Matarieh, d. h. frisches Wasser. Μέλλει ζητεῖν = ist im Begriffe zu suchen. Τοῦ ἀπολέσαι, der in der späteren Gräcität häufige Gebrauch des Genit. infinit. zur Bezeichnung einer Absicht findet sich bei Matthäus selten. Durch die Worte: puerum et matrem ejus (cf. V. 14) wird wieder angedeutet, daß Josef nicht der Vater Jesu war.

V. 14. 15. Ohne Widerrede führt Josef den himmlischen Befehl sofort (= νυκτός) aus und es blieb die hl. Familie in Aegypten bis zum Tode (τελευτή = Lebensende) des Herodes.

V. 15. Die Flucht und das Verweilen des neugebornen Heilandes in Aegypten bis zum Tode des Herodes war von Gott verordnet, damit eine alttestamentliche Prophetie ihre Verwirklichung erhielt. Die Stelle, welche Matthäus hier anführt, ist genommen aus Hos. 11, 1 und nach dem Originaltexte angeführt; sie geht zunächst auf die Israeliten, welche wegen ihrer Auswahl zum Gottesvolke „Sohn Gottes" heißen und sind. Cf. Exod. 4, 22, Jerem. 31, 9. Die Beziehung der Prophetenstelle auf Christum und seine Lebensführung hat ihren Grund nicht etwa in einer willkürlichen Pressung des Ausdruckes filium meum, sondern darin, daß der Messias voll und wirklich ist, was das erwählte Volk nur unvollkommen, in typischer Präformation war, nämlich der Sohn Gottes. Es ist somit die volle antitypische Realisirung der Idee des Gottessohnes im Messias der völlig wahre Grund für die Berechtigung des Citates.

Der Bethlehemitische Kindermord. 16—18.

V. 16. Damals, als die hl. Familie sich nach Aegypten geflüchtet hatte, ergrimmte Herodes sehr ob des Ausbleibens der Magier. Darum schickt er jetzt Schergen nach Bethlehem, um seinen schrecklichen Mordplan in Ausführung zu bringen. Ὅτι ἐνεπαίχθη, „daß er verspottet, zum Narren gehalten war", ist vom Standpunkte des Herodes aus gesagt und drückt dessen Erbitterung über das Ausbleiben der Magier aus. Um mit desto größerer Sicherheit vorzugehen, läßt Herodes nicht blos in Bethlehem, sondern auch in dessen Umgebung alle Knaben vom zweiten Jahre an bis herab zu den Neugebornen hinmorden. Rücksichtlich der Altersbestimmung der Kinder, welche gemordet werden sollten, diente Herodes zur Richtschnur die von den Magiern erforschte Zeit (scl. des leuchtenden Sternes, cf. V. 7). Daraus darf nicht ge=

folgert werden, daß der Stern schon zwei Jahre vor der Geburt des Heilandes erschienen sei. Herodes will sicher gehen, und wie er darum räumlich die weiteste Peripherie zog, so that er es auch rücksichtlich der Zeit. Cf. Schegg nach Mald. Καὶ κατωτέρω = und herunter, d. h. bis zu den Neugebornen.

V. 17. 18. Auch durch das Factum des Kindermordes ist eine Prophetie in Erfüllung gegangen. Die Stelle in V. 18 ist aus Jerem. 31, 15 entlehnt und frei nach den LXX citirt. Φωνή wird näher bestimmt durch κλαυθμός und ὀδυρμὸς πολύς, und das Participium κλαίουσα ist mit dem Verbum ἠκούσθη zu verbinden und demnach ist zu übersetzen: „Eine Stimme ist in Rama gehört worden, (nämlich) Weinen und Wehklagen viel; Rachel (ist gehört worden) weinend über ihre Kinder und nicht wollte sie sich trösten lassen, weil sie nicht (mehr) sind." Dem historischen Sinne nach beziehen sich die Prophetenworte zunächst auf das Nationalunglück, welches mit der Hinwegführung nach Babylon durch Nabuchodonosor über die Juden hereingebrochen war. Die allgemeine Trauer der Frommen über dieses Unglück schildert der Prophet in ergreifender Weise dadurch, daß er in Rama, im Stammgebiete Benjamins gelegen, wo auch die zur Deportation bestimmten Juden in Gewahrsam gehalten wurden (cf. Jerem. 40, 1) die schon längst verstorbene Rachel, die Stammmutter der Benjaminiten, Klagerufe erheben läßt über den Untergang ihrer Kinder. Nach Matthäus hat die Stelle zugleich eine messianische Beziehung und hat in dem soeben erzählten Factum ihre antitypische Erfüllung erhalten. Wie man einst durch die Hinwegführung Israels das alttestamentliche Gottesreich vernichten wollte, so wurde jetzt durch den Kindermord die Vernichtung des Königs dieses Reiches beabsichtigt. Wie aber damals Gott seines Volkes sich wieder erbarmte und es in's Land der Väter zurückführte, so war auch jetzt Gottes Hand mit dem Kinde und sollte dasselbe nach kurzer Zeit nach Israel in sein Eigenthum wieder zurückkehren. Rama, jetzt Dorf er Ram, zwei Stunden nördlich von Jerusalem, bald zu Ephraim, bald zu Benjamin gehörig. Cf. Jos. 18, 26. — Man hat das Schweigen des Josefus über den Bethlehemitischen Kindermord um so mehr auffallend gefunden, als derselbe sonst des Herodes Grausamkeiten genau verzeichnet. Cf. Ant. XV. 7, 8, XVI. 11, 3, XVII. 2, 4. Das Schweigen des Josefus kann aber unmöglich ein solches Gewicht haben, daß es den bestimmt lautenden Bericht des Matthäus in den Bereich einer Sage verweisen sollte. Denn abgesehen davon, daß wir dem Evangelisten zum mindesten eben so viel glauben dürfen, als dem Flavius Josefus, ist das Schweigen auch erklärbar, da bei der geringen Bevölkerung von Bethlehem die Zahl der gemordeten Kinder höchstens 20 betrug; ferner dürfen wir annehmen, daß bei Ausführung des Mordplanes der Urheber desselben möglichst geheim gehalten wurde. Wenn man den historischen Charakter der Erzählung aus dem Grunde bestreiten zu können meint, weil der Kindermord eine stümperische Maßregel gewesen wäre, die der kluge Herodes nicht ergriffen haben würde, so wäre vorerst zu beweisen, daß Herodes nie unkluge Maßnahmen getroffen hat. Unter den nichtchristlichen Schriftstellern erwähnt diesen Mord zuerst Macrobius (4. Jahrh.). Er berichtet von Augustus: Cum audisset, inter pueros, quos in Syria Herodes rex Judaeorum intra bimatum jussit interfici, filium quoque ejus occisum ait: melius est Herodis porcum (ὅν) esse quam filium (υἱόν) Sat. 2, 4. Dieser Bericht vermischt die Greuelthat des Bethlehemitischen Kindermordes mit der Ermordung eines Sohnes des Herodes, welche Verwechslung leicht entstehen konnte, weil der Römer sich sonst keinen anderen königlichen Sprößling zu denken wußte, der Gegenstand der Verfolgung des Herodes sein konnte.

Jesus in Nazareth. 19—23.

Das Jesuskind, durch göttliche Fügung dem drohenden Verderben entrissen, wird jetzt auf himmlische Weisung wieder in's heilige Land zurückgebracht und in Folge göttlichen Rathschlusses wählt die heilige Familie Nazareth zum bleibenden Wohnorte.

V. 19. 20. Der göttliche, durch einen Engel vermittelte Befehl zur Rückkehr ergeht an Josef nach dem Tode des grausamen Herodes. Τελευτήσαντος, als er geendet hatte, i. e. gestorben war. Ueber den Tod des Herodes berichten: Jos. Antt. XVII, 8, b. jüd. I, 21, Hegesipp. 1, 45, Euseb. H. E. 1, 8. Die Aufforderung zur Rückkehr begründet der Engel mit den Worten: τεθνήκασιν ... Οἱ ζητοῦντες τὴν ψυχήν ist hebraism. die Seele suchen = nach dem Leben trachten. Warum steht der Plural: „sind gestorben", da doch nur von dem Tode des Herodes allein die Rede war? Der Plural ist Plural der Kategorie und drückt recht allgemein den Gedanken aus, daß mit dem Tode des Herodes alle Gefahr geschwunden sei. Zugleich gebraucht der Engel des Herrn hier dieselben Worte, die einst der Herr zu Moses in gleicher Situation gesprochen hat (Exod. 4, 19), um Moses als Vorbild Christi hinzustellen.

B. 21. Sogleich bringt Josef das Jesukind und seine Mutter wieder in's Land Israel zurück, dessen Messias der Herr war und in dem er seine Thätigkeit entfalten sollte. Lachm., Tregell. und Tischend. lesen nach אBC. εἰσῆλθεν statt ἦλθεν. Γῆ Ἰσραήλ ist nicht unbestimmte Bezeichnung des Landes, sondern steht als das Land des Bundesvolkes und der göttlichen Offenbarung im Gegensatze zu Aegypten.

B. 22. Als Josef hörte, daß an Stelle des verstorbenen Herodes Archelaus, der an Argwohn und Grausamkeit dem Vater ähnliche Sohn, über Judäa herrschte, so begab er sich auf göttliche Weisung nach Galiläa, das dem zwar lüsternen, aber milderen Herodes Antipas zugefallen war. Augustus hatte nach dem Tode des Herodes durch seinen Neffen Cajus Cäsar das hinterlassene Erbe desselben so unter dessen drei Söhne getheilt, daß Archelaus die Hälfte, nämlich Idumäa, Judäa und Samaria erhielt mit dem Titel „Ethnarch"; Antipas Galiläa mit Peräa und Philippus Batanäa, Trachonitis und Auranitis, beide mit dem Titel „Tetrarch". Βασιλεύειν (regnare) steht also im weiteren Sinne: herrschen. Ἐκεῖ ἀπελθεῖν, die Verbindung des Adverbums der Ruhe (ἐκεῖ) statt der Bewegung (ἐκεῖσε) mit einem Verbum der Bewegung ist häufig und wird dadurch die auf die Bewegung folgende Ruhe hervorgehoben.

B. 23. Nach Galiläa gekommen, verlegte die heilige Familie ihren bleibenden Wohnsitz nach Nazareth, und zwar nicht zufällig, sondern in Folge göttlicher Fügung. Zu καὶ ἐλθών ist zu ergänzen: nach Galiläa. Εἰς πόλιν gehört nicht zu ἐλθών, sondern zu κατῴκησεν; die Präposition der Bewegung beim Verbum der Ruhe hebt das mit der Niederlassung vorgängig verbundene Moment der Bewegung hervor. Λεγομένην Ναζαρέθ; statt einfach den Namen der Stadt anzuführen, sagt Matthäus: „welche genannt wird Nazareth", weil im Folgenden auf die typische Beziehung des Namens der Stadt hingewiesen wird. Nazaret(h), weder im alten Testamente noch bei Josefus Flavus erwähnt, war ein kleines Städtchen Galiläas im Stamme Zabulon auf einem Hügel mit anmuthiger Umgebung, unweit Kapharnaum; der Name hat sich im jetzigen Städtchen en Nasira erhalten. Nach Matthäus erfolgte die Uebersiedelung nach Nazareth, „damit erfüllet würde, was durch die Propheten gesprochen worden ist, daß er ein Nazaräer werde genannt werden". Der Zusammenhang der citirten Prophetenworte ist klar, aber die Erklärung des Inhaltes derselben bietet bedeutende Schwierigkeiten. Nach Matthäus haben Propheten vom Messias verkündet, er

werde Nazaräer genannt werden, während weder bei einem, noch weniger
bei mehreren Propheten ein solcher Ausspruch sich findet. Von den
vielen Erklärungsversuchen ist folgender der wahrscheinlichste: Matthäus
hatte hier zunächst den Ausspruch des Jesaias 11, 1 im Auge, wo der
Messias ein Reis (נֵצֶר) aus dem Stamme Jesse genannt wird; dann
die ähnlichen Ausdrücke bei Jeremias, cf. 23, 5. 33, 15, und Zacharias
3, 8. 6, 12, wo er צֶמַח (Sprosse) heißt. Wahrscheinlich wurde diese
prophetische Benennung gleich anderen Namen Eigenname des Messias,
so · daß derselbe bei den Juden einfach Nezer genannt wurde. Fest=
haltend nun an dem Wortklange dieser Benennung findet Matthäus
darin eine von Gott intendirte Hindeutung auf den Wohnort des Messias,
auf Nazareth, welches wahrscheinlich bei den Juden auch Nezer hieß.
Indem nun Jesus auf göttliche Weisung in Nazareth (Nezer) seinen
bleibenden Aufenthalt nimmt und nach dieser Jugendheimat Ναζωραῖος
genannt wird, gehen nach der Darstellung des Matthäus die Worte
jener Propheten in Erfüllung, welche den kommenden Messias einen
Sproß, ein Reis (Nezer) genannt haben, durch das der verheißene
Segen kommen soll.

Zweiter Haupttheil.

Wirksamkeit Jesu in Galiläa. 3, 1 bis 18, 35.

Vorbereitung auf den Beginn der messianischen Wirk=samkeit Jesu. 3, 1 bis 4, 11.

Nachdem der Evangelist einige messianische Züge aus Jesu Kind=
heitsgeschichte mitgetheilt, übergeht er dessen Jugendgeschichte ganz (cf.
Luc. 2, 41. 42) und berichtet, bevor er zur Darstellung des öffent=
lichen Wirkens Jesu übergeht, nur noch die vorbereitende Wirksamkeit
des Vorläufers Jesu, Johannes Baptista, und Jesu Versuchung.

3. Kapitel.
Johannes der Täufer. 1—12.
Cf. Marc. 1, 1—8, Luc. 3, 1—18.

Johannes, der prophetisch verkündete Vorläufer des Messias,
weiset durch seine Bußpredigt und Wassertaufe auf den kommenden
Messias hin, legt dem Volke die Nothwendigkeit der Sinnesänderung
an's Herz und wird so der Wegbereiter des Messias selbst.

V. 1. Angabe der Zeit des Auftretens des Johannes und des Ortes seiner Wirksamkeit. Ἐν ταῖς ἡμέραις ἐκείναις ist allgemeine volks=thümliche Zeitbestimmung, welche immer auf ein voriges Datum zurück=weiset; hier: in jenen Tagen, als Jesus sich noch in Nazareth aufhielt. Eine sehr genaue Zeitangabe gibt Luc. 3, 1. Παραγίνεται ist praes. hist.: er kommt an, tritt auf. Ἰωάννης ὁ βαπτιστής, cf. Antt. XVIII. 5, 2, so genannt, weil er den Taufact vollzog. Als Ort der Wirksam=keit des Johannes bezeichnet der Evangelist: ἐν ἐρήμῳ τῆς Ἰουδαίας. Cf. Marc. 1, 4, Jud. 1, 16, Jos. 15, 61. Die Wüste Judäas erstreckte sich von der Stadt Thekoa (cf. 2 Chron. 20, 20) bis zum todten Meere hin und war eine wenig bebaute und bewohnte Fläche. Die Ortsangabe bei Luc. 3, 3 ist nur genauer, nicht verschieden: In der Wüste Judäas, und zwar in jenem Theile derselben, welcher schon im Jordanthale lag. Matthäus nennt die Wüste mit Rücksicht auf die Prophetie V. 3. Κηρύσσων, im neuen Testamente technischer Ausdruck für die Verkündigung der Heilsbotschaft von Jesu Christo.

V. 2. Inhalt der Predigt war die Aufforderung zur Buße als unerläßlichen Bedingung zur Theilnahme am Messiasreiche. Μετανοεῖν (μετά-νοῦς), Umänderung des Gesammtsinnes, des innersten Wesens (νοῦς) des Menschen. Darin, und nicht blos im äußeren Unterlassen sündhafter Handlungen besteht das Wesen wahrer Buße, die Johannes fordert. Motivirt wird der Bußeruf mit der Nähe des messianischen Reiches, dessen Mitgliedschaft durch Sinnesänderung bedingt ist. Der dem Evangelisten Matthäus eigenthümliche Ausdruck βασιλεία τῶν οὐρα-νῶν (bei den übrigen Evangelisten βασιλεία τοῦ θεοῦ) bezeichnet das messianische Reich; so genannt wird es, weil dieses Reich kein irdisches ist, sondern dem Himmel angehört. Es ist das messianische Reich ein regnum coelorum, weil es himmlisch ist seinem Ursprunge nach (Christus), seinem Inhalte nach (Gnade und Wahrheit, cf. Joh. 1, 14. 16) und seinem Endziele nach (ewige Glorie).

V. 3. Worte des Evangelisten, womit er den Grund angibt (γάρ), warum Johannes in der V. 1 u. 2 geschilderten Weise auftrat: weil sein Amt eines Vorläufers und Bußpredigers im alten Testamente schon vorgebildet war. Die angeführte Stelle findet sich bei Jes. 40, 3 und ist nach den LXX citirt. Ihrem nächsten historischen Sinne nach bezieht sie sich auf die Befreiung der Juden vom babylonischen Exile und ent=hält in bildlicher Redeweise die Aufforderung, dem zur Zurückführung seines Volkes erscheinenden Jehova den Weg zu bereiten. In diesen

Worten des Propheten erkennt der Evangelist eine typische Beziehung
auf Johannes und sein Wirken: durch Bußpredigt die geistigen Wege
für den kommenden Messias zu ebnen, damit die Rückkehr aus dem
wahren Sündenexile erfolgen könne. Matthäus hat nur den Haupt=
gedanken der Weissagung angeführt, während Luc. 3, 5 ff. sie voll=
ständig mittheilt.

V. 4. Schilderung des Vorläufers des Messias nach seiner Lebens=
weise. Indem er als letzter Prophet des alten Testamentes alle Strenge
des Prophetenthumes in sich vereinigte, predigte er Buße durch Wort
und Beispiel und erregte darum so großes Aufsehen. Αὐτός hat Nach=
druck, d. i. er selbst, von dem die angeführte Prophetie redet. Εἶχε,
hatte, trug (fortwährend) ein Kleid, das aus groben Kameelhaaren ver=
fertigt war, und einen ledernen Gürtel. Gleich streng war er in der
Nahrung; sie bestand in Heuschrecken und wildem Honig. Ἀκρίδες,
mehrere Arten von Heuschrecken wurden im Oriente gegessen (cf. Lev.
11, 20, Plin. N. H. 6, 35. 11, 32. 35) und bilden noch jetzt die
Nahrung armer Leute, welche sie gedörrt und geröstet essen. Μέλι ἄγριον,
Feldhonig = wilder Honig; wahrscheinlich von wilden Bienen bereiteter
Honig, der im Oriente aus Felsenritzen hervorfließt; er findet sich noch
jetzt in der jüdischen Wüste häufig. Andere (Suidas, Rosenm., Kuinoel.,
v. Berlepsch, Schegg, Meyer, Weiß) verstehen Baumhonig, eine honig=
artige, von Palmen, Feigen und anderen Bäumen ausfließende Substanz.

V. 5. 6. Schilderung des Erfolges der Wirksamkeit des Johannes.
Τότε, damals, als nämlich der soeben geschilderte Baptista als Buß=
prediger auftrat, kam die Bevölkerung von Jerusalem, Judäa und der
Umgebung des Jordans herzu und sie bekannten ihre Sünden und
ließen sich taufen. Ἡ περίχωρος τοῦ Ἰορδάνου bezeichnet die Gegend zu
beiden Seiten des Jordan, jetzt el Ghôr. — Angemessen der geistig sinn=
lichen Natur des Menschen verbindet Johannes mit seiner Predigt die
symbolische Taufhandlung. Das Untertauchen des ganzen Menschen im
Wasser sollte nämlich symbolisiren die Nothwendigkeit der auf das ganze
Innere sich erstreckenden geistigen Reinigung und Erneuerung, wozu
durch die Bußpredigt aufgefordert wurde. Die Johannestaufe, obwohl
sich anschließend an die levitischen Waschungen, hat das Charakteristische,
daß sie unter Ablegung des Sündenbekenntnisses ertheilt wurde. Ἐξομο-
λογούμενοι τὰς ἁμαρτίας αὐτῶν, „indem sie bekannten ihre Sünden".
Das Compositum ἐξομολογεῖσθαι, gleichsam aus ▪dem Herzen heraus
(ἐξ) bekennen und der Plural τὰς ἁμαρτίας machen die Annahme eines

specificirten Sündenbekenntnisses wahrscheinlicher als die eines summa=
rischen. Was die äußere Veranlassung des Taufritus betrifft, so hatte
er an den religiösen Waschungen der Juden und deren symbolischer
Bedeutung seinen Anknüpfungspunkt; nicht war die Johannestaufe eine
modificirte Anwendung der Proselytentaufe, die erst nach der Zerstörung
Jerusalems aufgekommen ist.

V. 7. Auch auf die Pharisäer und Sadducäer machte die ganze
Erscheinung des Johannes einen solchen Eindruck, daß sie in großer
Menge herbeikamen in der Absicht, sich taufen zu lassen. Pharisäer
(פָּרַשׁ separavit) = die Abgesonderten (Suid. ἀφωρισμένοι). So wurden
die Mitglieder der großen, mächtigen und nationalen Partei genannt,
nicht, wie vielfach behauptet wird, wegen ihrer Absonderung vom Volke,
sondern weil sie durch strenge Beobachtung der Reinigkeits=Vorschriften
sich von allem unreinen und besonders heidnischen Wesen absonderten
und der genauen Befolgung des mosaischen Gesetzes nach der Auslegung
der Schriftgelehrten (παράδοσις τῶν πρεσβυτέρων, Matth. 15, 2, cf.
Jos. Antt. 13, 10. 6) sich befleißigten. Sadducäer; nach Epiphanius
ist der Name herzuleiten von צַדִּיק, der Gerechte, wie sie sich selbst
nannten; jüdische Gelehrte leiten ihn her von einem gewissen Zadok
(aus dem 3. Jahrh. v. Chr.), welcher der Stifter dieser Secte gewesen
sei. Sie anerkannten nur das geschriebene Gesetz und verwarfen die
Satzungen der Schriftgelehrten. Obwohl sie auch auf dem Boden des
mosaischen Gesetzes standen, so ordneten sie doch unbedenklich die Re-
ligion den weltlichen Interessen unter und waren stets, im Unterschiede
von den Pharisäern, Freunde und Stützen der fremden Machthaber.
Sie leugneten die persönliche Unsterblichkeit und die Existenz höherer
Geister. Pharisäer und Sadducäer kamen: ἐπὶ τὸ βάπτισμα = um
getauft zu werden. Mit dieser Angabe steht nicht im Widerspruche Luc.
7, 30, wornach es gewiß ist, daß Pharisäer und Sadducäer wenigstens
der Masse nach sich nicht taufen ließen. Matthäus sagt nur, daß sie
gekommen seien in der Absicht, sich taufen zu lassen, nicht aber, daß
sie nach der strengen Strafpredigt des Johannes wirklich getauft wurden.
Johannes empfängt sie mit der wenig schmeichelhaften Anrede: γεννή-
ματα ἐχιδνῶν, „Otterngezücht". Diese Redeweise ist schon im alten
Testamente (Ps. 57, 5, cf. Jes. 14, 29. 59, 5) gebräuchliches Bild
zur Bezeichnung von sehr bösen und höchst gefährlichen Menschen. Φυ-
γεῖν ἀπὸ τῆς μελλούσης ὀργῆς. Der „kommende Zorn" ist von dem
beim messianischen Gerichte sich offenbarenden Zorn zu verstehen, der

seinen Ausdruck finden wird in dem über die Unbußfertigen bei diesem
Gerichte ausgesprochenen Verdammungsurtheile. Davor wähnten die
Juden, voran Pharisäer und Sadducäer, sich sicher, und daher die
Frage: Wer hat euch gezeigt? ... Die Antwort lautet: Niemand,
d. h. ihr seid nicht sicher vor der Verdammung (scl. bei eurer jetzigen
sittlichen Verfassung). Anders Mald.: Nicht von euch, sondern von der
göttlichen Gnade (Chrys., Ambr.), von dem euch verdammenden Gewissen
kommt es, daß ihr hieher gekommen seid, um ein Schutzmittel gegen
den kommenden Zorn zu suchen.

V. 8. Οὖν folgert aus den Schlußworten von V. 7: Weil ihr
bei eurem jetzigen Wandel dem göttlichen Zorne nicht entgehen könnet,
so schlaget einen Lebenswandel ein, der der geforderten Sinnesänderung
als deren Wirkung entspricht. Καρπὸν ποιεῖν, bildlicher Ausdruck zur
Bezeichnung der sittlichen Handlungen, welche im gebrauchten Bilde
zur Gesinnung in dasselbe Verhältniß gesetzt werden, in welchem die
Frucht zum Baume steht. Fructus dignos poenitentiae appellat omnia
externa signa, ex quibus vera animi poenitentia cognosci potest,
quales sunt lacrimae, praeteritorum peccatorum detestatio, bona
opera antecedentibus contraria. Mald.

V. 9. Der geforderten Bußgesinnung als unerläßlichen Grund=
bedingung zur Erlangung des Heiles stand auf Seite der Juden direct
entgegen stolzes und falsches Vertrauen auf die Abstammung von Abra=
ham, wodurch allein schon sie sich vor dem göttlichen Gerichte sicher
glaubten. Diesen Wahn legt der Baptista in seiner ganzen Nichtigkeit
und Gefährlichkeit dar. Μὴ δόξητε λέγειν ἐν ἑαυτοῖς, „wähnet nicht bei
euch zu sagen", d. h. gebet euch nicht dem Wahne hin, zu eurer Be=
ruhigung sagen zu können, daß ihr wegen der äußeren Zugehörigkeit
zum Bundesvolke schon des messianischen Heiles sicher seid. Mit den
Worten: πατέρα ἔχομεν τὸν Ἀβραάμ ... macht der Bußprediger den
Wahn der Juden namhaft, d. h. wir können des Heiles nicht verlustig
gehen, welches dem Abraham und in ihm seinen leiblichen Nachkommen
als solchen verheißen ist und müssen darum „vom kommenden Zorne"
verschont bleiben. Daß aber dieser Glaube der Juden ein Wahn (δοκεῖν)
sei, sagt Johannes mit den Worten: „Denn ich sage euch, daß Gott
aus diesen (daliegenden) Steinen Kinder dem Abraham erwecken kann",
d. h. so groß ist die Macht Gottes, daß er euch die leiblichen Nach=
kommen Abrahams verwerfen und vermöge seiner Schöpferkraft aus
diesen Steinen da echte Abrahamiden erwecken kann, welche des dem

Stammvater und seinen Nachkommen verheißenen Segens theilhaftig werden. Nach Hieronymus und fast allen älteren Interpreten liegt in diesen Worten nicht blos die Drohung des Ausschlusses der Juden vom messianischen Heile, sondern zugleich auch ein prophetischer Hinweis auf die einstige Bekehrung der Heiden.

V. 10. Der eindringlichen Forderung zur Buße muß aber gleich nachgekommen werden, keine Zeit zum Zaudern gibt es mehr: schon ist die Axt an den Baum gelegt. Die Präsentia ἐκκόπτεται und βάλλεται (die Vulg. hat Futura) bezeichnen mit apodictischer Bestimmtheit, was unmittelbar und gewiß geschehen soll. Axt ist das einschneidende Wort und Werk des Evangeliums; sie ist angesetzt an die Bäume, d. i. an das geschichtlich hervorgewachsene, damals bestehende Judenthum; angelegt bis an die Wurzel, i. e. bis auf Abraham, so daß das Volk gänzlich von seinem Stammvater getrennt und damit seiner Verheißungen verlustig gehen wird.

V. 11. Dieses Gericht jedoch — will Johannes sagen — vollziehe nicht ich, sondern der bald erscheinende Messias. In Durchführung dieses Gedankens stellt der Baptista zuerst einen Vergleich an zwischen seiner Taufe und der des Messias mit Hinweis auf seine eigene Niedrigkeit gegenüber der Erhabenheit des Messias. Das Ziel der Johanneischen Wassertaufe ist, Bußgesinnung hervorzurufen: „Ich zwar taufe euch in Wasser zur Buße." Indem nämlich das Untertauchen in Wasser die Nothwendigkeit der inneren Reinigung symbolisirt, hat es auch den Zweck, den Bußgeist, die nothwendige Vorbedingung dieser inneren Reinigung, wachzurufen und dadurch zum Eintritte in's Messiasreich vorzubereiten. Die Taufe des Johannes hat die Buße zum Zwecke, die Taufe Christi hat die Buße zur Voraussetzung. Cf. Act. 2, 38. Ἐν ist nach Maßgabe des Begriffes βαπτίζειν (Eintauchen) nicht instrumental zu fassen, sondern im Sinne des Elements, worin das Eintauchen vor sich geht. „Der nach mir Kommende, d. h. der Messias, ist mächtiger als ich." Worin seine größere Macht bestehe, besagen die Schlußworte von V. 11. Das Präsens ἐρχόμενος (Vulg. venturus) ist Bezeichnung des nahe und gewiß Bevorstehenden. Mit Christo verglichen, achtet sich Johannes nicht für werth, sein geringster Diener zu sein, ihm die Sandalen nachzutragen. Der Messias nun, αὐτός, er selbst und kein anderer, „wird euch taufen im hl. Geiste und im Feuer". Die Aufnahme in's Messiasreich erfolgt durch die Taufe Jesu und diese ist eine Taufe: ἐν πνεύματι ἁγίῳ καὶ πυρί. Πνεῦμα ἅγιον bezeichnet den hl. Geist, das

neubelebende göttliche Princip, welches dem Menschen in der christlichen
Taufe mitgetheilt wird, und πῦρ, Feuer, ist explicativ hinzugefügt, um
die dem hl. Geiste eigenthümliche Kraft hervorzuheben, vermöge der er
die Sünden ebenso tilgt, wie Feuer die Schlacken am Metalle verzehrt.
An sich ist der Beisatz ἐν πυρί überflüßig, aber er ist beigefügt, weil
gerade dadurch der Unterschied der Geistestaufe Christi und der Wasser=
taufe des Johannes scharf hervorgehoben wird. Demnach ist der Gedanke
folgender: Christi Taufe wird nicht blos eine äußerlich reinigende und
als solche die innere Reinigungsbedürftigkeit symbolisirende sein, sondern,
gleich dem Feuer, welches den ergriffenen Gegenstand durchglühet und
von allen Schlacken reiniget, wird sie eine das Innere des Menschen
läuternde und reinigende Wirksamkeit haben, und zwar wird diese Wir=
kung hervorbringen der hl. Geist, welcher dem Menschen bei der Taufe
Christi mitgetheilt wird. Die Taufe Christi wird bezeichnet als getauft,
d. h. untergetaucht werden im hl. Geiste, um die reiche Fülle der
Gaben des hl. Geistes anzudeuten, welche durch die christliche Taufe
vermittelt werden. Anders faßt Mald. das zu spiritus s. hinzugefügte
ignis: addita est explicatio, ut non qualiscunque spiritus sancti
communicatio, sed illa illustrissima quae die Pentecostes facta est
significaretur. Im Anschlusse an Orig. verstehen viele neuere, besonders
protestantische Exegeten (so auch Meyer, Weiß, Keil) πῦρ vom Feuer
der Hölle: Der Messias wird die Bußfertigen mit der Fülle des Segens,
die Unbußfertigen mit dem Feuer des göttlichen Zornes überhäufen.

    V. 12. Weil erst Christus die zum Eintritt in's Messiasreich
befähigende Geistestaufe spendet, darum wird auch er die die Mensch=
heit scheidende Thätigkeit ausüben. Diese künftige, richterliche Thätigkeit
des Messias schildert Johannes in prophetischem Geiste in einem von
den orientalischen Verhältnissen entlehnten Bilde. Ὅς ist begründend:
Er, dessen, d. h. er ist es, der die ihm eigenthümliche Wurfschaufel in
der Hand hat. Ἅλωνα (ἅλως) = ein freier, kreisförmiger Platz auf
dem Felde selbst festgestampft, wo man das Getreide entweder durch
Ochsen austreten ließ oder durch den von Ochsen gezogenen Dresch=
schlitten auszudreschen pflegte. Das Comp. διακαθαρίζειν bezeichnet
durch und durch säubern. Ἀποθήκη, Aufbewahrungsort, war meist ein
trockenes unterirdisches Gewölbe. Ἄχυρον bezeichnet nicht blos Spreu im
engeren Sinne, sondern alle kernlosen Theile des Halmes und der
Aehre; sie wurden entweder auf dem Felde verbrannt oder zur Feuerung
gebraucht. In der Anwendung des Bildes bezeichnet die Tenne zunächst

das alttestamentliche Gottesreich, das Korn die Bußfertigen, welche ihre Bußgesinnung durch entsprechende Werke bekunden, die Scheuer das Himmelreich, die Spreu die Unbußfertigen, das Feuer die Strafe der Gehenna. Demnach ist der Sinn des Bildes: Der Messias wird in seinem Reiche eine völlige Scheidung vornehmen, die Würdigen in's Himmelreich aufnehmen, die Unwürdigen aber den ewigen Strafen der Gehenna überliefern. Die Worte: „unauslöschliches Feuer" drücken aus, daß das göttliche Strafgericht als definitives keine Wandlung mehr für die davon Betroffenen in Aussicht stellt. Cf. Matth. 25, 46.

Taufe Jesu. — Einweihung zum Messiasamte. 13—17.
Cf. Marc. 1, 9—11, Luc. 3, 21—22, Joh. 1, 32—34.

Jesus, durch seine Abstammung von David, durch seine Kind=heitsschicksale als der Messias der Juden bezeugt, dessen messianische Wirksamkeit durch den letzten Propheten als bald beginnend angekündigt wurde, erhält jetzt die göttliche Weihe zu seinem messianischen Amte.

V. 13. Τότε; damals, als nämlich Johannes die Ankunft des Messias predigte, kam Jesus von Galiläa, wo er nämlich in Nazareth seine Jugendzeit verlebt hatte (cf. 2, 23), zu Johannes an den Jordan in der Absicht, sich von ihm taufen zu lassen: τοῦ βαπτισθῆναι ὑπ' αὐτοῦ.

V. 14. Johannes, durch Jesu Forderung überrascht, sucht den Herrn angelegentlichst von seinem Vorhaben abzuhalten mit den Worten: „Ich habe nöthig, von dir getauft zu werden und du kommst zu mir?" Durch diese Einrede bekundet Johannes das tiefste Gefühl der eigenen Niedrigkeit und Sündhaftigkeit, sowie seine Kenntniß von der Sünden=reinheit Jesu, der als der Makellose seiner zur Buße verpflichtenden Taufe nicht bedarf. Das Comp. διακωλύειν (stärker als das simpl.), das sonst im neuen Testamente nicht vorkommt, bezeichnet: angelegentlich widerstreben.

V. 15. Der Weigerung des Johannes tritt der Heiland entgegen mit der bestimmten Erklärung: ἄφες ἄρτι ... „laß es für jetzt (zu)", nämlich daß ich von dir getauft werde. Ἄρτι hat den Nachdruck und grenzt scharf die Gegenwart ab im Gegensatze zur Zukunft: für die Gegenwart nur sollte Jesu Unterordnung unter Johannes stattfinden. Damit weiset Jesus selbst auf seine messianische Würde hin, durch die er hoch über Johannes steht. Das Verlangen, von Johannes getauft

zu werden, begründet Jesus mit den Worten: „Denn also ziemt es
uns, alle Gerechtigkeit zu erfüllen." Ἡμῖν, uns, i. e. mir und dir,
„me suscipiendo, te dando baptismum". Mald. Πᾶσαν δικαιοσύνην.
jede Rechtheit, d. i. alles was dem Willen Gottes entspricht und somit
uns zu thun obliegt. Jesus will also sagen: Ließe ich mich nicht taufen
oder würdest du dich weigern mich zu taufen, so bliebe etwas, was
von uns nach göttlichem Willen geschehen soll, unerfüllt. Es gehörte
somit zur gottgewollten Aufgabe des Vorläufers, wie einerseits das
Volk durch Taufen auf die Ankunft des Messias vorzubereiten, so
andererseits den Messias selbst durch die Taufe in sein öffentliches Amt
einzuführen.

B. 16. 17. An die Einweihung zum messianischen Amte durch
die vom Menschen Johannes ertheilte Taufe schließt sich unmittelbar
an die durch Gott vollzogene Salbung zum Messias mittelst Mittheilung
des hl. Geistes und die feierliche Proclamation des Gesalbten als des
Gottessohnes durch eine Himmelsstimme. Εὐθύς gehört zu ἀνέβη, wobei
es steht, und hat den Zweck, anschaulich das schnelle Hervorsteigen Jesu
aus dem Wasser nach der Taufe darzustellen. Unmittelbar an die Taufe
schloß sich eine Theophanie an, deren zwei Hauptmomente: das Herabsteigen des hl. Geistes aus dem geöffneten Himmel und die Himmelsstimme anschaulich durch ἰδού hervorgehoben sind. „Und siehe, es
öffneten sich ihm die Himmel." Αὐτῷ geht auf Jesum und ist Dativ
der Bestimmung: ihm (Jesu) thut sich der Himmel auf. Ἀνεῴχθησαν . . . .
„sie öffneten sich". Ob wir an ein wirkliches Aufgehen des Himmels,
aus dessen Oeffnung der hl. Geist in Taubengestalt hervorkam (so schon
Chrys.) oder nur an ein scheinbares Sichöffnen desselben (ab omnibus
tamquam apertos visos fuisse coelos, Mald. nach Hieronymus) zu denken
haben, mag dahingestellt bleiben. So viel ist sicher, daß hier ein außer-
ordentlicher Vorgang am Himmel während der Herabkunft des heiligen
Geistes bezeichnet wird, wodurch die Taubengestalt als eine vom Himmel
gekommene bezeugt wurde. Εἶδεν, „er sah", kann nach dem Contexte
nur auf Christus zurückgehen: „Und er (Christus) sah den Geist Gottes
herabschwebend wie eine Taube kommen über ihn." Ὡσεὶ περιστεράν.
„wie eine Taube". Daß die Vergleichung des hl. Geistes mit einer
Taube auf die Gestalt sich bezieht und nicht auf die Weise des Herab-
kommens (das Herabsteigen des Geistes sei mit dem sanften Dahin-
schweben einer Taube zu vergleichen gewesen) eingeschränkt werden darf,
ist durch die Angabe bei Luc. 3, 22 zweifellos. Dort wird gesagt, der

Geist sei herabgekommen „in körperlicher Gestalt wie eine Taube". Die Frage, ob wir an eine wirkliche Taube oder nur an eine taubenähnliche Erscheinung, welche den auf Jesus herabkommenden hl. Geist symbolisirte, zu denken haben, ist nach dem biblischen Berichte im letzteren Sinne zu beantworten, da die Gestalt des Geistes mit der Gestalt einer Taube nur verglichen wird. Jesus als Messias vielfach bezeugt, wird jetzt durch eine unmittelbare Gottesstimme als der geliebte Sohn Gottes proclamirt. Auf „ὁ υἱός μου ὁ ἀγαπητός" liegt der Ton; die Bezeichnung, aus Psf. 2, 7 herrührend, drückt das Ausgegangensein des Messias aus des Vaters Wesen aus. Als Sohn Gottes ist er Gegenstand der göttlichen Liebe. Ἐν ᾧ εὐδόκησα, „an welchem ich Wohlgefallen gefaßt habe". Cf. Jes. 42, 1. Wann Gott Wohlgefallen gefaßt habe, erhellt aus Stellen wie Ephes. 1, 4, Joh. 17, 24, nämlich von Ewigkeit her. — Johannes 1, 31—34 berichtet dasselbe historische Factum der Taufe Jesu; die Verschiedenheit der evangelischen Berichte hat aber ihren Grund in der verschiedenen Zweckbeziehung. Die Synoptiker berichten die Vorgänge bei der Taufe Jesu in ihrer Beziehung zum Messias, als göttliche That der Consecration Jesu zu seinem messianischen Amte; Johannes erzählt die Bedeutung der Taufe Jesu für den Vorläufer des Messias und hebt demgemäß nur jene Momente hervor, die dem Baptista der Verheißung gemäß die volle Gewißheit verschaffen sollten, daß Jesus der verheißene Messias sei. Diese waren, daß er den heiligen Geist in Taubengestalt auf Jesum herabkommen und auf ihm verweilen sah.

Die Frage, warum Jesus kam, um sich von Johannes taufen zu lassen, findet also schon im evangelischen Berichte ihre sichere Beantwortung: weil es Gott so verordnet hatte. Weniger bestimmt lautet die Antwort auf die weitere Frage, warum Gott es so verordnet hatte, i. e. zu welchem Zweck sich Jesus taufen lassen sollte. Sicher ist nur, daß der Sündenreine (cf. 1 Petr. 2, 32) die Bußtaufe des Johannes nicht in dem Sinne empfangen konnte wie die übrigen Juden. Die Bedeutung der Taufe Jesu dürfte sich, da im biblischen Taufberichte selbst hierüber keine Andeutung gemacht wird, mit einiger Wahrscheinlichkeit feststellen lassen aus der Taufsymbolik zusammengehalten mit Luc. 2, 51 und Joh. 2, 4. Die Taufe im Allgemeinen symbolisirte das Aufhören der bisherigen Lebensbeziehungen und den Beginn ganz neuer Verhältnisse. Die an den sündigen Juden vollzogene Taufe sinnbildete das Aufhören des bisherigen Sündenwesens und den Beginn eines

3*

neuen sündelosen Lebens. Da nun bei dem sündenreinen Jesus die
Taufe diese specielle Beziehung nicht haben konnte, so müssen wir rücksichtlich seiner Person bei der allgemeinen Bedeutung des Taufritus
stehen bleiben, und hoffen unter Heranziehung der Stellen Luc. 2, 51
und Joh. 2, 4 mit einiger Wahrscheinlichkeit angeben zu können, in
welchem Sinne und zu welchem Zwecke sich Jesus von Johannes taufen
lassen mußte. Die erste Stelle, Luc. 2, 51, referirt kurz einen Zug
aus der Jugendgeschichte Jesu und sagt, daß er fortdauernd (ἦν ὑπο-
τασσόμενος) seinen Eltern unterthan war; Johannes berichtet (2, 4)
einen Vorfall zwischen Jesus und seiner Mutter gleich am Beginn des
messianischen Wirkens des Herrn. Da erklärte Jesus, daß in Dingen
seines messianischen Wirkens seine Mutter nichts zu schaffen habe, sondern dasselbe hänge ganz von den Bestimmungen seines himmlischen
Vaters ab. Damit sind zwei in ihrer Ganzheit zwar zusammengehörende,
aber doch wieder ganz verschiedene Lebensbeziehungen Jesu kenntlich
gemacht. Die eine geht auf Jesu Jugendzeit, wo er sich in stiller Zurück-
gezogenheit in Nazareth auf sein messianisches Amt vorbereitete und
charakterisirt sich durch die unbedingte Unterordnung unter seine Eltern;
es war ein, wenn auch höchst heiliges, so doch gleichsam ein irdisches,
ein menschliches Verhältniß. Die zweite Stelle versetzt uns in die Zeit
gleich beim Beginne des messianischen Wirkens Jesu und zeigt uns,
wie der Messias den für ihn während seiner Vorbereitungszeit maßgebenden Verhältnissen völlig entrückt ist, wie für ihn ein neues Thätig-
keitsgebiet sich eröffnet hat, die Erlösung der Menschheit nach den im
ewigen Rathschlusse Gottes beschlossenen Normen. Ich wage nun die
Meinung auszusprechen, das Untertauchen bei der Taufe Christi habe
symbolisirt das Aufhören der bisherigen Lebensverhältnisse in der Vorbereitungszeit und das Wiederauftauchen aus dem Wasser habe ver-
sinnbildet den Beginn der neuen Verhältnisse in der Zeit des öffentlichen messianischen Wirkens. So gefaßt erscheint die Taufe als Einführung Jesu in sein messianisches Amt.

4. Kapitel.
Versuchungsgeschichte. 1—11.
Cf. Marc. 1, 12. 13, Luc. 4, 1—13.

V. 1. 2. Hier werden vom Evangelisten die für die folgende
Versuchungsgeschichte wichtigen Momente hervorgehoben. Τότε, als der
heilige Geist bei der Taufe auf Jesum herabgekommen war, und zwar

nach Marc. 1, 12: ſogleich. Damals nun wurde Jeſus in die Wüſte
(hinauf=) geführt vom Geiſte. „Dicit Matth. ἀνήχθη, Marc. 1, 12:
ἐκβάλλει, non ut vim illatam Christo, sed ut efficientiam et im-
pulsum spiritus sancti significarent.“ Mald. Εἰς τὴν ἔρημον, in dieſelbe
jüdiſche Wüſte, von der im 3. Kapitel die Rede war; die Tradition
nennt ſie auch Quarantania, wegen der vierzigtägigen Faſten Jeſu da=
ſelbſt. Ὑπὸ τοῦ πνεύματος; nach dem Contexte (cf. 3, 16) und nach
dem Sprachgebrauche vom πνεῦμα mit dem Artikel ſowie nach der be=
ſtimmten Angabe bei Luc. 4, 1 iſt der Ausdruck vom heiligen Geiſte
zu verſtehen. Die Abſicht, warum Jeſus vom heiligen Geiſte in die
Wüſte geführt wurde, wird angegeben mit den Worten: „Um auf die
Probe geſtellt (i. e. verſucht) zu werden vom Teufel.“ Im Folgenden
wird der allgemeine Ausdruck πειρασθῆναι erläutert durch Erzählung
von drei Verſuchungen, welche Jeſus zu beſtehen hatte. Weil Jeſus
vom ſelben göttlichen Geiſte, durch deſſen Mittheilung er zum Meſſias
geſalbt worden war, in die Wüſte geführt wurde, um verſucht zu
werden, ſo iſt ſicher, daß die Verſuchung des Meſſias von Gott ge=
wollt war. Die Frage, warum der Meſſias verſucht werden ſollte,
werden wir am Schluſſe der Erklärung des Abſchnittes zu beantworten
verſuchen. — Das Faſten Jeſu durch vierzig Tage und Nächte iſt als
abſolutes, als völlige Enthaltung von jeder Speiſe zu faſſen. Das fordert
die beſtimmte Angabe bei Luc. 4, 2 und entſpricht allein den wunder=
baren Vorgängen in der ganzen Verſuchungsgeſchichte. Ὕστερον, darnach
(Luc. consummatis illis [diebus] 4, 2), obwohl an ſich überflüſſig, iſt
geſetzt, um nachdrucksvoll den Umſtand hervorzuheben, daß ſich der
Hunger erſt nach vierzigtägigem Faſten einſtellte.

V. 3. 4. Erſte Verſuchung Jeſu. Καὶ προσελθών (et acce-
dens); den Umſtand, daß der Teufel an Jeſus herantrat, erwähnt aus=
drücklich nur Matthäus. Cf. Luc. 4, 3. Damit iſt ausgeſprochen, daß die
Verſuchung von Außen kam, und angedeutet, daß der Verſucher in leib=
licher Erſcheinungsform vor Jeſu erſchien: „Omnes auctores forma
corporea eaque humana (diabolum) accessisse putant, quod est
valde probabile.“ Mald. Ὁ πειράζων particip. praes. ſubſtantiviſch:
Der Teufel. „Nomen officii omnium daemoniorum.“ Mald. Durch
die problematiſche Form ſeiner Anrede will der Teufel weder eigenen
Zweifel an der meſſianiſchen Würde Jeſu ausdrücken, noch einen ſolchen
in Jeſu wachrufen, ſondern ihn anreizen, deſto eher auf ſein Anſuchen
einzugehen, nämlich durch ſein Machtwort die herumliegenden Steine

in Brod zu verwandeln, und somit sich durch eigene Machterweisung von dem Zustande des Hungers zu befreien. Υἱός τοῦ θεοῦ; durch den Gebrauch dieser messianischen Bezeichnung (cf. 3, 17) bekundet der Teufel, daß ihm das außergewöhnliche Verhältniß Jesu zu Gott bekannt sei. Die versuchliche Forderung des Teufels: „Sprich, daß diese Steine da Brod werden" sollte in Jesu Mißtrauen gegen die göttliche Fürsorge wachrufen und zugleich sollte sie ihn veranlassen, seine göttliche Macht einem rein menschlichen Bedürfnisse unterzuordnen.

V. 4. Jesus weiset die Forderung zurück mit den Worten der Schrift: „Nicht vom Brode allein lebt der Mensch, sondern von jeg= lichem Worte, das durch den Mund Gottes geht." Die Stelle ist aus Dent. 8, 3 entnommen und enthält Worte Mosis, womit er die Israe= liten auf die wunderbare Mannaspeisung in der Wüste hinweiset, um ihr Vertrauen auf die göttliche Vorsorge zu erhöhen. In unserem Zu= sammenhange ist der Sinn der Stelle: Nicht auf den gewöhnlichen Nahrungsmitteln (Brod), mögen dieselben auf natürlichem oder über= natürlichem Wege herbeigeschafft sein, beruht die Erhaltung des Menschen= lebens, sondern auf der göttlichen Macht (Wort Gottes = Ausdruck seiner göttlichen Kraft), welche in der verschiedensten Weise das Menschenleben erhalten kann, und auch dem Brode die das Leben erhaltende Kraft verleiht. Der Heiland zeigt also, daß unbedingtes Vertrauen in die göttliche Macht und Ergebung in den göttlichen Willen nöthig sei, nicht die vom Satan gewollte Wunderbethätigung, welche ein Mißtrauen in die göttliche Fürsorge bewiese.

V. 5—7. Zweite Versuchung.

V. 5. Τότε, i. e. nach Ueberwindung der ersten Versuchung. Παραλαμβάνει, er nimmt ihn mit; daher sprachwidrig die Abschwächung: diabolus auctor exstitit. ut Jesus se conferret. Dagegen ist auch ἵστησιν oder wie Lachm. und Tischend. nach B. C. D. lesen ἔστησεν. Ueber die Art und Weise dieses Mitnehmens, welche durch παραλαμβάνειν nicht näher bestimmt wird, haben die Exegeten verschiedene Vermuthungen aufgestellt: Entführung durch die Luft (Hieronym., Gregor), Mitsich= führen auf der Erde (Euthym., Mald.). Für die letzte Ansicht spricht das ἤγαγεν bei Lucas. Rücksichtlich dieser Gewalt des Teufels über den Leib Christi, welche er nur auf Zulassung des Herrn besaß, be= merkt der heilige Gregor: nil mirum est, si Christus a diabolo se permittit circumduci, qui a membris illius se permisit crucifigi. Εἰς τὴν ἁγίαν πόλιν, i. e. Jerusalem (cf. Luc. 4, 9), so genannt weil Ort des Nationaltempels. Cf. Jeſ. 48, 2. Der Ausdruck „heilige Stadt“ iſt aber gewählt, um das Sündhafte im Unternehmen des Satans in ſcharfen Contraſt zu ſtellen zur heiligen Beſtimmung des Ortes. Dort ſtellte der Satan Jeſum ἐπὶ τὸ πτερύγιον τοῦ ἱεροῦ, Vulg. supra pinnaculum templi (pinnaculum von pinna, Nebenform für penna). Πτερύγιον iſt Deminutiv von πτέρυξ und bezeichnet zunächſt kleine Feder, kleinen Flügel; im architektoniſchen Sinn wie hier: Giebel, Zinne, und zwar wahrſcheinlich iſt gemeint der äußerſte Vorſprung des Giebeldaches des Tempels, welcher mit einer Bruſtwehr verſehen war. Τὸ ἱερόν im Unterſchiede von ὁ ναός (= eigentlicher Tempel) bezeichnet den ganzen Complex der Tempelgebäude, das eigentliche Heiligthum mit eingeſchloſſen. Ob wir nun an die Zinne des eigentlichen Tempels oder wie der Beiſatz τοῦ ἱεροῦ anzudeuten ſcheint, an die Zinne eines Nebengebäudes deſſelben, entweder der öſtlichen ſalomoniſchen Säulenhalle oder der ſüdlichen ſogenannten ἡ βασιλικὴ στοά zu denken haben, möge dahin geſtellt bleiben. Bemerkt muß aber werden, daß die Annahme, an das Tempeldach könne darum nicht gedacht werden, weil daſſelbe mit ſpitzen Stangen beſetzt war (Jos. b. jud. V, 6. VI, 5), dem zweifellos wunderbaren Vorgange bei der Verſuchungsgeſchichte zu wenig Rechnung trägt.

V. 6. Sein Anſinnen, Jeſus möge ſich vor der am Tempelplatze verſammelten Menge in die Tiefe ſtürzen, ſucht der Teufel zu motiviren durch die Pſalmſtelle 90, 11. 12. Dort iſt in bildlichen Ausdrücken die Rede von dem Schutze Gottes, deſſen die Frommen ſich in ihren berufsmäßigen gefährlichen Unternehmungen zu erfreuen haben. Der Teufel corrumpirt aber den Sinn der Schriftſtelle dahin, daß er den Schutz Gottes auch bei dem von ihm geforderten ehrſüchtigen Unternehmen in Ausſicht ſtellt.

V. 7. Jeſus weiſet auch dieſe Verſuchung zurück mit den Worten: „Du ſollſt den Herrn deinen Gott nicht verſuchen.“ Die Stelle iſt aus Dent. 6, 16 nach den LXX citirt und bezieht ſich zunächſt auf das Murren der Juden bei Maſſa. Cf. Exod. 17, 2. Πειράζειν; zu vergleichen das im alten Teſtament häufig vorkommende נִסָּה אֶלֹהִים. Cf. Exod. 17, 2. 7, Pſ. 77, 18. 41, Jeſ. 7, 12. Der Ausdruck bezeichnet die Frechheit des Geſchöpfes gegen den Schöpfer, wornach ſich der Menſch nicht entblödet, Gott d. i. ſeine Allmacht, Güte, Allwiſſenheit auf die Probe zu ſtellen. Im vorliegenden Falle hätte die Verſuchung Gottes darin beſtanden, daß nach der Abſicht des Satans Gottes wun=

derbare Hilfe bei dem gefährlichen selbstsüchtigen Hinabstürzen in die
Tiefe hätte herausgefordert werden sollen. — Luc. 4, 5—12 hat die
zweite und dritte Versuchung in einer anderen Reihenfolge.

V. 8—10. **Dritte Versuchung.**

V. 8. Der Teufel nimmt Jesum mit sich hinweg auf einen „sehr
hohen Berg". Wo der Berg zu suchen sei, darüber gibt der Text nicht
die geringste Andeutung. Verschiedene Berge sind namhaft gemacht
worden: Oelberg, Tabor, Moria, Horeb. Dort zeigt er Jesu „alle
Reiche der Welt und ihre Herrlichkeit". Weil κόσμος (mundus) an
sich nie ein einzelnes Reich, sondern nur „Welt" bezeichnet und weil
Luc. 4, 5 dafür das bestimmte οἰκουμένη hat, so ist der Ausdruck in seiner allgemeinen Bedeutung festzuhalten. Daher ist zurückzuweisen sowohl die hyperbolische Fassung: amplissimum terrarum
tractum als auch die Einschränkung des κόσμος auf Palästina. Δόξα
αὐτῶν, die äußere dem Auge sich darbietende Schönheit und Pracht
der darliegenden Königreiche. Wie es aber möglich war von einem,
wenn auch „sehr hohem" Berge des heiligen Landes aus alle Reiche
der Erde zu zeigen und zu sehen, deutet Luc. 4, 5 an: Es hatte der
ganze Vorgang einen wundersamen, magischen Charakter (ἐν στιγμῇ
χρόνου). — Ueberhaupt ist bei Beurtheilung des ganzen Vorganges festzuhalten, daß die handelnden Personen hiebei nicht einfache Menschen
waren, sondern Jesus der eingeborne Sohn Gottes in menschlicher
Natur und der Teufel ein höheres Geistwesen. „Bei beiden sind Lebens-
äußerungen und Erlebnisse möglich, die für bloße Menschen unmöglich
sind, und von denen wir uns, weil Erfahrungen und Analogie im
gewöhnlichen Menschenleben fehlen, keine sachgemäße Vorstellung machen
können und deshalb auch nicht befugt sind, diese über die Grenzen
menschlicher Leistung und menschlichen Vermögens hinausgehenden Vorgänge zu leugnen." Keil.

V. 9. Nachdem der Teufel dem Herrn die Welt mit ihrer Pracht
gezeigt, verspricht er ihm die Herrschaft darüber, aber unter der Bedingung, daß Christus vor ihm niederfalle und ihn anbete. Sein Versprechen
„dies will ich dir alles geben" begründet der Versucher nach Luc. 4, 6
mit den Worten: quia mihi tradita sunt et cui volo do illa. Nach
der bestimmten Lehre Christi (Joh. 12, 31. 14, 30. 16, 11) ist der
Teufel der princeps hujus mundi und als solcher hat er in der Welt
und über die Welt ein relatives Verfügungsrecht, wenn ihm auch nicht
ein absolutes Dispositionsrecht zukommt, wie er hier in lügnerischer

Uebertreibung behauptet. Diefe Herrfchaft hat der Teufel erlangt mit
dem Falle der erften Menfchen und felbe dehnt fich in dem Grade aus,
als fich die Menfchen in feine Gewalt begeben. Der Ausfpruch des
Teufels: quia mihi tradita sunt hat infofern feine Richtigkeit, als der
erfte Menfch durch feinen Fall fich felbft und damit auch die Welt,
über welche er von Gott als Herfcher beftellt war, in die Gewalt des
Teufels überlieferte. Diefe letzte und äußerfte Verfuchung beftand ihrem
Wefen nach darin, daß der Teufel Jefum von feiner wahren Beftimmung
abbringen, aus dem Chriftus den Antichriftus machen wollte, der ftatt
das „Reich der Himmel" zu begründen, das Reich des Teufels hätte
befeftigen helfen follen. Als Mittel zu diefem Zwecke wollte der Satan
gebrauchen die von ihm in Jefu vorausgefetzte Herrfchbegierde.

V. 10. Ὕπαγε (ὀπίσω μου fehlt אBC. auch Vulg.), weiche zurück;
Jefus, welcher fich als Sohn Gottes bekunden follte, in den vom Ver=
fucher gewollten, verfuchlichen Weifen, tritt ihm jetzt als folcher entgegen
mit dem Machtworte, das ihm befiehlt fich zu entfernen. Σατανᾶς inter=
pretatur adversarius seu contrarius, Hieronym. Mit feinem fpecififchen
Namen bezeichnet Jefus den Teufel erft jetzt, weil derfelbe mit feiner
Forderung ihm zu huldigen, einen directen Eingriff in die göttlichen
Majeftätsrechte verfucht und fo fich im ftrengften Sinne des Wortes
als Widerfacher Gottes erwiefen hatte.

V. 11. Da verließ ihn der Teufel. Ἄχρι καιροῦ fügt Luc. 4, 13
hinzu, womit er wohl andeuten wollte, daß am Beginne und Schluffe des
öffentlichen Wirkens Jefu die Verfuchungen des Teufels, der nie ruhte,
fich gleichfam concentrirten. Das Imperfectum διηκόνουν deutet dauernde
Dienftleiftungen der Engel an. Obgleich vermög des Gebrauches des
Verbums διακονεῖν, fowie des Gefchichtszufammenhanges zunächft an
Dienftleiftungen durch Darreichung von Nahrungsmitteln zu denken ift,
fo find doch andere Dienftleiftungen nicht ausgefchloffen. — Die enge Be=
ziehung der Verfuchung Jefu zu feiner meffianifchen Aufgabe ift äußerlich
fchon dadurch angedeutet, daß fie in der Mitte fteht zwifchen der Weihe
Jefu zum Meffias und dem Beginne feiner meffianifchen Wirkfamkeit.
Sie kann gefaßt werden als fubjective Vorbereitung des mit dem hei=
ligen Geifte gefalbten Meffias für die Ausführung feiner Aufgabe. Auf
die Frage, ob Jefus überhaupt verfucht werden konnte, gibt Antwort
der Satz: tentatio agitur suggestione, delectatione, consensu; Chri=
stus sola suggestione, foris non intus tentari potuit. D. h. „der
Satan konnte nur unter Chrifti Zulaffung den rein äußerlichen Einfluß

der bloßen Suggestio (Einflüsterung) ausüben, ohne daß indeß diese
Einflüsterung die geringste Einwirkung auf das Innere Jesu auszuüben
vermocht hätte und ohne daß ein Widerstreit in seinem niedern und
höhern Willen durch sie hervorgerufen werden konnte, und zwar vermög
der hypostatischen Union". Rappenhöner, Die Körperleiden und
Gemüthsbewegungen Christi", 1878, p. 127 f. Von Christus gilt: non
potuit peccare. Die Versuchung Jesu bildet einen wesentlichen Theil seines
Erlösungswerkes. Als der zweite Adam trat Jesus gleich am Beginne
seines Wirkens dem Satan gegenüber, der den ersten Adam und mit ihm
seine Nachkommen zum Falle gebracht hatte, um sich als das siegreiche
Haupt eines neuen Menschengeschlechtes zu bekunden, um gleich von vorn=
herein zu verkünden, daß sein Wirken den Sieg über den Herrscher dieser
Welt bedeute. Wie ferner die Einwilligung Jesu, daß er, der Heiligste, vom
Teufel versucht werde, für ihn ein Act größten Gehorsams und tiefster
Selbstverläugnung war, so ist hingegen für uns die Art und Weise
seines Kampfes in der Versuchung ein Beispiel wie wir die Versuchungen
zu bekämpfen haben. Die Versuchungen Jesu sind eine epitome omnium
tentationum, die wir, wenn auch in anderer Form zu erleiden und
zu bekämpfen haben. Und in diesen Versuchungen dürfen die Christen
die Hilfe Christi erwarten; denn da Jesus freiwillig in alle Versuchungen
der Menschen einging, sie gleichsam practisch kennen lernte, so kann er
auch uns Menschen helfen, cf. Hebr. 2, 18. 4, 15. Die Versuchung
Jesu steht parallel mit seiner Kreuzigung: dort entfaltet der Satan in
Person, hier in seinen Dienern alle Macht gegen den Erlöser; dort er=
folgt nach der siegreichen Ueberwindung des Teufels der Beginn des
Erlösungswerkes, hier nach der Ueberwindung des durch den Teufel
herbeigeführten Todes die Vollendung des Erlösungswerkes.

Jesu erstes Auftreten in Galiläa und Wahl einiger Jünger.
4, 12—22.

Wie Matthäus so reihen auch die anderen Synoptiker (Marc.
1, 14, Luc. 4, 14 ff.) den Bericht über den Beginn der öffentlichen
Wirksamkeit Jesu unmittelbar an die Versuchungsgeschichte an. Es liegt
aber dazwischen eine Reihe anderer Ereignisse, welche Joh. 1, 19 bis
4, 42 erzählt, und zwar: Der Heiland kommt aus der Wüste nach der
Versuchung wieder zu Johannes (cf. Joh. 1, 19—34); er wählt aus
der Zahl der Johannesjünger sich einige Schüler aus (Joh. 1, 35—52);

er nimmt mit diesen Theil an der Hochzeit zu Kana in Galiläa (Joh.
2, 1—12); begibt sich nach Jerusalem zum Osterfeste, reinigt den
Tempel und hält die Unterredung mit Nicodemus (2, 14 bis 3, 22);
zieht dann nach kurzem Aufenthalte in Judäa (Joh. 3, 22 bis 4, 3)
durch Samaria (4, 4—42) nach Galiläa, um daselbst seine messianische
Wirksamkeit zu beginnen. Cf. Matth. 4, 12 ff.

B. 12—17. Der Evangelist berichtet über den Beginn und den
Ort der messianischen Wirksamkeit Jesu, sowie über den Inhalt seiner
ersten Predigt. Cf. Marc. 1, 14. 15, Luc. 4, 14. 15.

B. 12. Die Kunde von der Gefangennehmung des Johannes veranlaßte Jesum, (von Judäa) nach dem vom Mittelpunkte des Judenthums entfernter gelegenen Galiläa zurückzukehren. Παρεδόθη, traditus,
überantwortet; wie aus 11, 2 ff. ersichtlich, ist die Ueberlieferung
in's Gefängniß gemeint. Während nach Matthäus die Gefangensetzung
des Johannes der Grund der Rückkehr Jesu nach Galiläa war, so berichtet
Joh. 4, 1 ff., daß Jesus durch die Eifersucht der Pharisäer über den
großen Erfolg seiner messianischen Wirksamkeit in Judäa veranlaßt
worden sei, nach Galiläa zurückzukehren. Beide Berichte enthalten keinen
Widerspruch. Matthäus erzählt den äußeren geschichtlichen Grund, Johannes das innere Motiv dieser galiläischen Reise. Die Identität der
hier von Matthäus erzählten galiläischen Reise mit der von Joh. 4,
43—45 berichteten, wird auch von gewichtigen protestantischen Exegeten
anerkannt.

B. 13. Nach kurzem Aufenthalte in Nazareth nahm Jesus seinen
bleibenden Wohnsitz in Kapharnaum und wählte diese Stadt zum Mittel-
und Ausgangspunkt seiner Wirksamkeit in Galiläa. Der nächste Grund,
warum Jesus Nazareth bald wieder verließ, war die feindselige Stimmung der Bewohner dieser Stadt. Cf. Luc. 4, 16 ff. Der letzte Grund
war der göttliche Wille, der Jesu Kapharnaum und die Umgebung als
Wirkungskreis zugewiesen hatte. Καφαρναούμ (so schreiben Lachm. und
Tischend. nach B, D u. Vulg.), כְּפַרנַחוּם, i. e. vicus Nahumi; dagegen
Orig. Hieronym. Hesych.: χωρίον παρακλήσεως. Kapharnaum war
damals ein blühendes Handelsstädtchen am nordwestlichen Ufer des Sees
Genesareth, für Jesu Wirksamkeit ganz geeignet. Im alten Testamente
wird die Stadt nicht erwähnt; sie ist jetzt verschwunden und die Lage
nicht sicher bestimmbar. Die Näherbestimmung der Lage Kapharnaums
durch: am Meere, da wo sich die Grenzen von Zabulon und Nephthali
berühren, hat nicht den Zweck über Localverhältnisse zu orientiren, son-

dern soll hinweisen, wie durch Jesu Wohnen daselbst die prophetische Angabe über den Ort, wo das messianische Licht aufgehen werde, ihre Erfüllung erhielt; denn,

V. 14—16, nicht zufällig nahm Jesus in Kapharnaum seinen Wohnsitz, sondern in Folge göttlicher, schon durch Jesaias verkündeter Bestimmung. Die V. 15. 16 mitgetheilte Prophetenstelle ist aus Jes. 8, 22. 9, 1 entlehnt und enthält eine Aufforderung an die Bewohner des nördlichen Galiläas, unter den gegenwärtigen Zeitbedrängnissen ihren Blick auf den in der Zukunft unter ihnen auftretenden Messias zu richten. Sie ist zu übersetzen: „Das Land Zabulon und das Land Nephthalim nach dem Meere zu, das Jenseits des Jordans, Galiläa der Heiden, das Volk, welches sitzt in Finsterniß, sah ein großes Licht, und denen, die sitzen im Reiche und Schatten des Todes — ihnen ist ein Licht aufgegangen." Γῆ ist Nominativ und steht parallel mit ὁ λαός V. 16: Land. Der absolute Accusativ ὁδὸν θαλάσσης, Vulg. via maris ist wie häufig das hebr. דֶּרֶךְ adverbial im Sinne von versus zu fassen. Er ist Näherbestimmung von „Land Zabulon und Nephthalin" und besagt, daß zunächst die gegen das Meer hin gelegenen Theile der beiden Stammgebiete (Zabulon und Nephthali) Zeugen der aufgehenden Sonne sein werden. Πέραν τοῦ Ἰορδάνου, wörtlich das Jenseitige des Jordan, steht parallel mit γῆ und bezeichnet nach den angeführten Ländern einen neuen Ort als Schauplatz des Wirkens Jesu: Peräa. Γαλ. τῶν ἐθνῶν ist jener Theil des an Phönizien und Syrien angrenzenden Obergaliläas, welcher vielfach schon in alter Zeit von Heiden und Juden vermischt bewohnt wurde und in dem in der Zeit der griechischen Herrschaft die Heiden über Juden das Uebergewicht erlangten. Geographisch genau bestimmt von Jos. B. J. III, 3, 1. Als Schauplatz der Wirksamkeit Jesu wurden demnach prophetisch bezeichnet: das Land Zabulon und Nephthalim (von beiden vorzugsweise die gegen das Meer hin gelegenen Theile), Peräa und das nördliche Galiläa. — Ὁ λαός ist Apposition zu Γαλ. τῶν ἐθνῶν. Das Volk wird charakterisirt als sitzend in Finsterniß, im Lande und Schatten des Todes, i. e. es war dem geistigen Tode der Finsterniß und Sünde völlig verfallen („sitzend"). Ἐν χώρᾳ καὶ σκιᾷ θανάτου; der Genitiv θανάτου ist zu beiden vorhergehenden Ausdrücken zu beziehen: im Lande des Todes und im Schatten des Todes. Τὸ σκότος ist geistliche Finsterniß, Entbehrung des Lichtes der göttlichen Wahrheit und Versunkensein in Sünde und geistigen Tod, der seinen Schatten über das ganze Land geworfen hatte.

Zum biblischen Sprachgebrauche von φῶς als Bezeichnung des Messias cf. Jes. 42, 6. 49, 6. 60, 1—3, Joh. 1, 19. 8, 12.

V. 17. Inhalt der ersten Predigt Jesu. Ἀπὸ τότε von damals an, als Jesus sich zu Kapharnaum niedergelassen hatte. Cf. 12. Der Heiland beginnt seine Predigt gleich wie Johannes mit der Aufforderung zur Buße unter Hinweis auf die Nähe des Messiasreiches, ohne sich sogleich als den Messias zu bezeichnen. Der Grund davon liegt nur darin, daß Buße unerläßliche Bedingung zum Eintritte in's Messias= reich war und daß die Juden erst durch aufrichtige Bußgesinnung in jene geistige Verfassung versetzt werden mußten, in der sie die weitere Wahrheit, daß Jesus der Messias selbst sei, ohne Gefahr vernehmen konnten. Als weiser Lehrmeister geht Jesus in seiner messianischen Selbst= bezeugung stufenweise zu Werke.

V. 18—22. Berufung der zwei Brüderpaare: Simon Petrus und Andreas, Jakobus und Johannes. Die Berufung dieser vier Jünger erfolgte am See Genesareth, wohl am Anfange der messianischen Wirk= samkeit Jesu in Galiläa, und zwar erging an das erste Jüngerpaar der Ruf, als dasselbe das Fischernetz auswarf, an das zweite, als es im Schiffe sitzend die Netze ausbesserte.

V. 18. Ἡ θάλασσα τῆς Γαλιλαίας ist der See Genesareth, auch See Tiberias (Joh. 6, 1. 21, 1), im alten Testamente Meer Kinneret; derselbe ist 140 Stadien lang und 40 Stadien breit. Er war sehr fisch= reich und hatte freundliche und fruchtbare Umgebung. Im neuen Testa= mente besonders wichtig, weil die Gestade dieses Sees der Hauptschau= platz der galiläischen Wirksamkeit Jesu waren. Τὸν λεγόμενον Πέτρον ist vom Standpunkte des Evangelisten aus gesagt, denn zur Zeit als dieser schrieb, hatte Simon schon längst den bei der ersten Berufung verheißenen Namen erhalten. Cf. Joh. 1, 43. Τὸ ἀμφίβληστρον (von ἀμφιβάλλω), ein Zugnetz, größeres Netz.

V. 19. Δεῦτε ὀπίσω μου = kommt herzu nach mir, i. e. werdet meine Schüler, um beständig in meinem Gefolge zu sein. Sie sollen Jesu Schüler werden, weil er sie machen will zu „Menschenfischern". Ἁλιεῖς ἀνθρώπων; mit diesem bildlichen Ausdruck deutet Jesus seinen Jüngern den neuen Beruf des Apostolates an, zu dem sie bestimmt waren; sie sollten in die Lage versetzt werden, Menschen für das Messias= reich zu gewinnen.

V. 21. 22. In ähnlicher Weise erfolgte ganz nahe an der früheren Stelle (cf. Marc. 1, 19) die Berufung des Jakobus und Johannes.

Man hat vielfach einen nicht auszugleichenden Widerspruch zwischen Matth. 4, 18—22 und Joh. 1, 35 ff. finden wollen. Ein solcher wäre in der That vorhanden, wenn die Annahme, daß an beiden Stellen das gleiche Factum erzählt werde (Baur, Hilgenf., Meyer), richtig wäre, i. e. wenn die Evangelien nur eine einmalige Berufung der Jünger erzählten. Nun ist aber in der Berufungsgeschichte der Apostel ein dreifacher Act zu unterscheiden; nur schrittweise hat der Heiland sie ausgewählt zu ihrem erhabenen Berufe. Der erste Act war die nur vorläufige Berufung zur Jüngerschaft im weiteren Sinne. Cf. Joh. 1, 35 ff. Hierauf folgte die Berufung in den Jüngerkreis im engeren Sinne mit der Verpflichtung zur beständigen Nachfolge des Meisters. Und diese Berufung erzählen Matthäus und Marcus. Endlich geschah die Auswahl der zwölf Apostel. Darüber berichten Marc. 3, 13 ff., Luc. 6, 12 ff. Es stehen demnach die Berichte der Synoptiker über die Berufung der Jünger zu dem des Johannes in dem Verhältnisse einer Vervollständigung der evangelischen Geschichte.

V. 23—25. Diese Verse können mit Recht als Ueberschrift zu dem 5, 1 bis 9, 34 folgenden Abschnitt der evangelischen Geschichte gefaßt werden. Der Evangelist gibt nämlich hier einen summarischen Bericht über die Lehr= und Heilsthätigkeit Jesu in Galiläa sammt deren Erfolgen, welcher im folgenden Abschnitte im Einzelnen dargestellt wird.

V. 23. Zuerst hebt der Evangelist hervor, daß Jesu Thätigkeit sich über ganz Galiläa hin erstreckte, dann schildert er diese nach ihren zwei Seiten: Lehren und Krankenheilen. Περιάγειν ist hier wie in der spätern Gräcität, intransitiv gebraucht, umherziehen. Die Synagogen waren gottesdienstliche Versammlungsorte der Juden, in denen an den Sabbaten und Festtagen (später auch am zweiten und fünften Wochen= tage) öffentliche Gebete und Vorlesungen des alten Testamentes sammt daranschließenden Vorträgen stattfanden. Ihre Entstehung fällt in die Zeit des Exiles.

V. 24. 25. Jesu Wirksamkeit entsprach auch der Erfolg. Εἰς ὅλην τὴν Συρίαν; sein Ruf (ἡ ἀκοὴ αὐτοῦ) verbreitete sich bis nach ganz Syrien, wo ebenfalls viele Juden wohnten. Dieser Ruf hatte die doppelte Wirkung, daß man nämlich Kranke aller Art zur Heilung herbeibrachte (24) und daß das Volk von allen Seiten herzuströmte, um Jesu nach= zufolgen (25). Jesus heilte πάντας τοὺς κακῶς ἔχοντας, alle die krank waren. Dieser allgemeine Ausdruck wird vom Evangelisten näher be= stimmt: 1. Mit verschiedenen Krankheiten und Qualen (ἡ βάσανος),

i. e. die mit natürlichen Krankheiten Behafteten. 2. Δαιμονιζόμενοι; nach den bestimmt lautenden evangelischen Berichten haben wir unter „Dämonischen" solche, meist auch physisch kranke Menschen zu verstehen, deren Leiber Sitz und Organ der dämonischen Gegenwart und Wirksamkeit waren. Die dämonische Besessenheit bestand also nicht etwa blos in einer nur virtuellen Einwirkung der Dämonen auf das Nervenleben der Menschen, sondern in wirklicher Innewohnung dämonischer Persönlichkeiten. 3. Σεληνιζόμενοι, lunatici, Mondsüchtige, i. e. Epileptische, deren Zustand dem Einflusse des Mondes zugeschrieben wurde. 4. Παραλυτικοί, paralytici, Gichtbrüchige, i. e. an Lähmung, besonders einzelner Glieder Leidende. Volksschaaren folgten Jesu von Galiläa, Dekapolis, Jerusalem, Judäa und Peräa. Δεκάπολις. Zehn-Städte-Bund, ein District im Nordosten Galiläas mit meist heidnischer Bevölkerung. Von den zum Bunde gehörigen Städten (Gadara, Hippo, Pella) sind nicht mehr alle mit Sicherheit zu bestimmen. Mit Ausnahme von Skythopolis lagen alle auf der Ostseite des Jordans.

Jesu Lehrthätigkeit.

Bergpredigt. — Verkündigung der frohen Botschaft vom Reiche Gottes. 5, 1 bis 7, 29.

Cf. Luc. 6, 20—49.

Im summarischen Berichte über Jesu Wirksamkeit in Galiläa hat der Evangelist gesagt, dieselbe habe bestanden in Lehr- und Heilsthätigkeit. In diesem Abschnitte berichtet der Evangelist ausführlich und im Einzelnen über die erste Art der Thätigkeit Jesu. Zu dem Zwecke theilt er einen umfangreichen Lehrvortrag Jesu, die sogenannte Bergpredigt mit, welche das Himmelreich nach seinen verschiedenen in Betracht kommenden Beziehungen zum Gegenstande hat.

5. Kapitel.

V. 1. 2. Cf. Luc. 6, 17. Schilderung der Situation, in welcher die folgende hochwichtige Rede gehalten wurde. „Als Jesus die Volksschaaren sah, stieg er auf den Berg." Die Volksschaaren sind jene, welche 4, 25 erwähnt wurden. Den Ort, wo die folgende Rede gehalten wurde, bezeichnet der Evangelist durch τὸ ὄρος; der Artikel τό weist hin auf einen bestimmten, den Lesern aus der Tradition bekannten

Berg. Ueber die Lage dieses Berges gibt der biblische Bericht nur eine indirecte Andeutung. Aus 8, 1. 5 ergibt sich nämlich mit großer Wahrscheinlichkeit, daß derselbe in der Nähe von Kapharnaum lag. Die Tradition bezeichnet den Berg Kurun al Hittin als den Berg der Seligkeiten, d. h. als den Ort, wo die Bergpredigt gehalten wurde. Nachdem der Heiland sich dort nach der Weise der jüdischen Lehrer (cf. Marc. 9, 35, Luc. 4, 20. 5, 3) gesetzt hatte, traten zu ihm heran „seine Jünger". Den Ausdruck μαθηταί werden wir hier mit Rücksicht auf Luc. 6, 17 ὄχλος μαθητῶν (turba discipulorum) im weiteren Sinne nehmen, so daß er die Apostel und die übrigen Jünger Jesu in sich faßt. Da nun nach 7, 28 auch die Volksschaaren die Rede Jesu anhörten, so haben wir drei Klassen von Zuhörern: Die Apostel, welche dem Herrn wohl am nächsten standen, etwas weiter entfernt die übrigen Jünger und endlich in weitem Umkreise die großen Volksschaaren. Entsprechend der Wichtigkeit des Momentes, in welchem die Grundzüge des messianischen Reiches verkündigt werden sollten, führt der Evangelist in anschaulich feierlicher Weise die Rede Jesu ein: „Und er (Jesus) öffnete seinen Mund und sprach (hielt folgende Rede)."

Ueber die Zeit der Bergpredigt gibt Matthäus gar keine Andeutung. Wenngleich der Evangelist dieselbe seinem Berichte über den Beginn von Jesu Wirksamkeit in Galiläa unmittelbar anreiht, so dürfen wir doch aus dem Inhalte und Zwecke der Rede mit ziemlicher Sicherheit schließen, daß sie nach relativ längerer Wirksamkeit Jesu, nach längerem vorbereitenden Unterrichte im engern Jüngerkreise gehalten worden sei. Diese Wahrscheinlichkeit wird zur Gewißheit durch den Bericht des Lucas. Nach diesem Evangelisten ging der Bergpredigt vorher die Auswahl der zwölf Apostel (6, 12—16) und befand sich unter den Zuhörern eine „Schaar" von Jüngern Jesu. Damit ist eine längere Wirksamkeit Jesu, ein längerer, der Bergpredigt vorangehender Unterricht vorausgesetzt. Wenn die Rede Jesu bei Matthäus identisch ist mit jener, welche Luc. 6, 20—49 berichtet, so ergeben sich auch rücksichtlich der Angabe der begleitenden Umstände zwischen beiden Evangelisten Schwierigkeiten. Nach Matthäus bestieg Jesus den Berg, um die Rede zu halten, nach Luc. 6, 17 hielt er dieselbe, als er vom Berge herabgestiegen war. Die wahrscheinlichste Ausgleichung ist folgende: Als Jesus die zwölf Apostel auf dem Berge ausgewählt hatte, stieg er von selbem herab (Lucas), und da er die Volksschaaren sah, bestieg er wieder eine Anhöhe, um dort von einer kleinen ebenen Fläche

aus (loco campestri bei Lucas) seine Rede zu halten (Matthäus). —
Nach Matthäus sprach Jesus „sitzend", nach Luc. 6, 17 hat es den
Anschein, als ob Jesus stehend seine Rede gehalten habe. Das ist aber
nur Schein, denn das Stehen Jesu bei Lucas geht auf dessen Wunder=
wirken; den selbstverständlichen Umstand, daß Jesus sich setzte, als er
zu lehren begann, verschweigt der Evangelist.

V. 3—12. Die acht Seligkeiten, — Angabe der sittlichen Be=
dingungen, an welche die Theilnahme am Messiasreich geknüpft ist,
sowie der Güter, welche den Mitgliedern desselben zu Theil werden.
Sachlich hängen die Makarismen mit dem Rufe zur Buße, womit
Jesus sein Lehramt begonnen hatte, enge zusammen; sie zeigen, in
welche sittliche Verfassung der Mensch durch wahre Bußgesinnung ver=
setzt wird — und machen die Güter des Messiasreiches namhaft, auf
dessen Nähe kurz zuvor hingewiesen wurde. Der Form nach sind die
Makarismen zweigliedrige Sentenzen, welche aussagen, wer an der
messianischen Seligkeit theil habe und worin sie bestehe.

V. 3. Μακάριοι (Vulg. beati) ist Aussage, nicht Wunschformel:
selig sind. Schon damit, daß Jesus seine Predigt vom messianischen
Reiche mit dem im Hebräischen häufigen „selig" beginnt, weiset er darauf
hin, daß er frohe Botschaft bringe, die messianischen Hoffnungen erfülle.
— Selig sind: πτωχοὶ τῷ πνεύματι pauperes spiritu. Durch den zu
πτωχοί gehörigen Beisatz τῷ πνεύματι wird näher bestimmt, welche Arme
selig zu preisen sind: Die Armen im Geiste, in Beziehung auf den Geist,
i. e. diejenigen Menschen, welche in einem, was den Geist betrifft, hilfe=
bedürftigen elenden Zustande sind und das Bewußtsein dieser Hilfebe=
dürftigkeit haben. Arm im Geiste ist der Mensch, insoferne er nur eine
mangelhafte Erkenntniß in den höchsten Wahrheiten besitzt und sein
Wille vom Bösen infizirt ist. — Die in dieser Weise Armen sind selig,
denn ihrer ist das Himmelreich. Der Ausdruck „Himmelreich" ist hier
in weitesten Sinne zu fassen, es ist nicht blos das Reich der Vollendung
in der Zukunft sondern auch das Reich der Gegenwart (die Kirche
Christi auf Erden). — Wenn einige Väter und Erklärer unter pauperes
spiritu die humiles verstehen, so ist das richtig insofern als die rück=
haltlose Anerkennung der das innerste Wesen des Menschen (spiritus)
berührenden geistigen Armuth einen Act tiefer Verdemüthigung involvirt.
Maldonat faßt pauperes buchstäblich von leiblicher Armuth und nimmt
πνεῦμα von der Selbstbestimmung, τῷ πνεύματι = ἐκ καρδίας: eam
paupertatem, quae propter regnum coelorum aut sponte suscipitur,

aut patienter toleratur. Der Satz ist an sich richtig, bildet aber nicht den Inhalt des ersten Makarismus.

V. 4. Der Ausspruch ist aus Ps. 36, 11 genommen und nur in die Form einer Seligpreisung eingekleidet. Es werden selig gepriesen die πραεῖς, mites, die Sanftmüthigen. Darunter sind jene Menschen zu verstehen, welche nach der Lehre und dem Beispiele Christi (cf. Matth. 11, 29) die Unbilden der Nebenmenschen sanft und gelassen dulden, und darum ohne Erbitterung und Rachegefühl gegen jene sind, welche sie frevelhaft bedrängen. — Diese Sanftmüthigen werden selig gepriesen, quoniam ipsi possidebunt terram. Die Redeweise κληρονομεῖν τὴν γῆν, das Land zum Erbe erhalten, hat ihre geschichtliche Veranlassung darin, daß bei der Eroberung des heiligen Landes durch die Juden, jedem Stamme, jeder Familie ein Antheil am Lande (κλῆρος) zum unveräußer= lichen Erbe zufiel. Dem nächsten historischen Sinne nach enthalten die Worte in Ps. 36, 11 woraus sie entlehnt sind, für die Zukunft die Verheißung des ungestörten Besitzes des heiligen Landes durch die Sanftmüthigen nach Vertilgung ihrer Feinde. Palästina ist aber ein Typus auf das Messiasreich und in dieser typischen Bedeutung ist der Ausdruck „das Land besitzen" im Munde Jesu gebraucht, so daß hier die Besitznahme des Messiasreiches gemeint ist, welche den sanften Dul= dern verheißen wird.

V. 5. Auch der Makarismus: „Selig sind die Trauernden, denn sie werden getröstet werden" schließt sich an eine Verheißung bei Jes. 61, 2 an. Dort verkündet der Prophet, daß der Knecht Gottes (der Messias) alle Trauernden trösten werde. Πενθοῦντες (stärkerer Ausdruck als λυπεῖσθαι) ist allgemein gesetzt, darf darum auch in der Erklärung nicht eingeengt werden. Gemeint sind alle Betrübte, Leidtragende, sei es um der Sünden willen, oder wegen Elend jeder Art. Selbstver= ständlich ist aber an eine Trauer zu denken, der ein höheres Motiv zu Grunde liegt. — Παρακληθήσονται, sie werden getröstet werden. Die Erfüllung dieser Seligpreisung hat begonnen mit dem Auftreten Christi, des Trostes Israels (cf. Luc. 2, 25); sie setzt sich fort in der Kirche, die die Fülle der Trostmittel spendet, und findet ihre Vollendung im Reiche der Verklärung, wo alle Trauer der Beseligten in Freude ver= wandelt wird. — Die Frage, worin denn der verheißene Trost bestehe, läßt sich leicht beantworten. Er besteht in der wirklichen Erlassung der Sünden, der letzten Quelle aller Leiden, in der Mittheilung der Heils= güter, in der Entfernung von vielen irdischen Uebeln durch das Christen=

thum, ferner darin, daß die noch verbleibenden Uebel im Hinblicke auf
die jenseitige Vergeltung (cf. Röm. 8, 18) in eine Quelle großen Trostes
verwandelt werden, endlich in der seligen Gemeinschaft Gottes im
Himmel. — Lachm., Tregel., Tischend. haben die B. 4 uud 5 in der
Reihenfolge der Vulg. nach D. 33. Syr. und mehreren Vätern; der
text. recept. hat dagegen B. 4 μακάριοι οἱ πενθοῦντες und B. 5
μακάριοι οἱ πραεῖς.

B. 6. Πεινῆν καὶ διψῆν, esurire et sitire sind sprechender bildlicher Ausdruck für: sehnliches Verlangen haben. Τὴν δικαιοσύνην (justi-
tiam) bezeichnet näher das Object, worauf das sehnliche Verlangen gerichtet sein muß: Gerechtigkeit, i. e. diejenige sittliche Verfassung der
Menschen, die dem Willen Gottes entspricht. Die Frage, wie der Mensch,
zu dieser Gerechtigkeit gelangen, auf welchem Wege die volle Harmonie
seines Wesens mit dem heiligen Willen Gottes hergestellt werden könne,
berührt der Heiland hier gar nicht. Ausführliche Antwort gibt darüber
vorzugsweise Paulus im Römer- und Galaterbriefe. — Zu χορτασθή-
σονται ist δικαιοσύνης zu ergänzen, i. e. sie werden im vollen Maße
Gerechtigkeit vor Gott erlangen.

B. 7. Οἱ ἐλεήμονες. Die Barmherzigen sind jene, welche nach dem
Beispiele Christi (Luc. 6, 36) wahres Mitleid mit dem Elende der
Mitmenschen haben, und dies dadurch bekunden, daß sie helfen, wo sie
können, sowohl in leiblichen als geistigen Nöthen. — Die Erbarmen mit
den leidenden Mitmenschen haben, werden selbst Barmherzigkeit erlangen
(scl. von Seite Gottes). Worin dieses göttliche Erbarmen bestehe, kann
nicht zweifelhaft sein: in der Zuerkennung des messianischen Heiles,
dessen Erlangung ganz vom göttlichen Erbarmen abhängt. Cf. Röm. 9, 16.

B. 8. Hier werden selig gepriesen: οἱ καθαροὶ τῇ καρδίᾳ (Vulg.
mundo corde): Die Reinen in Beziehung auf das Herz. Rein ist aber
das Herz (καρδία als Centrum des sittlichen Lebens gefaßt), wenn es
nicht durch Sünden befleckt und durch Sündenbewußtsein getrübt ist;
denn πᾶσα ἁμαρτία ῥύπον ἐντίθησι τῇ ψυχῇ. — Die Herzensreinen werden
selig gepriesen, weil ihnen das höchste Glück für die Menschen in Aussicht steht: αὐτοὶ τὸν θεὸν ὄψονται. Der Ausdruck „Gott anschauen"
ist vom wirklichen, unmittelbaren Schauen der göttlichen Wesenheit (visio
beatifica) von Seite der Menschen im Stande der Verklärung mittelst
des lumen gloriae zu verstehen. Cf. Hebr. 12, 14, 1 Joh. 3, 2. Apoc.
7, 15. 21, 3. Dieses „Schauen Gottes" im Stande der verklärten
Leiblichkeit, welches die Vollendung der Kinder Gottes in der Ewigkeit

ist (Apoc. 7, 13. 21, 3), hat aber seine Vorstufe im geistigen Schauen
Gottes schon hienieden, nämlich in der Erkenntniß Gottes, und in
der Empfindung der beseligenden Nähe Gottes. Es ist darum die
Auffassung, als seien die Worte „Gott schauen" bildliche Bezeichnung
des messianischen Glückes überhaupt, oder es sei die Rede von einem
inneren Schauen Gottes, Erkenntniß Gottes und dergleichen, jedenfalls
zu enge. Gegen unsere Auffassung sprechen nicht die Stellen: Exod.
33, 20, Joh. 1, 18. 6, 46, 1 Tim. 6, 16; denn an diesen Stellen
ist die Rede von einem Schauen Gottes mit den leiblichen Augen im
gegenwärtigen Zustande des Menschen.

V. 9. Οἱ εἰρηνοποιοί, Vulg. pacifici, Friedfertige, eigentlich Friede=
stifter; der Ausdruck verschieden von εἰρηνικοί, die Friedsamen cf. Jakob.
3, 17. Es sind darunter jene Menschen zu verstehen, welche thun was
zum Frieden führt, und vermeiden was den Frieden stört, sei es in
Wort oder That. Der Friede aber, von dem hier Christus redet,
ist nicht der irdische, sondern der himmlische Frieden, den zu bringen
Christus in die Welt gekommen und den er durch sein Kreuzesblut uns
erworben hat (cf. Kol. 1, 20, Ephes. 2, 14) und dessen die Menschen
nur durch Vereinigung mit Christus theilhaftig werden. Friedensstifter
in diesem Sinne sind zunächst die Apostel und ihre Nachfolger, aber
auch jeder Christ kann und soll es sein. — Den Ausdruck „filii Dei"
können wir zunächst im bildlich moralischen Sinne fassen = sie werden
Gott ähnlich werden (similes Deo erunt. Mald.); durch Frieden stiften
werden die Menschen Gott ähnlich, der ja ein Gott des Friedens ist.
Cf. Röm. 16, 20. 2 Kor. 13, 11. Aber wir dürfen bei dieser bild=
lichen Bedeutung der Worte filii Dei nicht stehen bleiben, sondern
müssen einen Schritt weiter gehen und dieselben als Bezeichnung der
Kindschaft Gottes faßen, in die wir durch Christus versetzt worden sind.
Indem nämlich Christus die menschliche Natur annahm, werden alle,
die durch Glaube und Liebe mit ihm in Lebensgemeinschaft treten, seine
Brüder und damit (Adoptiv=) Kinder Gottes. Diese Gotteskindschaft
beginnt mit der Neugeburt aus Gott (Joh. 1, 12) durch den heiligen
Geist, der darum auch πνεῦμα υἱοθεσίας genannt wird (Röm. 8, 15)
und kommt zur Vollendung mit der leiblichen Verklärung der Menschen,
womit die Gotteskindschaft der Frommen ihre völlige Enthüllung finden
wird. Cf. Röm. 8, 20, Kol. 3, 3—4.

V. 10. Selig gepriesen werden „die verfolgt werden um der
Gerechtigkeit willen". Cf. 1 Petr. 3, 14. 4, 14. Unter δικαιοσύνη haben

wir dasselbe zu verstehen wie V. 6: das innere Gerechtsein vor Gott, das sich naturgemäß äußerlich offenbart durch ein dem Willen Gottes entsprechendes Verhalten in Wort und That. Diejenigen nun, welche um des hohen Gutes der Gerechtigkeit willen irdische Güter und zeitliches Wohlergehen dahingeben, sind nicht zu bedauern, sondern selig zu preisen, denn ihrer ist das Himmelreich.

V. 11. 12. Wie schon aus der directen Redewendung (ὑμᾶς) ersichtlich ist, macht Jesus von der letzten Seligpreisung (V. 10), um deren Wichtigkeit wegen, eine specielle Anwendung auf die Apostel. — Die verschiedenen Arten der Anfeindungen der Jünger von Seite der sündhaften Welt werden sich äußern in Worten (ὀνειδίζειν = beschimpfen, im neuen Testament mit Accus., sonst Dativ), in der That (διώκειν) und in böser lügnerischer Nachrede (εἰπεῖν ...). — Ἕνεκεν ἐμοῦ bezieht sich auf den ganzen vorhergehenden Satz und entspricht dem ἕνεκεν δικαιοσύνης im V. 10: Die Gerechtigkeit kann nur durch Christus erlangt und durch Christi Nachfolge erhalten werden. Ψευδόμενοι ist durch hinlängliche Zeugen (אBCEK.) verbürgt und darum mit Tischend. 8. festzuhalten. — Vers 12 begründet in zweifacher Weise die in V. 11 enthaltene Seligpreisung. Die Verfolgungen um Christi willen sind Grund zur Freude und Frohlocken, weil dadurch ein reichlicher Lohn erworben wird, der jetzt schon im Himmel aufbewahrt ist zur einstigen Empfangnahme, und weil dadurch innige Gemeinschaft mit den Propheten des alten Bundes begründet wird, die in derselben Weise (= οὕτως) verfolgt wurde. Ὁ μισθός, der (entsprechende) Lohn; der Lohn hat aber ein Verdienst zur Voraussetzung. Es enthält somit V. 12, eine biblische Beweisstelle für die Verdienstlichkeit guter Werke. — Wie viel Makarismen, Seligpreisungen, sind zu zählen? Obgleich der Ausdruck „selig" neunmal vorkommt, so sind, weil der neunte Makarismus das gleiche Object mit dem achten hat, und sich als specielle Anwendung auf die Apostel darstellt, nur acht Seligkeiten zu zählen.

V. 13—16. Beruf der Apostel. Schon im V. 11 u. 12 hat sich die Rede Jesu direct an die Apostel gekehrt. In diesem Abschnitt belehrt der Herr sie über ihre die ganze Menschheit umfassende Berufsbestimmung und über die daraus sich ergebende Pflicht der Berufstreue auch in Gefahren und Verfolgungen.

V. 13. Die Apostel sind erstens „das Salz der Erde". In dieser Vergleichung kommt das Salz nach seiner der Fäulniß entgegenwirkenden und reinigenden Kraft in Betracht. Das Salz sind die Jünger dadurch, daß sie mit der Kraft des Wortes, welches der Welt das Leben gibt und mit den himmlischen Gnadenschätzen ausgerüstet sind, womit sie der geistigen Fäulniß entgegenwirken und die Menschen geistig rein und gesund zu machen vermögen. Die nähere Bestimmung τῆς γῆς weiset hin auf die universale Berufsbestimmung der Apostel für die gesammte Menschheit. Sie sind: „non unius aut paucorum hominum sed totius orbis terrae magistri.“ — Der Heiland fährt im Bilde fort: „Wenn aber das Salz fade geworden sein wird (d. h. seine Kraft zu salzen verloren hat), womit wird es gesalzen werden?“ (d. h. seine Salzkraft wieder erhalten). Non enim datur sal salis. Ohne Bild: Wenn ihr eurer Bestimmung, das geistige Salz der Menschheit zu sein, untreu werdet — das lebenspendende Wort Gottes nicht verkündet, oder falsch lehret u. s. w. — wie werdet ihr euch wieder zu eurer berufsmäßigen Wirksamkeit erheben? Damit spricht der Heiland nicht die absolute Unmöglichkeit, sondern nur die große Schwierigkeit der Umkehr treulos gewordener Lehrer aus: non quod doctor et doceri et emendari non possit sed quod fieri non soleat aut difficile sit. Mald. Die völlige Untauglichkeit solcher Lehrer für ihren hohen Beruf und deren Ausschließung aus der Kirche verkündet der Herr mit der bildlichen Rede: „Zu nichts taugt es (das Salz) mehr, als daß es hinausgeworfen und von den Menschen zertreten werde.“

V. 14. 15. Τὸ φῶς τοῦ κόσμος. Die Apostel sind zweitens „das Licht der Welt“. Was die Sonne für die physische Welt ist: Licht- und Lebensspender, das sind die Apostel für das geistige Leben der Menschen. Ihre Aufgabe ist also: die Menschheit geistig zu erleuchten und zu beleben. Licht der Welt ist zunächst nur Christus (cf. Joh. 1, 4. 9. 3, 19. 8, 12. 9, 5. 12, 35. 36); die Jünger sind es nur mittelbar, als Vermittler der göttlichen Wahrheit, als Organe, durch welche die lebenbringende Kraft des Erlösungswerkes der Welt zuströmt. — Der Aufgabe, als geistiges Licht der Welt die Menschheit zu erleuchten, können und dürfen sich die Apostel nicht entziehen. Das lehrt der Herr in den folgenden zwei Gleichnissen. Sie sind zu vergleichen mit einer auf einem Berge gelegenen, und darum von allen Seiten her sichtbaren Stadt. In dieser Vergleichung wird die erhabene Stellung hervorgehoben, welche die Apostel im Reiche des Messias einnehmen. Der Stellung entspricht die Verpflichtung: „Und nicht zündet man ein Licht an und stellt es unter den Scheffel, sondern auf den Leuchter, und es leuchtet allen, die im Hause sind.“ Die Jünger würden also direct gegen

ihre Beſtimmung handeln, wollten ſie das ihnen anvertraute Licht der
Welt vorenthalten. Ὑπὸ τὸν μόδιον; der Artikel bezeichnet das im Hauſe
befindliche Getreidemaß.

V. 16. In Form einer Folgerung aus dem Vorigen richtet nun
der Herr eine ernſte Mahnung an ſeine Apoſtel und ſchließt damit den
direct an ſie gerichteten Theil ſeiner Rede. Οὕτως sic. ebenſo wie das
Licht auf dem Leuchter. Τὸ φῶς ὑμῶν, das Licht, deſſen Inhaber ihr
vermöge eurer Stellung ſeid. Dieſes leuchtet vor den Menſchen dann,
wenn die Jünger von dem ihnen verliehenen Lichte durch Wort und
That Zeugniß ablegen, wenn ſie als echte Schüler ihres Meiſters das
docere mit dem facere verbinden. Τὰ καλὰ ἔργα. Darunter haben wir
die geſammte Thätigkeit zu verſtehen, zu welcher die Apoſtel als das Licht
der Welt verpflichtet ſind. Dieſe apoſtoliſche Thätigkeit ſollen die Menſchen
ſehen zum Zwecke der Verherrlichung Gottes: „und damit ſie euren
Vater verherrlichen, der im Himmel iſt". Gott allein iſt es, der die
Apoſtel tüchtig macht zur Ausführung ihres Berufes (2 Kor. 3, 5. 6),
darum muß auch alle Verherrlichung wegen Berufsausführung im letzten
Grunde auf Gott zurückgehen.

V. 17—48. Jeſus Vollender des Geſetzes. Jeſus ſpricht
zunächſt allgemein über ſeine Stellung zur altteſtamentlichen Offenbarung
17. 18 und folgert daraus die Stellung, welche die Lehrer im Meſſiasreiche zur altteſtamentlichen Theokratie einzunehmen haben. 19. 20.

V. 17. Jeſus iſt Vollender des Geſetzes und der Propheten. Um
der Wichtigkeit der Sache wegen wird dieſer Gedanke zuerſt negativ:
„Ihr ſollet nicht meinen, daß ich gekommen bin (scl. in die Welt), um
das Geſetz oder die Propheten aufzuheben" und dann poſitiv: „Ich bin
nicht gekommen aufzuheben, ſondern zu erfüllen" ausgedrückt. — Κατα-
λῦσαι, „auflöſen" = außer Beſtand und Giltigkeit ſetzen. Νόμον ἢ τοὺς
προφήτας. ἢ iſt disjunctiv und niemals conjunctiv = καί: das Geſetz
oder die Propheten. — Νόμος bezeichnet jenen Beſtandtheil der Gottesoffenbarung des alten Bundes, welcher im Geſetzbuche Moſis (νόμος)
niedergeſchrieben, deſſen Inhalt, wie ſchon der Ausdruck ſagt, vorzugsweiſe Forderungen Gottes an die Menſchen bilden. — Προφῆται umfaßt
die ſpätere altteſtamentliche Offenbarung, welche in den Büchern der
Propheten verzeichnet iſt und welche im Unterſchiede von den Forderungen des Geſetzes vorzugsweiſe Verheißungen enthält. Beide Ausdrücke: Geſetz und Propheten zuſammen bezeichnen ſummariſch die ganze
altteſtamentliche Offenbarung. — Chriſtus iſt nun nicht gekommen, Geſetz

oder Propheten aufzulösen, i. e. außer Giltigkeit zu setzen, „sondern
zu erfüllen". Πληρῶσαι, adimplere, erfüllen, vollmachen, zur Voll=
endung bringen, und zwar dadurch, daß er das Gesetz und die Pro=
pheten in ihrem vollen Inhalte dargestellt hat; diesen Zweck hat Jesus
erreicht durch Lehre und That. Dem Gesetze hat Christus seine Fülle
gegeben (τὸν νόμον πληρῶσαι) durch die vollkommene Entwickelung und
Darlegung des tiefsten Gehaltes der Sittengebote, durch die Erfassung
und Darstellung der Wahrheiten, die durch die Ceremonialgesetze typisch
vorgebildet waren, dadurch, daß er selbst den im Gesetze ausgesprochenen
Willen Gottes durch Gesinnung und That vollkommen erfüllte und die
Gläubigen mit der zu dieser vollendeten Gesetzeserfüllung nöthigen Kraft
ausrüstete. Den Propheten hat Jesus die Fülle gegeben (τοὺς προφήτας
πληροῦν) dadurch, daß er in Wort und That durch sein Leben, Leiden
und Sterben die Weissagungen und Verheißungen derselben erfüllte.
Im Allgemeinen bemerkt Maldonat über die Erfüllung des alten Testa=
mentes durch Christum: Cum in lege et prophetis quattuor essent
partes: promissa et vaticinia, praecepta decalogi, caeremonialia,
judicialia; Christus omnia complevit: promissa et vaticinia exhibendo quae promissa quaequae praedicta erant, praecepta decalogi moralia melius interpretando (et gratiam per quam impleri
possent afferendo. „Prius enim lex jubebat sed non juvabat;
post Christi adventum et jubet et juvat" August.), caeremonialia,
quae per caeremonias significabantur, exhibendo, ut pro circumcisione carnis baptismum et circumcisionem cordis; judicialia quia
praemia et supplicia corporea et temporalia in spiritualia et
aeterna commutavit.

V. 18. Durch ἀμήν (= ἀληθῶς, Luc. 9, 27) wird nachdrucks=
voll die Begründung der Aussage von V. 17 eingeführt. Der Grund
davon ist: Weil das Gesetz in seinen kleinsten Theilen bis zum Unter=
gange der Welt bestehen wird, und weil das so bestehende Gesetz in allen
Theilen erfüllt wird. — Jota ist der kleinste Buchstabe des hebräischen
Alphabetes; apex (κεραία), Hörnchen, Spitze, bezeichnet jene Ecke,
Spitze, wodurch ein hebräischer Buchstabe vom andern sich unterscheidet,
z. B. ד und ר, also einen sehr kleinen Theil am Buchstaben. Es ist
demnach die Phrase: Ein Jota oder Strichlein vom Gesetze bildliche
Bezeichnung für: kleinster, geringfügigster Bestandtheil des Gesetzes.
Der Heiland betheuert also, daß der νόμος in seinem kleinsten Theile
nicht vergehen werde, i. e. nicht werde außer Giltigkeit gesetzt werden

„bis Himmel und Erde wird vergangen sein". Bevor wir die Bedeutung dieser Zeitbestimmung näher besprechen, mögen folgende Bemerkungen Platz finden. Der Heiland lehrt unzweifelhaft das Vergehen von Himmel und Erde am Ende dieser Weltzeit (cf. Matth. 24, 35, Luc. 21, 33); daß damit aber nicht eine Vernichtung von Himmel und Erde, sondern nur ein Vergehen der Gestalt derselben, eine Umwandlung in einen neuen Himmel und in eine neue Erde gemeint sei, ist im neuen Testamente ebenso bestimmt gelehrt. Cf. 1 Kor. 7, 31, 2 Petr. 3, 13, Apoc. 21, 1. Da nun die Zeitbestimmung mit ἕως zunächst hier nur aussagt, was bis zum Vergehen der Welt nicht geschehen wird (cf. 1; 35) und das darüber Hinausliegende unbestimmt läßt, so ist durch die Zeit= bestimmung, welche auf die mit dem Ende dieser Weltzeit eintretende Kata= strophe hinweist, die Fortdauer des Gesetzes darüber hinaus weder gelehrt noch negirt. Daß aber das Gesetz, vollendet, seinem idealen Wesen nach auch nach der allgemeinen Weltkatastrophe in der neuen Welt fortdauern wird, ist zweifellos und erhellt aus klaren Aussprüchen der Schrift, aus 1 Kor. 13, 13, 1 Petr. 1, 25, 2 Petr. 3, 13. — Neben dem bis an's Ende der Welt fortdauernden Bestande des Gesetzes lehrt der Heiland auch die Verwirklichung seines Gesammtinhaltes mit den fol= genden, dem vorhergehenden Satze subordinirten Worten „bis Alles geschehen sein wird". Aus dem allgemeinen πάντα (omnia) und aus dem gewählten γενέσθαι (fieri) ergibt sich, daß νόμος im V. 18 im weiteren Sinne, als die ganze alttestamentliche Offenbarung bezeichnend und somit „Gesetz und Propheten" umfassend zu nehmen sei. — Wie ist aber mit der feierlichen Versicherung des Herrn von dem Fortbestande des Gesetzes in seinen kleinsten Theilen, und mit der Warnung an seine Lehrer, auch nur den kleinsten Theil des Gesetzes außer Kraft zu setzen, die geschichtliche Thatsache zu vereinigen, daß die Apostel das ganze jüdische Ceremonialgesetz abrogirten? Die Antwort auf die Frage liegt in der V. 17 zu adimplere gegebenen Erklärung. Die Vollendung des Gesetzes und der Propheten durch Christus, welche in der Kirche Christi fortwährend verwirklicht wird, besteht in der Darstellung des wahren Gehaltes der alttestamentlichen Gottesoffenbarung in Wort und That, Lehre und Leben. Damit ist aber nicht nöthig die Beibehaltung der alten Form. Vielmehr ist a priori schon wahrscheinlich, daß die voll= endete Gottesoffenbarung des Messiasreiches in eine neue, vollendete Form sich kleiden werde. Das Verhältniß, in welchem rücksichtlich unserer Frage der neue Bund zum alten steht, hat man in verschiedener

Weise zum Verständniß zu bringen gesucht. Schegg sagt: „Dieses
Verhältniß dürfte theilweise zum Verständnisse gebracht werden durch
das Verhältniß unseres gegenwärtigen Leibes zum künftigen Auferste=
hungsleibe. Unser ganzer Leib wird auferstehen, von seinen einzelnen
Theilen wird nichts in der Verwesung bleiben, der auferstandene
wird aber eine ganz andere Gestalt haben, weil es ein verklärter
und geistiger Leib geworden ist: er ist ganz derselbe und doch ganz
ein anderer."

V. 19. Der Heiland folgert aus V. 17 und 18 die Stellung,
welche zunächst die Lehrer im Messiasreiche zum Gesetze einzunehmen
haben. „Wer also etwa eines dieser geringsten Gebote (cf. V. 18) gelöst
und also (i. e. daß es keine Giltigkeit habe) die Menschen gelehrt haben
wird, der wird ein Geringster heißen im Himmelreiche; wer aber gethan
und gelehrt haben wird (nämlich auch die kleinsten Gebote), der wird
ein Großer heißen im Himmelreiche." Λύσῃ, solverit, ist im Sinne
von καταλύειν, außer Giltigkeit setzen, zu fassen. Wie schon das gegen=
sätzliche ποιήσῃ anzeigt, haben wir ein Außergiltigkeitsetzen nicht blos
durch's Wort, sondern auch durch die That zu verstehen. Wie nämlich
der christliche Lehrer nach dem Beispiele Christi das Gesetz durch Wort
und That seiner Verwirklichung entgegenzuführen hat, so kann er auch
derselben durch Wort und That hinderlich sein. Das τούτων (istis)
weiset zurück auf die durch Jota und Strichlein bezeichneten kleinsten Ge=
setze. — Ἐλάχιστος κληθήσεται ἐν τῇ βασιλείᾳ τῶν οὐρανῶν, minimus
vocabitur in regno coelorum. Unter regnum coelorum haben wir
das Messiasreich im weitesten Sinne, also auch die Kirche Christi auf
Erden zu verstehen. — Es befremdet auf den ersten Blick, wie der Heiland
bei der Betonung der Unverletzlichkeit auch der kleinsten Gebote, jenen
Lehrern, welche eines dieser Gebote durch Wort oder That außer Kraft
setzen, blos mit Zuweisung einer sehr niederen Stelle und eines geringen
Grades von Seligkeit im Messiasreiche und nicht mit Ausschließung
aus demselben droht. Der Heiland hat nicht principielle Gegensätzlichkeit
gegen das Gesetz, sondern nur Außerachtlassung kleiner Gesetzesbestim=
mungen im Auge, deren Bedeutung im Ganzen entweder nicht gekannt
oder nicht beachtet wird, eine Außerachtlassung, welche ihren Grund
nicht in Böswilligkeit, sondern entweder in Unachtsamkeit oder Schwach=
heit hat. Die Worte Jesu sind also Worte des Trostes und der War=
nung zugleich. Hat nämlich die Versicherung des Herrn, daß die aus
Unachtsamkeit oder Schwachheit erfolgte Nichtbeachtung kleinster Gebote

von Seite der christlichen Lehrer das Himmelreich noch nicht verschließt, ewas Trostvolles, so liegt andererseits in der Zuerkennung einer nur sehr niederen Stelle und eines sehr geringen Grades von Seligkeit an einen solchen eine sehr ernste Warnung vor Lauheit und Unachtsamkeit auch nur in den geringsten Dingen seines Amtes.

V. 20. „Denn ich sage euch, wenn eure Gerechtigkeit nicht mehr vorzüglich ist als die der Schriftgelehrten und Pharisäer, so werdet ihr gewiß nicht eingehen in das Himmelreich." — Wie schon γάρ anzeigt, soll durch diesen Vers die Forderung an die Jünger Jesu, das Gesetz auch in seinen kleinsten Theilen zu erfüllen, begründet werden. Der Grund liegt darin, daß die Gerechtigkeit der Jünger größer sein muß als die der Schriftgelehrten und Pharisäer. — Ἡ δικαιοσύνη ὑμῶν, justitia vestra, eure Gerechtigkeit, nämlich in Folge der Gesetzeserfül= lung. Cf. Mald. Die Gerechtigkeit (und als deren Voraussetzung die Gesetzeserfüllung) der Jünger muß vorzüglicher sein als die der Schrift= gelehrten und Pharisäer, wenn sie in das Himmelreich eingehen wollen. Schriftgelehrte und Pharisäer sind genannt als Repräsentanten des Judenvolkes, erstere in Bezug auf ihre Gesetzeserklärung und letztere als Muster der Gesetzerfüllung. Die Frage, ob der Heiland hier die Gerechtigkeit der Schriftgelehrten und Pharisäer überhaupt (i. e. die alttestamentliche Gerechtigkeit) oder speciell die falsche Scheingerechtigkeit als Parteiauswüchse im Auge habe, muß in ersterem Sinne beantwortet werden; denn sonst würde der Heiland die von seinen Jüngern ge= forderte Gerechtigkeit nicht als vorzüglicher im Vergleiche mit der der Schriftgelehrten nnd Pharisäer bezeichnen, sondern er würde einfach warnen vor deren Scheingerechtigkeit. Der Heiland fordert demnach von seinen Jüngern eine Gerechtigkeit, wie sie im alten Testamente überhaupt nicht erreicht wurde, und macht davon abhängig den Eintritt in's Messiasreich. Damit ist zugleich indirect auch ausgesprochen, daß erst durch Christum, den Vollender des Gesetzes, die Möglichkeit der voll= endeten Gesetzeserfüllung gegeben ist. Die Pflicht der vollendeten, zum Eintritte in's Himmelreich befähigenden Gesetzeserfüllung ist somit der tiefste Grund der Forderung, das Gesetz auch in seinen kleinsten Theilen zu erfüllen.

V. 21—48. Der allgemeine Satz, daß Jesus gekommen sei, Gesetz und Propheten zu erfüllen, beleuchtet der Heiland in sechs concreten Beispielen und zeigt damit zugleich, worin die von ihm geforderte Ge= rechtigkeit bestehe.

Allgemeine Bemerkungen. Es ist zweifellos, daß der Heiland hier als Gesetzgeber auftritt, denn er spricht: Ego dico vobis, V. 21. 27. 33. 38. 43, ebenso sicher ist, daß seine Gesetzgebung gegensätzliche Beziehung hat, denn er führt sie ein mit den Worten: audistis, quia dictum est, ego autem dico... Die Frage, womit Christi Gesetzgebung in gegensätzlicher Beziehung stehe, wird verschieden beantwortet. 1. Christus stelle seine vollendete Gesetzes=Interpretation in Gegensatz zu der falschen der jüdischen Gesetzlehrer. So die meisten protestantischen Exegeten. Aber abgesehen davon, daß damit Jesus zu einem bloßen Gesetzeserklärer herabgedrückt wird, steht diese Auffassung auch mit dem Wortlaute der Rede Christi im Widerspruche. 2. Christus trete in gegensätzliche Beziehung zur mosaischen Offenbarung überhaupt, und zwar in der Weise, daß er an Stelle derselben eine ganz neue verschiedene Offenbarung setze und somit ein Corrector des mosaischen Gesetzes sei — so vorzugsweise die Socinianer. 3. Jesus stelle zwar dem mosaischen Gesetze gegenüber seine Vorschriften auf, doch so, daß sie nicht etwas vom alten Testamente wesentlich verschiedenes, sondern nur die Entfaltung und Darstellung des tiefsten Inhaltes desselben — eine adimpletio legis seien. So mit Recht die meisten katholischen Exegeten. Damit trat Jesus selbstverständlich auch in Gegensatz gegen die traditionelle Auffassung und Erklärung des mosaischen Gesetzes von Seite der jüdischen Gesetzeslehrer.

V. 21—26. **1. Vollendung des fünften Gebotes des Dekaloges.**

V. 21. Ἠκούσατε, nämlich aus den Sabbatvorlesungen (cf. Joh. 12, 34, Röm. 2, 13, Gal. 4, 21, Act. 15, 21). Τοῖς ἀρχαίοις ist rein dativisch zu fassen und sind unter ἀρχαῖοι die jüdischen Generationen früherer Zeit (vor Christus) zu verstehen, zu denen Moses und die Schriftgelehrten redeten. Die Worte οὐ φονεύσεις, non occides, sind Worte des Gesetzes. Cf. Exod. 20, 13. Wenngleich das Gesetz auch den Zorn und Haß als letzte Quelle des Mordes verbietet (Lev. 19, 17. 18 Pf. 36, 7. 8, Sirach 27, 33. 38, 1—5), so belegt doch der Buchstabe desselben ausdrücklich nur die That des Mordes mit einer Strafe. Cf. Gen. 9, 6. Vom Standpunkte der jüdischen am Buchstaben hängenden Gesetzeslehrer sind also die folgenden Worte: „Wer aber etwa getödtet haben wird, der wird dem Gerichte verfallen" ein richtiger, aus Exod. 21, 12 gefolgerter traditioneller Zusatz zum nur äußerlich gefaßten Verbote des Mordes. ἔνοχος (= ἐνεχόμενος) ἔσται τῇ κρίσει, er ist

verfallen dem Gerichte, i. e. seiner Strafgewalt, um zum Tode der Hin=
richtung verurtheilt zu werden. Κρίσις ist hier nämlich das in jeder
Stadt Palästinas nach Dent. 16, 18 befindliche Localgericht, dem das
Straferkenntniß (Hinrichtungen mit dem Schwerte) auch über den Mord
zustand.

V. 22. Jesus der Vollender des Gesetzes lehrt, daß nicht bloß
die äußere That des Mordes, sondern schon die innere Zornesgesinnung
als Quelle des Mordes ein todeswürdiges Vergehen sei. — Drei Stufen
des Zornes und seiner Aeußerung und die ihnen entsprechenden Grade
der Strafbarkeit macht der Heiland namhaft. 1. S t u f e: „Jeder der
seinem Bruder zürnt, wird dem Gerichte verfallen sein." Ὀργίζεσθαι,
irasci, zürnen, ist die innere mit Bitterkeit gegen den Mitmenschen ver=
bundene Aufregung. Damit erklärt Jesus schon den unsittlichen Zorn
im selben Grade strafwürdig wie die Alten die That des Mordes, cf.
1 Joh. 3, 15. Noch strafbarer aber ist die Aeußerung solchen Zornes
in kränkender Rede. — 2. S t u f e: „Wer aber zu seinen Bruder
sagt: Raka, soll dem Synedrium verfallen sein." Ρακά ist von aram.
רֵיקָא, hebräisch רֵיק, abzuleiten und mit Hieronymus und Hesychius
im Sinne von vacuus, leerer Kopf, zu fassen, wie κενός Jak. 2, 20.
Es war ein damals gewöhnliches, leichteres Schimpfwort. Wer also
dem inneren Zorne in einem solchen Schimpfworte Luft macht, ist
strafbarer als im ersten Falle, denn er verfällt dem Synedrium (i. e.
seiner Strafgewalt). Τὸ συνέδριον (Sanhedrin) war der oberste Gerichtshof
des jüdischen Volkes, bestehend aus siebzig Mitgliedern und einem Prä=
sidenten. — 3. S t u f e ist das Beschimpfen des Bruders mit μωρέ. Μωρέ
ist stärkere, den sittlichen Charakter des Menschen unmittelbar treffende
Beschimpfung = gottloser Mensch (cf. Pf. 13, 1); von einen solchen
sagt der Herr: „Er ist schuldig in die Hölle hin", scl. geworfen zu werden.
Γέεννα ist herzuleiten von גיא בן־הנם, Thal der Söhne Hinnoms. So hieß
ein südlich von Jerusalem gelegenes Thal, wo einst die abgöttlichen
Israeliten dem Moloch ihre Kinder geopfert hatten. Darum war der
Ort von den späteren Juden sehr verabscheut und wurde der Name
desselben zur Bezeichnung des Ortes der Verdammten gebraucht. Zum
richtigen Verständnisse der Worte Jesu ist zu beachten, daß dieselben
nicht im Sinne zu fassen sind, als wolle der Heiland bestimmte Strafen
für den Zorn und die Zornesäußerungen festsetzen, sondern es soll
an concreten Beispielen gezeigt werden, daß vor Gott auch der Zorn
strafbar ist, wie die That des Mordes, und daß die Aeußerungen

des Zornes noch strafbarer sind als der im Herzen verborgene Zorn. Demnach ist auch die Anführung der zwei Schimpfwörter nur eine beispielsweise, zur Darstellung der schwächeren und stärkeren Aeußerungen des Zornes.

V. 23—26. Folgerung (οὖν) aus V. 22. Weil Zornesgesinnung gegen den Mitmenschen im Messiasreiche im höchsten Grade strafwürdig ist, so ist unverzügliche Aussöhnung mit dem beleidigten Nebenmenschen eine höchst wichtige Sache.

V. 23. 24. Die Unaufschiebbarkeit der Pflicht der Aussöhnung mit dem beleidigten Mitbruder schärft der Herr anschaulich ein in einem concreten aus dem Leben genommenen Beispiele. „Wenn du also deine Gabe zum Altare hinbringest (= ἐπὶ τὸ θυσιαστήριον) — damit sie nämlich dort der Priester in Empfang nehme und opfere — und du dich in diesem heiligen Momente erinnerst, daß dein Bruder etwas wider dich habe, i. e. daß du ihm Unrecht zugefügt und damit Anlaß zum Zürnen gegeben hast, so laß dort deine Gabe vor dem Altare und gehe zuerst hin (i. e. vor allen Andern, was du zu thun hast), versöhne dich mit deinem Bruder, und dann komme und bringe deine Gabe dar." διαλλάγηθι (von διαλλάσσειν), werde versöhnt, bewirke, daß Versöhnung mit dem von dir Beleidigten eintrete.

V. 25. 26. Die Forderung, schnell und mit allen Mitteln mit dem beleidigten Bruder sich auszusöhnen, wird eingeschärft durch Hinweis auf die unausbleiblichen Folgen der Unversöhnlichkeit. Die Darstellung dieses Gedankens schließt sich an das Rechtsverfahren in Schuldsachen an. — „Sei wohlgesinnt (= εὐνοῶν) dem Widersacher", i. e. sei geneigt, ihn zu befriedigen durch Zahlung oder Abfindung. Ἀντίδικος (adversarius) ist technische Bezeichnung für den bei Gericht Klageführenden. Diese Befriedigung muß schnell geschehen, während Kläger und Geklagter noch auf dem Wege sind, scl. zum Richter. Grund des schnellen Ausgleiches: Damit nicht etwa der Widersacher dich dem Richter übergebe und der Richter dich übergebe dem Schergen — und du wirst in's Gefängniß geworfen werden. Die Worte des Herrn: „Wahrlich, ich sage dir, du wirst von dort nicht herauskommen, bis du den letzten Heller bezahlt haben wirst" weisen auf die äußerste Strenge des Gesetzes hin, nicht aber ist damit angedeutet die Möglichkeit des Zahlens, die ja dem im Kerker Befindlichen genommen ist. Die Deutung dieser Gleichnißrede hat nach dem Zusammenhange, in dem sie steht, keine Schwierigkeit. Der Schuldner ist jener Mensch, der sich gegen den

Nebenmenschen verfehlt hat (nach dem Zusammenhange zunächst durch
beleidigende Reden), der Gläubiger ist der beleidigte Mitmensch (oder
das verletzte Gesetz im Allgemeinen), der Richter ist Gott, der Weg
zum Gerichte die Lebensdauer des Menschen, die Diener sind die Engel.
Im Leben muß der Beleidiger mit dem Beleidigten sich aussöhnen,
weil sonst nach dem Ende desselben beim Gerichte der unerbittlich strenge
Richterspruch gefällt wird. — Einige katholische Exegeten, welche die Worte
ἕως ... donec. von der Möglichkeit des Zahlens des letzten Hellers,
also auch von der Möglichkeit aus dem Kerker befreit zu werden ver=
standen, haben die Stelle als Beweis für die Lehre vom Fegefeuer
angeführt (Corn. a Lap., Bellarm., Verlepsch); dagegen Mald. und
Andere. — Quadrans = ¼ As in Kupfer oder zwei λεπτά. Cf. Marc.
12, 42.

V. 27—30. 2. Vollendung des sechsten Gebotes des
Dekaloges.

V. 27. Das Verbot: οὐ μοιχεύσεις, non moechaberis, ist ge=
nommen aus Exod. 20, 14: Der Buchstabe des Gesetzes hat zunächst
(wenn auch nicht ausschließlich) die That des Ehebruches im Auge, und
daher beschränkte die pharisäische Interpretation das Gesetzeswort auf
den vollbrachten Ehebruch und ließ die zu dieser That führenden Be=
gierden völlig außer Betracht.

V. 28. Jesus, der Vollender des Gesetzes, faßt nun die sündhafte
Begierde in's Auge und lehrt, daß die Mitglieder des Messiasreiches,
die den Zorn meiden müssen wie den Mord, sich auch vor der un=
lauteren Lust im selben Grade hüten müssen wie vor dem Ehebruche
selbst; daher: „Jeder, der nach einem Weibe sieht, um nach ihr zu
begehren, hat schon einen Ehebruch mit ihr begangen in seinem Herzen“.
— Welches βλέπειν, videre, der Heiland im Auge habe, bezeichnet die
nähere Bestimmung: ad concupiscendum eam; nicht das unbeabsichtigte
Ansehen, sondern das Ansehen zu dem Zwecke, um wollüstige Begierde
zur Befriedigung der Fleischeslust wachzurufen und zu nähren. Wer so
ein Weib ansieht, hat schon (ἤδη) in Folge der ehebrecherischen Begierde
die Ehe gebrochen im Herzen, wenn auch die äußere That des Ehe=
bruches nicht erfolgte. Wie früher der im Herzen verborgene Zorn auf
gleiche Stufe mit dem Morde gestellt wurde (cf. 1 Joh. 3, 15), so
hier die noch im Innern verborgene ehebrecherische Gesinnung mit dem
äußerlich vollbrachten Ehebruche. Γυναῖκα = mulierem überhaupt, so
daß es eine Verheiratete oder Unverheiratete sein kann.

V. 29. 30. Um aber die von den Mitgliedern des Messiasreiches geförderte Herzensreinheit zu bewahren und sich dadurch vor der Verdammung zu erretten, ist unbedingte Selbstverleugnung erforderlich. Diese Forderung trägt der Heiland in zwei Bildern vor, deren Sinn ist: Was dem Menschen auch so theuer ist als das Auge und so unentbehrlich als die rechte Hand, er muß es unbedenklich dahingeben, wenn es der Begierlichkeit zum Werkzeuge der Sünde dient. Das rechte Auge und die rechte Hand sind genannt, weil sie besonders wichtige Glieder am menschlichen Leibe sind, und weil darum die Ausdrücke: das rechte Auge ausreißen und die rechte Hand abhauen ganz treffende bildliche Bezeichnungen für: das Theuerste und Wichtigste hingeben, sind.

Die buchstäbliche Fassung der Worte Jesu wird durch den Zusammenhang geradezu unmöglich; denn da die sündhafte Begierde, welche der Heiland mit allen Mitteln zu bekämpfen gebietet, nicht im Auge und in den Händen, sondern im Herzen ihren Sitz hat, so würde durch das wirkliche Ausreißen des Auges oder durch das Abhauen der Hand die Forderung des Herrn nicht erfüllt werden.

V. 31. 32. 3. In diesen zwei Versen handelt der Heiland von der im alten Testamente üblichen Ehescheidung, und indem er dieser gegenüber durch das Verbot der Ehelichung einer Entlassenen die Unauflösbarkeit des Ehebandes im Messiasreiche lehrt, führt er das Gesetz zu seiner ursprünglichen Reinheit und Vollendung zurück. Cf. 19, 8. — Die Worte: „Wer immer sein Weib entläßt, soll ihr einen Scheidebrief geben“ gehen auf Dent. 24, 1—4. Dort wird befohlen, daß der Mann, wenn er sein Weib entläßt, diesem einen Scheidebrief ausstelle. Ἀποστάσιον, wörtlich Entlassung, nämlich mittelst eines βιβλίον ἀποστασίου, Scheidebriefes. Als Grund der Entlassung, welche, weil nicht im Wesen der Ehe begründet, nur eine zeitweilige Concession für die Juden war (cf. 19, 8), führt das Gesetz an: עֶרְוַת־דָּבָר, LXX ἄσχημον πρᾶγμα, Vulg. aliquam foeditatem. Daß diese Worte nach dem Sinne des Gesetzgebers nicht den Ehebruch selbst, sondern nur etwas Unzüchtiges bezeichneten, ist daraus ersichtlich, daß nach der Bestimmung des Gesetzes der Ehebruch mit der Steinigung zu bestrafen war. Cf. Lev. 20, 10, Deut. 22, 22. Zur Zeit Christi nun verstand der strenge Rabbi Schammai und seine Schule die Gesetzesworte vom Ehebruche, der damals nicht mehr mit dem Tode bestraft wurde, und sonstigem unzüchtigen Verhalten, während dagegen der laxe Rabbi Hillel und seine Schule diese Worte auf jede dem Manne an seinem Weibe mißfällige Sache überhaupt ausdehnte. Cf. Jos. Ant. IV. 8, 23. — Jesus, als Vollender des Gesetzes, erklärt sich nicht nur gegen die leichtfertigen Ehescheidungen, sondern auch gegen die Auflösbarkeit der Ehe überhaupt. „Jeder der sein Weib entlassen haben wird . . . macht sie die Ehe brechen." Wenn nämlich das Weib in Folge der erhaltenen Entlassung eine neue Verbindung eingeht, wird sie eine Ehebrecherin und der Mann ist der Urheber dieses Ehebruches, indem er durch die Ent= lassung dem Weibe Gelegenheit gibt, eine neue Verbindung einzugehen. Zur Ehebrecherin wird aber das Weib darum, weil das Eheband trotz der Entlassung noch fortbesteht. Der Accent liegt hier auf ποιεῖ. Dieser Umstand ist zu beachten bei Erklärung der folgenden Worte: παρεκτὸς λόγου πορνείας, „wer immer sein Weib entläßt, außer auf Grund der Unzucht, macht sie die Ehe brechen". Eine strenge Interpretation dieser Worte ergibt, daß der Heiland nicht sagt, eine auf Grund der ehe= lichen Untreue von ihrem Manne Entlassene begehe, wenn sie nämlich nach der Entlassung eine neue Verbindung eingeht, keinen Ehebruch, sondern nur, in diesem Falle sei der entlassende Mann nicht der Ur= heber des Ehebruches (ποιεῖν μοιχᾶσθαι).

Es wird viel zu wenig beachtet, daß der Heiland hier das geschlechtliche Verhalten des Weibes nach der Entlassung nur unter dem Gesichtspunkte des μοιχᾶσθαι, moechari, zur Sprache bringt und näher erörtert, wann den entlassenden Mann keine Schuld am Ehebruche des entlassenen Weibes treffe. Es trifft ihn keine Schuld, wenn er das Weib um der ehelichen Untreue willen entläßt; es trifft ihn eine Schuld, wenn er sie ohne vorausgegangene Untreue entläßt. Da nun ein Ehe= bruch das Fortbestehen des Ehebandes zur Voraussetzung hat, so ist schon im ersten Verstheile von 32 indirect ausgesprochen, daß die Ent= lassung, möge sie von Seite des Mannes mit oder ohne Grund ge= schehen sein, das Eheband nicht löse. — Die Richtigkeit dieser Erklärung ergibt sich noch mehr aus den folgenden Worten: „Und wer immer eine Entlassene heiratet, begeht einen Ehebruch." Ἀπολελυμένην, ganz allgemein ohne den Artikel gebraucht, bezeichnet eine Entlassene über= haupt, sei die Entlassung erfolgt auf Grund des Ehebruches oder ohne einen solchen. Also wer eine Person überhaupt, die verheiratet war und von ihrem Manne entlassen wurde, heiratet, der begeht einen Ehebruch, weil er eine Verbindung eingeht mit einer ungeachtet ihrer Entlassung noch Gebundenen. — Für unsere Erklärung spricht ferner noch der Umstand, daß weder Marc. 10, 11 noch Luc. 16, 18 der Ausnahme,

welche die πορνεία macht, erwähnt. Wie oft, gibt der Herr auch hier
den Juden Andeutungen über eine höhere Wahrheit, die Einführung in
das volle Verständniß derselben einer spätern Zeit vorbehaltend.

V. 33—37. 4. Vom Eidschwure. Der Herr tritt auch rücksichtlich der gesetzlichen Bestimmungen über den Eid als Vollender des
Gesetzes auf, indem er lehrt, daß die Mitglieder des Messiasreiches
jenen idealen sündelosen Zustand anstreben müssen, in dem die einfachste
Versicherung den Grad der Wahrhaftigkeit besitzt, der unter den bestehenden Verhältnissen erst durch die eidliche Bekräftigung der Aussage
erreicht wird.

V. 33. Zuerst führt der Heiland vor die Bestimmungen des
mosaischen Gesetzes bezüglich des Schwörens. 1. Bestimmung: „Du
sollst nicht falsch schwören." Der Lehrsatz findet sich nicht in dieser
Form im alten Testamente, aber das Verbot ist direct durch Lev.
19, 12 gegeben. Cf. Exod. 20, 7. 16. — 2. Bestimmung: Die Worte:
„Du sollst aber dem Herrn deine Eide erfüllen" sind nach Num. 30, 3,
Deut. 23, 21 formulirt. An den betreffenden Stellen ist zunächst die
Rede von der Pflicht, die gemachten Gelübde zu erfüllen. Hier ist die
Vorschrift über das Gelübde auf den Eid übertragen, da das Gelübde
als ein Gott gemachtes Versprechen sachlich dem Eide gleichkommt. — Die
pharisäische Gesetzes-Interpretation machte aber willkürliche Unterscheidungen zwischen verpflichtenden und nicht verpflichtenden Eidschwüren.
Diese Unterscheidung suchte man dadurch zu begründen, daß man in
der Bestimmung: reddes domino juramenta auf domino den Accent
legte und alle nicht bei Jehova abgelegten Eide für nicht verbindlich
erklärte. Aus den zwei Gesetzesbestimmungen ergibt sich, erstens, daß
der Meineid verboten und zweitens die Erfüllung des abgelegten Eides
geboten ist. Es ist nämlich die alttestamentliche Gottesoffenbarung einem
noch sehr unvollkommenen, sündhaften Volke gegeben worden, darum
war der Eid nothwendig und eben darum mußte sich das Gesetz auch
darauf beschränken, Meineid und Treubruch zu verbieten. Anders im
Messiasreiche.

V. 34—36. Christus, als Vollender von Gesetz und Propheten,
enthüllt völlig den Willen Gottes auch rücksichtlich des Schwörens,
und er weiset zunächst die Mißbräuche zurück, welche die Pharisäer mit
dem Eide trieben. „Ich aber sage euch, daß ihr gar nicht schwöret."
Μὴ ὀμόσαι ὅλως, omnino non jurare, ist von λέγω ὑμῖν abhängig, worin
das Gebieten liegt; ὅλως ist mit Nachdruck an's Ende gesetzt: ganz

und gar nicht schwören. — Von den verschiedenen Auffassungen der
Worte omnino non jurare, geht die eine dahin, daß darin ein schlecht=
hinniges, aber ein ideales Verbot des Schwörens enthalten sei, so daß
also das Verbot des Herrn eine Antithese bilde zu den beiden Gesetzes=
bestimmungen im V. 33. Nicht blos sei verboten das Falschschwören
und geboten das Halten des Schwures, sondern verboten sei (im Messias=
reiche) überhaupt das Schwören. So schon Hieronymus: Evangelica
veritas non recipit juramentum, cum omnis sermo fidelis pro jura-
mento sit. Dagegen meinen andere Exegeten, und wohl mit Recht,
omnino non jurare sei relativ zu fassen und werde durch die folgenden
Partitivsätze neque . . . . in seine Theile zerlegt. Demnach haben wir
hier nicht ein absolutes, sondern nur ein relatives Verbot des Schwö=
rens, nämlich des leichtfertigen Schwörens. Dafür sprechen folgende
Gründe: 1. Wird μήτε im Unterschiede von μηδέ partitiv gebraucht,
so daß also der Herr selbst durch die mit μήτε eingeführten Partitiv=
sätze den Umfang angibt, welchen das allgemeine Verbot: „durchaus
nicht schwören" umfaßt. 2. Hätte der Heiland mit den Worten: omnino
non jurare ein absolutes Verbot des Schwörens geben wollen, so könnte
in den im Folgenden angeführten Eidschwüren durchaus nicht der directe
Eid bei Gott fehlen. Mit dieser relativen Fassung von omnino non
jurare steht V. 37 nicht im Widerspruche.

Im Folgenden macht nun der Heiland vier bei den Juden seiner
Zeit gebräuchliche Schwurformeln namhaft, wodurch man den Eid=
schwüren die verbindende Kraft zu nehmen glaubte, und verbietet, in
denselben zu schwören, weil sie im letzten Grunde einen Schwur bei
Jehova enthalten. — Das Schwören beim Himmel und bei der Erde
war bei den Juden sehr geläufig und wurde von den Pharisäern
für nicht verbindlich gehalten. Cf. 23, 16 ff. Der Himmel wird
der Thron Gottes, die Erde der Schemel seiner Füsse genannt nach
Jes. 66, 1. Cf. Matth. 23, 22. Der Heiland will sagen, schwört
man beim Himmel oder bei der Erde, so geht der Schwur zuletzt
doch auf den, der im Himmel thront und auf Erden waltet, i. e.
auf Gott. Jerusalem wird nach Ps. 47, 3 die Stadt des großen
Königs, i. e. Jehovas, genannt; schwört man also bei dieser Stadt,
so ruft man den großen König zum Zeugen an. Ein Schwur beim
Haupte ist ebenfalls zuletzt nur ein Schwur bei dem, der allein darüber
Gewalt hat, i. e. bei Gott. Der Gedanke, daß der Mensch kein Ver=
fügungsrecht über sein Haupt habe, sondern nur Gott, wird durch die

sprichwörtliche Redensart: non potes unum capillum album facere
aut nigrum ausgedrückt. — Ὀμνύειν mit ἐν, εἰς ist hellenistisch, bei
den Griechen mit κατά und dem Genitiv oder mit dem bloßen Accu=
sativ. (Jak. 5, 12.)

V. 37. Dem Verbote des leichtfertigen Schwörens stellt jetzt der
Heiland gegenüber (δέ, autem) das im Messiasreiche geltende Gebot: „Es
soll aber eure Rede sein: Ja, ja, Nein, nein!" i. e. ihr sollet (im Noth=
falle) eure Aussage durch die einfachste Versicherung, daher ohne Eid,
bekräftigen. Die Worte: Ja, ja, Nein, nein, sind selbstverständlich nur
ein concreter Ausdruck zur Bezeichnung der einfachen Versicherungsweise
bei Bejahung oder Verneinung, womit selbstverständlich andere Formeln
der Versicherung, sobald sie nur kein Eidschwur sind, nicht ausgeschlossen
werden. — „Was aber mehr ist als dieses (nämlich das Ja oder Nein,
i. e. das Schwören), ist vom Bösen", i. e. aus der Sphäre des Bösen,
der Sünde. Der Heiland sagt nicht, der Eid sei ein πονηρόν, malum,
sondern nur, derselbe sei ἐκ πονηροῦ, er rühre aus dem Bösen, aus
der Sünde her. Er äußert sich also nicht über Natur und Wesen des
Eides, sondern gibt nur an die letzte Veranlassung desselben: Der Eid
ist nicht Sünde, sondern er ist veranlaßt durch die Sünde, insoferne
nämlich die durch die Sünde verursachte Unwahrhaftigkeit der Menschen
und das dadurch hervorgerufene gegenseitige Mißtrauen ihn nothwendig
machen. So lange also der letzte Grund des Eidschwures, die Sünde,
fortbesteht, wird auch der Eid nothwendig sein, weil es da, wo Un=
wahrhaftigkeit und Mißtrauen herrschen, oft kein anderes Mittel gibt,
der Wahrheit der Aussage Glauben zu verschaffen, als den Eid. —
Damit ist auch das richtige Verständniß des Gebotes: „Eure Rede sei:
Ja, ja! Nein, nein!" gegeben. Dieses Gebot enthält eine ideale For=
derung, deren Erfüllung erst mit der völligen Ueberwindung der Sünde,
die den Eid nothwendig macht, erreicht werden kann. Denn so lange die
Kirche Christi der sündhaften Welt gegenübersteht, so lange die Glieder
der Kirche selbst mit der Sünde zu kämpfen haben, muß die Erfüllung
der Forderung des Herrn von seinen Jüngern angestrebt werden, aber
sie wird nicht völlig erreicht. Jeder Jünger hat die Pflicht dahin zu
streben, daß er durch Wahrhaftigkeit für seine Person den Eid über=
flüssig mache und damit zur vollen Verwirklichung des Gotteswillens
mitarbeite, aber so lange er in der sündhaften Welt ist, darf er vor
Gott einen Eid ablegen, wann es die Pflicht gegen den Mitmenschen
oder die sittliche Weltordnung erfordert. — Die unbedingte und aus=

nahmslose Verwerfung des Eides durch die Anabaptisten, Mennoniten und Quäcker ist demnach nicht im richtig verstandenen Worte Christi begründet.

V. 38—42. 5. **Das Verbot der Wiedervergeltung.** Mit den Worten „Aug' um Auge, Zahn um Zahn" hat der Heiland das im alten Testamente bestehende, aber nur von der Obrigkeit hand= zuhabende jus talionis im Auge. Cf. Exod. 21, 24, Lev. 24, 20, Dent. 19, 21. Eine Milderung erfuhr diese strenge, durch den Charakter der Juden und die erziehenden Absichten Gottes nothwendige Rechts= norm durch die Forderung des Gesetzes „non quaeras ultionem". Lev. 19, 18.

V. 39—42. An Stelle des strengen Vergeltungsrechtes des mo= saischen Gesetzes setzt Jesus als Vollender desselben für die Seinigen die Forderung, aller Vergeltungssucht zu entsagen und durch selbst= verleugnende und aufopfernde Liebe das Böse zu überwinden.

Zunächst (V. 39) fordert Jesus: „dem Bösen nicht zu wider= stehen (ἀντιστῆναι, Vulg. resistere = Widerstand leisten), i. e. nicht Böses mit Bösem vergelten. Diese allgemeine, in negativer Form ge= gebene Ermahnung näher ausführend, zeigt der Heiland an vier con= creten Beispielen, wie der Christ dem Widersacher gegenüber sich ver= halten müsse.

1. Der Heiland fordert von seinen Jüngern duldende Liebe bei schimpflichen Mißhandlungen: „Wer dich auf die rechte Wange schlägt, dem reiche auch die andere dar." Cf. 1 Kor. 13, 7.

2. (V. 40.) Opferbereite Liebe im Streite um materielle Güter. „Dem, der mit dir rechten und dein Unterkleid nehmen will, laß auch den Mantel (Oberkleid)." — Κριθῆναι, rechten, scl. im gerichtlichen Streite = in judicio contender. Vulg. Χιτῶνα, Vulg. tunica, das hemd= artige Unterkleid der Juden. Ἱμάτιον, Vulg. pallium, das mantelartige Oberkleid, welches den Armen auch zur Nachtdecke diente und daher nicht über Nacht als Pfand behalten werden durfte. Cf. Exod. 22, 25 ff., Dent. 24, 13.

3. (V. 41.) Dienstbereite Liebe bei unbilligen Anforderungen. Ἀγγαρεύειν, Vulg. angariare, persisches Wort: zum Transportdienste zwingen. Cf. 27, 32. Die ἄγγαροι waren Couriere, welche nach der von Cyrus eingeführten Postboten=Ordnung auf den Poststationen Men= schen und Thiere requiriren konnten (ἀγγαρεύειν) zum Zwecke der Be= schleunigung ihrer Reise. Das Wort, welches also zunächst nur eine

bestimmte verhaßte und drückende Dienstleistung bezeichnet, steht hier
für „drückende Forderung" überhaupt. Μίλιον, tausend Schritte, ein
Fünftel deutsche Meile.

4. (V. 42.) Weil die duldende, opfer= und dienstbereite Liebe
eine uneigennützige Liebe, welche nicht empfangen, sondern geben will,
zur Voraussetzung hat, so schließt der Heiland die beispielsweise Auf=
führung mit den Worten: „Gib dem, der dich bittet, und von dem,
der von dir borgen will, wende dich nicht ab." Δανείζεσθαι, mutuari,
borgen, ohne Zinsen, welche nach Exod. 22, 25 verboten waren. — Im
Allgemeinen ist zum richtigen Verständnisse der angeführten vier Bei=
spiele Folgendes zu bemerken: Die angeführten Fälle sind nur beispiels=
weise genannt, um recht anschaulich die Gesinnung zur Darstellung zu
bringen, welche den Christen in seinem Verhalten gegen den Mit=
menschen beseelen muß; sie dürfen also nicht gepreßt und als Directiven
für das äußere Verhalten hingestellt werden.

V. 43—48. 6. Das Gebot der Feindesliebe. Cf. Luc.
6, 31—36.

V. 43. Die göttliche Weisheit hatte die Juden, um sie zu ihren
Zwecken zu erziehen, mit einer fast undurchdringbaren politisch=religiösen
Scheidewand umgeben. Eine solche Schranke war dem stets zum Heiden=
thume hinneigenden Gottesvolke auch in den Gesetzesworten ἀγαπήσεις
τὸν πλησίον σου, „liebe deinen Volksgenossen" (Lev. 19, 18) gegeben, sie
bildete gleichsam eine Schranke der Liebe. Die pharisäische Interpretation
folgerte ganz gegen die Intention des Gesetzgebers aus dem Umstande,
daß in der Gesetzesbestimmung, welche die Liebe fordert, nur von den
Volksgenossen die Rede ist, den Satz: „Du sollst (darfst) deinen Feind
hassen." — Unter ἐχθρός, inimicus, verstand man zunächst den Nicht=
juden (Heiden), dann wahrscheinlich auch jeden Privatfeind unter den
eigenen Volksgenossen.

V. 44—48. Der Vollender des Gesetzes, der gekommen war, um
die Scheidewand zwischen Juden und Heiden zu entfernen, hat auch die
im alten Testamente gezogene Schranke der Liebe aufgehoben und im
Gegensatze zur pharisäischen Gesetzesentstellung die allgemeine Menschen=
liebe gelehrt und damit den vollen Willen Gottes zur Erfüllung gebracht.

Der V. 44 enthält vorerst die Forderung der Feindesliebe und
dann die nähere Bestimmung, wie sich diese bethätigen soll. „Liebet
eure Feinde." — Ἀγαπᾶν, diligere, bezeichnet im Unterschiede von φιλεῖν,
amare, das Werthschätzen. Ἐχθροί, inimici, sind, wie aus dem pa=

rallelen Gliede ersichtlich, die Verfolger; solche erwuchsen den Jüngern
Christi bald unter den Juden und Heiden. Der Christ soll nach der
Vorschrift Christi an seinem Feinde wohl unterscheiden die Person und
die feindliche Gesinnung; er soll sich nicht durch diese abhalten lassen,
die Person des Feindes zu achten und werth zu schätzen. — Die christliche
Feindesliebe darf aber nicht auf die Gesinnung beschränkt bleiben, sie
muß sich vielmehr nach Außen bethätigen, daher: „Thuet Gutes denen,
die euch hassen, und betet für die, welche euch verfolgen und schmähen".
Der Christ soll also die Feindesliebe bekundigen durch That- und Gebet.
Lachm. und Tischend. haben nach אB blos: ἀγαπᾶτε τοὺς ἐχθροὺς
ὑμῶν καὶ προσεύχεσθε ὑπὲρ τῶν διωκόντων ὑμᾶς, während nach dem
textus receptus die Forderung Jesu aus vier Gliedern besteht: „Liebet
eure Feinde, segnet die euch fluchen, thuet Gutes denen, die euch hassen,
betet für die, welche euch beleidigen und verfolgen." Der Vulgatatext
hat: „Benefacite his, qui vos oderunt (καλῶς ποιεῖτε τοῖς μισοῦσιν
ὑμᾶς) et orate pro persequentibus et calumniantibus (καὶ ἐπηρεα-
ζόντων) vos." — Aufmunterung und Kraft zur Erfüllung dieser Feindes=
liebe empfängt der Christ aus der Thatsache des Christenthums selbst:
es ist seinem Wesen nach ein Erweis der göttlichen Feindesliebe in
Christo, welche jeder Christ an seiner eigenen Person erfahren hat und
tagtäglich erfährt. Cf. 18, 21, Ephes. 4, 32, Phil. 2, 1, 1 Joh. 4, 10.

V. 45. Die Feindesliebe aber wird gefordert als vorzüglichstes
Mittel, Gott ähnlich (= Söhne Gottes) zu werden. Cf. Ephes. 5, 1.
Daß aber die Liebe Gottes, durch dessen Nachahmung der Mensch Gott
immer ähnlicher werden kann, auf alle Menschen, auch auf seine Feinde
sich erstreckt, zeigt der Herr mit den Worten: „Denn er läßt seine
Sonne aufgehen über Böse und Gute und läßt regnen über Gerechte
und Ungerechte." Der allen Menschen zu Theil werdende belebende
Sonnenschein und der für alle sich ergießende befruchtende Regen sind
besonders geeignet, die ausnahmslose Liebe Gottes darzustellen.

V. 46. 47. Die Feindesliebe wird aber vom Jünger Christi
gefordert, weil nur sie das ihn vom Zöllner und Heiden unterscheidende
Merkmal bildet und zur Anwartschaft eines Lohnes im Himmel be=
rechtigt. — Ἔχετε (im V. 46): den Lohn betrachtet der Heiland als ein
im Himmel aufbewahrtes Besitzthum. Οἱ τελῶναι, Zolleinnehmer, welche
im Dienste der Zollpächter standen. Letztere waren römische Ritter,
welche das ganze Zollwesen im Reiche gepachtet hatten. Diese Zoll=
einnehmer in Palästina waren meistens Juden, welche wegen ihrer

Härte und Grausamkeit, besonders wegen ihrer Dienste bei den ver=
haßten Römern selbst verhaßt und verachtet waren.

V. 48. Folgerung aus V. 46 u. 47. Ἔσεσθε' Imperativ =
ihr sollet sein, Vulg. estote. Τέλειοι, vollkommen, und zwar in Be=
ziehung auf die in Rede stehende Forderung: in Bezug auf die Liebe
gegen den Nebenmenschen. Gott ist das Urbild der Vollkommenheit,
dem durch Liebe gegen den Nebenmenschen immer näher zu kommen, der
Christ streben soll.

6. Kapitel.

Von der rechten Gerechtigkeitsübung. 1—18.

Zusammenhang und Fortgang der Rede. Nachdem der Lehrer
des vollendeten Gesetzes gezeigt hat, worin die wahre zur Theilnahme
am Messiasreiche befähigende δικαιοσύνη bestehe, belehrt er jetzt über
die rechte Art und Weise der Gerechtigkeitsübung. Dabei schlägt der
Heiland den Weg ein, daß er zuerst vor der nur für das Aeußere be=
rechneten Gerechtigkeitsübung der Pharisäer warnt und im Gegensatze
dazu das Wesen der christlichen Tugendübung darlegt.

V. 1 enthält eine allgemeine Warnung, die im Folgenden in con=
creten Beispielen erläutert wird und zwar: 1. In Bezug auf das Almosen=
geben, 2—4. — 2. In Bezug auf das Gebet, 5—15. — 3. In Bezug
auf das Fasten, 16—18. — Προσέχετε (scl. τὸν νοῦν), Vulg. attendite,
gebet acht. δικαιοσύνη (Vulg. justitia) Rechtsbeschaffenheit scl. vor Gott,
die der Mensch anzustreben hat. Das Thun der Gerechtigkeit, i. e.
jener Werke, durch deren Uebung die Gerechtigkeit erworben wird, soll
nicht geschehen vor den Menschen in der Absicht (= πρός), von ihnen
gesehen zu werden, um damit vor ihnen Aufsehen zu machen. — Zu εἰ
δὲ μήγε (Vulg. alioquin) ist aus dem Vorigen προσέχετε zu ergänzen:
widrigenfalls, i. e. wenn ihr euch bei eurer Gerechtigkeitsübung vor
dem Bestreben Aufsehen zu machen nicht hütet ... Ueber den im Himmel
hinterlegten Lohn. Cf. 5, 12.

V. 2—4. Das Almosengeben.

V. 2. Οὖν folgert aus V. 1: „Wenn du also Almosen gibst, so
posaune nicht vor dir her." μὴ σαλπίσῃς ist bildlicher Ausdruck für:
vermeide sorgfältig alles Geräusch und öffentliches Aufsehen. Die wört=
liche Fassung von μὴ σαλπίσῃς ist sowohl sprachlich als auch geschichtlich
nicht begründet. — Ἐν ταῖς συναγωγαῖς, in den Synagogen, in denen
am Sabbate Almosen gesammelt zu werden pflegte. In diesen, sowie auf

den Straßen gaben die Pharisäer am liebsten Almosen, weil beide Orte die passendste Gelegenheit boten, damit Aufsehen zu machen. Ἀπέχουσιν. sie haben ihren Lohn weg. Der Ausdruck ἀπέχειν, weg haben, ist gewählt mit Rücksicht auf den im Himmel aufbewahrten Lohn für das in der rechten Weise gegebenen Almosen. Weil es aber Heuchelei ist, wenn der Mensch sich den Schein gibt mit Almosenspenden den göttlichen Willen erfüllen zu wollen, während er in Wahrheit damit nur nach Menschenehre geizt, so spricht der Heiland hier ganz zutreffend von Heuchlern.

V. 3—4. Der Heiland lehrt wie das Almosen zu geben sei. Σοῦ δέ ist vorausgesetzt, um die entgegengesetzte Handlungsweise der Christen nachdrucksvoll hervorzuheben. — Die Worte: nesciat sinistra tua . . . sind sprichwörtliche Bezeichnung des gänzlichen Freiseins von allem Bestreben mit dem Wohlthun Aufsehen zu machen. Gedanke: spende das Almosen möglichst verborgen. Die Worte: Qui videt in abscondito sind Bezeichnung der göttlichen Allwissenheit. Weil Gott der Allwissende auch dort hin sieht, wohin kein Menschenauge dringt, so wird er (αὐτός) dir vergelten das im Verborgenen gespendete Almosen.

V. 5—15. Vom Gebete.

V. 5. Warnung vor Ostentation beim Beten. Der Nachdruck liegt auf φιλοῦσιν; die Heuchler lieben es (= φιλοῦσιν), in den Synagogen und an den Ecken wo breite Straßen zusammenkommen (πλατεῖαι, verschieden von ῥύμαι) stehend zu beten, um von den Menschen (bei ihren Gebeten) gesehen zu werden. Nicht das Beten in den Synagogen und an den Straßenecken an sich, sondern das Gefallen, gerade an diesen Orten zum Zwecke des Aufsehenerregens zu beten, verurtheilt der Heiland.

V. 6. Mahnung und Belehrung: Bete in deinem Kämmerlein bei verschlossener Thür. — Ταμιεῖον, cubiculum, ist jedes Gemach im Innern des Hauses, den Synagogen und Straßen im V. 5. entgegengesetzt. Der Sinn dieser Forderung kann nur aus dem Gegensatze von V. 5 richtig erfaßt werden. Wie dort nicht das Beten in den Synagogen und an den Straßenecken an sich, sondern nur das Gefallen gerade an diesen Orten zum Zwecke des Aufsehenerregens zu beten verurtheilt wird, so wird hier durch Jesu Forderung das Gebet nicht auf das verschlossene Kämmerlein beschränkt, und das öffentliche Gebet verboten, sondern nur an einem concreten Beispiele die Gesinnung gezeichnet, in der das Gebet verrichtet werden soll. Weil das Gebet ein Verkehr mit

Gott ist, so soll dabei die Gesinnung so wenig auf Menschen gerichtet sein, als befände sich der Betende in einsamer verschlossener Kammer. Eine solche Intention beim Beten ist aber überall, auch auf öffentlichem Platze möglich. Cf. 1 Tim. 2, 8. — Die Verheißung wie V. 4.

V. 7. Aber noch vor einem andern Mißbrauche beim Gebete warnt der Heiland: vor dem viele Wortemachen der Heiden beim Gebete. — Βαττολογεῖν, Vulg. multum loqui; das Verbum ist nicht mit Suidas u. A. von einem gewissen Battus, der nach Herodot IV. 155 stotterte, abzuleiten, sondern es ist, wie schon Hesychius bemerkte, Onomatopoëticon und bezeichnet stammeln, schwatzen, stottern; der Ausdruck fast gleich mit dem folgenden πολυλογία. — „Indem ihr betet, plappert nicht wie die Heiden." Dem Mißbrauche des viele Wortemachens beim Gebete huldigten aber die Heiden, weil sie im Wahne befangen waren, nur auf Grund (= ἐπί) ihrer Vielgeschwätzigkeit erhört zu werden. Dieser falsche Wahn war aber eine der vielen traurigen Folgen der Vielgötterei und der irrigen Vorstellungen von den Göttern, die man mit menschlichen Schwachheiten behaftet glaubte.

V. 8. Den Grund, warum die Christen die heidnische Art des Betens meiden müssen, gibt der Heiland mit den Worten: „Denn es weiß euer Vater, wessen ihr bedürfet, bevor ihr ihn bittet." Gott als der Allwissende kennt unsere Bedürfnisse, und wir haben darum nicht nöthig ihn darauf aufmerksam zu machen, schon gar nicht durch viele Worte. Der Heiland warnt demnach, wie aus dem Zusammenhange erhellt, seine Jünger nur von dem heidnischen Mißbrauche des Viele-Wortemachens bei dem Gebete, und vor dem demselben zu Grunde liegenden Irrthume, daß das Gebet den Zweck habe, Gott mit den menschlichen Bedürfnissen bekannt zu machen. Daraus ergibt sich, daß durchaus nicht die Rede ist von der Zeit und Dauer des Gebetes, wie schon der hl. Augustin den Sinn der Warnung schön in den Worten aussprach: Absit a precatione multa locutio, sed non desit multa precatio, si fervens perseveret intentio. Ferner macht das Wissen Gottes um die Bedürfnisse der Menschen das Beten nicht überflüßig, denn dieses ist Bekundigung der Abhängigkeit von Gott und des Vertrauens auf Gott, und macht somit den Menschen empfänglich für die göttlichen Gnadenerweisungen.

V. 9—13. Das Vater unser. Lne. 11, 2—4. Nachdem der Heiland gewarnt hat vor den Mißbräuchen beim Beten zeigt er hier, wie das Gebet anzustellen sei, indem er ein Gebetsmuster gibt, an welches sich alle Christen zu halten haben. Es ist contextgemäß richtig, daß der Heiland zunächst im Folgenden nur ein Muster eines kurzen, inhalts⸗ reichen Gebetes gibt, aber ebenso richtig ist es, das der Christ sich auch vorzugsweise der durch den Mund Christi geheiligten Gebetsweise selbst bedienen soll. Darum nimmt das Gebet des Herrn die erste Stelle im Privat⸗ und öffentlichem Gebete ein.

V. 9. Οὖν folgert aus V. 7 u. 8. i. e. da ihr nicht wie die Heiden beten sollt. — Ueber das nun folgende Gebet des Herrn mögen vorerst folgende allgemeine Bemerkungen Platz finden. Nach dem Vor⸗ gange des hl. Augustinus wird dasselbe in sieben Bitten eingetheilt, welche sich in zwei Klassen zusammenfassen lassen: „Tres primae petitiones ad honorem dei, reliquae ad utilitatem nostram per⸗ tinent.“ Mald. Vorangeht den Bitten eine Anrede (Vorrede). Das Vater unser hat nicht blos die durch Christum uns vermittelte Gottes⸗ offenbarung zur Voraussetzung, sondern bringt auch die Grundwahr⸗ heiten des Christenthums auf den einfachsten Ausdruck, weshalb es ganz treffend als breviarium totius evangelii bezeichnet wird. (Tertull. de oratione c. 6.)

Vorrede. „Vater unser, der du bist in den Himmeln.“ Um die Bedeutung dieser Anrufung völlig würdigen zu können, ist Folgendes zu beachten. Die Anrede Gottes: „Vater unser“ kommt im alten Testa⸗ ment nur selten vor. Diese Gottesbenennung gründete sich darauf, daß Israel das Volk des Eigenthums Gottes, der erstgeborne Sohn Jehovas war (Exod. 4, 22). Nur in den Gebeten, die im Namen des Gottes⸗ volkes gesprochen, nicht auch bei Gebeten einzelner Menschen findet sich die Anrufung Gottes „Vater unser“, und nur in den höchsten Gefahren für seine theokratische Stellung wagte Israel auf den Vaternamen Gottes zu recurriren. — Anders im Messiasreiche. Weil das vorbildliche Vaterverhältniß des alten Bundes durch Christum sich wirklich realisirt hat, weil jeder Mensch, der durch Glauben und Taufe ein Bruder Christi geworden ist, auch Sohn Gottes ist, darum soll jedes Mitglied des Messiasreiches in seinen Gebeten dieses Vaterverhältniß durch den Ruf: „Vater unser“ zum Ausdrucke bringen. Durch die Vaterbenennung in seinen Gebeten soll der Christ in's volle Vertrauen der göttlichen Liebe zu ihm versetzt werden: Ipsum nomen Patris orat pro nobis. „Ἡμῶν“, noster. In dem Worte „unser“ liegt ein Hinweis auf die von Christus gestiftete Gemeinde, zu der Gott im Vaterverhältnisse steht. Aber auch der einzelne Christ ruft im Gebete: „Vater unser“ und nicht

„mein" Vater, weil er nur auf Grund der Zugehörigkeit zur Gemeinde
Christi Gott zum Vater hat, und weil er diese heilige Gemeinschaft gerade
in seinen Gebeten immer zum Ausdrucke bringen soll. — Die Worte:
qui es in coelis weisen darauf hin, daß der überall gegenwärtige Gott
im Himmel seinen Thron hat (cf. 5, 34), der auch der Christen eigent=
liche Heimat ist (Phil. 3, 20, Hebr. 11, 14 ff.); der Plural in coelis
ist gewählt, um die Größe des Wohnortes Gottes und damit die Er=
habenheit des daselbst Thronenden auszudrücken. Der Hinweis aber auf
das Wohnen Gottes im Himmel soll ferner bezwecken, daß der Mensch
beim Gebete sein Herz von der Erde hinweg zum Himmel erhebe, von
woher dem gläubigen Beter jegliche gute Gabe und jedes vollkommene
Geschenk zu Theil wird. Cf. Jak. 1, 17. — 1. Bitte. Sie geht auf die
Heiligung des Namens Gottes. Ἁγιασθήτω, sanctificetur. Ἁγιάζειν
heißt sowohl das Unheilige heilig machen, als auch das Heilige heilig
halten, behandeln: (Exod. 20, 8); hier ist der Ausdruck natürlich in
der zweiten Bedeutung zu nehmen. — Ὄνομά σου, nomen tuum; ὄνομα
bezeichnet die göttliche Wesenheit, insoferne sie sich den Menschen geoffen=
bart, und damit einen Namen erhalten hat. Wie wird nun die For=
derung des Herrn, den Namen Gottes (i. e. Gott) heilig zu halten,
realisirt? Zunächst durch innere Scheu vor der Heiligkeit Gottes, durch
Furcht die göttliche Heiligkeit zu verletzen. Weil aber, was wahrhaft
im Innern des Menschen vorhanden ist, sich auch naturgemäß nach
Außen manifestirt, so muß diese innere Heilighaltung Gottes auch im
Leben des Menschen sich verwirklichen. Demnach hält der Christ den
Namen Gottes heilig, wenn er Gott, wie sich derselbe der Menschheit
geoffenbaret hat, in Gesinnung, Wort und That als heilig bekennt und
anerkennt, seine Gebote als Ausdruck des heiligen Willens, beobachtet
u. s. w. — Weil die Heilighaltung des Namens Gottes die Grundbedin=
gung des sittlichen religiösen Lebens ist, so steht die Bitte darum im
Gebete des Herrn an der Spitze.

V. 10. 2. Bitte. Die Verherrlichung des Namens Gottes, das
letzte Ziel des Messiasreiches, vollzieht sich vorzugsweise in der Kirche
Christi. Darum schließt sich an die erste Bitte die weitere Bitte an,
es möge dieses Reich kommen. — Ἡ βασιλεία σου, regnum tuum, i. e.
Dei. Der Ausdruck „Reich Gottes" umfaßt sowohl das Reich Gottes
auf Erden als auch das Reich der Vollendung im Himmel. Wir dürfen
die Bitte zunächst nicht auf das Reich Gottes im endgeschichtlichen Sinne
beziehen, als Bitte um Aufrichtung des Reiches der Vollendung (Text.,

Chrys.), sondern auf das Reich Gottes auf Erden (die Kirche Christi), also als Bitte, daß dieses Reich kommen, sich überall hin ausbreiten möge. Weil nun dieses Reich ein äußeres und zugleich ein inneres in den Herzen der Menschen ist (cf. Luc. 17, 21), so geht auch diese Bitte auf ein Doppeltes: auf immer weitere Ausbreitung des Reiches Gottes unter den Völkern und auf immer vollkommenere Verwirklichung desselben in den einzelnen Menschen. Daß damit auch eingeschlossen ist die Bitte um Aufrichtung des Reiches der Vollendung und um die Mitgliedschaft in diesem Reiche, ist selbstverständlich, weil im Sachverhalte begründet. — 3. Bitte. Die Ausbreitung des Reiches Gottes, in dem sich die Verherrlichung Gottes vollzieht, hat zur Bedingung die Erfüllung des Willens Gottes, darum die Bitte: fiat voluntas tua. Im Himmel wird der Wille Gottes von den Engeln erfüllt in vollkommener Weise (cf. Ps. 102, 21, Hebr. 1, 14) und wo das in gleicher Weise auf Erden geschieht, da ist das Reich Gottes völlig verwirklichet.

V. 11. 4. Bitte. Mit dieser Bitte geht das Gebet des Herrn von der göttlichen Herrlichkeit auf die menschliche Bedürftigkeit über und da lehrt uns der Heiland zuerst beten um das zur Erhaltung des leiblichen Lebens Nothwendige. Τὸν ἄρτον = panem, bezeichnet Nahrung über=haupt. Τὸν ἐπιούσιον; das Wort findet sich nur hier und Luc. 11, 3 sonst im ganzen griechischen Sprachschatze nicht mehr. Die Vulgata gibt es bei Matth. durch supersubstantialis, bei Lucas wie auch in den liturgischen Büchern des Morgen= und Abendlandes steht dafür quotidianus. Von den verschiedenen Ableitungsversuchen des Adjectivs ἐπιούσιος ist jeden=falls jener der wahrscheinlichste, welcher das Wort von ἐπί und οὐσία herleitet: zum Dasein gehörig. Chrysostomus erklärt ἄρτον ἐπιούσιον durch: ἐπὶ τὴν οὐσίαν τοῦ σώματος διαβαίνοντα καὶ συνκρατῆσαι ταύτην δυνάμενον. Da diese Herleitung die Auctorität der griechischen Exegeten (Orig., Chrys., Theophyl., Euthym.) für sich hat, so dürfen die in neuerer Zeit dagegen geltend gemachten Bedenken (bes. Meyer) nicht zu hoch angeschlagen werden. — Brod, das zum Dasein (i. e. zur Erhaltung desselben) gehört, ist soviel als: ausreichendes, nothdürftiges Brod. Die nämliche Bedeutung hat auch der Ausdruck: tägliches Brod. — Weil nach biblischem Sprachgebrauche die geistigen Güter vielfach unter dem Bilde von Speise und Trank dargestellt werden (cf. Joh. 6, 33—35. Hebr. 6, 4. 5 . . .), so haben viele Väter und Exegeten hier geistiges Brod (ἄρτος ἐπιούσιος = Brod, welches über die irdische Wesenheit hinausgeht) verstanden. Der hl. August in seiner Predigt über das

Vater unser bezieht den Ausdruck panis quotidianus erstens auf das leibliche Brod, zweitens auf die Speisung durch Christi Wort, drittens auf die Speisung durch die Eucharistie. Entschieden festgehalten werden muß, daß die Bitte zunächst nur auf Erflehung der nöthigen leiblichen Nahrung geht.

V. 12. Neben den Bedürfnissen des leiblichen Lebens, das durch's tägliche Brod erhalten wird, hat der Mensch auch Bedürfnisse zur Erhaltung und Förderung des geistigen Lebens, um welche er in gleicher Weise bitten muß; daher lehrt der Heiland in der 5. Bitte die sündigen Menschen bitten um Nachlassung der Sünden: „Vergieb uns unsere Schulden." Ὀφειλήματα, Vulg. debita = Schulden, welche wir Gott gegenüber uns zugezogen haben. — „Wie auch wir vergeben unsern Schuldigern" d. h. jenen Menschen, die sich gegen uns verfehlt haben. Hier lehrt der Heiland ein Zweifaches: Daß erstens der Christ Gott gar nicht um Verzeihung seiner Sünden bitten dürfe, wenn er dem Nebenmenschen nicht verzeiht, und zweitens, daß das menschliche Vergeben unerläßliches Requisit ist, um die göttliche Vergebung zu erlangen. Damit ist nicht gesagt, daß der Mensch durch Verzeihen gegenüber dem Mitmenschen sich die Verzeihung Gottes verdienen könne. Diese bleibt immer ein göttliches Gnadengeschenk, welches zu erlangen nur jener hoffen darf, der dem Mitmenschen verzeiht. Gut Mald.: „Non est sensus, fore ut hac sola conditione nobis Deus debita nostra dimittat, si nos debitoribus nostris dimittamus; sed ut nisi dimiserimus aliis nec ille nobis dimittat." — Die Recepta hat ἀφίεμεν und damit übereinstimmend die Vulg. dimittimus. Dagegen haben Lachm., Tregell. und Tischend. nach אB und anderen Zeugen ἀφήκαμεν, (dimisimus), vorgezogen. Diese verschiedenen Lesearten begründen keine Verschiedenheit des Sinnes; während durch das Tempus Präsens die Nothwendigkeit des Verzeihens schlechthin ausgedrückt wird, bezeichnet das Perfect die menschliche Verzeihung (wenigstens als inneren Act) als schon erfolgt in dem Momente, wo die göttliche Verzeihung erfleht wird.

V. 13. 6. Bitte. „Und führe uns nicht in die Versuchung." Die richtige Erfassung des Sinnes dieser Bitte ist bedingt durch die genaue Bestimmung des Begriffes πειρασμός, tentatio. Πειρασμός (πειράζειν) bezeichnet im Allgemeinen die Prüfung, dann auch jene Lebensumstände — Verfolgungen, Leiden, Widerwärtigkeiten, u. s. w. — welche dem Menschen zur Glaubensprüfung dienen. Durch diese äußeren zur Prüfung Anlaß gebenden Lagen und Umstände kann aber auch wegen der

Schwachheit des Fleisches die im Menschen vorhandene sündhafte Begierlichkeit (concupiscentia) aufgeregt werden; aber niemals wird der von
der sündhaften Lust ausgehende Reiz πειρασμός genannt. Weil nun Gott,
der Lenker und Leiter der menschlichen Geschicke, auch jene äußeren, zur
Prüfung dienenden Lebensverhältnisse (πειρασμοί) herbeiführt, die nach
Gottes Willen nur unsere Bewährung bewirken sollen, so kann auch
gesagt werden: Gott führt in Versuchung. Cf. die Erklärung der Stelle
bei Schegg und Bisping. Aus dem Gesagten erhellt, daß εἰσφέρειν, in-
ducere, in seiner eigentlichen Bedeutung zu fassen ist. Demnach steht diese
Bitte weder mit Jak. 1, 13, noch auch mit Jak. 1, 2 im Widerspruche.
An der zuerst genannten Stelle ist die Rede von inneren Versuchungen,
deren Quelle die Concupiscenz ist, hier aber von äußeren prüfenden
Verhältnissen. Wenn Jakobus (1, 2) die Versuchungen, in welche wir
gerathen, als Gegenstand der Freude anzusehen lehrt, während der Heiland uns um Bewahrung vor diesen Versuchungen beten heißt, so besteht
nur ein scheinbarer Widerspruch. Wir freuen uns in den Versuchungen,
in die wir gerathen sind, im Hinblicke auf die himmlische Glorie
(Röm. 8, 18), deren wir durch Bewährung in denselben theilhaftig
werden (cf. 1 Petr. 1, 6. 7); wir bitten um Bewahrung vor Versuchungen im Hinblicke auf die Schwachheit unseres Fleisches (Gal.
5, 17) und auf die daraus sich ergebende Gefahr versuchlicher Zustände.
7. Bitte. An die Bitte um Bewahrung vor der Versuchung schließt
sich als Schluß des Vater unser die Bitte um Erlösung vom sittlich
Bösen überhaupt. — Ἀπὸ τοῦ πονηροῦ, a malo, wird nach Augustin am
besten als Neutrum gefaßt. Dafür scheint auch zu sprechen die Vulgata
und ganz bestimmt die deutsche Uebersetzung: vom Uebel. Zu verstehen
haben wir unter malum das sittlich Böse und seine Folgen. — Orig.,
Chrys., welche die Schlußworte des Vater unser nur als Erläuterung
der 6. Bitte fassen, zählen auch nur sechs Bitten, ebenso die Calviner.
Die Doxologie ὅτι σοῦ ἐστιν ἡ βασιλεία καὶ ἡ δύναμις καὶ ἡ δόξα εἰς
τοὺς αἰῶνας. Ἀμήν ist ohne Zweifel ein alter kirchlicher Zusatz, welcher
für den Gebrauch des „Vater unser" beim Gottesdienste beigefügt wurde
und aus den liturgischen Büchern in den heiligen Text selbst überging.

V. 14. 15 cf. die Erklärung zu V. 12.

V. 16—18. Vom Fasten.

V. 16. Cum jejunatis. Gemeint ist zunächst das von den Pharisäern regelmäßig zweimal in der Woche gehaltene Privatfasten, und
zwar am Donnerstag, an welchem Wochentage Moses auf den Berg

Sinai gestiegen sein soll, und am Montag, da er an einem Montage von dort wieder herabstieg. Das mosaische Gesetz schreibt nur einen allgemeinen Fasttag, den großen Versöhnungstag vor. Cf. Lev. 16, 29. 23, 27. Dazu kamen nach dem Exile noch fünf allgemeine Fasttage im Jahre und wurde ferner allgemein gefastet bei außerordentlichen öffentlichen Bedrängnissen. — Mit dem Fasten verbanden vorzugsweise die Pharisäer noch andere Trauerzeichen: Unterlassung der Waschungen, des Salbens, Bestreuen des Hauptes mit Asche u. s. w. Dadurch erhielten sie ein finsteres Aussehen (= σκυθρωποί, von σκυθρός, ωφ). Und dies näher erläuternd, sagt der Heiland: „Sie machen unscheinbar ihr Antlitz (durch den Schmutz am Gesichte und Barte), damit sie scheinen vor den Menschen fastend." Auf diese äußeren Trauerzeichen beim Fasten legten die Pharisäer darum ein so großes Gewicht, um ihr Fasten zur Kenntniß der Menschen zu bringen.

V. 17. 18. Gegenüber dem pharisäischen Gebahren fordert der Herr von seinen Jüngern, daß sie beim Fasten ihr Haupt salben und ihr Gesicht waschen sollen. Waschen des Gesichtes ist tägliches Bedürfniß, Salben des Hauptes war Forderung des Anstandes, wenn man bei Mahlzeiten oder anderen Festlichkeiten erschien; beides zusammen also äußeres Zeichen des gewöhnlichen, freudigen Lebens. Die Forderung des Herrn hat demnach den Sinn, beim Fasten als einem inneren Acte nichts zu unterlassen, was dasselbe vor den Menschen zu verbergen geeignet ist. Wer so fastet, übt das Fasten im Verborgenen, wo es dem überall gegenwärtigen Gott offenkundig ist.

Aufforderung zur Uebung der Gerechtigkeit. V. 19—34.

Zusammenhang und Fortgang der Rede. Nachdem der Heiland seine Zuhörer über das Wesen der Gerechtigkeit und über die rechte Art dieselbe zu üben belehrt hat, fordert er sie jetzt auf zur Uebung der Gerechtigkeit selbst und er stellt dieselbe hin als die höchste Lebensaufgabe, welcher der Mensch sich ungetheilt hingeben müsse.

V. 19. Θησαυρούς, thesauros, bezeichnet Schätze allgemein, i. e. alles was in die Kategorie der Schätze gehört. Ἐπὶ τῆς γῆς, in terra, ist nähere Bestimmung zu θησαυρούς: Schätze auf der Erde, i. e. irdische Schätze. Die Vergänglichkeit derselben drücken die Worte aus: „Wo (auf Erden) Motte (σής) und Fraß (βρῶσις, die Vulg. erugo: Metall= rost) verschwinden macht und wo Diebe einbrechen und stehlen." Διο-

ρ ύ σ σ ε ι ν, effodire, hindurchgraben (nämlich durch die Wände des Auf=
bewahrungsraumes) = einbrechen.

B. 20. Im Gegentheile soll der Jünger Christi himmlische Schätze
sammeln, die unvergänglich und unverlierbar sind. Solche Schätze im
Himmel sind aber der im Himmel aufbewahrte Lohn für die guten
Werke (cf. 5, 12. 6, 4. 18), nämlich die ewige Seligkeit und himm=
lische Glorie, welche uns durch Uebung der Gerechtigkeit zu Theil wird.

B. 21. Erläuternde Begründung der Mahnung, Schätze im
Himmel zu sammeln: „Denn wo dein Schatz ist, dort wird auch dein
Herz sein." Zu beachten ist, daß der Heiland den Ausdruck „Schatz"
gebraucht; zum Schatze wird aber ein Gegenstand dadurch, daß sich
das Menschenherz darein vertieft, seine Liebe ihm zuwendet. Irdische
Schätze hesten das Menschenherz mit seinen Neigungen an die Erde,
nur himmlische Schätze erheben es in den Himmel, wo es sein muß.
Cf. Phil. 3, 20, Kol. 3, 2 ff., 2 Kor. 4, 17, 1 Joh. 2, 15 ff.

B. 22. 23. Um der Aufforderung, himmlische Schätze zu sam=
meln, noch mehr Nachdruck zu geben, lehrt der Heiland in einer schönen
Gleichnißrede, daß das Streben nach himmlischen Gütern dem geistigen
Leben Licht verleihe, hingegen das Streben nach irdischen Gütern in
tiefe geistige Finsterniß versetze. Die Worte: „Die Leuchte des Körpers
ist das Auge. Wenn nun dein Auge gesund ist, wird dein ganzer Leib
erhellt sein, wenn aber dein Auge krank ist, wird dein ganzer Leib
verfinstert sein" enthalten ein allgemeines Axiom und dessen Anwendung
auf die Leser. — Das Auge (ὀφθαλμός ist Subject) wird die Leuchte des
Körpers genannt, weil es demselben Licht zuführt und der Leib ohne
Auge im Dunkel wäre. Wie πονηρός (V. nequam) das physisch kranke
Auge bezeichnet, so ἁπλοῦς (V. simplex) das physisch gesunde Auge;
und es ist ἁπλοῦς, obgleich es sonst nur im sittlichen Sinne gebraucht
wird, darum gewählt, weil hier das Leibesauge als Bild für das geistige
Auge gebraucht wird. — Die folgenden Worte: „Wenn nun das Licht,
welches in dir ist, Finsterniß ist, wie groß ist (dann) die Finsterniß!"
enthalten die Anwendung des vorigen Bildes auf das Geistesleben des
Menschen. Der Form nach haben wir eine Argumentation a minori ad
majus. — Φῶς, lumen, entspricht dem ὀφθαλμός im Bilde. Das Geistes=
auge des Menschen (der νοῦς) ist seiner Natur nach selbst Licht, wenn
auch seit dem Sündenfalle geschwächt, und zugleich eine Leuchte, welche
das höhere Licht der göttlichen Offenbarung uns zuführt. Wenn nun
dieses geistige Licht des Menschen Finsterniß ist, d. h. wenn das geistige

Pölzl, Evang. d. hl. Matth.　　　　　　　　　　　　　　6

Auge verfinstert ist, dann geräth der Mensch in einen schlimmen Zustand sittlich geistiger Finsterniß. Diese Verfinsterung des Geistesauges und damit die geistig sittliche Finsterniß wird aber nach dem Zusammen= hange herbeigeführt, wenn der Mensch die irdischen Güter als seine Schätze betrachtet und sie darum zum Gegenstande seines Strebens und seiner Liebe macht.

V. 24. Zurückweisung der Einwendung, welche auf die Forderung V. 21 möglicherweise erhoben werden könnte, daß sich das Streben nach irdischen Gütern mit dem Streben nach himmlischen vereinigen lasse. Der ganzen Argumentation liegt die nicht direct ausgesprochene Wahrheit zu Grunde, daß der Mensch als beschränktes Wesen in einem Dienstverhältniß stehen muß; seine Freiheit besteht nur darin, daß er zwischen zwei Herren wählen kann. — Δυσίν κυρίοις, duobus dominis, wird näher bestimmt durch den zweiten Verstheil; gemeint sind die zwei mit ihren Forderungen einander direct entgegenstehenden Herren: Gott und der Mammon. — Μισεῖν, odio habere und ἀγαπᾷν, diligere, sind streng in der Wortbedeutung „hassen“, „lieben“ festzuhalten. Die Abschwächung in „mehr lieben oder weniger lieben“ verstößt gegen den Sprachgebrauch und gegen den factischen Sachverhalt; denn die beiden Herren sind so ihrem Wesen nach einander entgegengesetzt, daß Haß gegen den einen nothwendig Liebe zum andern zur Folge hat. Sowohl Gott als auch der Mammon beansprucht ausschließlichen Dienst und völlige Hingabe vom Menschen, weshalb Gottesdienst und Mammons= dienst nicht mit einander vereinbar sind. Zur allseitig richtigen Wür= digung dieses Ausspruches Jesu ist wohl zu beachten das Verbum δου= λεύειν, servire, in ein Dienstverhältniß treten, so daß entweder Gott oder Mammon der Herr und der Mensch der δοῦλος ist. — Μαμωνᾶς (schwach bezeugt μαμμωνᾶς) bezeichnet Reichthum, der hier personificirt wird. Der Ausdruck ist aus dem chald. מָמוֹנָא beibehalten. Die Vulg. hat mammona.

V. 25. Im engen Anschlusse an V. 24 warnt der Heiland seine Leser vor der eitlen Sorge nach Nahrung und Kleidung. — Διὰ τοῦτο, deshalb, weil nämlich der Dienst zweier Herren nicht möglich ist, Gott aber gedient werden muß. „Seid nicht besorgt für euer Leben, was ihr essen, noch für euren Leib, was ihr anziehen sollet.“ — Μεριμνᾶν, soli= citum esse. Darunter haben wir ein solches Sorgen nach irdischen Gütern, von denen im Folgenden Nahrung und Kleidung genannt werden, zu verstehen, welches aus Mangel an Gottvertrauen entspringt.

Wer sein Herz nicht ungetheilt Gott hingibt, der väterlich für alle Menschen sorgt (1 Petr. 5, 7), der entbehrt der festen Grundlage für sein richtiges Verhalten in der Welt und zur Welt. Sein Sorgen nach dem nöthigen Lebensbedarf wird ein ängstliches und zieht das Sinnen und Trachten des Menschen völlig in den Bereich der niederen irdischen Güter herab. Es ist somit sachlich begründet, wenn auch nicht im Ausdrucke gelegen, daß μεριμνᾶν wie häufig geschieht, vom änglichen Sorgen verstanden wird. — Τῇ ψυχῇ ist Dativ der näheren Bestimmung: in Rücksicht auf die Seele; und „Seele" ist als Bezeichnung des physischen Lebens für dieses selbst gesetzt. Durch einen Schluß a majori ad minus: „Ist das Leben nicht mehr als die Speise und der Leib nicht mehr als die Kleidung?" wird das Unvernünftige dieses Sorgens aufgedeckt. Vorausgesetzt ist, daß wir Leben und Leib von Gott haben.

V. 26. 27. Der Heiland lehrt ausführlich das Unnöthige (V. 26), ja das Vergebliche (V. 27) des Sorgens nach Nahrung. — In respicite liegt ein nachdrucksvoller Hinweis auf die den Zuhörern erfahrungsgemäß sich bekundende göttliche Fürsorge auch für die Geschöpfe der niedrigsten Ordnung. Τὰ πετεινὰ τοῦ οὐρανοῦ, die Vögel des Himmels, d. h. die in der weiten freien Höhe, fern von Nahrungsmitteln sich selbst überlassen sind. Der die Vögel, welche sich Unterhalt nicht selbst erwerben, ernährende Gott wird der „himmlische Vater der Menschen" genannt. „Si Deus illa cum et vilissima sint animalia et eorum pater non sit, tamen providentissime pascit, quanto magis pascet vos qui et homines et ejus filii estis." Mald. — Διαφέρειν τινός = vorzüglicher sein als Jemand; hat an sich schon comparative Bedeutung, welche hier noch durch μᾶλλον gesteigert wird: viel vorzüglicher sein. V. magis pluris esse. — Ἡλικία kann sowohl Lebensdauer, als auch Leibesgröße (= statura der Vulg.) bedeuten. Die erste Bedeutung ist vorzuziehen. Der Heiland will nämlich den Gedanken darlegen, daß das Sorgen nach Irdischem vergeblich und unvernünftig sei, weil man dadurch nicht das Geringste erreicht. Nun ist für die menschliche Lebensdauer eine Elle (die Lebenszeit als Längenmaß gedacht) ein verschwindend kleiner Zeitmoment, während für die Leibeslänge eine Elle etwas sehr Großes ist.

V. 28—30. Ebenso eitel ist die Sorge um Kleidung. Als Beweis dafür führt der Heiland die Sorge Gottes um die Blumen des Feldes an. — Mit καὶ περὶ ἐνδύματος wird der Gegenstand des Sorgens an die Spitze gestellt. Καταμάθετε = considerate, betrachtet; in dieser

6*

Bedeutung oft bei den Griechen. — Τὰ κρίνα τοῦ ἀγροῦ, die Lilien, welche auf dem Felde, also ohne menschliche Pflege so schön wachsen. Mald.; Quae nec hominum cura platantur nec aluntur. Und nicht einmal (οὐδὲ) Salomon in seiner ganzen Königspracht (= in omni gloria sua) ist zu vergleichen mit der Schönheit einer Feldlilie. — Der V. 30 enthält die Anwendung von V. 28 und 29 in Form eines Schlusses a minori ad majus. Τὸν χόρτον τοῦ ἀγροῦ, das Gras des Feldes, wozu auch die Lilie gehört. Gras ist nach biblischem Sprach-gebrauche häufig Bezeichnung einer hinfälligen Sache; diese Hinfälligkeit wird hier noch besonders hervorgehoben durch die Näherbestimmung: quod hodie est et cras in clibanum mittitur. Der Heiland wählt aber den Ausdruck foenum „ut ostenderet, nihil tam vile esse, nihil tam abjectum, cujus Deus summam non habeat curam". Mald. Ὀλιγόπιστοι, Kleingläubige. Mit dieser Bezeichnung deckt der Heiland die letzte Quelle jenes Sorgens auf, vor dem er in diesem Abschnitte warnt — Mangel an Vertrauen auf die väterliche Fürsorge Gottes.

V. 31. 32. Hier wird aus dem Ganzen die schon V. 25 ent-haltene Warnung gefolgert, welche im V. 32 durch einen Grund weiter motivirt wird. Sorgen nach Nahrung und Kleidung darf sich bei Christen nicht finden, weil dies ein charakteristischer Zug der Heiden ist. Cf. V. 8.

V. 33. Die Jünger Jesu sollen im Gegensatze (δὲ) zum ver-botenen Sorgen nach Speise und Trank „zuerst suchen das Reich Gottes und seine Gerechtigkeit". — In πρῶτον ist angedeutet, daß ein anderes Trachten nicht geradehin ausgeschlossen ist, sondern daß es sich dem Trachten nach dem Reiche Gottes und seiner Gerechtigkeit als dem Wichtigsten völlig unterordnen müsse. Mald.: Christum non omnino vetuisse cetera quaerere, sed ita quaerere ut eorum solicitudo a Dei regno quaerendo avertat. Wenn die Jünger vorerst nach dem Himmlischen trachten, so wird ihnen dies alles, d. h. Speise, Trank, Kleidung, hinzugegeben werden. Auch irdischen Segen bringt das Streben nach dem Himmel.

V. 34. Schlußfolgerung aus der ganzen Ermahnung von V. 25 an. Man soll für den morgenden Tag nicht sorgen, weil er um sich selbst sorgen wird, d. h. weil er sich selbst zum Gegenstande seiner Sorgen haben wird, die wir nicht gleichsam vorwegnehmen sollen, um so die Sorgen des laufenden Tages zu vermehren. „Genug hat der Tag (nämlich der eben laufende) an seiner Schlimmheit." — Κακία (V. malitia) wird hier wie auch bei Classikern und den LXX zur Bezeichnung eines physischen Uebels gebraucht; gemeint sind die Gefahren, Leiden u. s. w., welche jeder Tag mit sich bringt. — Es scheint auffallend, daß der Heiland den ganzen Abschnitt schließt mit der Warnung vor der Sorge nur um den kommenden Tag und nicht um die Zukunft überhaupt. Vor dem Sorgen um den kommenden Tag warnt Jesus, weil dies dem schwachen Menschen am nächsten liegt und weil im Hinweise, daß durch ein solches Sorgen nur eine Vermehrung der Leiden erreicht wird, schon eine Warnung vor Sorgen um die Zukunft überhaupt enthalten ist.

7. Kapitel.

Das rechte Verhalten der Glieder des Messiasreiches zu einander, beleuchtet durch die Warnung vor dem Richter des Nebenmenschen. V. 1—6.

V. 1. „Richtet nicht, damit ihr nicht gerichtet werdet." Κρίνειν. judicare, ist nicht im Sinne von κατακρίνειν, „verurtheilen", zu fassen, sondern es hat allgemein die Bedeutung richten, sich zum Richter aufwerfen über den Nebenmenschen, besonders über seinen sittlichen Zustand. Ein solches Richten ist unvereinbar mit der Liebe zum Nebenmenschen und mit der demüthigen Erkenntniß der eigenen Sündhaftigkeit, und kann daher nur hervorgehen aus einem liebeleeren, hochmüthigen Herzen, welches, statt über die eigenen Fehler ein Richteramt zu üben, desto lieber über den Mitmenschen zu Gerichte sitzt. Selbstverständlich ist die Warnung, die den Jüngern überhaupt gilt, nicht gerichtet gegen jene, denen ihr Beruf das Richten zur Pflicht macht, noch auch wird verboten die geistliche Mahnung und Warnung des Mitbruders, welche, weil sie dessen Besserung zum Zwecke hat, nur aus liebendem Herzen fließt. Motiv der Warnung vor dem Richten: „Damit ihr nicht gerichtet werdet", scl. von Gott, denn dem Gerichte Gottes zu entgehen, hat der Mensch bei seiner Sündhaftigkeit allen Grund. Das Bewußtsein der eigenen Sündhaftigkeit muß also den Jünger Jesu vor dem Richten des Nebenmenschen abhalten.

V. 2. Begründung der Warnung von V. 1 durch eine sprichwörtliche Sentenz, welche nicht dem Wortlaute nach zu urgiren, sondern in dem allgemeinen, durch den Context gegebenen Sinne zu fassen ist. Dieser ist: Wer in der V. 1 angedeuteten Weise, d. h. in liebeloser und hochmüthiger Gesinnung über den Mitmenschen richtet, der wird beim göttlichen Gerichte dafür die völlig entsprechende Bestrafung gleich= sam zugemessen erhalten. — Ob wir ἐν (in) beide Male instrumental oder als Hebräismus = secundum fassen, ist ohne Einfluß auf den Sinn.

V. 3—5. Diese Verse bilden eine Erläuterung zu V. 1. 2. In bildlicher Rede zeigt der Heiland, daß das Richten, vor dem er gewarnt, nicht Ausfluß echten Eifers für die verletzte Gerechtigkeit, sondern hoch= müthige Selbstüberhebung über den Mitmenschen sei und daß nur jenes auf Besserung des Nebenmenschen abzielende Bestreben ein lauteres sei, dem die wirkliche Selbstbesserung vorausgeht. — Τί, quid? d. h. wie kommt es, daß; ist Ausdruck des Befremdens. Τὸ κάρφος (V. festuca), ein Stückchen Reisig, Holz; hier metaphorisch: kleines sittliches Ge= brechen. Ἡ δοκός (V. trabes), bildliche Bezeichnung für ein großes sittliches Gebrechen. Διαβλέψεις (V. videbis), du magst zusehen.

V. 6. Die Warnung vor dem Richten schließt nicht aus die Beurtheilung des Nebenmenschen zu dem Zwecke, um sich über seinen Zustand ein richtiges Urtheil zu bilden. Dies ist vielmehr nöthig, um der Mahnung nachkommen zu können: „Gebet nicht das Heilige den Hunden und werfet nicht eure Perlen vor die Schweine." — Τὸ ἅγιον, sanctum, bezeichnet das Heilige überhaupt, hier zunächst die heilige Wahrheit des Evangeliums, dann die Gnadenmittel überhaupt. Durch μαργαρίτας werden die einzelnen göttlichen Wahrheiten und Gnaden= gaben als etwas höchst Werthvolles bezeichnet, welches den Jüngern als Inhabern anvertraut ist, daher margaritas vestras. Hunde und Schweine, diese unreinen und höchst verachteten Thiere (cf. Phil. 3, 2, 2 Petr. 2, 22) bilden die für die evangelische Wahrheit durchaus un= empfänglichen und verstockten Menschen ab, denen das Heilige ein ganz fremdartiges und widerwärtiges Element ist. — Grund der Warnung: „Damit sie dieselben nicht zertreten mit ihren Füßen und sich wenden und euch zerreißen", d. h. damit solche für das Höhere unempfängliche Menschen das Heilige nicht entweihen und in ihrem Grimme sich an den Heilsboten vergreifen. Diese Worte enthalten eine Prophetie auf die Geschicke der Kirche Christi: denn die tägliche Erfahrung lehrt, daß Unempfänglichkeit für die Heilswahrheiten stets im Bündnisse ist mit Feindschaft gegen das Heilige und mit Verfolgungssucht gegen die Heils= boten. — Viele Exegeten fassen die beiden Thiere als Symbole von zwei verschiedenen Menschenklassen, und zwar versteht Chrysostomus unter Hunden die Gottlosen, unter Schweinen die Lasterhaften; Augustinus unter jenen die oppugnatores veritatis, unter diesen die contemtores;

Andere unter den ersten die Menschen von unzüchtiger, unter den zweiten jene von schmutziger Gesinnung. In diesen Worten der Schrift hat die altkirchliche disciplina arcani ihre biblische Begründung.

Aufmunterung zum Bittgebete. 7—12.

Zusammenhang und Fortschritt der Rede. Obwohl der folgende Abschnitt in formeller Beziehung unvermittelt an das Vorige angereiht wird, so besteht doch ein enger sachlicher Zusammenhang. Der Heiland belehrt seine Zuhörer über das Mittel, durch dessen Gebrauch sie befähigt werden zur geforderten Gerechtigkeitsübung (6, 19—34) und zum rechten Verhalten gegen die Mitmenschen (7, 1—6). Es ist das Bittgebet.

B. 7. Wie das Bittgebet (αἰτεῖν) sich gestalten soll, sagen die folgenden Ausdrücke ζητεῖτε und κρούετε, welche zu einander in einem klimactischen Verhältnisse stehen. Durch „suchen" wird das Bitten als beharrliches, durch „anklopfen" als ein inbrünstiges charakterisirt. Die Verbindung der drei Ausdrücke weiset also darauf hin, daß das Bittgebet der Zeit nach dauernd, dem Wesen nach inbrünstig sein soll.

B. 8. Begründung der Ermahnung und Verheißung von B. 7 mittelst einer allgemeinen durch die Erfahrung bewahrheiteten Sentenz. Die allgemein lautende Sentenz des Verses findet ihre Beschränkung und Erklärung durch den Zusammenhang, in dem sie steht. Der Heiland fordert uns auf zu bitten um das, was wir zur Erfüllung unserer Aufgabe als Mitglieder des Messiasreiches nöthig haben. Die Erhörung dieser Bitten dürfen wir erwarten, wenn unser Gebet in der rechten Weise geschieht.

B. 9—11. Der Heiland zeigt hier, daß der Erfahrungssatz des B. 8 auch auf dem geistlichen Gebiete seine Anwendung finde. In zwei concreten Beispielen wird zuerst darauf hingewiesen, daß die irdischen Väter ihren Kindern statt des erbetenen Guten nicht das Gegentheil geben (9. 10) und daraus durch einen Schluß a minori ad majus das Verhalten des himmlischen Vaters gegen die Bittenden gefolgert. — Ἤ, aut, oder; d. h. wenn das B. 8 Gesagte nicht richtig wäre, so müßte ... Ἄνθρωπος, homo, ist gesetzt, um den irdischen Vater in Gegensatz zum himmlischen zu stellen. Bezüglich der Construction der B. 9 und 10 ist zu bemerken, daß wir eine durch die Relativsätze veranlaßte Unregelmäßigkeit haben.

Der V. 11 enthält die Folgerung: „Wenn nun ihr, die ihr böse seid, gute Gaben euren Kindern zu geben wisset, um wie viel mehr wird euer Vater, der im Himmel ist, Gutes denen geben, die ihn bitten." — Πονηροὶ ὄντες; so werden die Menschen im Gegensatze zu Gott, der die Heiligkeit selbst ist, genannt. Mald.: „Comparat patrem patri, coelestem terreno, Deum homini, bonitatem nequitiae, ut a minori ad majus argumentetur."

V. 12. Cf. Luc. 6, 31. Im Anschlusse an V. 1—11 gibt der Heiland seinen Jüngern die Norm für das rechte Verhalten gegen die Mitmenschen mit den Worten: „Alles also, was ihr irgend wollet, daß euch die Leute thun, also thuet auch ihr ihnen." — Zu beachten ist, daß dem πάντα ὅσα (omnia, quaecunque) nicht ταῦτα (haec), sondern οὕτως (sic) entspricht. Damit wird auf die Art und Weise des Handels hingewiesen und die Gesinnung ausgedrückt, welche der Christ in seinem Verhalten gegen den Nebenmenschen bethätigen soll. Es soll also der Jünger Jesu an seinen eigenen Bedürfnissen erkennen, was der Mitmensch von ihm zu fordern hat und dieser Erkenntniß gemäß soll er auch sein Verhalten gegen ihn normiren. Ueber die natürliche Beschränkung der allgemein ausgesprochenen Sentenz ist zu vergleichen das zu V. 8 Bemerkte. Es ist nämlich der Fall, daß der Christ dem Mitmenschen etwas Unsittliches zumuthen oder thun könne, durch den Context ausgeschlossen. Denn Jesus, welcher in der Bergpredigt als Vollender des Gesetzes und der Propheten auftritt, die Feindesliebe lehrt und bei allen Handlungen nicht Menschenruhm, sondern Gottes Ehre vor Augen zu haben befiehlt, stellt hier nicht ein egoistisches, unsittliches, sondern ein streng sittliches Wollen, welches dem göttlichen Willen conform ist, für seine Jünger als Norm des Handelns gegen den Nebenmenschen hin.

Aufforderung zum Eintritte in's Messiasreich. 13—23.

Allgemeine Bemerkungen. Nach der Darlegung des Wesens des Messiasreiches und der Aufgabe der Mitglieder desselben, ergeht nun an die Zuhörer die Aufforderung, in dasselbe einzutreten; zugleich schließt der Herr daran die Warnung, daß die Zuhörer sich weder durch das Wirken falscher Propheten vor dem Eintritte in's Messiasreich abhalten lassen, noch daß sie sich selbst davon ausschließen durch einen unchristlichen Lebenswandel. — Bei dem engen Zusammenhange der einzelnen Sätze dieses Redeabschnittes kann ich mich nicht befreunden mit der vulgären Ansicht, daß hier nur allgemeine Ermahnungen verzeichnet seien.

V. 13. 14. Cf. Luc. 13, 23. 24. Nach der Darlegung des Wesens des Messiasreiches und der Aufgabe seiner Mitglieder ergeht jetzt die Aufforderung, in dieses Reich einzutreten. Die allgemeine Ermahnung: „Gehet ein durch die enge Pforte", scl. in's Himmelreich, wird begründet durch den Satz: „denn weit ist die Pforte und breit der Weg, welcher zum Verderben führt, und Viele sind, welche durch dieselbe hindurchgehen", scl. in's Verderben. Dagegen: „Wie enge ist die Pforte und wie eingeengt (τεθλιμμένη von θλίβω) der Weg, welcher zum Leben führt, und Wenige sind, die ihn finden." Das Himmelreich wird hier dargestellt unter dem Bilde einer Burg, in die man gelangt durch ein enges Thor und auf einem beschwerlichen Wege. Die enge Pforte bedeutet den Beginn der christlichen Rechtbeschaffenheit durch Buße, der schmale Weg ist Bild der Mühseligkeiten und Selbstverleugnung, welche das Leben nach den göttlichen Vorschriften auferlegt; die weite Pforte und der breite Weg sind Bild der Lust und Ungebundenheit, welche die Sünde und das Laster gewähren. Nicht blos beschwerlich ist der Weg zum Leben, sondern wir müssen ihn auch suchen, weil abseits von ihm nur Verderben ist. — Im V. 14 lesen wir nach der Mehrzahl der Zeugen (auch Vulg.) τί statt ὅτι; τί ist hier = ὡς, quam.

V. 15—20. Warnung vor den falschen Propheten. Zu den Schwierigkeiten, welche der Weg selbst darbietet, kommen noch die Gefahren der Verführung; darum ist außer Anstrengung auch Wachsamkeit nothwendig, um nicht von falschen Propheten auf Abwege geführt zu werden.

V. 15. Die falschen Propheten werden geschildert nach ihrem erheuchelten Scheine und nach ihrem wahren Wesen. Sie kommen zu euch in Schafpelzen, d. h. sie geben sich den Anschein von Unschuld und Sanftmuth; im Inneren (ἔσωθεν, unter dem Schafspelze, d. h. ihrem Wesen nach) sind sie reißende Wölfe: Bild des seelenverderbenden Wirkens der falschen Propheten.

V. 16. Um sich aber vor den falschen Propheten hüten zu können, gibt der Heiland ein Erkennungszeichen derselben: „An ihren Früchten werdet ihr sie erkennen." Der Ausdruck „Früchte" faßt in sich sowohl die Wirkungen der falschen Grundsätze im Leben der Irrlehrer, als den Erfolg der Wirksamkeit derselben unter den Menschen. — Der Gedanke nun, daß die falschen Propheten an ihren Früchten erkennbar seien, wird bis V. 20 in einem oft vorkommenden Bilde durchgeführt.

Vom allgemeinen Satze: „Man sammelt doch wohl nicht von Dornen Trauben oder von Disteln Feigen" wird V. 17 und 18 mit οὕτως die Anwendung auf die falschen Propheten gemacht.

V. 19 enthält einen Hinweis auf die Strafe der Hölle für die falschen Propheten, um der Warnung vor denselben größeren Nachdruck zu geben. Cf. 3, 10.

V. 20 enthält in Form einer Folgerung eine Wiederholung des an die Spitze (V. 16) gestellten Gedankens.

V. 21—23. An die Warnung vor falschen Propheten, welche durch ihr Wirken den Eintritt in's Messiasreich der Vollendung zu verhindern suchen, fügt der Heiland für seine Zuhörer die weitere Mahnung, sich nicht selbst davon auszuschließen. Dies würden sie thun, wenn sie nicht mit dem Glauben den entsprechenden Lebenswandel verbänden. So gefaßt gehen die Worte auf V. 13 u. 14 zurück und geben ohne Bild die Bedingungen zum Eintritte in's Messiasreich an: Glaube und entsprechender Lebenswandel. — Das Wort κύριε, domine, ist Bezeichnung des Glaubens an Christum „quasi idem sit vocare Christum dominum et credere". Mit κύριος redeten die Apostel Jesum als den Messias an (cf. Joh. 13, 13) und die Kirche hat mit dieser solennen Bezeichnung des Erlösers ihren Glauben an die Hoheit seiner Person auf den einfachsten Ausdruck gebracht. Die Wiederholung „Herr, Herr" soll ausdrücken die Lebendigkeit des Bekenntnisses. Also: Nicht jeder, der mit Feuer und Lebendigkeit mich als den Messias, bekennt, wird eintreten in's Himmelreich. Regnum coelorum kann hier mit Rücksicht auf ἐν ἐκείνῃ τῇ ἡμέρᾳ (V. 22) nur das Reich der Vollendung bezeichnen. — Der Heiland spricht weiter: „sondern der (d. h. derjenige Gläubige), welcher den Willen meines Vaters thut, der im Himmel ist". Der Wille Gottes ist aber ausgedrückt in den göttlichen, durch Christus verkündeten Geboten. Zum ersten Male bei Matthäus nennt hier Christus Gott „seinen" Vater. — Die V. 22 u. 23 enthalten nur eine weitere concrete Darstellung der Wahrheit, daß das bloße Glaubensbekenntniß vor der Verwerfung nicht schütze. Selbst viele, welche mittelst des Namens Jesu geweißagt, Dämonen ausgetrieben und Wunderwerke gethan haben, werden am Gerichtstage verworfen werden. — Τῷ σῷ ὀνόματι, in nomine tuo, mittelst deines Namens, d. h. durch Anrufung deines Namens wurden wir in den Stand gesetzt ... Cf. Act. 3, 6. 16.

Οἱ ἐργαζόμενοι ἀνομίαν, qui operamini iniquitatem. Die Uebelthat, deren sie sich schuldig gemacht haben und welche der Grund ihrer Verdammung ist, besteht in der Nichterfüllung des Willens Gottes (cf. V. 21), darin, daß sie die ihnen zunächst zum Dienste im Reiche Gottes verliehenen Gnadengaben nicht zugleich auch zur Selbstheiligung benützt haben.

V. 24—27. Schluß der ganzen Bergpredigt durch οὖν aus V. 21 bis 23 gefolgert. Weil das Thun (ποιεῖν) des göttlichen Willens unerläßliche Bedingung zum Eintritte in's Himmelreich ist, so wird auch nur jener Jünger festgegründet sein, welcher alle Worte Jesu (5, 3 bis 7, 23), die ja Ausdruck des göttlichen Willens sind, nicht blos hört, sondern auch beobachtet, während hingegen jener dem Verderben anheimfällt, der es beim bloßen Hören bewenden läßt. Diese Wahrheit kleidet der Heiland in ein schönes Gleichniß.

Im V. 24 ist mit Lachm., Tregell., Tischend. (8. Ausg.) nach אBZ . . . Bulg. ὁμοιωθήσεται, assimilabitur, zu lesen: er wird sich gleichstellen einem Manne . . . (stellt er sich ihm aber gleich, so kann er auch mit ihm verglichen werden). Das Futurum ist gewählt zur Bezeichnung dessen, was immer geschehen wird.

Im V. 25 wird in feierlicher Weise (beachte die polysynthetische Verbindung) geschildert, wie das vom klugen Manne auf einen Felsen gebaute Haus in den größten Gefahren seine Festigkeit erweiset, während hingegen (26. 27) das vom thörichten Manne auf Sand gebaute Haus beim ersten Windstoß (προσκόπτειν, anstossen, während V. 25 προσπίπτειν, mit Gewalt darauffallen) zusammenfällt. — Abgebildet wird durch dieses Gleichniß das verschiedene Schicksal der Menschen je nach ihrem verschiedenen sittlichen Verhalten. Unter dem Manne, der sein Haus auf einen Felsen gebaut hat, wird abgebildet jener Jünger Jesu, dessen Glaubensgebäude auf den Felsen, der Christus ist, aufgebaut ist. Also baut aber jener Christ, der Christi Wort in seinem Leben wahrhaft verwirklichet. Ein solches geistiges Gebäude wird in den Wogen und Stürmen der Versuchungen, Drangsale und Trübsale unentwegbar feststehen. Wer hingegen es beim bloßen Hören der Worte Jesu bewenden läßt und sich nicht bemüht, dieselben durch die That zum Eigenthum seines Herzens zu machen, der baut auf Sand und wird beim ersten Anprallen der Stürme des Lebens zum Falle kommen.

V. 28. 29. Eindruck der Bergpredigt auf die Zuhörer. Das Volk staunte: ἐπὶ τῇ διδαχῇ αὐτοῦ „über seine (Jesu) Lehre“. Grund des Staunens: „denn er lehrte sie wie einer, der Vollmacht (= ἐξου-

σίαν, Vulg. potestatem) hat", d. h. in seinem Lehrvortrage bekundete
sich Jesus als solchen, der mit göttlicher Vollmacht ausgerüstet ist. Gut
Theophyl.: „Καὶ ὑπὲρ τοὺς προφήτας γὰρ ἐδείκνυεν ἐξουσίαν. ἐκεῖνοι
γὰρ τάδε λέγει κύριος ἔλεγον. Χριστὸς δὲ ὡς θεός ἐγὼ λέγω ὑμῖν.

Jesus als Wunderthäter. 8, 1 bis 9, 34.

Der Evangelist hat 4, 23 bemerkt, Jesu Wirksamkeit in Galiläa
habe bestanden in Lehren und Wunderwirken. Nachdem jetzt Matthäus
Jesu Lehrthätigkeit näher beleuchtet hat durch Mittheilung eines großen
Lehrvortrages, schreitet die evangelische Geschichte vor zur Darstellung
der zweiten Art der Wirksamkeit des Herrn. Es werden in diesem Abschnitte zehn Wunder referirt, wodurch Jesus in der That zeigte, daß
ihm die höhere Macht eigenthümlich sei, um Gesetz und Propheten zur
Vollendung zu führen.

8. Kapitel.

Heilung eines Aussätzigen. 1—4.

Cf. Marc. 1, 40—45, Luc. 5, 12—16.

Diese zwei Evangelisten reihen die Erzählung anders ein; bei
Markus steht dieselbe nach der Heilungsgeschichte der Schwiegermutter
Petri, bei Lucas vor derselben, und auch vor der Bergpredigt. Matthäus
dürfte die chronologisch genaue Reihenfolge einhalten.

V. 1. Nach Matthäus geschah die folgende Heilung auf dem
Wege vom Berge, auf dem Jesus die vorige Rede gehalten, nach Kapharnaum, und in Gegenwart einer großen Volksschaar.

V. 2. Auf dem Wege tritt ein Aussätziger heran und erweiset Jesu
Ehrfurcht durch That (adorans) und Wort (domine). Die Worte, mit
denen der Aussätzige um Hilfe bittet: „Herr wenn du willst, kannst
du mich rein machen" sind Ausdruck des festen Glaubens an Jesu
mächtigen Willen, sowie völliger Unterwerfung unter denselben. Theophyl.
καὶ πίστιν δεικνύων πολλὴν οὐκ εἶπεν, ἐὰν παρακαλήσῃς τὸν θεὸν θε-
ραπεύσεις με ἀλλ᾽ ἐὰν θέλῃς. διὸ καὶ ὁ Χριστός. — Der Aussatz war
eine gefährliche, ansteckende Krankheit des Orientes, welche durch Flechten
und Geschwüre den Körper zerfleischte. Die Aussätzigen mußten außerhalb der Städte wohnen, und ein Kleid tragen, durch das sie vom
weiten als solche erkennbar waren.

V. 3. Jesus erhört die gläubig demüthige Bitte: „Und er streckte die Hand aus und berührte den Kranken." — Wie oft, verbindet der Heiland auch hier mit der Wunderheilung eine entsprechende äußere Hand=lung, um erstens durch die äußere Handlung den Glauben zu unter=stützen, zweitens seinen Willen zu helfen, zu bekunden, drittens sichtbar zu machen, daß die Hilfe von ihm komme. Auf Jesu Machtwort (volo) erfolgte sogleich die Reinigung vom Aussatze. „Sein Aussatz wurde ge=reiniget", i. e. er wurde gereiniget, so daß der Aussatz nicht mehr vor=handen war; ἡ λέπρα ἀπῆλθεν ἀπ αὐτοῦ, Marc. 1, 42. Luc. 5, 13.

V. 4. Dem Geheilten gebietet Jesu: es niemanden zu sagen (scl. daß Jesus ihn geheilt habe), sondern hinzugehen ... Auch das Verbot von der geschehenen Wunderheilung Mittheilung zu machen findet sich noch öfters. Worin lag wohl der Grund davon? In verschiedenen Fällen mögen verschiedene Gründe maßgebend gewesen sein. Im Allgemeinen dürfen wir sagen, daß Jesus dieses Verbot gab: Erstens um, so weit es bei der Oeffentlichkeit seines Wirkens möglich war, Erregung unter dem noch von falschen Messiasvorstellungen befangenen Volke zu ver=hindern; zweitens um den Schein zu meiden, als beabsichtige Jesus mit seinen Wundern zu prunken; drittens um den Zweck des Wunders, die geistige Erneuerung der Geheilten, nicht durch äußere Zerstreuung in Folge des Redens davon zu vereiteln. Speciell in diesem Falle mag der Heiland das Verbot der Kundmachung des Wunders gegeben haben, um eine Verweigerung der Reinerklärung von Seiten des Priesters zu verhüten. — Statt dessen sollte der Geheilte sich dem bestellten Priester zeigen, τῷ ἱερεῖ (durch den Artikel als ein bestimmter Priester bezeichnet, als jener, welchem das Geschäft der Prüfung und Reinsprechung zukam) und das durch das Gesetz vorgeschriebene Opfer darbringen. Δῶρον munus, wird bei Marc. 1, 44 und Luc. 5, 14 durch den Beisatz περὶ τοῦ καθαρισμοῦ σου ausdrücklich als Reinigungsopfer bezeichnet. Cf. Lev. 14, 10—21. — Dies vom Geheilten dargebrachte und vom Priester angenommene Reinigungsopfer sollte sein εἰς μαρτύριον αὐτοῖς, in testimonium illis. Das Pronomen geht in freier Beziehung auf das V. 1. genannte Volk. Für dieses sollte das Opfer ein Zeugniß sein, d. h. das vom Priester nach vorhergegangener Prüfung angenommene Opfer sollte dem Volke bezeugen, daß der von Jesu Geheilte wirklich vom Aussatze rein sei; denn erst durch die Darbringung des vor=geschriebenen Opfers wurde für das Volk die erfolgte Reinigung ge=setzlich bezeugt.

Heilung des Knechtes eines Hauptmannes zu Kapharnaum. 5—13.

V. 5. Als Jesus vom Berge der Seligkeiten zurückkehrend Kaphar=
naum wieder betrat, trat (sogleich) ein Hauptmann mit einer Bitte an
ihn heran. Ἑκατόνταρχος = Anführer von hundert Mann = Centurio.
Er stand im Dienste des Herodes Antipas, war Heide (V. 10), suchte
aber, wie damals gottesfürchtige Heiden öfters thaten, im Gottesdienste
der Juden Befriedigung seiner religiösen Bedürfnisse. Cf. Luc. 7, 5.

V. 6. Er bittet um Hilfe für seinen (geliebten, Luc. 7, 2) schwer=
leidenden (und todtkranken, Luc. 7, 2) Diener. — Ὁ παῖς μου, puer
meus, mein Knecht. Cf. Luc. 7, 2. Die Krankheit war Lähmung und
in Folge davon litt der Diener schrecklich. Nach Luc. 7, 3—5 trugen
Juden, welche mit dem Hauptmanne befreundet waren, die Bitte um
Hilfe Jesu vor. Der kurz referirende Matthäus, der nur den Kern der
Sache, nicht aber den äußeren Verlauf derselben mittheilt, legte die
Bitte dem Hauptmanne selbst in den Mund, weil die Juden sie in
seinem Namen vorbrachten. So schon August. lib. II. de consensu
evangel. c. 20.

V. 7. Die große Gefahr, in der der Kranke schwebt, erfordert
schnelle Hilfe, darum spricht Jesus: „Ich will kommen und ihn heilen.“
Gegen die sonstige Weise bietet sich Jesus hier als Retter an, bevor er
noch direct um Hilfe ersucht wird. Der Grund liegt im festen Glauben
des Hauptmannes an Jesu göttliche Wundermacht, der einer Stärkung
durch Prüfung nicht bedurfte.

V. 8. Bei der unerwartet schnellen Verheißung Jesu, daß er selbst
kommen werde, um Hilfe zu bringen, erwacht im Hauptmanne das
Gefühl der Sündhaftigkeit so mächtig, daß er sich unwürdig hält, den
erhabenen Retter in sein Haus aufzunehmen. Mit κύριε bezeichnet der
Hauptmann Jesum, wie aus dem Folgenden ersichtlich ist, als höheres
Wesen. Die Worte des Hauptmannes: „Sondern sprich nur mit einem
Worte (nämlich daß er gesund werde; λόγῳ ist Dativ des Mittels)
und es wird gesund mein Knecht“ sind Ausdruck des festen Glaubens
an die dem Worte Jesu innewohnende Heilkraft.

V. 9. Die ausgesprochene Zuversicht, daß Jesus durch's bloße
Wort zu helfen vermöge, begründet der Hauptmann durch einen Schluß
a minori ad majus. „Denn auch ich, (der ich) ein Mensch (bin), stehe
unter Obergewalt und habe unter mir Soldaten, und sage ich . . .“
Ἄνθρωπος hat den Nachdruck und stellt die Person des Hauptmannes

in gegensätzliche Beziehung zur Person Jesu. Einen Menschen nennt sich der Hauptmann, um damit hinzuweisen auf das übermenschliche Wesen Jesu. Der Sinn der Argumentation ist: Wenn ich Mensch, der unter Obergewalt steht, Untergebene habe, bei denen ich auf's Wort hin Gehorsam finde, so brauchst du als übermenschliches, keiner Gewalt unterworfenes Wesen nur ein Wort zu sprechen und die Krankheit wird von meinem Knechte weichen. Gut Mald.: Si homo cum sim sub alterius potestate . . . quanto magis tu, qui sub nullius es potestate, poteris solo tuo imperio servum meum curare.

V. 10. Die Rede des Hauptmannes erregte das Staunen Jesu. Ἐθαύμασεν, miratus est. Insofern Jesus Mensch war, konnte er sich wundern und zwar nur in Beziehung auf seine rein menschliche scientia acquisita. Anders Maldonat: Christus miratus dicitur non quod miratus, sed quod ad modum mirantis hominis locutus sit. Die Glaubensfestigkeit des Hauptmannes veranlaßte Jesum zu den Worten: „Wahrlich sage ich euch, nicht einmal (= οὐδέ) in Israel habe ich so großen Glauben gefunden." Den festen vom Herrn so sehr gepriesenen Glauben bekundete der Hauptmann dadurch, daß er nicht blos gleich dem Aussätzigen glaubte, Jesus vermöge durch sein Wort allein zu helfen, sondern daß er auch diesen Glauben begründete durch das Bekenntniß der göttlichen Würde Jesu. Eine solche Glaubensfestigkeit und Glaubens= zuversicht fand Jesus nicht in Israel, dem Volke des Glaubens, auch nicht unter den Aposteln, welche vor der Erleuchtung und Stärkung durch den hl. Geist öfters wegen ihrer Kleingläubigkeit getadelt werden mußten.

V. 11. 12. Weil nun der Hauptmann, gleichsam Repräsentant der Heidenwelt, durch seine Glaubensfestigkeit das Volk der Erwählung beschämte, so nimmt der Heiland davon Anlaß, um in prophetischen Worten zu verkünden die Aufnahme der Heiden in's Messiasreich und die Ausschließung der Juden aus demselben.

V. 11. „Viele vom Aufgange und Niedergange (scl. der Sonne)", d. h. von der ganzen Welt. Cf. Jes. 45, 6. Mal. 1, 11. Gemeint sind, wie aus dem Gegensatze in V. 12. ersichtlich ist, die Heiden. Viele Heiden von der ganzen Welt werden kommen „und mit Abraham, Isaak und Jakob zu Tische sitzen im Himmelreiche." Mit diesen Worten ver= kündet Jesus die bevorstehende Theilnahme der Heiden an dem messia= nischen Heile. Die Redeweise ist bildlich. Wie im alten (Jes. 25. 6—8) und auch im neuen Testamente (cf. Matth. 22, 1 ff. Luc. 14, 16, ff.

Apoc. 19, 9) wird hier unter dem Bilde der Theilnahme an einem
Mahle geschildert der Genuß der himmlischen Seligkeit. Die Glaubens-
vorbilder Abraham, Isaak und Jakob sind genannt, weil die Heiden
nur dadurch, daß sie durch Glauben geistliche Kinder der Patriarchen
geworden sind, mit ihnen auch zur Theilnahme am verheißenen Erbe
befähigt werden. Cf. Röm. 4, 16, Gal. 3, 7.

V. 12. Dagegen werden die Juden des Heiles verlustig gehen
und dem Verderben der Hölle überantwortet werden. Οἱ υἱοὶ τῆς
βασιλείας, die Söhne des (Messias-) Reiches, d. h. die Juden.
So werden sie genannt, weil sie als das theokratische Volk das Anrecht
auf das Messiasreich hatten, gleichsam die gebornen Mitglieder desselben
waren; denn die alttestamentliche Theokratie und die neutestamentliche
Kirche bilden Ein Gottesreich: dort war das Leben nur gegeben mit
dem Glauben an den kommenden, hier ist es gegeben mit dem Glauben
an den gekommenen Messias. Als nun die Juden dem gekommenen
Messias den Glauben verweigerten, da war ihre Ausschließung vom
Messiasreiche die nothwendige Folge. — Die Hölle, in welche die ungläubigen Juden geworfen werden, wird als Ort der Finsterniß dargestellt im Gegensatze zum Himmel, der als glänzend beleuchteter Saal
erscheint. Die dort herrschende Qual und Verzweiflung wird bezeichnet
durch „Heulen und Zähneknirschen".

V. 13. In Folge des festen Glaubens des Hauptmannes erlangte
sein Knecht noch in derselben Stunde die Gesundheit. „Collegerunt ve-
teres auctores ex his et consimilibus locis, fidem unius alteri
prodesse." Mald.

Heilung der Schwiegermutter des Petrus. 14—17.
Cf. Marc. 1, 29—34, Luc. 4. 38—41.

Bei den beiden andern Synoptikern hat diese Erzählung einen
frühern Platz: sie steht vor der Heilung des Aussätzigen und vor der
Bergpredigt in unmittelbarem Anschlusse an die Erzählung von der
Heilung eines Besessenen in der Synagoge zu Kapharnaum, Marc.
1, 22, Luc. 4, 32, welche bei Matthäus fehlt.

V. 14. Εἰς τὴν οἰκίαν Πέτρου, in domum Petri, d. h. in das
Haus, in welchem der aus Bethsaida gebürtige Petrus (cf. Joh.
1, 45) nach seiner Uebersiedlung nach Kapharnaum mit seinem Bruder
Andreas wohnte. Cf. Marc. 1, 29. Ob es ihm oder seinen Schwieger-

eltern eigenthümlich gewesen sei, muß dahingestellt bleiben und hat auch gar nichts zur Sache. Beim Eintritte ins Haus sah Jesus des Petrus Schwiegermutter darniederliegend und zwar (καὶ ist explicativ) an Fieberhitze leidend.

V. 15. Jesus berührte die Kranke mit der Hand und das Fieber verließ sie; nach Luc. 4, 39 sprach Jesus beim Berühren zugleich das Machtwort aus, dem das Fieber weichen mußte. Die sogleiche und völlige Herstellung der Kranken ist ausgesprochen in den Worten: daß sie sogleich (Luc. 4, 39) aufstand und bediente. Nach der bei Clemens von Alex. verzeichneten Tradition hieß des Petrus Schwiegermutter Johanna, die Gemahlin Concordia und seine Tochter Petronilla.

V. 16. Gleichwie Marc. 1, 32—34 und Luc. 4, 40. 41 fügt Matthäus an die Heilungsgeschichte von Petri Schwiegermutter einen summarischen Bericht über verschiedene Wunderheilungen Jesu. — Als es Abend geworden war, brachte man die Dämonischen und Jesus trieb die Dämonen (τὰ πνεύματα = τὰ δαιμόνια) aus durch's Wort (λόγῳ) d. h. ohne Anwendung eines Mittels und heilte alle Kranken. Bis zum Abende, d. h. Sonnenuntergang (cf. Marc. 1, 31) wartete man, weil der Tag nach Luc. 4, 38 ein Sabbat war.

V. 17. Matthäus allein fügt an diesen summarischen Bericht die Bemerkung, daß durch Jesu Heilswirksamkeit ein prophetischer Ausspruch des Jesaias erfüllt worden sei. Die Prophetenworte: „Er hat unsere Schwachheiten hingenommen und unsere Krankheiten trug er" sind frei aber sinngetreu nach Jesaias 53, 4 citirt. Sie enthalten eine Prophetie auf das sühnende Tragen der Sünden der Menschen durch den Knecht Gottes, d. h. den Messias und haben ihre Erfüllung gefunden in dem sühnenden Todesleiden Jesu. Cf. Joh. 1, 29, 1 Pet. 2, 24. — Wie konnte nun Matthäus die Prophetenstelle, welche im Versöhnungstode Jesu ihre Erfüllung fand, als einen Hinweis auf Jesu Wunderwirken fassen und in dessen Dämonenaustreibungen und Krankenheilungen deren Erfüllung finden? Der Grund für diese Auffassung liegt im engen Zusammenhange von Sünde und körperlichem Elende, die sich zu einander wie Ursache und Wirkung verhalten. Es schließt demnach die Verheißung einer Sündensühnung auch die Verheißung einer Befreiung von physischen Leiden in sich, wie hinwiederum die Hinwegnahme der Folgen der Sünden durch das Wirken Jesu das Unterpfand der bevorstehenden Erfüllung der Verheißung nach ihrem ganzen Umfange war. Die Hinwegnahme der physischen Uebel durch Jesu Heilswirken war die erste

und niedere, die Hinwegnahme der Sündenschuld durch sein Todesleiden
war die zweite und volle Erfüllung des Prophetenwortes. — Ἔλαβε
entspricht dem hebr. נָשָׂא, tollere, und βαστάζειν = סָבַל. Ob wir
die Worte in der Bedeutung: hinwegnehmen, entfernen (De Wette,
Bleek, Grimm, Weiß) oder: aufnehmen (d. h. auf sich nehmen) und
tragen, fassen, gibt in der Sache keinen Unterschied. Wenn der Messias
unsere Schwachheiten auf sich nahm und trug, so nahm er sie eben
damit von uns hinweg. Durch den Ausdruck: auf sich nehmen und
tragen wird die tiefe Wahrheit ausgedrückt, daß der Heiland die Schwach=
heiten, die er von uns hinwegnahm, auch mitempfand.

Ueber die Nachfolge Jesu. 18—22.
Cf. Luc. 9, 57—60 (62).

V. 18. Cf. Marc. 4, 35. Das Zusammenströmen von großen
Volksschaaren veranlaßte Jesum den Befehl zu geben, von Kapharnaum
über den See Genesareth nach dem mehr einsamen Peräa (εἰς τὸ πέραν)
hinüberzuschiffen. Unmittelbar vor der Abfahrt nach Peräa fand nach
Matthäus die Vers 19—22 mitgetheilte Verhandlung über die Nach=
folge statt.

V. 19. 20. 1. Fall. Einer (εἷς), ein Schriftgelehrter, der schon
zu den Jüngern Jesu im weiteren Sinne gehörte (cf. V. 21), bietet
sich zur beständigen Nachfolge an mit den Worten: „Meister, ich will
dir nachfolgen, wohin auch immer du gehest.“ Damit erklärt er seine
Bereitwilligkeit, sich allen Schwierigkeiten zu unterziehen, welche mit
Jesu Nachfolge verbunden seien. In seiner Antwort: „Der Menschen=
sohn aber hat nichts, wo er sein Haupt hinlege“ hebt der Heiland seine
völlige Armuth hervor, da ihm das Nothdürftigste, eine Ruhestätte fehle
und erklärt damit dem Schriftgelehrten, daß seine Nachfolge mit allen
Entsagungen und Entbehrungen verbunden sei. Die Antwort Jesu enthält
keine directe Zurückweisung der Forderung des Schriftgelehrten, wohl
aber dürfen wir Jesu Hinweis auf seine eigene Armuth als eine in=
directe Zurückweisung des vom Herrn erkannten Motives, welches den
Schriftgelehrten leitete, ansehen. Dieser mochte Jesu, dessen Ansehen schon
große Volksschaaren herbeizog, nachfolgen wollen, um dadurch zu An=
sehen und Reichthum zu gelangen. — Ὁ υἱὸς τοῦ ἀνθρώπου. Die
Worte sind sollenne Selbstbezeichnung Jesu, die der Herr in den Evan=
gelien, die Parallelstellen abgerechnet, von sich fünfzigmal gebraucht. Wie

faſt allgemein anerkannt wird, hat dieſe Selbſtbenennung ihre geſchichtliche Quelle in Daniel 7, 13. An der bezeichneten Stelle ſchaut Daniel einen, wie er כְּבַר אֱנָשׁ, ὡς υἱὸς ἀνθρώπου, sicut filius hominis, in den Wolken des Himmels vor den ewigen Gott gelangt, der ihm Herrſchaft, Majeſtät und Königthum über alle Völker gibt, auf daß ſie ihm dienen. Der von Daniel Geſchaute, iſt aber der Meſſias, und dieſer erſcheint ihm sicut filius hominis, d. h. in einer Geſtalt, welche obgleich er mehr iſt als ein bloßer Menſch, von der eines Menſchen nicht verſchieden iſt. Der Ausdruck iſt demnach nicht direct gleich Meſſias, ſondern er hat dieſen beſtimmten Inhalt nur dann, wenn er in danieliſchem Sinn auf Chriſtum gedeutet wird. Wenn ſich alſo Chriſtus als „Menſchenſohn" bezeichnet, ſo will er damit ſagen, er ſei der Menſchenſohn der danieliſchen Weiſ= ſagung, i. e. der Meſſias. Der geſchichtliche Zuſammenhang dieſer von Jeſus gebrauchten Selbſtbezeichnung gibt auch die Antwort auf die oft aufgeworfene und vielfach verſchieden beantwortete Frage, warum Jeſus ſich als Menſchenſohn bezeichnete? Er gebrauchte dieſe Bezeichnung, weil damit nicht nur ſein himmliſcher Urſprung und ſeine menſchliche Natur, ſondern auch der Zweck ſeines Kommens, die Gründung des Gottes= reiches unter den Völkern ausgeſprochen iſt.

V. 21. 22. 2. Fall. „Ein anderer aber von den Jüngern ſprach zu ihm ..." Nach Luc. 9, 59 forderte Jeſus ihn zur Nachfolge auf. Die Bitte, vor der Nachfolge den Vater begraben zu dürfen, weiſet Jeſus mit den Worte ab: „Folge mir und laß die Todten ihre eigenen Todten begraben." Τοὺς νεκροὺς, mortuos, an erſter Stelle bedeutet die geiſtig Todten, jene Menſchen, denen das durch Chriſtus vermittelte höhere Leben fehlt; an der zweiten Stelle bezeichnet der Ausdruck die leiblich Todten. Nach Luc. 9, 60 ſetzte Jeſus noch hinzu: „Du aber gehe und verkündige das Reich Gottes." Der Sinn der Worte iſt: Die Nach= folge Jeſu und der Dienſt im Reiche Gottes geht den irdiſchen Ver= pflichtungen voran. Wir haben hier eine Illuſtration zu Matth. 10, 37. — Luc. 9, 61. 62 berichtet noch einen dritten Fall.

Stillung eines Seesturmes. 23—27.
Cf. Marc. 4, 35—41, Luc. 8, 22—25.

In dieſem Wunder, welches die Befeſtigung der Jünger im Glauben bezweckte, bekundete ſich Jeſus als unbeſchränkten Herrn der Natur.

V. 23. Der Herr bestieg nun das zur Ueberfahrt bereitstehende Schiff (τὸ πλοῖον, „das" Schiff), und ihm folgten seine Jünger. Μαθηταί, discipuli; die Einen verstehen darunter blos die Apostel, andere die Jünger Jesu überhaupt.

V. 24. 25. Während der Fahrt erhob sich auf dem wegen seiner tiefen Lage zwischen Kalkbergen häufigen und plötzlichen Stürmen ausgesetzten See ein gewaltiger Sturm. Σεισμός, motus, Erschütterung, Sturm. Marcus und Lucas haben λαῖλαψ ἀνέμου = Sturmwind. Die Größe der Gefahr schildert der Evangelist (V. 24 u. 25), indem er sagt, daß die Wasserwogen das Schiff bedeckten, d. h. in dasselbe hineinschlugen, und daß die mit den Gefahren des Sees Genesareth wohl vertrauten Jünger erschrocken Jesu vom Schlafe weckten und zu Hilfe riefen. Das Asyndeton: „Rette, wir gehen zu Grunde" bringt zum Ausdruck die Angst der Jünger.

V. 26. Der Meeressturm war eine Prüfung der Jünger; sie bestanden dieselbe nicht völlig, daher nennt sie Jesus in liebevollem Tadel „Kleingläubige". Die Jünger hatten Glauben, das zeigte ihre Bitte um Rettung; als kleingläubig aber erweisen sie sich dadurch, daß sie nicht von vornherein durch ein muthvolles Verhalten den festen Glauben bekundeten, in Gemeinschaft mit dem (wenn auch schlafenden) Herrn könne ihnen kein Unfall zustossen. — Darnach bedrohte Jesus die Winde und das Meer und es entstand große Ruhe. Ἐπετίμησεν (Vulg. imperavit), „er schalt" stellt recht augenscheinlich Jesu Herrschaft über Wind und Meer dar. Γαλήνη μεγάλη steht im scharfen Gegensatze zu σεισμός μέγας: Vollständige Ruhe herrschte auf dem kurz vorher gewaltig erregten Meere, herbeigeführt durch das unwiderstehlich wirkende Wort Jesu.

V. 27. Staunen erregte der wunderbare Vorgang bei den Menschen. Οἱ ἄνθρωποι, homines; nach Marc. 4, 41, Luc. 8, 25 haben die Jünger den staunenden Ausruf gethan. Das Staunen und Rufen war ein allgemeines auf dem Schiffe, bei den Jüngern und den andern anwesenden Menschen.

Teufelsaustreibung im Gebiete der Gerasener. 28—34.
Cf. Marc. 5, 1—20, Luc. 8, 26—39.

V. 28. Die Oertlichkeit, in welche Jesus nach der Ueberfahrt kam, und welche auch der Schauplatz der folgenden Begebenheit war, gibt der Evangelist mit den Worten an: „Und da er an das jenseitige

Ufer (Peräa), in das Gebiet der Gerasener (Gadarener, Gergesener) kam . . ." Hier haben wir uns zuerst über die Leseart zu entscheiden. Die Vulgata hat in allen drei synoptischen Berichten gleichlautend: in regionem Gerasenorum. Tischendorf in seiner achten Ausgabe des griechischen neuen Testamentes hat bei Matthäus εἰς τὴν χώραν τῶν Γαδαρηνῶν (in regionem Gadarenorum), bei Marcus Γερασηνῶν (Gerasenorum), bei Lucas Γεργεσηνῶν (Gergesenorum). Obwohl die meisten neueren Exegeten die Leseart Γαδαρηνῶν, nur wenige (Ebrard, Keil) Γεργεσηνῶν und Γερασηνῶν (Schegg) festhalten, so möchte ich mich doch für die letzte entscheiden und zwar aus folgenden Gründen. Diese Leseart ist bei Marcus und Lucas sehr stark bezeugt, sie war nach einer Notiz des Orig. in evang. Joan. zu dessen Zeiten die ge= wöhnliche Leseart; dann spricht für sie die Vulgata, und endlich läßt sich nur aus dieser Leseart die Entstehung der Varianten Γαδαρηνῶν und Γεργεσηνῶν ungezwungen erklären. Weil man die Landschaft der weit vom See Genesareth entlegenen Stadt Gerasa als Schauplatz des folgenden Ereignisses nicht für wahrscheinlich hielt, so corrigirte man Gerasa entweder in Gadara oder Gergesa, welche Orte nahe am See Genesareth lagen. Gerasa war östlicher Grenzort von Peräa (cf. Jos. B. J. III. 3. 3. IV. 9. 1) und ist in den heutigen großartigen Ruinen von Dscherasch noch theilweise erhalten. Es gehörte zu den größten Städten des Ostjordangebietes und stand zur Zeit Christi in voller Blüthe. Es ist darum gar nicht unwahrscheinlich, daß sich das Gebiet (χώρα) dieser Stadt bis an den See Genesareth hin erstreckte. Dort kamen Jesu entgegen zwei Dämonische, welche in Grabhöhlen wohnten und sehr böse waren, so daß Niemand jenen Weg gehen konnte (scl. ohne von den Wüthenden angefallen zu werden). Nach Marc. 5, 3. 4, Luc. 8, 29, zerrissen sie (respective „Einer") die Fesseln, womit man sie band und nach Luc. 8, 27 rissen sie in ihrer Wuth die Kleider vom Leibe. Marc. 5, 2 und Luc, 8, 27 berichten zwar nur von einem Besessenen; daß ihrer aber zwei waren, ist aus der bestimmten Angabe des Matthäus zweifellos. Diese Differenz findet ihre Lösung in der Eigenthümlichkeit der Berichte des Marcus und Lucas. Nach diesen fand zwischen Jesus und einem der Besessenen eine Unterredung statt, nur Einer gab Antwort auf Jesu Frage, und nur Einer wollte ihm nach= folgen. Mit Rücksicht auf diese Umstände erzählen sie auch nur die Besessenheit und Heilung dieses Einen.

V. 29. Und sie (scl. die Dämonen) schrien: „Was haben wir

mit dir zu schaffen, Sohn Gottes?" Nach Marc. 5, 8, Luc. 8, 29
war die nächste Veranlassung zu diesem Rufe der Befehl Jesu an die
Dämonen, von den Unglücklichen zu weichen. Τί ἡμῖν καὶ σοί, quid
nobis et tibi? Mit diesen Worten wollen die Dämonen sagen, daß
zwischen ihnen und Christus keine Gemeinschaft bestehe. Mald. Quid
tibi mali facimus quam ob rem nos eicias? Υἱὲ τοῦ θεοῦ, fili Dei;
die Evangelien bezeugen, daß die Dämonen Jesum als Sohn Gottes und
Messias kannten. Cf. Marc. 1, 34, Luc. 4, 41. — Wie den Dämonen
Jesu messianische Würde bekannt ist, so wissen sie auch, daß er der
von Gott bestellte Richter sei, um über sie Gericht zu halten; daher
die weitere Frage: "Bist du hiehergekommen uns vor der Zeit zu pei=
nigen?" Πρὸ τοῦ καιροῦ ist zu verbinden mit βασανίσαι: torquere,
antequam tempus sit, ut torqueamur. Welche Pein die Dämonen
meinen, ist aus Luc. 8, 31 ersichtlich: Die Verstoßung in die Hölle
beim letzten Gerichte. Zwar sind die Dämonen schon gequält, aber diese
Qual wird gemildert dadurch, daß ihnen die Welt und die Menschheit
noch als Schauplatz ihrer Thätigkeit gelassen ist. Jede Einschränkung
ihres Wirkungskreises ist eine Vermehrung ihrer Qual, die sich vollendet,
wenn sie beim endlichen Gerichte auf ewig in den Abgrund der Hölle
verwiesen werden. War aber den Dämonen die Zeit bekannt, da das
messianische Strafgericht über sie ergehen sollte, daß sie klagen konnten:
Ante tempus torquere nos? Sie setzten voraus, daß dieses Gericht
mit ihnen abschließen werde und jetzt hatte es den Schein, als ob es
mit ihnen beginnen sollte.

V. 30. Zur Erläuterung der weiteren Erzählung bemerkt Matth.,
daß in einiger Entfernung eine Heerde Schweine, nach Marc. 5, 13
ungefähr 2000 am Berge (cf. V. 32) weidete. Μακρὰν ist relativer
Begriff, daher leicht vereinbar mit der Ortsangabe bei Luc. 8, 32,
Marc. 5, 11: Ἐκεῖ, "daselbst", in der Gegend, nämlich in einiger
Entfernung vom Schauplatze der Dämonischen.

V. 31. Die Dämonen (nach Marcus und Lucas nämlich waren
die Dämonischen von einer Menge böser Geister besessen) bitten im
sicheren Vorgefühle, daß sie aus den Leibern der Menschen weichen
müßten, Jesus möge ihnen den Aufenthalt in den Schweinen erlauben.
Warum die Bitte in die Schweine fahren zu dürfen? In der sicheren
Voraussetzung, die Leiber der Besessenen verlassen zu müssen, wollen
die Dämonen, um noch Raum für ihre fernere Wirksamkeit auf Erden
zu behaupten, sich einen andern Organismus als Wohnstätte aufsuchen

und dazu finden sie die in der Nähe weidenden Schweine geeignet.
Die Väter geben noch andere Gründe an: Der Bitte lag zu Grunde
die böswillige Absicht der Dämonen, durch Vernichtung der Schweine
die Eigenthümer derselben gegen Jesu aufzubringen, oder Haß gegen
die Menschen, demzufolge die Dämonen, weil es ihnen nicht mehr ge=
stattet war, die Menschen selbst zu quälen, ihnen wenigstens an ihrem
Besitze schaden wollten.

V. 32. Jesus gewährte die Bitte mit den Worten: „fahret hin".
Und „ausgefahren (scl. aus den Besessenen) fuhren sie in die Schweine."
Dem evangelischen Berichte entspricht nur die Vorstellung, daß die Dä=
monen, wie sie früher die zwei Rasenden besessen hatten, so jetzt in den
Körpern der Schweine ihre Wohnstätte nahmen; nicht ist mit demselben
zu vereinen die Annahme, die Besessenen seien unter die Schweine hinein=
gefahren. Die Möglichkeit der Besitznahme der Schweine durch die Dä=
monen kann um so weniger bestritten werden, als der Dämon auch
vom menschlichen Leibe Besitz zu nehmen vermag. Selbstverständlich
aber ist, daß die dämonische Besessenheit sich bei Thieren anders als bei
den Menschen äußern muß. — Die Folge dieser dämonischen Besitznahme
war: ‚Und siehe, es stürzte sich die ganze Heerde der Schweine vom
Abhange in den See und sie kamen im Wasser um," d. h. die Be=
sessenheit äußerte sich in Raserei und in Folge davon stürzten sich die
Schweine wie von einer unheimlichen Macht getrieben in's Wasser. — Wie
kounte Jesu die Bitte gewähren und wie kounte er den in Folge davon
entstandenen Schaden verantworten? Wir antworten kurz: Gerade durch
die ertheilte Erlaubniß erwies sich Jesu als absoluten Herrscher, dem
auch die Dämonen unbedingt unterworfen sind, da sie ohne seine Zu=
lassung nicht einmal von den Thieren Besitz nehmen können, als
obersten Herrn, dessen Eigenthum nicht blos die Menschen, sondern auch
die Thiere sind, über das er nach freiem Willen und nach seinen weisen
Absichten verfügt. Gut wird darum von Olsh. die Frage, wie Jesus
habe die Ungerechtigkeit begehen können, den Bewohnern 2000 Schweine
zu Grunde zu richten, in Parallele gestellt mit der albernen Frage:
„wie denn Gott könne Viehseuchen eintreten lassen?" Die Antwort ist,
„daß, wo das Vieh stirbt, die Menschen lebendig werden sollen, um
zu lernen, daß ein Gott ist und daß eben alles, was er thut das
Rechte ist".

V. 33. Eindruck der Ereignisse auf die Hirten: Schrecken und
Furcht. Sie flohen und meldeten in der Stadt „Alles Geschehene und

insbesondere das mit den Dämonischen Vorgegangene". Εἰς τὴν πόλιν; dabei haben wir nicht an die weit entfernte Stadt Gerasa, sondern an jene Stadt zu denken, die nahe am Schauplatze lag und deren Be= wohnern die Schweinheerde gehörte. Wahrscheinlich war es der nicht bedeutende Ort Gergesa, welcher noch zum Gebiete der mächtigen Stadt Gerasa gehörte. Origenes erzählt, daß ihm mit den Oertlichkeiten ver= traute Leute versichert hätten, es liege nahe am Ufer des Sees eine alte Stadt mit Namen Gergesa und es werde noch der Abhang gezeigt, wo sich die Schweinheerde in den See gestürzt habe. Neuere wollen das alte Gergesa in der Ruinenstätte Gersa gefunden haben, welche mit ihrer Umgebung allen Bedingungen der evangelischen Geschichte entspricht.

V. 34. In Folge der Meldung der Hirten kam die Bewohner= schaft der Stadt mit der Bitte, Jeu möge aus ihrem Gebiete weg= gehen. Diese Bitte stellten sie aus Furcht vor weiterem Schaden, der ihnen aus Jesu Anwesenheit erwachsen könnte (Luc. 8, 37). Marc. 5, 18 ff., Luc. 8, 38 ff. berichten noch weiter, daß der Geheilte Jesu bei seiner Abfahrt sich anschließen wollte, daß aber die Bitte ihm ab= geschlagen wurde mit den Worten: „Vade in domum tuam ad tuos et nuntia illis quanta tibi dominus fecerit et misertus sit tui." In diesen Schlußworten erhalten wir nähere Aufklärung über den ethischen Charakter der Vorgänge im Gebiete der Gerasener. Der Heiland hatte sich durch die Heilung der Dämonischen als den erbarmungsvollen Er= löser aus diabolischer Gewalt bekundet, und durch den Untergang der Schweine den Bewohnern der Gegend nahe gelegt, daß sie bereit sein müßten, das geistige Gut des Heiles auch beim Verluste irdischer Güter anzustreben. Obwohl die geistig noch unempfängliche Bevölkerung die persönliche Anwesenheit des Herrn zurückwies, so ließ er doch in seiner Barmherzigkeit einen beredten Prediger seines Heilswirkens in ihrer Mitte zurück.

9. Kapitel.

Heilung des Paralytischen. 1—8.

Cf. Marc. 2, 1—12, Luc. 5, 17—26.

Beide setzen die Erzählung viel früher, Lucas unmittelbar nach der Erzählung von der Heilung des Aussätzigen. Matthäus berichtet kurz, am ausführlichsten und anschaulichsten Marcus.

V. 1. Nach der Rückfahrt von Peräa kam Je u wieder nach Kapharnaum. Ἰδία πόλις, „seine Stadt", d. h. Kapharnaum, so genannt, weil sich Je u während seines öffentlichen Wirkens in Galiläa vorzugsweise in dieser Stadt aufhielt. In der Bezeichnung liegt ein Hinweis auf 4, 13—16; Marc. 2, 1 nennt ausdrücklich Kapharnaum.

V. 2. Dort brachte man einen Paralytischen auf einer Tragbahre liegend zu ihm. Nach Marcus und Lucas lehrte Je u gerade in einem Hause, Schriftgelehrte und Pharisäer saßen um ihn herum und eine große Volksmenge vor dem Hause machte den Zugang auf dem gewöhnlichen Wege unmöglich; deshalb stiegen die Träger von außen auf das flache Dach, vergrößerten dort die Oeffnung in's Haus und ließen den Gichtbrüchigen zu den Füßen Jesu nieder. Marc. 2, 2—4, Luc. 5, 17—19. — Als Jesus, der Herzenskundige, „ihren Glauben sah" d. h. den Glauben, welchen sowohl der Kranke als auch die Träger an Jesu Wundermacht hatten, ermuthigte er den Kranken in liebreicher Anrede (τέκνον) und verhieß ihm die Sündennachlassung. Ἀφίενται (so ist nach אB, Vulg. zu lesen) remittuntur. Warum verheißt Je u Sündennachlassung, da der Kranke doch zunächst nur Befreiung von den physischen Leiden anstrebte? Jesus will durch die Verheißung der Sündennachlassung zunächst darauf hindeuten, daß ein sittliches Verschulden die Ursache des Körperleidens sei, dann auch die Hoffnung auf Befreiung von der leiblichen Krankheit noch mehr befestigen. Ueberdies sollte die nicht sinnenfällige Macht der Sündenvergebung, welche sich hier Je u vindicirte, durch die factisch erfolgte, erfahrungsgemäße, und darum unbestreitbare Thatsache der Krankenheilung beglaubigt werden. Cf. V. 6. Auch in der Art und Weise seines Wunderwirkens erweiset sich Je u als weiser Lehrmeister.

V. 3. In Folge des richtig verstandenen Ausspruches Jesu erhoben nur einige (von den anwesenden, V. 2) Schriftgelehrten den stillen Vorwurf: er lästert (scl. Gott). Nach Marc. 2, 7, Luc. 5, 21 begründen sie diesen Vorwurf auch: weil er sich die nur Gott zukommende Macht Sünden nachzulassen, vindicire.

V. 4. Der Heiland weiß, als der Herzenskundige, die Gedanken der Gegner und richtet daher an sie die Frage: „Warum denket ihr Böses in eurem Herzen?" Πονηρά sind die bösen Gedanken der Schriftgelehrten, daß Je u ein Gotteslästerer sei. Das Aufdecken der verborgenen Gedanken der Menschen ist nach Joh. 2, 24. 25 ein charakteristisches Merkmal des Messias.

B. 5. Daß aber die Anschuldigung der Gotteslästerung un=
berechtigt sei, begründet (γὰρ) der Heiland durch die in diesem Verse
mitgetheilte Frage. Die von selbst sich ergebende Antwort lautet: Keines
von beiden ist leichter, denn zu beiden (um es nämlich mit Erfolg sagen
zu können) gehört dieselbe göttliche Kraft.

B. 6. 7. Christus heilt nun den Gichtbrüchigen durch's bloße
Wort und diese Heilung soll nach der ausdrücklichen Erklärung ein
Erweis seiner Macht, Sünden zu vergeben, sein. Ὁ υἱὸς τοῦ ἀνϑρώπου.
als der Menschensohn, d. h. als der Messias, hat Jeu die Macht
der Sündenvergebung, und darum gehört die Bethätigung dieser Macht
zu seiner messianischen Aufgabe. Die Worte ἐπὶ τῆς γῆς werden am
einfachsten als nähere Bestimmung zu ἀφιέναι gefaßt, wobei sie auch
stehen: auf Erden geschieht die Sündennachlassung durch den Menschen=
sohn vermög seiner himmlischen (göttlichen) Macht.

B. 8. Wirkung der Wunderheilung. Erster und natürlicher Ein=
druck: Furcht ergreift die Menge, welche nach Marcus Jesum umgab,
weil sich hier unleugbar himmlische Macht erwiesen hatte. Dann folgte
Lobpreis Gottes: „der solche Macht (d. h. Macht zu heilen und Sünden
zu vergeben) den Menschen gab". Τοῖς ἀνϑρώποις, hominibus. Der
Ausdruck geht zunächst auf Christus und der Plural ist gesetzt, weil
Christus in seinem Zusammenhange mit der Menschheit gefaßt wird:
dem Menschensohne und in ihm, durch ihn der Menschheit, hat Gott
diese Macht gegeben. Gut Reischl: Wenn auch Jeu Christus als
Gottmensch zuerst und in höchster Fülle die Gewalt empfangen hat
vom Vater, Wunder der Gnade im Reiche des Sichtbaren wie im
Reiche des Unsichtbaren, an Leib wie an den Seelen zu wirken, so ist
sie eben auch mit ihm, in seiner Person, und durch ihn als Haupt der
Kirche „den Menschen", d. i. der erlösten Menschheit, der Kirche des neuen
Bundes gegeben worden in der Form der Sacramente zur Sündenver=
gebung und in der Form des Charismen zu außerordentlichen Wirkungen.

Berufung des Matthäus. 9. 10.
Cf. Marc. 2, 13—15, Luc. 5, 27—29.

Bei allen drei Synoptikern steht diese Berufungsgeschichte in Ver=
bindung mit der Heilung des Gichtbrüchigen. Insoferne aber Marcus
und Lucas letztere viel früher ansetzen, verlegen sie auch diese in eine
frühere Zeit und sie steht bei Lucas vor der Bergpredigt. Diese An=

ordnung ist chronologisch die richtige, wie sich aus folgenden Momenten ergibt. Da unter den vor der Bergpredigt ausgewählten Aposteln sich auch Matthäus befand (Luc. 6, 15) und da die zur Apostelwürde Berufenen schon dem Jüngerkreise Jesu angehörten (Luc. 6, 13), so ist sicher, daß Matthäus hier nicht seine Berufung zum Apostolate, sondern zur Jüngerschaft Jesu erzählt und daß diese Berufung der Zeit nach früher erfolgte, als die Bergpredigt gehalten wurde.

V. 9. Als Jesu von dorther (i. e. von Kapharnaum her, wo er den Gichtbrüchigen geheilt hatte) vorbeiging (an dem Orte, wo Matthäus saß), sah er . . . Den Bericht des Matthäus ergänzend, erzählt Marcus 2, 13, daß Jesus gerade wieder auf dem Wege zum Meere hin war. Τελώνιον, „Zollstätte". — In wahrhaft demüthiger Gesinnung berichtet der Evangelist, daß seine Berufung von einem den Juden verhaßten und darum verachteten Orte weg erfolgt sei. Der Heiland selbst bekundete durch diese Art der Berufung, daß es seine Aufgabe sei, Sünder aufzusuchen und zu retten. Ματθαῖον λεγόμενον, Matthaeum nomine. Marc. 2, 14 und Luc. 5, 27. 29 haben den ursprünglichen Namen des Berufenen, Levi; der Evangelist selbst gebraucht hier den Namen, den er wohl bei der Berufung annahm, um schon durch den Namen beständig an das Gnadengeschenk Gottes, das ihm durch die Berufung zur Jüngerschaft zu Theil geworden war, erinnert zu werden; denn der Name Matthäus, Ματθαῖος, hebr. מַתְּתְיָה, bedeutet seiner Etymologie nach ϑεόδωρος, Gottesgeschenk.

V. 10. Um seine Freude und Dankbarkeit zu bezeugen, veranstaltete Matthäus dem Herrn mit seinen Jüngern ein Gastmahl, an dem außerdem noch Zöllner und Sünder theilnahmen. — Ἐν τῇ οἰκίᾳ, in domo (scl. Matthaei). Daß hier das Haus des Matthäus, und nicht das des Herrn gemeint sei, ist schon aus unserem Evangelium zweifellos; denn nirgends sagt der Evangelist, daß der Herr ein Haus besessen oder Gastmähler gegeben habe, wohl aber berichtet er von Jesu völliger Armuth. Cf. 8, 20. Ausdrücklich berichtet diesen Umstand Luc. 5, 29. Cf. Marc. 2, 15. — Die τελῶναι, Vulg. publicani, waren Zolleinnehmer; wegen ihrer Dienstleistungen bei den Römern und wegen ihrer vielfachen Ungerechtigkeiten waren sie sehr verachtet und verhaßt.

V. 11 ff. In Uebereinstimmung mit Marc. 2, 16—22 und Luc. 5, 30—39 reiht der Evangelist an die Berufungsgeschichte an den Bericht über die Abfertigung der Pharisäer und über die Verhandlung mit den Johannesjüngern rücksichtlich des Fastens.

Abfertigung der Pharisäer. 11—13.

B. 11. Ἰδόντες οἱ Φαρισαῖοι, als die Pharisäer es sahen, scl.
daß Jeu mit solchen übelberüchtigten Menschen zu Tische sitze, da
wandten sie sich mit ihrer vorwurfsvollen Frage gerade an die Schüler
Jesu, wohl in der Absicht, in ihnen durch den Hinweis auf Jesu Tisch=
gemeinschaft mit verdächtigen Menschen Mißtrauen gegen ihren Lehrer
wachzurufen.

B. 12. Jeu weiset den Vorwurf zurück durch Hinweis auf seine
messianische Aufgabe: „Nicht bedürfen die Gesunden des Arztes, sondern
die Kranken." In der Anwendung des Bildes ist der Arzt Christus,
dessen Aufgabe es ist, die an der Seele kranke Menschheit zu heilen.
Die Gesunden sind die Gerechten (cf. B. 13), hier die Pharisäer (nicht
weil sie wirklich gesund waren, sondern weil sie sich einbildeten gesund
zu sein [argumentatio ex concesso]). Die Kranken sind die Sünder,
hier „Zöllner und Sünder". Der Gedanke ist: Wie nur die leiblich
Kranken des Arztes bedürfen, dieser also mit ihnen umgehen muß, so
bedürfen die Zöllner und Sünder als geistig Kranke meiner als des
geistlichen Arztes, nicht aber ihr, als eingebildete Gesunde, weil ihr
nämlich als solche unempfänglich seid für meine Wirksamkeit.

B. 13. Nach der Abfertigung der Pharisäer, B. 12, deckt Jeu
auch die Quelle auf, aus der ihr abfälliges Urtheil über seinen Um=
gang mit Zöllnern und Sündern hervorging: Mangel an barmherziger
Liebe zu den Mitmenschen. „Gehet hin und lernet, was es ist (i. e.
welchen Sinn die Worte haben): Barmherzigkeit will ich und nicht
Opfer." Das Citat ist aus Hoseas 6, 6 und die Negation hebt die
vorhergehende Affirmation desto stärker hervor: so sehr will ich Barm=
herzigkeit, daß ohne sie ich Opfer nicht will. — Ἔλεος, misericordia,
erbarmende Liebe zum Nebenmenschen. Statt dieser mitleidigen Liebe
bekundeten aber die Pharisäer durch ihr Urtheilen lieblose Gesinnung.
Würden sie aber der vom Propheten verkündigten Forderung Gottes
nachgekommen sein, so würden sie auch Jesu barmherziges Verhalten
gegen Elende nicht verurtheilen; „denn — spricht Jesus die Rede ab=
schließend — ich bin nicht gekommen, die Gerechten zu rufen, sondern
die Sünder". Καλεῖν, vocare, scl. zum Eintritt in's Messiasreich. Mit
diesen Worten bezeichnet der Heiland nur den Zweck und die Aufgabe
seines Kommens; die Frage, ob es ohne Christi Kommen und Wirk=
samkeit „Gerechte" geben würde, liegt dem Zusammenhange ganz ferne

und ist somit nicht berührt. Mald. bemerkt: „Christus non significat aliquos sine gratia adventus sui justos esse ad quos vocandos non venerit, sed se ita peccatores quaerere ut si aliqui fuissent justi, non propter eos sed propter peccatores venturus fuisset. Nur Matthäus hat V. 13 das Citat in diesem Zusammenhange.

Vom Privatfasten. 14—17.

Cf. Marc 2, 18—22, Luc. 5, 33—39.

V. 14. Die Zeitangabe für die folgende Verhandlung gibt der Evangelist mit τότε, „damals", als nämlich die Pharisäer mit ihrem Vorwurfe über Jesu Umgang mit Zöllnern und Sündern zurückgewiesen waren, traten die Johannesjünger mit der Frage an Jeu heran. Πολλά, Adverb. = frequenter Vulg. Ueber das Fasten der Pharisäer cf. 6, 16. — Nach Luc. 5, 33 stellen die Pharisäer und Schriftgelehrten diese Frage. Diese Differenz ist dahin auszugleichen, daß beide, Johannesjünger (Matth.) und Pharisäer (Luc.) die Frage stellten. Cf. Marc. 2, 18. So schon August.

V. 15—17. Jesu Antwort auf die Frage.

V. 15. In einem den Zuhörern geläufigen Bilde vertheidigt Jesus zuerst die Handlungsweise seiner Jünger als mit der gegenwärtigen Freudenzeit ganz übereinstimmend und weiset er dann hin auf die kommende Trauerzeit, wo auch sie fasten werden. Οἱ υἱοί (cf. 8, 12) τοῦ νυμφῶνος (Vulg. filii sponsi) = die Söhne des Brautgemaches; sie waren die Freunde des Bräutigams, welche bei den Juden die Braut von dem Elternhause in's Haus des Bräutigams führten und daselbst an den Hochzeitsfreuden theilnahmen. Bei den Griechen hießen sie παρανύμφιοι. Cf. Joh. 3, 29. Gedanke: Wie es unnatürlich wäre, wenn die Freunde des Bräutigams am Hochzeitstage trauerten (und zum Ausdrucke dieser Trauer fasteten), so verhält es sich jetzt mit meinen Jüngern. Christi Auftreten war ein Brautwerben, also eine Freudenzeit, die Braut war die ganze Menschheit, die Brautwerber die Jünger. Aber auf die jetzige Freudenzeit werden Tage der Trauer kommen. Darauf weiset der Herr hin mit den Worten: „Es werden aber Tage kommen, wo hinweggenommen sein wird von ihnen der Bräutigam und dann werden sie fasten." — Ὅταν ἀπαρθῇ, Vulg. cum auferetur; durch die Wahl dieses Ausdruckes weiset Jeu prophetisch hin auf seine gewaltsame Hinwegnahme, welche erfolgte durch den Kreuzestod und die

dadurch herbeigeführte Unterbrechung der Hochzeitsfreuden. Diese Zeit
der Trennung Christi von seiner Braut dauert bis zu Jesu Wieder=
kunft und ist, weil Trauerzeit für die nach Vereinigung mit dem Herrn
strebenden Gläubigen, zugleich Zeit des Fastens. Hier haben wir bei
Matthäus den ersten Hinweis Jesu auf seinen gewaltsamen Tod.

V. 16. 17. „Niemand flickt einen Fleck, welcher aus einem un=
gewalkten Lappen besteht, auf ein altes Kleid; denn die Ausfüllung
desselben (i. e. der auf das alte Kleid gesetzte ergänzende Flecken) reißt
von dem (alten) Kleide (etwas) los und ein ärgerer Riß entsteht. Auch
gießt man nicht jungen Wein in alte Schläuche, wenn aber doch, so
reißen die Schläuche und der Wein wird verschüttet werden und die
Schläuche werden untergehen; sondern man gießt jungen Wein in neue
Schläuche und beide werden erhalten.“

Im V. 16 kann πλήρωμα entweder als Subject gefaßt werden
und dann geht αὐτοῦ, ejus, auf das alte Kleid, oder es kann mit der
Vulg. als Accusativ genommen werden im Sinne: denn ein solcher
neuer Fleck nimmt seine Ausfüllung vom alten Kleide. So verständlich
die zwei Gleichnisse an sich sind, so verschieden sind sie in ihren ein=
zelnen Theilen gedeutet worden. Nach Chrys. und Theophyl. deuten
sehr viele katholische Exegeten (auch Mald.) das alte Kleid und die
alten Schläuche von den Jüngern in Beziehung auf ihre bisherige sitt=
liche Verfassung und den neuen Zeug und den neuen Wein von der
christlichen Fastenübung und geben den Sinn der Worte Jesu dahin:
die Jünger seien noch zu schwach, um die strenge Fastendisciplin in
seinem Reiche zu ertragen, sondern mußten dazu erst durch den hl. Geist
umgebildet werden. Nach anderen Exegeten sind „altes Kleid“ und
„alte Schläuche“ bildliche Bezeichnung des veräußerlichten Judaismus,
wie er vorzugsweise durch die Pharisäer zur Herrschaft gelangt war,
die pharisäische Fastendisciplin mit eingeschlossen; unter dem neuen Tuch=
stücke und dem neuen Weine verstehen sie das neue religiöse Leben, wie
es durch Christus begründet wurde, die neue Heilsordnung. Demnach
ist der Sinn der bildlichen Rede: Wie das Verfahren, auf ein altes
Kleidungsstück einen neuen Lappen zu flicken, geradezu zweckwidrig ist,
ebenso zweckwidrig wäre es, wollte ich das neue Leben, das ich bringe,
an die alten verknöcherten Formen des Judaismus anknüpfen; und wie
neuer Wein nur in neue Schläuche gegeben wird, so wird auch der
Geist des Christenthums, als neues Lebensprincip mit neuen Formen
umgeben werden. Der neue Wein ist also Bild eines neuen Lebens=

principes, welches mit Christus in der Menschheit zu wirken beginnt, des hl. Geistes; der neue Fleck und die neuen Schläuche bilden ab die neuen Formen, mit denen sich das neue Geistesleben umgibt. Die specielle Anwendung auf das Fasten ergibt sich von selbst. Τὸ ῥάκος (stammverwandt mit ῥήγνυμι), zerrissenes Kleid, überhaupt Stück Zeug; Vulg. = pannus. Ἄγναφος (α priv. und γνάπτω, walken), ungewalkt; Vulg. rudis.

Auferweckung der Tochter des Jairus und Heilung des blutflüssigen Weibes. 18—26.

Cf. Marc. 5, 22—43, Luc. 8, 41—56.

Beide setzen die Erzählung unmittelbar nach der von den besessenen Gerasenern.

V. 18. Mit den Worten: „während er (Jeu) dieses (i. e. über das Nichtfasten seiner Jünger) sprach, trat ein Vorsteher zu ihm heran" weiset Matthäus auf die Reihenfolge der Ereignisse hin. Ἄρχων, princeps, nach Marc. 5, 22, Luc. 8, 41 war es ein Synagogen-Vorsteher mit Namen Jairus. Zu lesen ist nach אB ἄρχων εἷς προσελθών = princeps unus accessit, Vulg. — Der Synagogen-Vorsteher kommt mit der Trauerkunde: „Meine Tochter ist soeben verstorben" = ἄρτι ἐτελεύτησεν. Hingegen hat Marc. 5, 23 ἐσχάτως ἔχει, in agone est, Luc. 8, 43 ἀπέθνησκεν, moriebatur. Nach beiden starb das Mädchen erst, als Jesus schon auf dem Wege zum Hause des Jairus war. Marcus und Lucas berichten genau den Verlauf der Krankheit, und es ist die Angabe bei Matthäus aus dem kurzen nur die Hauptmomente enthaltenden Berichte zu erklären. Wie er nämlich überhaupt nur die wichtigsten Punkte des ganzen Vorganges referirt und die Nebenumstände bei Seite läßt, so auch rücksichtlich des Verlaufes der Krankheit: den wirklich erfolgten Tod erzählt er, den Nebenumstand, daß das Mädchen bei der Ankunft des Vaters im Sterben war und daß der Tod während des Weges zum Hause erfolgte, übergeht er. — Der Vater bittet um wunderbare Hilfe, die Jeu durch Händeauflegung bringen möge. Die Händeauflegung sieht Jairus als Mittel an, um die lebenspendende Kraft auf das Mädchen überzuleiten. Ζήσεται, wird wieder zum Leben kommen.

V. 19. In der flehenden Bitte des Synagogen-Vorstehers offenbart sich gläubiges Vertrauen, darum folgt ihm Jesus schnell mit seinen

Jüngern. Nach Marc. 5, 24, Luc. 8, 42 folgte Jesu eine große Volksmenge.

B. 20 ff. Auf dem Wege dahin fand ein anderes wunderbares Ereigniß statt. Im Gefolge Jesu befand sich auch ein Weib mit einem alten und unheilbaren Uebel, da sie schon zwölf Jahre am Blutflusse litt und, wie Marc. 5, 26, Luc. 8, 43 bemerken, alle Habe schon vergebens für ärztliche Hilfe ausgegeben hatte. Αἱμορροεῖν, am Blutflusse leiden. Obwohl unrein (cf. Lev. 15, 24. 25), tritt die Kranke demüthig schüchtern von rückwärts heran und berührt die Quaste des Mantels Jesu, im festen Glauben, dadurch ihre Gesundheit zu erlangen. Κράσπεδον, Vulg. fimbria, war die Quaste, welche der Jude in Folge gesetzlicher Anordnung (Num. 15, 38) an jeder der vier Enden seines Oberkleides trug. Den Zweck gibt das Gesetz mit den Worten: „Quas (fimbrias) cum viderint recordentur omnium mandatorum Domini, nec sequantur cogitationes suas.“ Numeri 15, 39.

B. 22. Da wandte sich Jesu um und sprach: „Sei getrost, Tochter.“ Aus dieser liebereichen ermuthigenden Zurede geht hervor, daß Jesus unmittelbar den Glauben und die Absicht des Weibes beim Berühren erkannte. Darum spricht er: „Dein Glaube hat dir geholfen“, i. e. durch den Glauben, womit das Weib herantrat und mit dem es Jesu Kleid berührte, war es für die Gnade der Heilung empfänglich und derselben würdig. Das Perfect σέσωκεν bezeichnet das sofort und unmittelbar Eintretende wie etwas bereits Stattfindendes; daher: „und das Weib ward geheilt von jener Stunde an“. Die Heilung geschah also durch den Willen Jesu, der ausgesprochen ist in den Worten: „Dein Glaube hat dir geholfen“, und zwar auf Grund des festen Glaubens des Weibes, der sich manifestirte durch das vertrauensvolle Berühren des Kleides Jesu. Nach Eusebius (H. E. 7, 18) war die Frau eine Heidin, aus Paneas gebürtig und hieß Veronika. Sie ließ aus Dankbarkeit ein Denkmal vor ihrem Hause setzen, das später Julian zerstörte.

B. 23. Bei der Ankunft im Hause des Jairus, in welches Jesu nach Marcus und Lucas nebst dem Vater und der Mutter des Mädchens nur Petrus, Jakobus und Johannes folgen durften, fand der Herr die nach der Gewohnheit zur Trauerfeier versammelten αὐλητάς (Flötenspieler) und ὄχλον θορυβούμενον, „lärmende Schaar“, bestehend aus den gemietheten Klageweibern, Freunden und Verwandten. Θορυβεῖν, lärmen, Geräusch machen.

V. 24. Die Aufforderung an die Versammelten, hinauszugehen und damit die Dienstleistungen einzustellen, begründet Jeu mit den Worten: „Denn das Mädchen ist nicht gestorben, sondern schläft." Οὐκ ἀπέθανεν, „sie ist nicht gestorben, um immer todt zu bleiben, sondern sie ist als schlafend zu betrachten und soll wieder lebendig werden, gleich einem Menschen, der aus dem Schlafe erwacht." Als Schlaf aber bezeichnet Jeu den wirklich erfolgten Tod vom Standpunkte seines eigenen Vorhabens aus: er hatte vor, das Mädchen von dem Tode zu erwecken, darum war dessen Todesschlaf gleich einem gewöhnlichen Schlafe, aus dem man wieder erwacht. Die Annahme eines wirklich erfolgten Todes (und nicht eines Scheintodes) ist darin begründet: 1. daß die umgebende Menge davon fest überzeugt war, 2. daß Lucas ausdrücklich sagt: et reversus est spiritus ejus, cf. 8, 55, 3. daß die gegentheilige Meinung ohne Verletzung des Charakters Jesu nicht bestehen kann.

V. 25. Einfach und kurz berichtet Matthäus den Act der Auferweckung, welche durch Jesu Machtwort „Mädchen stehe auf" (Marc. 5, 41, Luc. 8, 54) erfolgte. Ausführlich und anschaulich erzählen die beiden anderen Synoptiker. Cf. Marc. 5, 40—43, Luc. 8, 51—55.

V. 26. Wirkung dieser Todtenerweckung auf die Menge: „Es ging dieses Gerücht, i. e. das Gerücht über diese Todtenerweckung, hinaus in jenes ganze Land."

Heilung zweier Blinden und eines dämonisch Stummen. 27—34.

Darüber berichtet Matthäus allein.

V. 27. Als Jeu von dorther (i. e. vom Hause des Jairus her) vorüberging (scl. an den zwei Blinden), da folgten die Blinden ihm nach mit dem Hilferufe: „Erbarme dich unser, Sohn Davids." Die Anrede „Sohn Davids" ist gewöhnliche und geläufige Bezeichnung des Messias. Cf. 1, 1. 22, 42. Als Messias erkannten die Blinden Jesum aus seinem bisherigen Wirken.

V. 28. Als Jeu in das Haus gekommen war (wahrscheinlich in das Haus Petri in Kapharnaum), da traten an ihn die Blinden heran. Nicht schon auf dem Wege kam Jesus der Bitte der Blinden nach, sondern erst im Hause, um durch die Verschiebung der Heilung ihre Glaubensfestigkeit zu prüfen. Darum auch hier noch die Frage: „Glaubet ihr, daß ich dieses (euch das Augenlicht zu geben) thun kann?"

Zu V. 29 cf. 8, 3. 9, 22.

V. 30. Zum Verbote cf. das zu 8, 4 Bemerkte.

V. 31. Aus Freude und Dankbarkeit für die erfolgte Heilung „machten sie ihn kund (διαφημίζειν) in jenem ganzen Lande".

V. 32. Während jene (die geheilten Bliuden) hinausgingen, brachte man zu Jeu einen dämonisch Stummen, i. e. einen Menschen, bei dem die Stummheit durch Besessenheit bewirkt war.

V. 33. Mit der Austreibung des Dämons wurde daher auch die Stummheit entfernt. Wirkung des Wunders: Das Volk ruft staunend, „niemals ist es (scl. das Dämonenaustreiben) so (in so glänzender Weise) zur Erscheinung gekommen in Israel".

V. 34. Anders das Urtheil der Pharisäer: „Durch den Obersten der Dämonen treibt er die Dämonen aus." Cf. 12, 24 ff.

Instructionsrede Jesu an die Apostel bei deren Aussendung. 9, 35 bis 10, 42.

Einleitung. 9, 35—38.

V. 35. Hier gibt der Evangelist mit fast ganz denselben Worten wie 4, 23 einen allgemeinen Ueberblick über die Wirksamkeit Jesu in Galiläa.

V. 36. Die nächste Veranlassung zur folgenden Aussendung war Jesu Erbarmen mit den Volksschaaren, „weil sie geplagt (ἐσκυλμένοι) und hingeworfen (ἐρριμμένοι von ρίπτω) waren, wie Schafe, die keinen Hirten haben". Unter dem Bilde von hirtenlosen Schafen, welche durch ihr Herumirren nach Nahrung abgequält und ganz ermattet werden, schildert der Heiland das geistige Elend, dem das Volk beim Mangel wahrer Seelenhirten verfallen war.

V. 37. 38. Mit Hinweis auf die im Verhältniß zur Ernte geriuge Zahl von Arbeitern richtet der Heiland an seine Jünger die Aufforderung: „Bittet also den Herrn der Ernte, daß er Arbeiter in seine Ernte sende." Obwohl von Christus zu Arbeitern in seiner Ernte bestimmt, sollen die Apostel Gott um Arbeiter bitten, weil nur Gott die zur Arbeit im Reiche Gottes nothwendige Tüchtigkeit geben kann. Das Bild bedarf keiner weiteren Erklärung. Cf. 13, 24—30. 37—43, Joh. 4, 35 ff.

Kapitel 10.

Apostel-Verzeichniß. 1—4.

V. 1. Nicht die Wahl der zwölf Apostel wird hier berichtet, sondern die Herbeirufung der schon früher gewählten Apostel zum Zwecke der Ausrüstung mit Wunderkraft und der Belehrung für die bevorstehende Aussendung. Die Apostelwahl selbst, welche Matthäus als bekannt voraussetzt, berichten Marc. 3, 13 ff., Luc. 6, 13 ff. Die Zwölf gehörten zur Zeit ihrer Berufung zum Apostelamte schon dem Jünger= kreise Jesu an. (Luc. 6, 13.) Cf. die Bemerkung zu 4; 18—22. Die Frage, warum Jeu gerade zwölf Aposteln erwählte, beantwortet kurz und gut Maldonat: Duodecim Christus apostolos esse voluit, ut duodecim Patriarcharum figuram implerent; et quemadmodum ex duodecim Patriarchis totus judaicus populus carnaliter propagatus est, ita totus populus Christianorum spiritualiter ex duodecim apostolis propagaretur. — Diesen Zwölf gab Jeu die Ermächtigung über unreine Geister, und welcher Art diese Ermächtigung war, sagt der erklärende Beisatz „um sie auszutreiben". Zugleich rüstete Jesus sie aus mit der Macht jegliche Krankheit zu heilen. Θεραπεύειν ist un= mittelbar von ἐξουσίαν abhängig. Der Grund, warum die Apostel gerade jetzt mit der Wundermacht ausgerüstet werden, ist zu suchen in der Stellung der Ausgesandten und im Zwecke der Sendung. Als Boten Christi verkündeten die Apostel an Christi Statt die Botschaft vom messianischen Heile, darum rüstet der Herr sie mit der ihm eigenthüm= lichen Macht aus, durch deren Entfaltung sie ihre höhere Sendung bewiesen. Als Heilsboten sollten sie die Menschen für das messianische Heil gewinnen, und diese Aufgabe wurde ihnen erleichtert durch ihr Wunderwirken. Cf. Act. 8, 6 ff.

V. 2—4. Aufzählung der zwölf Apostel. Apostel=Verzeichnisse ent= halten noch Marc. 3, 16—19, Luc. 6, 14—16, Act. 1, 13. — Πρῶτος Σίμων . . . Daß die Reihenfolge, in welcher die Apostel in den bib= lischen Verzeichnissen angeführt sind, nicht zufällig, sondern beabsichtigt ist, geht, abgesehen von allem andern, aus folgenden Momenten hervor: Es steht — wie constant — Judas der Verräther an letzter Stelle, so Petrus in allen Verzeichnissen am ersten Platze und folgen ihm die auch sonst unzweifelhaft ausgezeichneten Jünger Jakobus und Johannes. Cf. 17, 1. 26, 37, Marc. 5, 37, Luc. 8, 51. Ist demnach durch die constante Voranstellung des Petrus in allen Verzeichnissen dessen

8*

Vorrang vor den übrigen Aposteln ausgesprochen, so kommt noch der wichtige Umstand dazu, daß er hier ausdrücklich als πρῶτος bezeichnet wird. Πρῶτος ist mit Chrys., der den Ausdruck mit κορυφαῖος wiedergibt, als emphatische Bezeichnung eines Rangverhältnisses und nicht im enumerativen Sinn zu fassen. Der Vorrang Petri vor den übrigen Aposteln tritt in der Schrift unverkennbar hervor. Cf. Matth. 16, 16 ff. 17, 1. 24. 19, 27. 26, 37. 40, Luc. 8, 45. 9, 32. 22, 31. 32, Joh. 21, 15. Nach der Himmelfahrt hat sich Petri Primat nach dem Zeugnisse der Apostelgeschichte in der bestimmtesten Weise in der Kirche geltend gemacht. Cf. Act. 1, 15. 2, 14. 5, 3. 8, 14. 10, 5. 15, 7, Gal. 1, 18. 2, 7. Ὁ λεγόμενος Πέτρος, Bezüglich des Beinamens „Petrus" ist ein dreifaches Moment zu unterscheiden: 1. Verheißung dieses Namens bei der ersten Begegnung mit Jesus am Jordan (Joh. 1, 42); 2. Beilegung desselben bei der Wahl zum Apostel (Marc. 3, 16, Luc. 6, 14); 3. Namensbestätigung und Erklärung (Matth. 16, 18). Ἀνδρέας, griechischer Name; Wurzel ἀνήρ. Bei Marcus und Act. folgt er erst auf Johannes. Wird in der heiligen Schrift wenig genannt. Ἰάκωβος καὶ Ἰωάννης; im Verzeichnisse der Apostelgeschichte steht Johannes voran unmittelbar nach Petrus, wohl deßhalb, weil er in der Kirche den ersten Rang nach Petrus einnahm. Beide wurden bei ihrer Berufung vom Herrn „filii tonitrui" genannt. Cf. Marc. 3, 17. Ueber den Tod dieses Jakobus cf. Act. 12, 2.

V. 3. Φίλιππος (griechischer Name φίλος ἵππων, Pferdefreund) war aus Bethsaida gebürtig. Johann. 1, 44. Βαρθολομαῖος, filius Tolmai: er ist identisch mit Nathanael (cf. Joh. 1, 46. 21, 2) und war aus Kana in Galiläa gebürtig. Nathaniel ist nomen proprium, Bartholomäus ist patronimicum. Θωμᾶς ist der gräcisirte Name des hebr. תאם, d. h. der Zwilling: Thomas qui dicitur didymius. Cf. Joh. 11, 16. 20, 24. 21, 2. Ueber Matthäus cf. 9, 9. — Ἰάκωβος ὁ τοῦ Ἀλφαίου, scl. υἱός, Jakobus, Sohn des Alphäus. Ἀλφαῖος ist identisch mit Κλωπᾶς, welcher Joh. 19, 25 der Mann einer Maria, Schwester der Mutter Jesu genannt wird. Da diese Maria nach Marc. 15, 40 die Mutter Jacobi minoris genannt wird, so ist Jacobus Alphaei identisch mit Jacobus minor. Das Weitere darüber, sowie über die Identität des Jakobus Alphai mit Jakobus, Bruder des Herrn, siehe 13, 55. — Λεββαῖος (Vulg. Thaddäus) wird Marc. 3, 18 Θαδδαῖος genannt. Er ist identisch mit Judas Jakobi in den Apostel-Verzeichnissen des Lucas (Evang. 6, 16, Act. 1, 13). Λεββαῖος = der Beherzte, war. gangbarer Beiname, Judas Jakobi aber der eigentliche Name des Apostels. Zu Judas Jakobi ist aber frater zu ergänzen, weil diese grammatisch zulässige Ergänzung durch die Angabe im Briefe Judä V. 1 gefordert und durch die Tradition verbürgt wird. Cf. 13, 55.

V. 4. Σίμων ὁ Καναναῖος (so Lachm., Tregell., Tischend. nach BCDE statt ὁ Κανανίτης der Recepta). Der Beiname Καναναῖος ist aramäischen Ursprungs und bezeichnet Simon als den (vormaligen) Eiferer für das Gesetz. Es ist der Simon Cananaeus bei Matthäus identisch mit Simon Zelotes bei Lucas (6, 15), welcher den hebräischen Beinamen zum leichteren Verständnisse für seine Leser in das Griechische übersetzte. Ἰούδας Ἰσκαριώτης. Die nähere Bezeichnung Ἰσκαριώτης wird gewöhnlich hergeleitet von אִישׁ־קְרִיּוֹת = Mann von Kariot, einer Stadt im Stamme Juda. Cf. Jos. 15, 25. Ὁ καί = qui idem. Auf die Frage, warum Jesus den Judas, dessen Ende er voraussah (cf. Joh. 2, 25), in die Zahl seiner Apostel aufgenommen habe, werden verschiedene Antworten gegeben: 1. Es lag im Willen des Erlösers, zum Vollmaß seines versöhnenden Leidens den Schmerz zu dulden, von einem Jünger verrathen zu werden, den er geliebt hatte. 2. Wie im Paradiese die Schlange nicht fehlte und in die Arche ein Cham sich rettete, so mußte auch unter den Zwölfen ein Judas sein, wenn der Kreis derselben ein wahres Abbild Israels sein sollte. 3. Um die Wahrheit darzuthun, daß Gott das Böse in der Welt immer zu seinen Zwecken benutzt. Die Verrätherei des Judas mußte zur Vollendung der Erlösung beitragen. So Schegg.

Instructionsrede an die Apostel. 5—42.

1. Zuweisung des Wirkungskreises bei der ersten Aussendung und Belehrung über die Art und Weise der Berufserfüllung. 5—15.

V. 5. 6. Zuweisung des Wirkungskreises: nur unter den Juden im Judenlande sollen die Apostel das Evangelium verkünden. Ἀπέστειλεν, misit. Zweck der Aussendung war: Vorbereitung und Einübung der Apostel für ihren künftigen Beruf noch während des Erdenwandels Jesu. Εἰς ὁδὸν ἐθνῶν, auf den Weg, der zu den Heiden führt. Ueber die Construction cf. Matth. 1, 11, Hebr. 9, 8. — Εἰς πόλιν Σαμαρειτῶν. Die Samaritaner waren das Product einer Mischung jüdisch-heidnischer Elemente, welche ihren Anfang nahm, als Salmanassar in das verödete Gebiet des Zehn-Stämme-Reiches Colonisten aus den

Euphrat=Gegenden übersiedelte. Seit dieser Zeit bestand ein Gegensatz zwischen Samaritanern und Juden, welcher sich zu offener Feindschaft steigerte, als die aus dem Exile zurückgekehrten Juden die Samaritaner als Götzendiener vom Tempelbaue ausschlossen. Cf. 1 Esdra 4, 1 ff. Von nun an vollzog sich eine völlige politisch=religiöse Trennung beider Völker. Befestigt wurde diese Scheidung, als der persische Satrape in Samaria, Saneballat, auf dem Berge Garizim bei Sichem einen eigenen Jehovatempel errichtete (408) und als die Samaritaner aus der Hand von Saneballats Schwiegersohn, Manasse, dem exilirten Sohne des Hohenpriesters Jojades (cf. 2 Esdr. 13, 28, Jos. Ant. XI. 8, 5) einen eigenen Cult erhielten. Völlig unheilbar wurde der Riß zwischen beiden Völkern in Folge der Eroberung Sichems und der Zerstörung des Tempels auf Garizim durch Johannes Hyrkanus (129). Cf. Antt. XIII. 9, 1. Die Samaritaner nahmen vom alten Testamente nur den stellenweise corrumpirten Pentateuch an, bewahrten indessen den Mono=theismus und die Messiaserwartungen. Cf. Joh. 4, 25. — Nach alt=testamentlichem Sprachgebrauche, demgemäß das Volk Israel häufig unter dem Bilde einer Heerde dargestellt wird (cf. Jes. 53, 6, Jerem. 50, 8) werden hier die von ihren Lehrern verlassenen und dadurch der gött=lichen Wahrheit und dem göttlichen Leben entfremdeten Juden „verlorene Schafe des Hauses Israel" genannt. Domus Israel ist sollenne Bezeich=nung Israels als des theokratischen Volkes. Diese Einschränkung des Wirkungskreises hat einen doppelten Grund. Die erste Aussendung war eine vorläufige Einführung der Apostel in ihr künftiges Amt, eine Prüfung, der sie sich gleichsam vor den Augen des Herrn in Mitte des Volkes, dem sie angehörten, unterziehen sollten. Ferner waren die Juden als die Söhne der Propheten und des Bundes (Act. 3, 25. 26, cf. Matth. 8, 12) zuerst zur Theilnahme am messianischen Heile berufen (Röm. 1, 16) und darum mußte auch der Ruf der Heilsboten zuerst an sie ergehen. Im Unterschiede von dieser ersten Sendung hat der von der Welt scheidende Heiland den Aposteln die ganze Welt als Gebiet ihrer Wirksamkeit angewiesen. Cf. Matth. 28, 19.

V. 7. Inhalt der Predigt; ganz anders hier bei der ersten Aus=sendung als bei der zweiten nach dem Pfingstfeste; hier Hinweis auf die Nähe des Messiasreiches, dort Einführung in dasselbe.

V. 8. Auftrag, mit dem Lehren zu verbinden die Bethätigung der verliehenen Wunderkraft, weil die Apostel dadurch ihre apostolische Sendung legitimirten und den Erfolg der apostolischen Predigt sicherten.

Mit den Worten: „Umsonst habt ihr es empfangen, umsonst gebet es" verbietet der Heiland den Aposteln, für das Wunderwirken Geld oder Geschenke entgegenzunehmen. Die Worte: νεχρούς ἐγείρετε sind nach אBCD Vulg. als echt festzuhalten (auch Tischend., 8. Ausgabe, hat sie).

B. 9. 10. Ausgerüstet mit der Lehre, die sie verkünden, mit der Wundermacht, durch deren Entfaltung sie der Predigt den Erfolg sichern sollen, dürfen die Apostel nicht durch die Sorge (= μὴ κτήσησθε = schaffet nicht an) nach irdischem Rüstzeug ihre Missionsreise beschweren oder verzögern, sondern sie müssen die Sorge darob Gott anheimstellen, in dessen Dienst sie stehen. Die klimaktische Redefigur: nicht Gold, noch Silber, noch Kupfer (χαλκός, Erz, besonders Kupfer) weiset ab die Sorge auch nach wenig werthvollem Gelde. Εἰς τὰς ζώνας ὑμῶν = in eure Gürtel hinein, um es daselbst aufzubewahren. Der das weite Oberkleid zusammenhaltende Gürtel diente den Orientalen auch zur Aufbewahrung des Geldes. Μηδὲ δύο χιτῶνας . . ., nicht zwei Unterkleider (eines zum Anziehen, das andere zur Vorsorge) schaffet euch an und nicht einen Stab, nämlich außer jenem, welchen ihr zum Gebrauche schon habt. So hebt sich einfach der scheinbare Widerspruch mit Marc. 6, 8: Εἰ μὴ ῥάβδον μόνον. Durch den allgemeinen Satz: „der Arbeiter ist seiner Speise werth" wird obige Vorschrift begründet (γάρ). Die Anwendung ergibt sich von selbst. Als Heilsboten stehen die Apostel im Dienste Gottes und dürfen daher das zur Erhaltung des Lebens Nöthige von der göttlichen Fürsorge erwarten.

B. 11. Neue Vorschrift: Die Apostel sollen in Orten, wo sie predigen, Wohnung nehmen bei denen, die dieser Ehre würdig sind, und ihren Wohnort auch dann nicht verändern, wenn anderswo ihnen größere Bequemlichkeit geboten wird. Τίς ἄξιός ἐστιν, „wer würdig ist", nämlich euch aufzunehmen. So schon Hieronymus. Nach der Darstellung des Heilandes gereicht die Einkehr der Glaubensboten ihren Gastgebern zur Ehre. Darin liegt ein indirecter Hinweis auf die große Wichtigkeit ihres apostolischen Amtes, wodurch nur ihre Zuversicht in Verwaltung desselben erhöht werden konnte. Andere ergänzen zu „würdig": des Evangeliums; weil diejenigen, welche der Aufnahme der Glaubensboten würdig sind, auch würdig sind der Glaubensbotschaft, so ergibt diese verschiedene Fassung keinen Unterschied im Sinne. — „Dort bleibet bis ihr fortgehet" (scl. aus der Stadt). Der Grund liegt darin: „Ne delicati esse viderentur, qui iisdem, quae apponerentur in primo hospitio non contenti meliora quaererent." So Mald. nach Chrys., Theoph. und Euthym.

V. 12. 13. Eintretend in das Haus (scl. welches ihr als würdig ausgeforscht habet), grüsset es, i. e. die Bewohner desselben. Die Worte beziehen sich auf die gewöhnliche jüdische Grußform: Der Friede sei mit dir. Genes. 43, 23. Cf. Luc. 10, 5. Da nun die Apostel Ab= geordnete und Stellvertreter Christi, des Friedenspenders κατ᾽ ἐξοχήν waren, so vermochten sie durch ihren Gruß den angewünschten Frieden in Wahrheit zu verwirklichen, daher spricht der Heiland weiter: „und wenn das Haus würdig ist (scl. daß ihr in demselben bleibet), so soll euer Friede (i. e. der Segen, welchen ihr mit eurem Friedensgruße gewünscht habet) über dasselbe kommen". „Wenn aber das Haus nicht würdig ist, so soll euer Friede zu euch zurückkehren", i. e. der Segens= gruß wird ohne Wirkung für die Bewohner des Hauses sein. Andere Exegeten fassen die Worte dahin: der Friede, welchen ihr den Be= wohnern gewünscht, wird euch selbst zu Theil werden und so euren Friedensstand erhöhen.

V. 14. Die symbolische Handlung, welche hier Jesus vorschreibt, hat den Sinn, daß die Apostel mit jenen Menschen, welche sie selbst oder ihre Predigt zurückweisen, jeglichen Verkehr abbrechen müßten, da sie den unreinen Heiden gleich zu achten seien. Das Verbot des Um= ganges mit Heiden nahmen strengere Juden so ängstlich, daß sie selbst Heidenland mieden; wo aber dieses nicht möglich war, da schüttelten sie den im Heidenlande auf ihren Füßen angesammelten Staub sorg= fältig ab, bevor sie wieder heiliges Land betraten, nach dem maßgebenden Ausspruche: „daß aller Boden, worauf Nichtisraeliten wohnen, unrein mache". Marc. 6, 11 hat den Beisatz: εἰς μαρτύριον αὐτοῖς, ähnlich Luc. 10, 11, d. h. der von den Aposteln abgeschüttelte Staub sollte beim Gerichte einst zeugen gegen diese Menschen, wenn sie etwa mit der Unkenntniß der Heilsbotschaft sich entschuldigen wollten.

V. 15. Nachdrucksvoller Hinweis auf die große Strafe für die Zurückweisung der Heilsbotschaft. Selbst den Bewohnern von Sodoma und Gomorrha, welche doch ein hervorragendes Beispiel göttlicher Straf= gerechtigkeit sind (cf. 2 Petr. 2, 6), wird es am Tage des letzten Gerichtes besser ergehen, als jenen, die das messianische Heil zurück= gewiesen haben. Es ist also die Zurückweisung dieses Heiles das größte Vergehen. Der Ausspruch Jesu, daß auch die schon längst verstorbenen Bewohner von Sodoma und Gomorrha beim letzten Gerichtstage erscheinen

werden, lehrt indirect die Auferstehung auch der Bösen, welche der Hei=
land positiv verkündet bei Joh. 5, 29. — Nach vielen Exegeten ist mit
diesem Verse die Instruction zu Ende, welche Jesus den Aposteln bei
der ersten Aussendung gegeben habe. Im Folgenden würde vom Evan=
gelisten eine zu einer andern Zeit gehaltene Rede Jesu, welche sich
bezöge auf die Thätigkeit der Apostel nach der Aussendung des heiligen
Geistes angereiht. Diese Annahme hat im Contexte gar keinen Halt.

2. Kämpfe der Apostel mit der sündhaften Welt und Verhalten
dieser gegenüber. 16—39.

V. 16. In einem Bilde weiset der Heiland zuerst hin auf die
Stellung, welche die Apostel in der sündhaften Welt einnehmen, auf
die damit verbundenen Gefahren und folgert daraus die Eigenschaften,
mit denen sie ausgerüstet sein müssen, um ihre Aufgabe zu erfüllen,
um in den Gefahren zu bestehen. „Siehe, ich sende euch wie Schafe
mitten unter Wölfen", d. h. ihr als meine Abgeordneten werdet in der
Welt in der Lage sein, in welcher sich Schafe befinden, die in Mitte
von Wölfen sind. Anschauliche Schilderung der die Glaubensboten um=
gebenden Gefahren. Ἐγώ hat den Nachdruck: ich, der ich mächtig bin
euch zu beschützen . . . In dieser gefahrvollen Stellung nun sollen die
Apostel sein: „klug wie die Schlangen", d. h. Klugheit besitzen, um
die Gefahren zu erkennen, die Mittel und Wege zu finden, um in den=
selben zu bestehen, und sie sollen sein „einfältig (ἀκέραιος, ungemischt,
von α priv. und κεράννυμι, mischen) wie die Tauben". Gemeint ist
jene lautere Gesinnung und Geradheit, welche nur erlaubte Mittel
ergreift und nur gerade Wege wandelt, um zum Ziele zu gelangen
und darum zurückschreckt vor jener Verschlagenheit, die es nur darauf
anlegt, über Gefahren und Schwierigkeiten hinwegzukommen.

V. 17. 18. Die Forderung Acht zu haben, i. e. Klugheit und
Geradheit zu bethätigen, begründet (γάρ) der Heiland durch prophetischen
Hinweis auf die den Aposteln bevorstehenden Geschicke. Die Verse ent=
halten eine Ausführung der im V. 16 durch „in medio luporum" im
Allgemeinen charakterisirten gefahrvollen Stellung der Glaubensboten.
Der Ausdruck „Menschen" ist allgemein zu fassen und entspricht dem
johann. κόσμος, Welt; die Menschen in ihrem natürlichen, Gott ent=
fremdeten Zustande sind den Glaubensboten feindlich gesinnt. — Diese
werden die Apostel überliefern an die Synedrien (συνέδρια, hier =
Gerichtshöfe) und werden sie in ihren Synagogen geißeln. Daß Gei=
ßelung auch zu den Synagogenstrafen gehörte, ist durch das neue Testa=

ment sicher bezeugt. Cf. Act. 22, 19. 26, 11, 2 Kor. 11, 24. — B. 18. Ja noch mehr (καὶ — δέ ist steigernd), ihr werdet vor Statthalter (ἡγεμόνες, römische Behörden) und Könige geführt werden um meinet= wegen, d. h. weil ihr meine Bekenner und Boten seid. Εἰς μαρτύριον αὐτοῖς; die in Aussicht gestellten Gefahren werden aber den Aposteln Gelegenheit bieten, Zeugniß abzulegen für Je u „ihnen“, i. e. den Juden, und den Heiden. Aus dem Contexte ist ersichtlich, daß der Gegenstand, von dem Zeugniß abgelegt werden soll, nur Jesus und sein Werk sein kann. Die geschichtliche Erfüllung dieser Verheißung berichtet schon die Apostelgeschichte. Cf. 4, 8 ff.

B. 19. 20. Aber nicht auf ihre Klugheit allein sind die Apostel angewiesen; in gefahrvollen Lagen sind sie des Beistandes des gött= lichen Geistes sicher, daher die weitere Ermahnung: Wann aber der Fall eintritt (ὅταν), daß ihr Zeugniß ablegen müsset, so sollet ihr nicht um die Form (πῶς) oder um den Inhalt (τί) eures Zeugnisses besorgt sein. Grund: Der göttliche Geist selbst wird eure Sache vertreten, ihr seid nur seine Organe. Der Gegensatz οὐ — ἀλλά ist absolut, non — sed, nicht — sondern; falsch daher die Abschwächung: non tam — quam, nicht so sehr — als vielmehr. Zu beachten ist noch, daß der Heiland den die Sache der Apostel vertretenden Geist „Geist enres Baters“ nennt; es soll damit angedeutet werden, daß die Apostel mit kindlichem Vertrauen in den Gefahren sich an Gott, der ihr Vater ist, wenden sollen.

B. 21. Nächste Folge des Zeugnißablegens, d. h. der Predigt des Evangeliums in der Menschheit: Tiefgehende Scheidung, wodurch auch die engsten und heiligsten Bande, welche die Menschen aneinander knüpfen, zerrissen werden. Grund dieser feindlichen Gegensätze ist na= türlich der wesentliche religiöse Gegensatz. Ἐπαναστήσονται, insurgent, ist classischer Ausdruck zur Bezeichnung eines empörerischen Aufstehens, welches hier darin besteht, daß Kinder gegen Eltern als Kläger oder Zeugen vor Gericht auftreten. Θανατοῦν, um's Leben bringen, durch Anklage, nicht geradezu todtschlagen.

B. 22. Nächstes Schicksal der Apostel: Allgemeiner Haß. Ὑπὸ πάντων, ab omnibus, ist hyperbolischer Ausdruck. Grund dieses all= gemeinen Hasses: Διὰ τὸ ὄνομά μου, um des Bekenntnisses und der Verkündigung meines Namens wegen (cf. 5, 11). Cf. Tertull. apol. 2 „nominis proelium est“. Trost bei dieser allgemeinen Verfolgung und dem allgemeinen Hasse: „Wer aber ausharret bis an's Ende, der wird gerettet werden." Welches Ausharren gemeint sei, ergibt der Context: Im Bekenntnisse und in der Verkündigung meines Namens. Es gehen diese Trostworte nicht blos auf die um des Bekenntnisses willen allgemein verhaßten Apostel, sondern auch auf die um des Glaubens willen von ihren Angehörigen verfolgten Christen. Εἰς τέλος, in finem scl. malorum; für die streitende Kirche tritt dies Ende ein mit der Wiederkunft Christi (cf. V. 23), für die einzelnen Glieder derselben mit deren Tod.

V. 23. Hier belehrt Jeu seine Apostel zuerst, in welcher Weise sie ausharren sollen in der Verkündigung seines Namens, dann fügt er neben dem schon V. 22 genannten Ermuthigungsgrund noch einen neuen für die geforderte Standhaftigkeit im Werke Christi hinzu: „Wenn sie euch verfolgen in dieser Stadt, fliehet in die andere (nämlich um dort zu predigen)." Ἐν ταύτῃ und εἰς τὴν ἑτέραν sind deictisch zu nehmen: Der Heiland weiset in lebendiger Rede mit dem Finger nach den verschiedenen Städten hin. Den Grund, warum die Apostel in nicht nachlassender Thätigkeit sich stets einen Schauplatz für ihre apostolische Thätigkeit aufsuchen sollen, gibt der Herr mit den Worten: „Denn wahrlich sage ich euch, ihr werdet gewiß nicht vollendet haben die Städte Israels (d. h. sie noch nicht alle auf eurer Flucht berührt haben), bis gekommen sein wird der Menschensohn!" Weil im neuen Testamente durchgehends die Redeform vom Kommen des Menschensohnes sich zunächst bezieht auf die herrliche Wiederkunft Christi zum Gerichte, so ist der Ausdruck auch hier in dieser Bedeutung festzuhalten. Die nähere Erklärung darüber siehe 16, 28.

V. 24. 25. Hier geht der Heiland nochmals auf das den Jüngern vorherverkündigte traurige Schicksal in der Welt (cf. V. 22) ein und zeigt ihnen in zwei aus dem gewöhnlichen Leben entlehnten Beispielen, daß sie vermöge ihrer Stellung als Schüler Jesu und als seine Hausgenossen kein anderes Loos erwarten können als das vorausgesagte. Οὐκ ἔστιν μαθητής . . . es liegt im Begriffe eines Schülers, daß er nicht über seinen Meister sei; der Sache nach: Auf Grund eures Schülerverhältnisses zu mir könnt ihr nicht enthoben sein dem allgemeinen Hasse und der Verachtung, denen ich, euer Lehrer, ausgesetzt bin. Ἀρκετόν . . . Der vorher negativ gegebene Gedanke erscheint hier in positiver Form: es genügt dem Schüler . . . i. e. vermöge seines Verhältnisses als Schüler verlangt er kein anderes Geschick, als das einem Lehrer zu Theil wird. Καὶ ὁ δοῦλος ist Attraction für: καὶ τῷ δούλῳ (ἀρχετόν), ἵνα γένηται. — „Wenn sie den Hausherrn Beelzebul(b) genannt haben, um wie viel mehr (werden sie so nennen) seine Haus= genossen?" Mit οἰκοδεσπότης bezeichnet sich Jeu selbst, weil er der Herr des Hauses, i. e. des Reiches Gottes ist. Βεελζεβούλ, Vulg. Beelzebub. Sicher ist, was mit diesem Worte bezeichnet wird: Der Satan als der Oberste der Dämonen (cf. 12, 24. 27, Marc. 3, 22, Luc. 11, 15. 18); weniger sicher aber ist die Ableitung des Wortes und damit der Grund, warum die Juden zur Zeit Christi den Obersten der Teufel so benannten. Das griechische, durch die ältesten Hand= schriften verbürgte Βεελζεβούλ bedeutet nach der gewöhnlichen Ableitung von בַּעַל und זְבֻל Dominus stercoris. So hätten die Juden den Satan den Herrn alles sittlich Unreinen bezeichnet, um ihre Verachtung vor ihm schon durch den Namen auszudrücken. Das Beelzebub der Vulgata bedeutet seiner Etymologie nach „Fliegengott". Daß die Juden Jesum wirklich Beelzebul(b) genannt haben, wird weiters in den Evangelien nicht berichtet, ist aber zweifellos aus dieser Stelle und hängt mit der Beschuldigung 9, 34. 12, 34 zusammen.

V. 26. Οὖν, igitur, folgert aus 24 und 25: Weil ihr nun als meine Schüler und Angehörigen nichts anderes als Haß und Ver= folgung erwarten könnet, „so fürchtet euch nicht". Mit der allgemeinen Sentenz: „Denn nichts ist verhüllt, was nicht wird enthüllt werden, und verborgen, was nicht wird erkannt werden", führt der Heiland eine Begründung seiner Ermuthigungsrede ein. Der Gedanke der Sen= tenz ist: Das Evangelium, um dessentwillen die Jünger verfolgt werden, wird ungeachtet aller Befeindung zum siegreichen Durchbruche kommen, darum sollen die Apostel es muthvoll verkünden. Andere Exegeten fassen nach Chrys. den Sinn der Worte dahin: Die Unschuld der Apostel und die Schuld ihrer Verfolger wird einst offenkundig werden. Erstere Fassung scheint besser in den Context zu passen.

V. 27. Aus dieser Bestimmung der evangelischen Wahrheit ergibt sich für die Verkünder derselben die Pflicht, dem Evangelium die mög= lichste Verbreitung zu verschaffen: „Was ich euch sage in der Finsterniß (i. e. im engen Jüngerkreise), das saget im Lichte (öffentlich vor aller Welt), und was ich euch in's Ohr hineingesagt habe, das verkündet auf den Dächern (i. e. bringet es zur allgemeinen Kenntniß)."

V. 28. Von dieser Aufgabe darf nicht Menschenfurcht abhalten, sondern dazu muß vielmehr Gottesfurcht aneifern; denn Menschen können höchstens das physische Leben entreissen, Gott aber kann die seinen Auf=

trägen Widerstrebenden mit Leib und Seele dem Tode der Hölle über=
antworten. Cf. Jak. 4, 12. Φοβεῖςϑαι ἀπό ist ein Hebraismus, das
Sichwegwenden vom Gegenstande der Furcht ausdrückend. Oefters bei
LXX, im neuen Testamente hier und Luc. 12, 4, nicht im classischen
Griechisch.

V. 29—31. Neues Motiv zur Unerschrockenheit in der Ver=
kündigung des Evangeliums: Die Apostel sind ein ganz besonderer
Gegenstand göttlicher Leitung und Vorsorge. Diese göttliche Vorsorge
für die Apostel wird erläutert durch den Hinweis auf den Schutz
Gottes, unter dem die allergeringsten Kreaturen stehen. Στρουϑία (de=
min. von στρουϑός ἡ), kleine Vögel, besonders Sperlinge; ihre Gering=
heit wird durch den Hinweis hervorgehoben, daß man zwei derselben
um ein Aß (= fünf Pfennige) zu kaufen bekommt. Obwohl so gerin=
fügig, so fällt kein Sperling ohne Zuthun Gottes (= ἄνευ τοῦ πατρός)
todt zur Erde. „Von euch (die ihr nämlich zum Unterschiede von diesen
geringfügigen Kreaturen Kinder Gottes seid) sind alle Haare des Hauptes
gezählt", i. e. der geringfügigste Theil eures Leibes ist Gegenstand
göttlicher Vorsorge. Daraus folgert nun der Heiland: „Fürchtet euch
also nicht, denn ihr seid mehr werth als viele Sperlinge." Die specielle
Anwendung aus diesen Worten ergibt sich von selbst: Stehen die Apostel
in so hohem Werthe vor Gott, sind sie Gegenstand besonderer gött=
licher Fürsorge, so vermögen ihre Feinde ihnen ohne Zulassung Gottes
kein Leid zuzufügen.

V. 32. 33. In Form einer Folgerung (οὖν) aus der Rede von
V. 16—31 fordert hier der Heiland seine Apostel auf, unerschrocken
von ihm vor den Menschen Zeugniß abzulegen, unter Hinweis auf den
einstigen Lohn für diese Zeugniß=Ablegung, sowie auf die Strafe für
die Unterlassung derselben. Πᾶς ὅστις, omnis qui; des Nachdrucks
wegen ist der Nominativ anakolutisch vorausgesetzt. Cf. V. 14. Ὁμολογεῖν ἐν ἐμοί, gut die Vulg. confiteri me: in meiner Sache ein
Zeugniß ablegen und dadurch mich als den Messias bekennen. Der
Ausdruck ὁμολογεῖν ist im weitesten Sinne zu fassen: Zeugniß ablegen
durch Wort und That. Wer so mich bekennt vor den Menschen, den
werde ich bekennen (scl. als meinen wahren Jünger) vor meinem Vater
im Himmel, nämlich nach meiner Erhöhung.

V. 34—36. Im Anschlusse an V. 21 spricht hier der Heiland
nochmals von der durchgreifenden Erregung und Scheidung in der
Menschheit, welche seine Ankunft in der Welt herbeiführen sollte. Den-

nächsten Zweck seines Kommens bezeichnet Jesus mit dem allgemeinen
Satze: „Glaubet nicht, daß ich gekommen bin Frieden zu werfen auf
die Erde, nicht bin ich gekommen Frieden zu werfen, sondern das
Schwert", der in den folgenden Versen 35. 36 näher erläutert (γάρ)
wird. — Βαλεῖν (= werfen) ist gewählt, um das Schnelle und Plötzliche
auszudrücken: wie mit einem Wurfe brachte der Herr das Schwert in
die Menschheit. Μάχειρα, gladius, ist Bezeichnung für Krieg und Kampf.
Der Endzweck des Kommens Jesu ist zwar die Herstellung des vollen
Friedens der Menschen unter einander und des Friedens der Mensch=
heit mit Gott, aber die Erreichung desselben ist bedingt durch Ueber=
windung der Sünde und ihrer Folgen in der Menschheit. Die Ueber=
windung der Sünde und ihrer Folgen war nur möglich durch einen
allgemeinen, selbst in die engsten Familienverhältnisse eingreifenden
Kampf. Inwieferne nun Jesus den Endzweck, allgemeinen Frieden,
wollte, insoferne mußte er auch das Mittel dazu, Ueberwindung des
Bösen, d. h. den Kampf wollen. Hieronym. bellum missum est bonum,
ut rumperetur pax mala. Nach obiger Erklärung sind die Worte, daß
Jesu gekommen sei, um das Schwert zu bringen, zu fassen als Be=
zeichnung der göttlichen Absicht (ut) und nicht der göttlichen Zulassung.
Διχάσαι, separare, = in zwei (feindliche) Theile spalten. Νύμφη, nicht
Braut, sondern junge Frau, insbesondere Schwiegertochter = nurus
der Vulg. So oft auch bei den Classikern.

V. 37. Angabe, wie bei der bevorstehenden Scheidung das Ver=
halten des wahren Jüngers Jesu sein müsse. Wer Vater oder Mutter,
Sohn oder Tochter mehr liebet als mich, und in Folge dessen gegen
mich sich entscheidet, ist meiner nicht werth. Aus dem Zusammenhange
ist klar, daß Christus eine solche Eltern= und Kindesliebe im Auge hat,
die zur Trennung von Christus führt. Selbstverständlich bleibt die Fa=
milienliebe an sich ganz in ihrem Rechte, ja sie erhält durch die gefor=
derte Christusliebe erst ihre sittliche Grundlage und damit die eigent=
liche Weihe.

V. 38. Die wahre Nachfolge Jesu fordert, daß der Mensch die
schwersten ihn treffenden Leiden auf sich nehme und geduldig trage.
Diese Wahrheit trägt der Heiland in einem Bilde vor, das entlehnt
ist von der Sitte, dem Verurtheilten selbst sein Kreuz zur Richtstätte
tragen zu lassen. Σταυρός, crux, ist bildliche Bezeichnung für Leiden,
welche mit der Nachfolge Jesu verbunden sind. Sicher liegt in diesen
Worten eine, wenn auch noch dunkle Hindeutung auf Jesu Kreuzestod.

B. 39. Die Nachfolge Jesu fordert sogar die Bereitwilligkeit, um Jesu willen das Leben hinzugeben. „Wer seine Seele findet (i. e. wer sein physisches Leben durch Verleugnung Jesu rettet), wird sie verlieren (indem er nämlich dem ewigen Verderben anheimfällt) und wer seine Seele verliert um meinetwegen (i. e. wer um meines Bekenntnisses willen sein leibliches Leben dahingibt), wird sie finden (scl. zum ewigen Leben)." Ψυχή bezeichnet beide Male das irdische Leben, das Pronomen αὐτή bezeichnet das wahre, geistige Leben; das Verbum perdere geht im ersten Versteile auf das ewige Verderben in der Hölle, im zweiten geht es auf das Verderben im leiblichen Tode.

3. Lohn für die Aufnahme der Jünger. 40—42. — Diese Verse enthalten den Abschluß der Instructionsrede durch den für die Apostel trostreichen und ermuthigenden Hinweis auf den Lohn, welcher jenen zu Theil wird, die die Apostel aufnehmen.

B. 40. Weil die Apostel Christi Abgeordnete und Stellvertreter sind, so machen jene, welche sie aufnehmen, Christum, ja Gott zu ihrem Hausgenossen. Cf. Joh. 13, 20. Δέχεσθαι, recipere, ist von einer gläubigen Aufnahme zu verstehen.

B. 41. 42. Der Ausspruch des B. 40 wird hier näher erläutert und zwar im B. 42 mit besonderer Beziehung auf die Jünger. Die „Propheten und Gerechten" werden genannt als Repräsentanten der alttestamentlichen Gottesordnung; erstere als Verkünder, letztere als Erfüller des göttlichen Willens. Εἰς ὄνομα . . . (Vulg. in nomine) mit Rücksicht darauf, daß er ein Prophet, ein Gerechter ist, also um Gottteswillen. Wer aus diesem Grunde, in dieser Absicht einen Propheten oder Gerechten aufnimmt, empfängt den Lohn des Propheten (Gerechten), i. e. jenen Lohn, welchen der Prophet, Gerechte, von Gott zu erwarten hat. — Die μικροί in B. 42 sind die Jünger, so genannt entweder wegen ihrer verachteten und leidensvollen Lage in der Welt oder in Bezug auf ihren kindlich demüthigen Sinn (cf. 18, 6), welchen sie ungeachtet ihrer hohen Stellung bekundeten. Mit ποτήριον ψυχροῦ (calicem aquae frigidae) werden die allerkleinsten Liebesdienste, welche zu leisten auch der Aermste vermag, bezeichnet. Das dreimal wiederholte εἰς ὄνομα soll hervorheben, daß es bei der Werthschätzung des menschlichen Thuns nicht auf die Handlung an sich, sondern auf die gläubige Gesinnung ankommt, aus der sie hervorgeht. Auch das geringste Werk der Nächstenliebe in gläubiger Gesinnung geübt, vermag uns übergroßen Lohnes im Himmel theilhaftig zu machen.

Jesus im Kampfe mit den ungläubigen Juden; — tiefere
Einführung der Jünger in die Heilsgeheimnisse; — Vor=
bereitung derselben auf die herannahende Katastrophe.
11, 1 bis 18, 35.

Nachdem Matthäus im Vorhergehenden ein Bild von Jesu bis=
heriger Lehr= und Heilsthätigkeit entworfen und die Aussendung der
zwölf Apostel berichtet hat, ist er jetzt bei einem Wendepunkte der evan=
gelischen Geschichte angekommen. — Die Mehrzahl der Juden blieb
ungläubig und dieser Unglaube führte zu offenen Kämpfen mit dem
Messias, 11, 1 bis 14, 12. — Dieser Conflict bildete indessen kein
Hinderniß für den weiteren Fortgang des Wirkens Jesu, wohl aber
veranlaßte er den Herrn, sich mehr auf den Kreis seiner Jünger zurück=
zuziehen, die er nun tiefer in die Geheimnisse des zu gründenden Gottes=
reiches einführte, 14, 13 bis 16, 20. — Zugleich war der Moment
gekommen, da der Herr auf die herannahende Katastrophe in Jerusalem
hinweisen und die Jünger darauf vorbereiten mußte, 16, 21 bis 18, 35.
Diese Grundgedanken beherrschen den nun folgenden Abschnitt der evan=
gelischen Geschichte. Cf. Wieser, Ueber Plan und Zweck des Matthäus=
Evangeliums, Zeitschrift für katholische Theologie, 1877 u. 1878, und
Schanz, Die Composition des Matthäus=Evangeliums, Tübingen 1877.

11. Kapitel.

Gesandtschaft des Täufers und dadurch veranlaßte Reden Jesu.
V. 1—30.

V. 1. Vermittelt den Uebergang zur Darstellung der weiteren
Begebenheiten. Als Jesus mit seinen Aufträgen (10, 5—42) zu Ende
war (ὅτε ἐτέλεσεν διατάσσων), ging er weg von dort; ἐκεῖθεν, von
dort (wohin er nämlich die Apostel zur Belehrung zusammengerufen
[10, 1] und von wo aus er sie zur Verkündigung des Evangeliums
ausgesendet hatte). Jeu ging von dort weg, „um zu lehren und zu
predigen in ihren (d. h. der Galiläer, cf. 9, 35) Städten".

V. 2—6. Gesandtschaft des Johannes des Täufers.
Cf. Luc. 7, 18—23.

V. 2. Die Veranlassung zur Absendung von Boten war die
Kunde, welche Johannes im Kerker von den Thaten Christi erhalten
hatte. Ἀκούσας, audiens, wahrscheinlich durch seine Schüler, welche

frei mit ihrem eingekerkerten Meister verkehren durften. Cf. Luc. 7, 18.
Ἐν δεσμωτηρίῳ, in carcere. Nach der Angabe des Jos. Flavius Antt.
XVIII, 5, 2 wurde Johannes in der Grenzfestung Machärus festgehalten.
Cf. 14, 3. Τὰ ἔργα τοῦ Χριστοῦ, „die Thaten Christi", i. e. die messianischen Werke, welche Jesus durch That und Wort wirkte. Diese Kunde
vom messianischen Wirken Jesu veranlaßte den Johannes, eine Gesandtschaft an den Herrn abzuschicken. Statt δύο τῶν μαθητῶν (Vulg. duos
de discipulis) haben אBCD die hebraisirende Form: διὰ τῶν μαθητῶν, er schickte ab eine Botschaft durch Jünger.

B. 3. Inhalt der Botschaft: „Bist du der Kommende oder
erwarten wir einen anderen?" Σύ ist mit Nachdruck an die Spitze
gestellt. Ὁ ἐρχόμενος (Vulg. venturus), i. e. Messias. Der Ausdruck
war nämlich nicht seltene Bezeichnung des verheißenen Messias. Der
Kommende (Präsens) wird er genannt, weil seine Ankunft als gewiß
und nahe bevorstehend galt. Προσδοκῶμεν (Vulg. exspectamus) kann
der Form nach sowohl Conjunctiv (so gewöhnlich, auch Meyer, Keil)
als Indicativ (Vulg. Erasm., Fritzsche, Schegg) sein.

B. 4—6. Antwort Jesu. Der Heiland verweiset die Boten auf
seine ihnen offen vorliegende Heilsthätigkeit und befiehlt ihnen, dem
Johannes zu melden, was sie gehört und gesehen hätten. Unmittelbar
vor Ankunft der Gesandten hatte Jesu nach Luc. 7, 11—17 den
Jüngling von Naim erweckt. Mit der von Jesu selbst gegebenen Schilderung seiner Wirksamkeit ist, um die Bedeutung derselben völlig zu
erfassen, zu vergleichen die prophetische Schilderung der messianischen
Zeit bei Jes. 35, 5 ff. 51, 1. 2. 61, 1. Wird dieser Zusammenhang
festgehalten, dann ist der Sinn der Antwort Jesu folgender: Aus dem
offenkundig vorliegenden Thatbestande und aus der Art meiner Wirksamkeit ist zu ersehen, daß durch sie in Erfüllung ging, was prophetisch
als Wirksamkeit des kommenden Messias verkündet worden ist, — und
darum muß ich auch der Kommende, der Messias sein. Auf Grund
dieses Thatzeugnisses schließt der Herr seine Antwort mit der seligen
Verheißung: „Und selig, wer an mir nicht Aergerniß nimmt." Σκανδαλίζεσθαι ἐν ἐμοί, Anstoß nehmen an mir, i. e. an meiner Lehre,
Handlungsweise, und in Folge davon gegen mich ungläubig sein. — Die
Frage nach dem Grunde, der den Johannes veranlaßte, die hier erzählte
Gesandtschaft an Jesum abzuordnen, wird in der neuern und neuesten
Zeit verschieden beantwortet. 1. Die erste bis in die neuere Zeit fast
allein herrschende und auch jetzt noch von den meisten katholischen

Pölzl, Evang. d. hl. Matth.   9

Exegeten vertheidigte Ansicht geht dahin, Johannes habe die Gesandtschaft veranlaßt um seiner Jünger willen; damit diese durch Jesu Selbstzeugniß im Glauben an seine messianische Würde befestigt würden. 2. Dagegen vertreten andere die Ansicht, Johannes habe nur um seiner selbst willen Boten an den Herrn geschickt, und zwar entweder: α) aus Ungeduld über die noch immer verzögerte Aufrichtung des messianischen Reiches. Darnach hätte die Gesandtschaft den Zweck gehabt, Jesum zur Errichtung des Messiasreiches aufzufordern, ihn dazu gleich= sam zu drängen. So unter Anderen Lightfoot, Kuinoel, Schegg, welcher Johannes im Namen des ganzen Volkes handeln läßt; oder β) aus wirklichem, aber nur vorübergehenden Zweifel des Johannes, dessen schon durch die Einkerkerung herabgestimmte Gemüthsverfassung durch das stille zurückhaltende Wirken Jesu noch mehr beunruhigt worden sei. So die meisten neueren protestantischen Exegeten, auch Döllinger. Die erste Annahme, welche wie bemerkt durch die Exegeten bis in's 17. Jahr= hundert hinein, die protestantischen nicht ausgeschlossen, fast ausnahmslos festgehalten wird, scheint entschieden vorzuziehen zu sein. Dagegen spricht nicht der Bericht in formeller Beziehung, denn die Darstellung, welche der Evangelist vom Vorgange gibt, paßt ganz gut zu unserer Auf= fassung: Die Johannesjünger hätten im Auftrage des Meisters, aber um ihrer eigenen Zweifel willen die Frage vorgelegt, und Jesu habe den Bescheid, welcher ihnen selbst galt, dem Johannes melden lassen, in dessen Auftrage die Frage vorgelegt wurde. Dafür aber spricht ent= schieden der factische Sachverhalt. Johannes hat in seiner Bußpredigt von der Person Jesu ein Bild entworfen, welches nicht blos nichts mit der falschen Messiasvorstellung der Juden gemein hat, sondern eine vollkommen richtige Charakteristik des Messias enthält und eine völlige Einsicht in das Wesen des Erlösungswerkes bekundet. Ferner war Jo= hannes in Folge einer göttlichen Offenbarung zur zweifellosen Gewiß= heit gekommen, daß Jesus der Sohn Gottes, der Messias sei. Cf. Joh. 1, 33. 34. Damit scheint völlig unvereinbar die Annahme, daß der größte Mann des alten Bundes, der Herold des Messias an der mes= sianischen Würde Jesu auch nur einen Augenblick gezweifelt habe, und damit sind geradezu unvereinbar die für diesen angeblichen momentanen Zweifel angeführten Gründe.

V. 7—15. Cf. Luc. 7, 24—30. Zeugniß Jesu über Johannes vor dem versammelten Volke. Der Redeabschnitt zerfällt in zwei Theile; V. 7—11 handelt von der Stellung des Täufers in der alttestament=

lichen Theokratie, B. 12—15 charakterisirt sein Verhältniß zum neu=
testamentlichen Gottesreiche. Der Zweck dieses Zeugnisses wird durch
die weitere Rede Jesu, V. 16—20, angedeutet. Demnach wollte Jesus
nicht dem möglichen Irrthume bei der Menge vorbeugen, als sei Jo=
hannes an Jesu messianischer Würde in Zweifel gekommen, sondern er
wollte das Volk zurechtweisen, daß es die Bedeutung der Wirksamkeit
des Täufers und der Zeit, in welche diese fiel, nicht erkannt habe.

B. 7. Beim Weggehen der Gesandtschaft beginnt Jeu die Rede
über Johannes, weil sie zunächst nur dem versammelten Volke galt.
„Was seid ihr hinausgegangen in die Wüste zu schauen?" nämlich
damals, als Johannes dort auftrat. Die Frage: „Ein Rohr vom
Winde hin und her bewegt?" wird fast durchgehends als bildliche Be=
zeichnung eines wankelmüthigen, unbeständigen Menschen gefaßt.

B. 8. Die Einführung der neuen Frage hier wie im V. 9 durch
ἀλλά supponirt eine Abweisung der vorangehenden Frage: Aber, wenn
ihr nicht hinausgegangen seid... Der Ausdruck: „Ein Mensch in
weiche Stoffe gekleidet" ist bildliche Bezeichnung für einen Menschen,
der sinnlichen, Körper und Geist verweichlichenden Genüssen sich hin=
gibt. Τὰ μαλακά, scl. ἱμάτια.

B. 9. 10. Johannes, der Mann von unwandelbarer Gesinnung
und von strenger, alle Weichlichkeit verschmähenden Lebensweise ist
Prophet, ja mehr als ein Prophet. Ναί (Bulg. etiam) bestätigt die
Frage: ja (einen Propheten habt ihr gesehen)... Περισσότερον gibt
genau die Bulg.: plus, ein Mehreres als einen Propheten (habt ihr
gesehen). Im B. 9 hat Tischend. ἰδεῖν nach προφήτην und nicht mit
der Rec. (auch Bulg.) nach ἐξήλθατε: „Aber was seid ihr hinaus=
gegangen? Einen Propheten zu sehen?" — Der B. 10 gibt die nähere
Erläuterung, warum Johannes größer ist als die Propheten: weil er
der geistige Wegbereiter des unmittelbar nach ihm auftretenden Messias
ist, auf welchen die Propheten nur von ferne hinwiesen, und weil er
in dieser Eigenschaft selbst Gegenstand prophetischer Vorherverkündigung
war. Die Stelle ist aus Mal. 3, 1, die durchgehends messianisch ge=
deutet wird. Beim Propheten redet Gott sein Volk an, dem er seine
Ankunft verkündet; hier wie Luc. 7, 27 wird das Prophetenwort als
von Gott in Bezug auf Christum gesprochen angeführt, darum ist statt
„vor mir her" des Originaltextes „vor dir her" gesetzt.

B. 11. Feierlich (ἀμήν) verkündet Jeu weiter, daß Johannes
überhaupt die größte Persönlichkeit des alten Testamentes sei. „Nicht

9*

ift erweckt worden unter den von Weibern Gebornen ein Größerer als
Johannes Baptista." Ἐν γεννητοῖς γυναικῶν, „unter Weibgebornen". Die
dem Hebräischen nachgebildete Phrase ist Bezeichnung für „Menschen"
mit dem Nebenbegriffe der Sterblichkeit und Schwäche, womit sie in
Folge ihrer Herkunft vom Weibe behaftet sind. Wie aus der gegen=
sätzlichen Beziehung zu ἐν βασιλείᾳ τῶν οὐρανῶν ersichtlich ist, sind im
Ausdrucke „Weibgeborne" hier nur die Menschen des alten Testamentes
inbegriffen. Daß der Ausdruck auch gegensätzliche Beziehung zu γεννη-
θῆναι ἐκ θεοῦ, Joh. 1, 13, zur Wiedergeburt aus Wasser und dem
hl. Geiste, als der Bedingung zur Theilnahme an der βασιλείᾳ τῶν
οὐρανῶν (cf. Joh. 3, 5) habe, ist wahrscheinlich. Der Heiland verkündet
also, daß unter den Menschen des alten Testamentes Johannes Baptista
der Größte gewesen ist. Wenn auch das ἐγήγερται nur vom geschicht=
lichen Auftreten des Johannes verstanden und demnach (μείζων) auf
die prophetische Wirksamkeit desselben beschränkt wird, so wird damit
der Sinn nicht verändert. War Johannes der größte unter den in
Israel erstandenen Propheten, so war er der größte Mensch im Juden=
thume selbst. — Ungeachtet dieser ausgezeichneten Stellung wird Johannes
doch dem theokratischen Rangverhältnisse nach von den Angehörigen des
Messiasreiches übertroffen, denn: „Der Kleinere im Himmelreiche ist
größer als er". Ὁ μικρότερος, der Kleinere, d. h. jener, welcher nicht
einen so hohen Rang einnimmt als Johannes. Die Worte ἐν τῇ βασιλείᾳ τῶν οὐρανῶν sind begrenzende Bestimmung zu ὁ μικρότερος: Wer
im Messiasreiche eine niedrigere Stelle einnimmt als Johannes im alten
Testamente, ist größer als er. Es wird also die Stellung eines unter=
geordneten Mitgliedes des Messiasreiches mit der Stellung des aus=
gezeichnetsten Angehörigen des alten Bundes verglichen und gesagt: Im
alten Bunde war Johannes der Größte; wer im neuen Bunde eine
niedrigere Rangstufe einnimmt, ist gleichwohl größer als Johannes. So
erhaben über die alttestamentliche Theokratie ist die βασιλείᾳ τῶν οὐρανῶν als Vollendung des Gottesreiches auf Erden. Zu beachten ist, daß
hier „Himmelreich" das Reich Christi auf Erden, die christliche Kirche
bezeichnet, daß ferner Johannes als letzter und höchster Repräsentant des
alttestamentlichen Gottesreiches in Betracht gezogen wird. Es ist demnach
nur die Rede vom theokratischen Rangverhältnisse zwischen Johannes
und einem Christen. Selbstverständlich darf aus den Worten Jesu nicht
gefolgert werden, Johannes sei von der Theilnahme am Himmelreiche
ausgeschlossen worden.

V. 12. Die Schlußworte von B. 11 vermitteln den Uebergang zum zweiten Theile der Rede Jesu: Johannes ist jener Prophet, dessen Auftreten den Beginn des Messiasreiches ankündet, er ist der unmittelbare Vorläufer desselben und darum steht seit den Tagen seiner Wirksamkeit das Messiasreich zum Eintritte offen. „Von den Tagen Johannes des Täufers aber bis jetzt leidet das Himmelreich Gewalt." Ἀπὸ τῶν ἡμερῶν ..., d. i. von den Tagen an, da Johannes durch seine öffentliche Wirksamkeit auf die Nähe des Messias hinwies. Ἕως ἄρτι, bis auf jetzt, i. e. bis zur Gegenwart. Βιάζεται erklärt Hesychius: βιαίως κρατεῖται, „es wird mit Gewalt eingenommen, erobert". Weil das Himmelreich nur mit Gewalt eingenommen werden kann, so folgt daraus: „und die Gewalt brauchen (= βιασταί), reißen es an sich", d. h. die Menschen müssen das Himmelreich erobern, an sich reißen, und das ist nur möglich unter Anwendung aller Kraft. Gewalt, Buße, Abtödtung, Leiden, Selbstverleugnung sind nöthig, um sich in jene sittliche Verfassung zu versetzen, durch welche der Eintritt in das Messiasreich bedingt ist.

V. 13. 14. Grundangabe (γάρ), warum von den Tagen des Johannes an der Eintritt in's Messiasreich möglich ist: Weil mit ihm die alttestamentliche Ordnung geendet und somit die in jener prophezeite neutestamentliche Ordnung des Messiasreiches begonnen hat. „Denn alle Propheten und das Gesetz bis auf Johannes haben geweissagt", i. e. die Zeit der prophetischen Hinweisung auf das ferne messianische Reich durch Propheten und Gesetz dauerte nun bis auf Johannes; er bildet den Endtermin dieser prophetischen Weissagung. Gegen die sonstige Redeweise (cf. 5, 17) ist hier lex nachgesetzt, weil das alte Testament (Gesetz und Propheten) nach seiner weissagenden Seite in Betracht kommt und in dieser Hinsicht die Propheten wichtiger sind als das Gesetz, welches die Prophezeiungen auf Christum nur im Keime enthält. — „Und wenn ihr es aufnehmen wollet, er selbst (Johannes) ist der Elias, der kommen wird." Der Sinn dieser Worte ist bedingt durch die Fassung von εἰ θέλετε δέξασθαι, si vultis recipere. Die Worte müssen gefaßt werden als eine Restriction der folgenden Aussage Jesu, daß Johannes der erwartete Elias sei: Wenn ihr es aufnehmen wollet, i. e. wenn ihr meine Worte richtig fassen wollet, so ist Johannes selbst der Elias, der kommen wird.

Die von den Juden auf Grund der Verheißung bei Malach. 4, 5 erwartete Wiederkunft des Elias stellt der Heiland mit den

Worten: qui venturus est als zweifelloſe Thatſache hin. Während aber die Juden die Wiederkunft des Elias vor der erſten Ankunft des Meſſias erwarteten, wird dieſelbe nach dem Wortlaute der prophetiſchen Weisſagung: „ehe kommt der Tag, der große und ſchreckliche", Malach. 4, 5, erſt vor der Wiederkunft Jeſu zum Gerichte erfolgen. Der erſten Ankunft Jeſu ging voran Johannes „im Geiſte und in der Kraft des Elias", Lúc. 1, 17; er iſt der Vorbote des geiſtigen Weltgerichtes, welches mit Chriſti erſter Ankunft begann, wie Elias der Vorbote des Schlußgerichtes am Ende der Tage ſein wird. Johannes iſt alſo nicht der Elias der Perſon, ſondern der meſſianiſchen Aufgabe nach; das beſagen Jeſu Worte: „Si vultis recipere." Cf. 17, 12.

V. 15. Um den Zuhörern die Wichtigkeit der Rede 7—14 an's Herz zu legen, ſchließt der Heiland mit den Worten: „Wer Ohren hat zu hören, der höre." Dieſen auch bei jüdiſchen Schriftſtellern vorkommenden Ausſpruch gebraucht Jeſus immer, wenn er etwas Wichtiges den Zuhörern an's Herz legen und zum Nachdenken darüber auffordern will.

V. 16—19. Rüge des launenhaften, eigenſinnigen Weſens der Juden. Statt ſich durch die ſtrenge Bußpredigt des Johannes und durch das milde Wirken Jeſu aufrütteln zu laſſen, um mit ernſter Kraftanſtrengung und mit dem Aufgebote der ſittlichen Kraft ſich den Eintritt in's Meſſiasreich zu erkämpfen, verharrten die Juden auch jetzt noch in ihrem Leichtſinne und in ihrem launenhaften Eigenſinne.

V. 16. 17. Dieſe Launenhaftigkeit, dieſen Mangel an jeglichem Ernſte bei den Juden ſeiner Zeit zeichnet der Heiland in ſchmerzlich erregter Rede dadurch, daß er ſie Kindern vergleicht, welche nach ihrer wechſelnden Laune von den Mitgeſpielen verlangen, ſich immer nach ihnen zu richten, zu tanzen oder zu wehklagen, je nach dem es ihrer Laune gefällt. Γενεὰν ταύτην, „die gegenwärtige Generation", i. e. die Juden zur Zeit Chriſti im Großen und Ganzen. Ηὐλήσαμεν (von αὐλεῖν), cecinimus, „wir haben mit der Flöte geſpielt". Ἐθρηνήσαμεν (Vulg. lamentavimus), „wir haben einen Trauergeſang angeſtimmt". Κόπτεσθαι, ſich ſchlagen, iſt Bezeichnung für wehklagen, weil man dabei an die Bruſt ſchlug; Vulg. plangere.

V. 18. 19. Nähere Erläuterung (γάρ) des Vorigen durch den Hinweis auf das ſich widerſprechende Verhalten der Juden Johannes und Jeſu gegenüber. Johannes „aß nicht und trank nicht", d. h. er führte ein ſtreng aſcetiſches Leben und enthielt ſich der gewöhnlichen

Nahrungsmittel. Cf. 3, 4. Urtheil der Juden: Er hat den Dämon, d. h. ist besessen. Jesus „aß und trank", d. h. er bediente sich der gewöhnlichen Nahrungsmittel und nahm an Gastmälern Theil. Urtheil der Juden: Er ist ein Schlemmer. Φάγος, Fresser, gehört der ganz späten Sprache an und findet sich nur noch bei Vätern. Durch dieses widerspruchsvolle Verhalten bekundeten die Juden, daß sie gar nicht wußten, was sie wollten. — Ihrem verkehrten Urtheile über Johannes und Jesus setzt nun der Herr sein Urtheil entgegen mit den Worten: „Und gerechtfertigt worden ist die Weisheit von ihren Söhnen." Καί hat Nachdruck und ist im adversativen Sinne zu fassen: ungeachtet dieser verkehrten Beurtheilung des Johannes und Jesu von Seiten der Juden ... Ἐδικαιώθη, ist gerechtfertigt worden, d. h. als die wahre Weisheit dargestellt worden. Ἡ σοφία ist die göttliche Weisheit, die sowohl im strengen Bußleben des Johannes, als in der milden und liebreichen Herablassung Jesu sich offenbarte. Ἀπὸ τῶν τέκνων αὐτῆς (Vulg. a filiis suis statt ejus), von ihren (i. e. der Weisheit) Söhnen. Söhne der Weisheit sind jene Menschen, welche für die göttliche Weisheit empfänglich sind, sich ihr hingeben und von derselben sich leiten lassen. Hier sind unter den Kindern der Weisheit die Jünger Jesu und die echten Johannesjünger zu verstehen. Diese haben im Gegensatze zu den Juden durch ihren Anschluß an Johannes und Jesus die in beiden zur Erscheinung gekommene göttliche Weisheit als wahre und echte erwiesen. Indirect deutet der Heiland damit an, daß der letzte Grund des leichtfertigen, verkehrten Verhaltens der Juden in ihrer inneren Entfremdung von der göttlichen Weisheit zu suchen sei.

V. 20—24. Weheruf Jesu über die Städte Galiläas. Cf. Luc. 10, 13—15. Die Rede Jesu wendet sich jetzt von den Juden im Allgemeinen speciell an die Bewohner jener Städte, welche bevorzugte Zeugen seiner Heilswirksamkeit waren und dennoch unbußfertig blieben. Feierlich umständlich führt der Evangelist die Strafrede ein mit den Worten: „Darnach fing Jesus an zu schelten die Städte." Ὀνειδίζειν (Vulg. exprobrare), schelten, d. h. mit scharfen Worten strafen. Δυνάμεις, virtutes, geht auf die Gesammtwirksamkeit Jesu, die in Wort und That Erweis seiner göttlichen Macht (virtus) war.

Die in den V. 21—23 genannten Städte waren vorzugsweise Schauplatz des Wirkens Jesu. Chorazin und Bethsaida waren Städte nahe bei Kapharnaum am See Genesareth; ihre einstige Lage läßt sich nicht mehr genau bestimmen und wird darum auch verschieden angegeben. Das hier gemeinte Bethsaida ist wohl zu unterscheiden von Bethsaida Julias am nordöstlichen Ufer des Sees. Um den Unglauben und die Strafbarkeit der Bewohner dieser Städte völlig aufzudecken, stellt der Heiland sie in Parallele mit den verrufenen Heidenstädten Tyrus und Sidon und sagt, deren Bewohner würden auf die Wirksamkeit Jesu hin Buße gethan haben. Daß Tyrus und Sidon auf Jesu Wirksamkeit hin sich belehrt haben würden, weiß der Herr vermög seiner Allwissenheit. War demnach die Verweigerung dieser Heilsthätigkeit für die Bewohner von Tyrus und Sidon nicht eine Prädestination zur Verdammung? Maldonat antwortet, es handle sich nicht um die zur Seligkeit nothwendige Gnade, welche auch den Thyriern nicht fehlte, sondern um die außerordentlichen Gnadenmittel — Wunder und Gnaden, von deren Geben oder Nichtgeben unsere Seligkeit nicht schlechthin abhängt. — In V. 23 wendet sich Jesu Rede mit höchstem Affecte gegen Kapharnaum. Hier haben wir uns zuerst über die Leseart zu entscheiden. Lachm., Tregell. und Tischend. (8. Ausgabe) lesen nach אBCD Vulg. μὴ ἕως οὐρανοῦ ὑφωθήσῃ, während Tischend. in seinen früheren Ausgaben nach EFGS Chrys. ἢ ἕως οὐρανοῦ ὑφώθης; liest. Nach der letzten Lesart ist zu übersetzen: „Und du Kapharnaum, welches bis zum Himmel erhoben bist...“; nach der ersten: „Und du Kapharnaum, du wirst wohl nicht zum Himmel erhoben werden...?“ Die erste Lesart dürfte als die ursprüngliche festzuhalten sein. Demnach ist der Sinn: Du Kapharnaum wirst doch wohl nicht zum Himmel erhoben werden, i. e. du wirst doch wohl nicht eine größere Auszeichnung erlangen wollen, als dir schon dadurch zu Theil geworden ist, daß ich dich zu meiner Wohnstätte machte? Nein! „bis zum Hades wirst du hinabsteigen (oder hinabgestoßen werden = καταβιβασθήσῃ nach אCEFG)“, i. e. dem größten Verderben und damit der höchsten Schande wirst du anheimfallen, weil du die dir zu Theil gewordene Gnadenerweisung nicht benützt hast. — Zu V. 24 cf. 8, 22.

V. 25—30. Lobpreisung und Einladung.

V. 25. Ἐν ἐκείνῳ τῷ καιρῷ, in jener Zeit, i. e. damals, als Jesus das V. 7—24 Mitgetheilte sprach. Ἀποκριθείς, respondens, er nahm das Wort auf eine gegebene Veranlassung hin. Die Veranlassung zur folgenden Rede gab die V. 17—24 geschilderte ungläubige Zurückweisung des Heiles von Seiten der Juden und insbesondere der bevorzugten Städte am See Genesareth. „Ich preise dich Vater, Herr des Himmels und der Erde, daß du dieses den Weisen und Klugen verborgen und es den Unmündigen offenbaret haſt." — Ἐξομολογοῦμαι, mit Dativ laut bekennen, lobpreiſen, Vulg. confiteor. Als Vater redet Jeſus Gott an nicht in dem Sinne, in welchem wir Menſchen Gott im Gebete Vater nennen, ſondern um jenes einzigartige Verhältniß hervorzuheben, in dem er als der eingeborne Sohn Gottes zum himm=liſchen Vater ſteht. Cf. V. 27. Seinen Vater nennt 'er den Herrn Himmels und der Erde, i. e. den allmächtigen Lenker der Welt, weil er die preiswürdige Ordnung feſtgeſtellt hat, nach der ſich die Aus=breitung ſeines Reiches vollzieht. Das Object des Verbergens und Offen=barens wird mit ταῦτα, haec, nur ganz allgemein bezeichnet, erhält aber ſeine nähere Beſtimmtheit durch den Zuſammenhang. Gemeint iſt die in der Perſon und im Wirken Jeſu zur Offenbarung gekommene Weis=heit Gottes, das Geheimniß der Erlöſung, welches bei den Juden im Allgemeinen und bei den Bewohnern der Städte am See Geneſareth insbeſondere ſo wenig Glauben fand. Dieſes Geheimniß hat Gott ver=borgen den Weiſen und Verſtändigen und enthüllt den Unmündigen. Erſtere ſind die Wiſſensſtolzen, voran die jüdiſchen Gelehrten. Auf=gebläht von der Weisheit dieſer Welt, glaubten ſie einer Belehrung durch Chriſtus nicht bedürftig zu ſein, und darum entzog ihnen Gott als Strafe für ihren Hochmuth die innere Empfänglichkeit für die Ge=heimniſſe vom Meſſiasreiche, womit zugleich für ſie eine Verhüllung derſelben verbunden war. Die Unmündigen (νήπιοι) ſind jene Men=ſchen, welche in geiſtiger Beziehung echte Kindesnatur bekunden: Einfalt, Demuth und Gefühl der Bedürftigkeit und darum mit Sehnſucht das ihnen in Chriſto gebotene Heil ergreifen. Solche νήπιοι waren die Jünger Jeſu, durch welche die in Johannes und Jeſu zur Offenbarung gekommene Weisheit als wahr erwieſen wurde. Cf. 1 Kor. 1, 26—29. Grund des Dankgebetes Chriſti an den Vater iſt demnach ſowohl das κρύπτειν, als auch das ἀποκαλύπτειν.

V. 26 enthält eine nachdrucksvolle Wiederholung des Dankgebetes von V. 25. Vor ὅτι (= daß) iſt ἐξομολογοῦμαί σοι zu ergänzen und demnach zu überſetzen: „Ja (ich lobpreiſe dich) Vater, daß alſo Wohl=gefallen ward vor dir", i. e. daß es deinem ewigen Rathſchluſſe ent=ſpricht und darum dir wohlgefällig iſt, daß den Weiſen und Verſtän=digen dies verborgen und den Unmündigen offenbar wird.

V. 27. Zuſammenhang: Der Unglaube der Juden veranlaßt Jeſum zu der nachdrucksvollen Erklärung, daß nur er allein wahre Gotteserkenntniß und das Heil vermitteln könne. Die aſyndetiſche An=

reihung erhöht den Nachdruck der Rede. — „Alles ist mir übergeben worden von meinem Vater." Πάντα, omnia, muß in seiner Allgemein= heit belassen werden und ist, wie aus den folgenden Worten ersichtlich, zu beziehen auf die ganze göttliche Wesenheit und Macht, welche der Vater dem Sohne übergeben hat. Eingeschlossen ist selbstverständlich auch alle Macht, das Erlösungswerk auszuführen. In Folge davon hat auch nur der Vater eine adäquate Kenntniß = ἐπιγιγνώσκειν, vom Sohne, wie hinwiederum der Sohn vom Vater. Hat aber nur der wesensgleiche Sohn eine volle Erkenntniß Gottes, so ist die Gottes= erkenntniß der Menschen durch die Offenbarung des Sohnes bedingt, der aber in Vermittlung derselben absolut frei ist: „und wem der Sohn es offenbaren will".

V. 28—30. Zusammenhang und Gedankengang. Weil mir vom Vater alles übergeben wurde und ich darum allein Gotteserkenntniß zu vermitteln und die Erlösung zu bewirken vermag, so folget mir nach, denn ich allein kann wahren Frieden gewähren.

V. 28. „Müde", κοπιῶντες, waren die Menschen durch das Ringen nach Wahrheit und das Streben nach Seligkeit, „beladen" (πεφορτισμένοι von φορτίζειν) waren sie durch die schwerdrückende Last der Gesetzesvorschriften und durch die noch drückendere Sündenlast. Christus allein gibt uns wahre Ruhe (ἀνάπαυσις) durch Mittheilung der Wahrheit, durch Entfernung der drückenden Sündenschuld.

V. 29. Der Heiland erklärt näher, wie der Mensch in der Nach= folge Jesu Ruhe erlangen könne. „Nehmet mein Joch auf euch." Mit dem bildlichen Ausdrucke „mein Joch" bezeichnet Jeu sein Gesetz dem ganzen Umfange nach; so genannt wird es, weil es für die Gläubigen zur Zucht und Leitung dient. Unter Jesu Zucht stehend sollen wir von ihm lernen die Gesinnung der Sanftmuth und Demuth.

V. 30. Nähere Erläuterung, daß wir durch Christi Zucht Frieden der Seele finden. Mein Joch — i. e. die von mir meinen Jüngern auferlegte Zucht — ist gut, nützlich (χρηστός, von χράομαι, brauchbar, nützlich sein). Die Vulgata gibt χρηστός sachlich nicht unrichtig durch suave; süß ist Jesu Joch, insoferne es für seine Zwecke dienlich ist. „Meine Last ist leicht"; auch Christus legt seinen Gläubigen eine Last auf, aber sie ist leicht, weil er die zum Tragen derselben nöthige Kraft gibt.

12. Kapitel.

Offenes Hervortreten der Feindschaft der Pharisäer gegen Jesus. 1—50.

Der Evangelist berichtet hier solche Begebenheiten, welche zeigen, daß der Gegensatz der Pharisäer gegen Jesus immer schärfer sich ausbildete und offenkundiger hervortrat.

Aehrenpflücken der Jünger am Sabbate. 1—8.

Cf. Marc. 2, 23—28, Luc. 6, 1—5.

Beide setzen die Geschichte in eine frühere Zeit, unmittelbar nach der Fastenfrage. Zudem haben Marcus und Lucas von den zwei Schriftgründen, welche Jesus anführt, nur den ersten.

V. 1. Die Zeit des folgenden Vorfalles bezeichnet der Evangelist allgemein durch: „in jener Zeit"; gemeint ist die Zeit der Wirksamkeit Jesu nach der Aussendung der Zwölf. Als damals Je u mit seinen Jüngern an einem Sabbate durch die Saatfelder ging, fingen diese in Folge des Hungers an die reifenden Aehren zu pflücken und zu essen. Aehren auf fremdem Felde zur Sättigung zu pflücken, war nach dem Gesetze erlaubt. Cf. Deut. 23, 25. Der Plural τοῖς σάββασιν zur Bezeichnung eines Sabbattages findet sich öfters.

V. 2. Die Pharisäer erklärten das Aehrenpflücken nicht an sich, sondern aus dem Umstande, daß es an einem Sabbate geschah, als unerlaubt, weil sie es nach Exod. 16, 22 für knechtliche Arbeit hielten. Maimonides: vellere spicas est species messionis. Et quicunque aliquid decerpit e germinatione sua, tam reus est quam metens.

V. 3—8. Vertheidigung der Jünger.

V. 3. 4. An einem Beispiele aus dem Leben Davids zeigt Jesus, wie im Gegensatze zur rigorosen pharisäischen Gesetzesdeutung das Gesetz selbst der Noth der Menschen Rechnung trage. Das angeführte Beispiel ist entlehnt aus 1 Kön. c. 21. Οἶκος τοῦ θεοῦ, domus Dei, bezeichnet die Stiftshütte, die sich damals zu Nobe befand. Οἱ ἄρτοι τῆς προθέσεως, panes propositionis, Schaubrode, auch genannt ἄρτοι τοῦ προσώπου 1 Kön. 21, 7. Brode des Angesichts, waren zwölf Weizenbrode, welche als Opfer der zwölf Stämme in zwei Reihen geordnet auf einem goldenen Tische unmittelbar vor dem Allerheiligsten lagen und an jedem Sabbate gewechselt wurden. Die abgenommenen Brode durften nur von

den Priestern genossen werden. Symbolische Bedeutung: Sie sollten an=
deuten das beständige Opferleben der zwölf Stämme. Als bekannt setzt
der Heiland voraus, daß die Schrift den Vorfall mit David nicht
tadelt. Demnach ist die argumentatio a majori ad minus folgende:
Bei David handelte es sich um ein zweifelloses Gesetz, von dem im
Falle der Noth dispensirte der Hohepriester, hier handelt es sich nur
um eine zweifelhafte Gesetzesinterpretation, die der Herr des Sabbates
in der Noth seiner Jünger für nicht verpflichtend erklärt.

V. 5. Dem möglichen Einwande, daß es sich in dem zur Ver=
theidigung der Jünger angeführten Falle aus Davids Leben ja nicht
um das Sabbatgebot handle, welches besonders strenge eingeschärft
werde, begegnet Jeu durch das zweite Beispiel. Zugleich deckt der
Hinweis auf den Tempeldienst am Sabbate das Absurde der phari=
säischen Deutung des Sabbatsgesetzes, welche, ohne dem Geiste Rech=
nung zu tragen, nur an den Buchstaben des Gesetzes sich klammerte,
völlig auf. — Die Einführung durch ἤ, aut, hat den Sinn: oder wenn
euch der erste Fall nicht genügt . . . „Habt ihr nicht gelesen im Gesetze,
d. h. dort, wo das Gesetz den Opferdienst am Sabbate vorschreibt
(cf. Num. 28, 9), daß an Sabbaten die Priester im Heiligthume den
Sabbat verletzen?“ nämlich nach eurer Deutung des Sabbatgebotes,
indem sie zum Zwecke der Opferverrichtungen Handlungen vornehmen
müssen, welche ihrer Natur nach (Schlachten der Thiere, Spalten des
Holzes u. s. w.) eine Entweihung des Sabbates sind. Καὶ ἀναίτιοί
εἰσιν, „und dennoch sind sie ohne Schuld“, d. h. sie verletzen nicht den
Sabbat. Der Contrast: „Die Priester verletzen den Sabbat“ (nach eurer
Gesetzesinterpretation) und „sie sind ohne Schuld“ war besonders ge=
eignet, den Pharisäern das Absurde ihrer Satzung, wornach am Sabbate
jedes Geschäft verboten war, nahe zu legen.

V. 6. Daß nun aber die angezogene Satzung über den Tempel=
dienst am Sabbate mit Recht zur Beurtheilung des gegenwärtigen
Streitfalles angeführt worden sei, begründet der Heiland hier mit den
feierlichen Worten: „Ich sage euch aber, etwas Größeres als der
Tempel ist hier.“ Μεῖζον, majus, ist nach den gewichtigsten Zeugen
statt der recipirten Leseart μείζων, major, zu lesen; mit diesen Worten
bezeichnet der Heiland die Hoheit seiner Person, welche an Heiligkeit
und Würde selbst das größte Heiligthum der Juden überragt. Im
letzten Grunde enthalten also die Worte eine feierliche Erklärung der
messianischen Würde Jesu. Der Sinn der Argumentation ist: Dem

Tempel und den Opferhandlungen an demselben muß der Sabbat weichen, umsomehr der den Tempel überragenden Auctorität Jesu und, wie die Diener des Tempels als solche nicht durch das Sabbatgesetz gebunden sind, so noch weniger Jesu Diener.

V. 7. Hier weiset der Herr auf die Quelle hin, aus der die Anschuldigung gegen die Jünger hervorgegangen ist: Mangel an erbarmenden Liebe gegen den Nebenmenschen. Ueber die Stelle cf. 9, 13. Καταδικάζειν, einen Richterspruch wider einen fällen, verurtheilen, abs. und mit τινός; im neuen Testamente mit Accusativ wie hier.

V. 8. Schluß der Vertheidigungsrede, welche nachdrucksvoll die Schuldlosigkeit der Jünger Jesu begründet (γάρ). Er, der Messias unter dessen Auctorität die Jünger gehandelt haben ist der Herr des Sabbats; dieser steht somit unter seiner Gewalt und nicht umgekehrt. Zugleich verbreitet die hier ausgesprochene Wahrheit Licht über die ganze vorige Argumentation.

Heilung der verdorrten Hand am Sabbat. 9—14.
Cf. Marc. 3, 1—6, Luc. 6, 6—11.

Alle drei Evangelisten haben die Erzählung im gleichen Zusammenhange.

V. 9. „Und von dort weggegangen, kam er in ihre Synagoge." Αὐτῶν, eorum, ist hier wie 11, 1 unbestimmt, gemeint sind die Juden. Nach Matthäus könnte man meinen, daß dieser Vorfall mit dem vorigen auf den gleichen Sabbat fiel; aber nach Luc. 6, 6 fand das hier Erzählte am folgenden Sabbat statt.

V. 10. In der Synagoge fand sich ein Mensch mit einer verdorrten Hand. Ξηράν, eine vertrocknete Hand, d. i. eine Hand, aus welcher die Lebenskraft geschwunden war. Die Anwesenheit dieses Kranken benützen die durch die frühere Zurückweisung erbitterten Pharisäer, um an Jesu die Frage zu stellen, ob es erlaubt sei, am Sabbate zu heilen, welche nach der ausdrücklichen Versicherung des Evangelisten versuchlichen Charakter hätte. Die Pharisäer durften nämlich nach dem bisherigen Verhalten Jesu gegen arme leidende Menschen erwarten, daß er ihre Frage bejahen werde, und in diesem Falle konnten sie ihn der Sabbatsverletzung beschuldigen, da nach dem rabbinischen Canon: „Lebensgefahr vertreibt den Sabbat" Krankenheilungen am Sabbate nur erlaubt waren, wenn Lebensgefahr im Verzuge war.

Je u gibt auf die Frage Antwort in Wort (B. 11 und 12) und
That (B. 13).

B. 11. Der Heiland weiset zuerst in einer Gegenfrage auf die
Thatsache hin, daß man es für erlaubt halte am Sabbate einem ver=
unglückten Thiere Hilfe zu bringen. Ueber die Structur des B. 11
ist zu vergleichen 7, 9.

B. 12. Folgert zuerst aus dem hohen Werthe eines Thieres
den noch höheren Werth des Menschen, woraus dann der Heiland
seine Antwort auf die ihm vorgelegte Frage deducirt. Ὥστε, itaque . . .
Πόσῳ οὖν διαφέρει ..., „um wie viel ist also der Mensch vorzüglicher als
ein Schaf?" Daß aber ein Schaf vorzüglich sei, ist damit ausgesprochen,
daß zu seiner Rettung selbst das Sabbatsgesetz übertreten werden durfte.
Καλῶς ποιεῖν, Vulg. bene facere. Man sollte der Frage gemäß er=
warten θεραπεύειν, sanare. Wenn aber der Heiland statt dessen den
allgemeinen Ausdruck καλῶς ποιεῖν, „recht handeln" gebraucht, so weiset
er gegenüber dem rein äußerlichen Standpunkte der Pharisäer, welchen
nur die Frage maßgebend war, ob die bei Krankenheilungen vorzu=
nehmenden Handlungen erlaubt seien, hin auf den sittlichen Werth der
Krankenheilung selbst.

B. 13. Heilung der Hand. Ἀπεκατεστάθη, sie wurde hergestellt,
gesund und zwar durch das Gebot Jesu. Hieronymus bemerkt zur
Stelle: in evangelio, quo utuntur Nazareni et Ebionitae, homo
iste qui aridam habet manum coementarius scribitur.

B. 14. Wirkung der Wunderheilung auf die Pharisäer: sie
wurden darob so erbittert, daß sie hinausgingen aus der Synagoge
und berathschlagten, Jesu den Untergang zu bereiten.

Jesu Demuth und Sanftmuth. 15—21.

Der Abschnitt ist dem Matthäus eigenthümlich.

B. 15. Als Je u von diesem Plane (B. 14.) Kunde erhalten
hatte, entfernte er sich von dort (cf. B. 9), um nämlich die Pharisäer
vorzeitig nicht noch mehr zu reizen; damit entzog sich aber Je u nicht
dem heilsbedürftigen und heilsbegierigen Volke. Πάντας, omnes, ist
ungenaue Ausdrucksweise; er heilte sie alle, d. h. alle Kranken in der
nachfolgenden Schaar.

B. 16. Jesus aber gab die strenge Weisung (= ἐπιτιμᾶν), ihn
nicht offenbar zu machen (durch Verkündigung seiner Wirksamkeit).

V. 17. Den Grund des Verhaltens Jesu, seines Weggehens von den streit= und mordsüchtigen Pharisäern und seines strengen Ver= botes an das ihn begleitende Volk, findet der Evangelist in der pro= phetischen Vorherverkündigung der stillen und geräuschlosen Wirksam= keit Jesu.

V. 18—21. Die prophetische Stelle ist genommen aus Jes. 42, 1—4 und frei nach dem Originale citirt.

V. 18. Die Worte: „Siehe, mein Knecht, welchen ich erwählet habe, mein Geliebter, an welchem Gefallen hat meine Seele. Ich werde meinen Geist auf ihn legen" enthalten eine prophetische Schilderung der messianischen Würde Jesu. Der Ausdruck „Knecht Jehovas" von welchem bei Jesaias 40—66 so oft die Rede ist, bezeichnet den Messias. Ὅν ᾑρέτισα, quem elegi, scl. als Messias. Θήσω τὸ πνεῦμα . . ., d. h. ich werde meinen Geist auf ihn legen, ihn zum Inhaber und Träger meines hl. Geistes machen, in dessen Kraft er wirken soll. Weil der Geist Gottes ohne Maß auf ihm ruhet, darum ist er der Prophet κατ᾽ ἐξοχήν, der Messias. Cf. Matth. 3, 16, Act. 4, 27. — Die Auf= gabe des Messias ist:- „Und Gericht wird er den Heiden verkünden." Der Ausdruck: κρίσις darf hier nicht in der Bedeutung Strafgericht gefaßt werden, sondern bezeichnet jene Scheidung, Krisis, welche mit dem Auftreten Jesu in der Menschheit herbeigeführt wurde, indem ein Theil derselben sich für ihn entschied, der andere feindlich ihm gegen= über trat. Wenn demnach Jesaias weissagt, der Messias werde den Heiden die κρίσις verkünden, so liegt darin ein prophetischer Hinweis, daß auch den Heiden das Evangelium als eine neue die Menschheit scheidende Lebensnorm werde zu Theil werden.

V. 19. 20. Die Wirkungsweise des Messias wird geschildert als geräuschlos (19) und sanft (20). Die Ausdrücke: Geknicktes (συν- τετριμμένον von συντρίβω) Rohr und rauchender Docht sind bildliche Bezeichnungen für solche geistig elende und hilfsbedürftige Menschen, deren geistiges Leben fast im Erlöschen ist. Die Redeweise: „ein ge= knicktes Rohr wird er nicht zerbrechen und einen rauchenden Docht nicht auslöschen" ist eine Litotes; nicht blos nicht vernichten wird der Messias das fast ersterbende Leben, sondern es stärken und kräftigen. Das Futurum κατεάξει (von κατάγνυμι, zerbrechen) hat auch das Augment zur Unterscheidung vom Verbum κατάγω. — Den Erfolg der Wirksamkeit des Messias verkündet der Prophet mit den Worten: „Bis er zum Siege gebracht das Gericht; und auf seinen Namen werden hoffen Heiden." Das messianische Werk wird zum vollständigen Siege gebracht werden gegen alle widerstreitenden Mächte und wird dieser Sieg völligen Abschluß finden durch die volle Unterwerfung jeglicher feindlichen Gewalt am letzten Gerichtstage. In ἐκβάλῃ, eiciat, liegt das Gewaltige, jeden Widerstand besiegende des göttlichen Gerichtes.

V. 21. Und weil der Messias mit solcher Milde der Schwachen sich annimmt, weil sein Werk siegreich sich geltend macht, so werden auch die dem Verderben und der Verzweiflung nahen Heidenvölker Hoffnung erlangen. "Τῷ ὀνόματι αὐτοῦ, in nomine ejus" Kraft seines Namens, d. i. in Folge dessen, was der Name „Messias" sagt, werden die Heiden Hoffnung des Heiles haben. Gerade jetzt, wo Israels Führer dem Erlöser der Juden nach dem Leben streben, weiset der Evangelist mittelst des Prophetenwortes hin auf die Bekehrung der Heiden.

Heilung eines Besessenen, der Gesicht und Sprache verloren hatte. Verleumderische Reden der Pharisäer und Antwort Jesu. 22—37.

Cf. Luc. 11, 14—23.

V. 22. Heilung eines Besessenen, der Gesicht und Sprache verloren hatte. Τότε, allgemeine Zeitangabe. Lucas hat diese Heilung 11, 14 mit dem Unterschiede, daß er der Blindheit nicht Erwähnung thut. Mit der Austreibung des Dämons erhielt der Kranke wieder die Sprache und das Gesicht.

V. 23. Wirkung des Wunders auf die Menge: Staunen und aufkeimender Glaube an Jesu messianische Würde. Zu beachten ist die Form der Frage: „Doch nicht etwa (μήτι) dieser (= οὗτος, hat den Nachdruck) ist der Sohn Davids (i. e. der Messias)?" Es ist diese Frage Ausdruck des Irrewerdens an dem bisherigen Urtheile über Jesum (Weiß) oder Frage eines zweifelnden doch aufkeimenden Glaubens (Meyer). Bisher vermochte die Menge die unscheinbare Erscheinung Jesu mit ihren Messiasvorstellungen nicht zu vereinigen; aber jetzt, nach diesem Wunder ist sie geneigt, das bisherige Urtheil über Jesum aufzugeben und an seine messianische Würde zu glauben. Ueber den Ausdruck: Sohn Davids" cf. 9, 27. Lucas berichtet diese Wirkung des Wunders bei der Menge nicht.

V. 24. Wirkung bei den Pharisäern. Ἀκούσαντες, audientes, scl. jenes Urtheil der Menge. Die Pharisäer vermögen das Wunder als solches nicht in Abrede zu stellen, darum schreiben sie es diabolischer Macht zu. Ueber Bεελζεβούλ cf. 10, 25. Dieses Befeinden Jesu ist eine natürliche Folge der V. 14 gepflogenen Berathung und erfolgte gerade hier, um den aufkeimenden Glauben der Menge möglichst schnell niederzudrücken. Nach Marc. 3, 22 erhoben diese Anschuldigung Schriftgelehrte, welche von Jerusalem hergekommen waren.

V. 25—37. Vertheidigungsrede Jesu gegen die Anschuldigung der Pharifäer. Marc. 3, 23—30, Luc. 11, 17—23.

V. 25. 26. Jeu deckt das Absurde der gegen ihn erhobenen Anschuldigung auf. Εἰδώς, sciens, vermöge seiner Allwissenheit. Cf. 9, 4. Es wurde also die Anschuldigung (V. 24) nicht vor ihm selbst erhoben. Die folgenden Worte des Verses πᾶσα βασιλεία . . . enthalten einen unbestrittenen Erfahrungssatz, daß nämlich keinerlei Verbindung, welche in sich uneins ist, Bestand haben kann. Μερισθεῖσα καθ᾽ ἑαυτῆς, „gegen sich selbst zertheilt," d. h. in Parteien gespalten, die sich gegenseitig bekämpfen. — Der V. 26 enthält die Anwendung des obigen Erfahrungssatzes auf die Behauptung der Pharifäer, die dadurch ad absurdum geführt wird. Die Worte: εἰ ὁ σατανᾶς . . . ἐκβάλλει sind zu übersetzen: wenn der Satan den Satan austreibt, d. h. wenn der Satan Subject und Object des Austreibens ist, und nicht: wenn der eine Satan den andern austreibt. Es gibt nämlich nur einen Satan, den obersten der Teufel, aber viele Dämonen. Sich selbst austreiben würde aber der Satan, wenn er entweder selbst seine Diener aus den Besessenen vertriebe, oder wenn er nach der Beschuldigung der Pharifäer Jesu dazu die Macht gäbe. In diesem Falle würde der Satan sich selbst, das diabolische Reich, und nicht etwa blos einen einzelnen Dämon bekämpfen, sein Reich würde somit gespalten sein und würde zerfallen. Die sich von selbst ergebende Schlußfolgerung lautet: nun aber besteht das satanische Reich, also ist eure Anschuldigung absurd.

V. 27. Weitere Zurückweisung der pharaïschen Anschuldigung durch eine sogenannte argumentatio ex concessis, wodurch die Böswilligkeit der Gegner Jesu blosgelegt wird. Οἱ υἱοὶ ὑμῶν = eure Schüler. Cf. 8, 12. Jeu argumentirt hier von der Thatsache aus, daß die Schüler der Pharifäer Teufelaustreibungen versuchten und sich der Erfolge ihrer Versuche rühmten, ohne indeß darüber ein Urtheil abzugeben. Διὰ τοῦτο, deswegen d. h. weil weder sie selbst noch ihr das Wirken eurer Schüler satanischer, sondern himmlischer Kraft zuschreibt, werden sie eure Richter sein. Κριταί, Richter, scl. hinsichtlich der böswilligen Anschuldigung gegen mich und zwar werden sie euch richten durch die Thatsache ihres ähnlichen Wirkens. Ueber den Glauben der Juden an die Möglichkeit der Teufelaustreibungen cf. Jos. Antt. VIII. 2, 5, bell. Jud. VII. 6, 3.

B. 28. Schlußfolgerung. Der Heiland folgert hier aus der nicht abzuweisenden Wahrheit, daß in den von ihm gewirkten Dämonenaus= treibungen göttliche Kraft erkannt werden müsse: „also ist das Reich Gottes zu euch gelangt" indem ich nämlich mich durch meine Wunder= macht als Gottgesandten, als Messias legitimirte. Ἔφθασεν von φθά= νειν, zuvorkommen; nach späterem Sprachgebrauche wie hier „hin= gelangen."

B. 29. Letztes Argument für die Wahrheit, daß in Gotteskraft Jesu Dämonenaustreibung geschehe und daß mit dieser das Reich Gottes gekommen sei, hergenommen aus dem gewöhnlichen Leben. Durch den Erfahrungssatz, daß jemand in das Haus eines Mächtigen erst dann eindringen kann, wenn er diesen selbst überwunden und sich dadurch als noch mächtiger erwiesen hat, stellt Jesus hier folgenden Gedanken dar: Durch die Dämonenaustreibungen habe ich den Satan gebunden und damit bekundet, daß meine Macht größer ist als die diabolische. Diese größere Macht Jesu ist selbstverständlich die göttliche, wodurch Jesus sich als den Messias, als den Begründer des Reiches Gottes erwies. In der Anwendung des Gleichnisses ist der „Starke" der Satan, sein „Haus" ist das satanische Reich, seine „Hausgeräthe" sind jene Menschen, welche der Satan sich zu Sclaven gemacht hat; diese werden durch Vertreibung der Dämonen aus ihnen dem Satan entrissen. Gebunden wurde der Satan mit Christi Ankunft.

B. 30. Nachdem der Heiland in dreifach gegliederter Argumen= tation (B. 25—29) die Beschuldigung der Gegner zurückgewiesen hat, giebt er jetzt den Grund dieser böswilligen Anschuldigungen, sowie überhaupt des verderblichen Wirkens der Pharisäer an: Feindselige Gesinnung gegen Jesus und sein Werk. Die Alternative lautet: ent= weder mit Jesus und damit zum Heile (congregare) oder gegen ihn und damit zum Verderben (spargere), ein drittes giebt es nicht. Ὁ μὴ συνάγων . . . ist bildlicher von der Ernte entlehnter Ausdruck. Cf. 3, 12. 6, 26, Joh. 4, 36. Für die Menge lag in diesen Worten eine Er= mahnung, sich nicht durch das feindselige und darum verderbliche Wirken der Pharisäer im Glauben an Jesus und an sein heilbringendes Wirken irre machen zu lassen.

V. 31. 32. Die Sünde wider den hl. Geiſt. Durch διὰ τοῦτο λέγω ὑμῖν, ideo dico vobis, bringt der Heiland den folgenden Ausſpruch in einen urſächlichen Zuſammenhang mit dem Vorigen. Διὰ τοῦτο geht auf das von V. 24 an Geſagte zurück: „Deswegen," weil ihr nämlich eure Beſchuldigung V. 24 trotz der zweifelloſeſten Beweiſe des Gegentheiles (V. 25—29) gegen mich erhoben und damit als meine Gegner euch bekundet habet. „Jede Sünde und Läſterung wird den Menſchen vergeben werden, aber die Läſterung des Geiſtes wird nicht vergeben werden." Ἁμαρτία iſt der allgemeine, βλασφημία der ſpecielle Begriff: jede Sünde überhaupt und die ſpecielle Sünde der Läſterung. Βλασφημία iſt zuſammengeſetzt aus βλάπτειν und φήμη: λόγος βλάπτων τὴν φήμην. — Ἡ τοῦ πνεύματος βλασφημία; die Läſterung des Geiſtes ... Die Begriffsbeſtimmung der „Läſterung des Geiſtes" bietet der Zuſammenhang dar. Die Phariſäer begingen die βλασφημία τοῦ πνεύματος dadurch, daß ſie nicht blos dem in den Wundern Jeſu evident ſich offenbarenden Geiſte Gottes (28) ihr Herz verſchloſſen, ſondern auch im directen Gegenſatze gegen ihre beſſere Ueberzeugung Jeſu Wirken auf ſataniſche Kräfte zurückführten. Nach dem Geſagten kann die Läſterung des (heiligen) Geiſtes dahin definirt werden: Sie iſt böswillige Abweiſung einer durch evidente Offenbarung bekundeten Wahrheit und hartnäckige Verhärtung gegen die Wirkſamkeit des heiligen Geiſtes. Οὐκ ἀφεθήσεται, non remittetur. Der Grund davon liegt im ſittlichen Zuſtande, welchen dieſe Sünde vorausſetzt und in welchem der Menſch die Empfänglichkeit für die Einwirkung der göttlichen Gnade verloren hat.

V. 32 enthält nur eine nähere Erklärung des Vorigen: „Und wer irgend ein Wort redet wider den Menſchenſohn, dem wird vergeben werden; wer aber redet wider den hl. Geiſt, dem wird nicht vergeben werden, weder in dieſer Weltzeit, noch in der kommenden." Κατὰ τοῦ υἱοῦ τοῦ ἀνθρώπου, adversus filium hominis, d. h. gegen den Meſſias, inſoferne er nämlich, irregeführt durch falſche Meſſiaserwartungen, mich in meiner Niedrigkeit nicht als den Meſſias erkennt und darum läſtert. Ἀφεθήσεται, remittetur, denn eine ſolche Läſterung erfolgte nur auf Grund einer falſchen Meſſiasvorſtellung, die durch die Wirkſamkeit des hl. Geiſtes entfernt werden kann, wodurch dann Vergebung möglich iſt. Selbſtverſtändlich vorausgeſetzt iſt die unerläßliche Bedingung der Vergebung: Reue und Buße. Αἰὼν οὗτος bezeichnet die Weltperiode bis zur Wiederkunft Chriſti, der αἰὼν μέλλων iſt die mit

der Wiederkunft Christi beginnende Zeit der Vollendung; beide Aus=
drücke zusammen bilden den Begriff „ewig".

V. 33—37. Letzte Quelle der böswilligen Verleumdungen: Das
böse Herz der Pharisäer.

V. 33. In bildlicher Rede, die enge mit dem Vorigen zusammen=
hängt, deckt der Heiland das Absurde der pharisäischen Anschuldigung
auf. Ποιεῖν, facere, wird hier am besten im declarativen Sinne gefaßt:
urtheilen. Δένδρον, arbor, Baum, ist bildliche Bezeichnung für Christus;
καρπός, Frucht, hier: Christi Wirken, speciell Dämonenaustreibung.
Also: „Entweder machet den Baum gut (i. e. erkläret, daß ich selbst
gut bin und daher nicht im Bunde mit Beelzebul die Teufel austreibe)
und seine Frucht gut (die Dämonenaustreibung, welche ich gewirkt)
oder . . ." Die Pharisäer entgegen dieser in der Sache begründeten For=
derung erklärten den Baum (Christum) für schlecht, die Frucht (Dä=
monenaustreibung) für gut.

V. 34. Das lästerliche, widerspruchsvolle Urtheilen der Pharisäer
über Jesum und sein Werk ist eine nothwendige Folge ihres vergifteten
Herzens. Ueber die Bezeichnung „Otternbrut" cf. 3, 7. Πῶς δύνασθε,
„wie könnet ihr", d. h. die Verdorbenheit eures Herzens macht es
moralisch unmöglich. Ἐκ τοῦ περισσεύματος . . ., „aus der Fülle des
Herzens", d. h. wovon das Herz ganz voll ist.

V. 35. Nähere Beleuchtung der Schlußworte von V. 34. Der
Sinn ist selbstverständlich.

V. 36. 37. Weil die Worte Ausdruck der Gesinnung des Herzens
sind, darum werden die Reden den Maßstab für den göttlichen Richter=
spruch darbieten. Das anakoluthisch gesetzte πᾶν ῥῆμα ἀργόν, omne
verbum otiosum, hat den Nachdruck. Cf. 10, 14. 32. Ἀργόν = sittlich
unnütz; das Wort ist zusammengezogen aus ἀεργόν, unthätig, müßig;
von Sachen: keinen Ertrag gebend, unnütz. Der hl. Hieronymus, streng
festhaltend am buchstäblichen Sinne, versteht unter verbum otiosum:
quod nequaquam aedificat audientes, quod sine utilitate et loquentis
dicitur et audientis. Daß nur die Reden als Norm des Richter=
spruches genannt werden, liegt im Zusammenhange; selbstverständlich
sind damit die Handlungen nicht ausgeschlossen.

Zeichenforderung der Schriftgelehrten und Pharisäer. — Antwort Jesu. 38—45.

V. 38. Τότε, damals, als nämlich Jeu die an die böswillige Anschuldigung V. 24 sich anknüpfende Rede 25—37 beendet hatte. Σημεῖον, signum (Luc. 11, 16 ergänzend: de coelo). Damit meinten die Schriftgelehrten und Pharisäer offenbar ein Zeichen höherer Art, als sie bis jetzt gesehen, eine Wundererscheinung, durch welche Jeu sich wirklich erst als Messias ausweisen könnte. Diese Forderung sollte wohl nur eine scheinbare Rechtfertigung des Unglaubens der Gegner Jesu sein. Luc. 11, 16 berichtet die Zeichenforderung unmittelbar nach der Beschuldigung, daß Jeu durch Beelzebul die Teufel austreibe (11, 15 cf. Matth. 12, 24) und läßt zuerst diese zurückweisen (11, 17—26), nachher (11, 29—31) die Antwort auf die Zeichenforderung geben.

V. 39—45. Antwort Jesu.

V. 39. Verweigerung des für die Gegenwart geforderten Zeichens und Verweisung auf ein Zeichen in der Zukunft. Die Juden werden genannt ein ehebrecherisches (μοιχαλίς) Geschlecht, d. h. bundesbrüchig, treulos gegen Gott, nach alttestamentlicher Anschauung, wornach das Verhältniß Jehovas zu seinem Volke unter dem Bilde einer Ehe dargestellt wird. „Ein Zeichen wird ihm nicht gegeben werden." Σημεῖον ist hier im Sinne der Fordernden gebraucht, ein Zeichen im eminenten Sinne, wie es die ungläubigen Gegner Jesu zur Verdeckung ihres Unglaubens gefordert hatten. Es darf somit aus diesen Worten nicht geschlossen werden, daß Jeu keine Wunder gewirkt habe oder die Wunder hätten nicht die Bestimmung, Zeichen zu sein; denn Christus hat sie in der Absicht gewirkt, um damit ein Zeichen zu geben, aber nur für die aufrichtig nach dem Heile Strebenden cf. Joh. 11, 41, ff. Τὸ σημεῖον Ἰωνᾶ, „das Zeichen des Jonas", d. h. welches an dessen Person geschehen ist, cf. Jonas 2, 1. So bezeichnet Jeu seinen Tod und seine Auferstehung.

V. 40. Nähere Erläuterung des Ausdruckes: σημεῖον Ἰωνᾶ' welche bei Lucas fehlt. „Wie nämlich Jonas im Bauche des Seefisches drei Tage und drei Nächte war (cf. Jonas 2, 1), so wird der Menschensohn im Herzen der Erde drei Tage und drei Nächte sein." Ἐν τῇ καρδίᾳ τῆς γῆς, in corde terrae. Die Mehrzahl der Exegeten versteht die Worte vom Liegen Jesu im Grabe, einige von seinem Aufenthalte in der Unterwelt (Tert., Irenäus, Theophyl., Bellarmin, Mald., Visping, Olsh., Meyer, Keil). — Τρεῖς ἡμέρας καὶ τρεῖς νύκτας. Factisch war Jeu nur einen ganzen Tag und zwei Nächte todt. Die Zeitbestimmung hier entspricht der hebräischen Sitte, die Tage zu zählen, welcher zu folgen der Wortlaut der alttestamentlichen Stelle veranlaßte. Die Auferstehung Jesu war nicht blos für die Gläubigen ein Zeichen, sondern auch für die Ungläubigen, welche den Auferstandenen entweder annahmen oder desto feindlicher sich gegen ihn verstockten. Und wenn die Ungläubigen auch nicht gewürdigt wurden, den Auferstandenen zu schauen (cf. Act. 10, 41), so lieferten ihnen doch die Thatsachen des Christenthums den unwiderleglichen Beweis seiner Auferstehung. — Neuere Exegeten haben behauptet, mit dem Zeichen des Jonas habe Jeu gar nicht seine Auferstehung, sondern nur seine Predigt, seine ganze Erscheinung gemeint. Es enthielte somit V. 40 eine irrige Deutung der Worte Jesu von Seite der Jünger, welche man Jesu in den Mund gelegt habe. Diese Auffassung, welche im Contexte keinen Halt hat, wurde veranlaßt durch den Anstoß, welchen man an dem Jonas-Wunder nahm. Sie wird darum auch von besonnenen protestantischen Exegeten der neueren Zeit zurückgewiesen, so von Meyer, Weiß, Keil.

V. 41. 42. Scharfer Tadel und Strafandrohung gegen die ungläubigen Juden. Die zwei Verse enthalten zugleich eine indirecte Antwort auf die Zeichenforderung. Schon die Wirksamkeit Christi allein ohne das verlangte Zeichen würde bei gutem Willen eine hinreichende Beglaubigung der Messianität Jesu sein. — In V. 41 werden die Juden verglichen mit den Niniviten. Die gegensätzlichen Beziehungen, welche das große Verschulden der Juden darthun, sind: Die Niniviten bekehrten sich auf die bloße Predigt des Jonas hin, die gegenwärtigen Juden bleiben ungläubig - gegen die durch Wnuder beglaubigte Lehre Jesu, welcher hoch über Jonas steht. Ἀναστήσονται, „sie werden auftreten", nämlich als Zeugen beim letzten Gerichte. Κατακρινοῦσιν, condemnabunt, nämlich durch die Thatsache ihrer Bekehrung auf die Predigt hin werden sie das Verdammungsurtheil sprechen. — V. 42 enthält ein zweites dem alten Testamente entlehntes Beispiel. Die Königin des Südens kommt selbst, und zwar von ferneher, um menschliche Weisheit zu vernehmen; die Juden hingegen weisen zurück die göttliche Weisheit, die sich ihnen gleichsam aufdrängt. Βασίλισσα νότου, eine Königin aus Süden, d. h. die Königin von Sabäa im südlichen Arabien. Cf. 3 Kön. 10, 1 ff., 2 Chron. 9, 1 ff.

V. 43—45. Nachdem der Heiland den Grund angegeben, warum

die gegenwärtige Generation der Juden am letzten Gerichtstage von den Niniviten und der Königin von Sabäa das Verdammungsurtheil vernehmen werde, gibt er hier Aufklärung darüber, wie es denn zu diesem beschämenden Endabschlusse kommen werde. Die Darstellung geschieht in Form eines Gleichnisses: an dem Schicksale eines Dämonischen soll das Geschick der Juden zur Darstellung kommen. Die Wahl gerade dieses Gleichnisses ist veranlaßt durch den Zusammenhang der ganzen Rede mit der Heilung eines Dämonischen.

V. 43. Der unreine Geist, wenn er vom Menschen, den er bisher besessen hat, ausgefahren ist, durchwandert wasserlose Gegenden. Τόποι ἄνυδροι, loca arida, sind Wüsteneien, der Aufenthaltsort der Dämonen. Cf. Apoc. 18, 2, Tob. 8, 3. Dort findet er keine Ruhe, weil der ruhelose Dämon nur dann eine gewisse Ruhe genießt, wenn er im Menschen seine Wohnstätte aufschlagen und ihn quälen kann, cf. 8, 29.

V. 44. Mit „mein Haus“ bezeichnet der Dämon bildlich den Menschen, welchen er früher besessen hat. Die Schilderung, daß der Dämon das Haus „leerstehend, gefegt und geschmückt“ fand, soll im Allgemeinen jenen Seelenzustand bezeichnen, der das erneute Wohnen des Dämons im Menschen leicht und bequem macht. Σαρόω = σαίρω, fegen, säubern; auch bildlich wie hier. Scopa ein dünner Zweig; gewöhnlich im Plur. Bündel von Gezweig, Besen.

V. 45. Der Dämon kommt jetzt mit sieben schlimmeren Geistern; die Siebenzahl steht nach hebräischer Sprachweise für Mehrzahl überhaupt. Die Folge davon ist, daß der letzte Zustand dieses Menschen (τὰ ἔσχατα), sein Lebensausgang schlimmer ist als der erste, der frühere Zustand, wo er nur von Einem Dämon besessen war. Ein Analogon für diese Wahrheit im geistigen Bereiche bietet die häufige Erfahrung im physischen Gebiete, daß der Rückfall in eine Krankheit gefährlicher ist als die erste Krankheit. Soviel über die Bedeutung der einzelnen Theile der Gleichnißrede. — Daß durch dieses Gleichniß zunächst die traurige sittliche Verfassung der Juden zur Zeit Christi charakterisirt und das denselben darob bevorstehende tragische Ende angedeutet werden sollte, ist aus dem Redezusammenhange und aus den Schlußworten: „Ebenso wird es diesem Geschlechte, dem bösen, ergehen,“ zweifellos. Darüber herrscht Einstimmigkeit unter den Exegeten; verschieden gefaßt wird aber die Bedeutung der einzelnen Züge des Gleichnisses und damit die Ausdehnung, welche man demselben gibt. Die Mehrzahl der neueren Exegeten (unter den Katholiken Berlepsch, Arnoldi) beschränken die Vergleichung auf die gegenwärtige Generation der Juden, so daß nur ihre Entwicklungsgeschichte in geistiger Beziehung dargestellt werde. Obwohl diese Auffassung in den Zusammenhang paßt, durch denselben fast gefordert wird, so scheint ihr doch die Schwierigkeit entgegen zu stehen, daß es darnach mit der gegenwärtigen Generation zu einer zeitweiligen Besserung gekommen ist, was sich geschichtlich nicht nachweisen läßt. Deßwegen beziehen andere die Vergleichung auf das jüdische Volk überhaupt, und meinen, es werde dessen geistige Entwicklung bis zur Gegenwart dargestellt, und zwar angefangen entweder von der Zeit der Auswahl des Volkes (Hieronym., Mald., Schegg), oder von der Zeit der babyl. Gefangenschaft (Chrys., Bisping).

Besuch der Mutter und Brüder Jesu. 46—50.

Cf. Marc. 3, 31—35, Luc. 8, 19—21.

Matthäus und Marcus 3, 31 geben genau den geschichtlichen Zusammenhang. Als Je u noch sprach, d. h. mit der ernsten Rede, welche die Strafankündigung an die Juden enthielt, noch nicht zu Ende war, da wurde er unterbrochen . . . Luc. 8, 19 führt den Vorfall zwischen den parabolischen Lehrvorträgen Jesu ohne bestimmte Zeitangabe durch das allgemeine παρεγένοντο . . . ein.

V. 46. Ἔξω, außerhalb des Hauses, in welchem Je u sich befand, (Marc. 3, 19), und in welches sie wegen der großen Volksmenge nicht eintreten konnten. Marc. 3, 20 Luc. 8, 19.

V. 47—49. Auf die Mittheilung, daß seine Mutter und Verwandten angekommen seien, antwortet Je u : „Wer ist meine Mutter und wer sind meine Brüder?" und die Hand ausstreckend über seine Jünger sprach er: „Siehe da meine Mutter und meine Brüder", d. h. meine nächsten Verwandten im geistlichen Sinne sind jene, die durch das Band der Jüngerschaft mit mir verbunden sind.

V. 50. Den vorigen Ausspruch begründend fährt Je u fort: „Denn, wer den Willen meines Vaters im Himmel gethan haben wird, der ist mein Bruder und Schwester und Mutter." Zu V. 50 bemerkt Meyer gut: Die Worte seien aus dem vollen Bewußtsein der Gottessohnschaft Jesu gesprochen, der seine Berufspflicht hat. Damit erklärt der Heiland, daß im Reiche Gottes die geistige Verwandtschaft mit ihm, welche begründet wird durch Erfüllung des von ihm verkündeten Willens Gottes, höher stehe als die leibliche. Je u bethätiget hier selbst, was er 10, 37, von seinen Aposteln fordert. — Die Behauptung Meyers: aus unserer Stelle vergl. mit Marc. 3, 20 ff. Joh. 7, 3 erhelle, daß die Mutter Jesu noch nicht mit Grund zu den entschiedenen Gläubigen ihres Sohnes gerechnet werden könne, ist grundlos und bei diesem sonst besonnenen Exegeten befremdend. Denn Maria kommt hier nur in ihrem natürlichen Verhältnisse zu Je u in Betracht, insoferne sie ihn in ihrem Schoße getragen hatte. Die Ankunft der leiblichen Mutter hatte man Jesu mitgetheilt und von diesem Standpunkte aus thut Je u seinen Ausspruch. Die Frage, ob und welche geistige Verwandtschaft zwischen ihnen stattfand, ist in der Rede Jesu völlig außer Acht gelassen. Ueber die Brüder Jesu cf. 13, 55.

13. Kapitel.
Parabeln vom Himmelreiche. 1—52.

V. 1. 2. Angabe der Zeit, des Ortes und der näheren Umstände, unter denen Je u die folgenden Parabeln vortrug. Ἐν τῇ ἡμέρᾳ ἐκείνῃ blickt zurück auf Cap. 12: an jenem Tage, da das 12, 22—50 Er- zählte stattfand. Wie aus Marc. 4, 35 mit ziemlicher Wahrscheinlich- keit geschlossen werden kann, bildete der folgende Lehrvortrag den Ab- schluß der öffentlichen Wirksamkeit Jesu an diesem Tage. Ἐξελθὼν ἀπὸ τῆς οἰκίας (cf. ἔξω 12, 46 und Marc. 3, 19), er verließ das Haus (zu Kapharnaum), in welchem er die vorigen Reden hielt und begab sich ans Meer. Wegen der großen Volksmenge bestieg Je u das am Ufer befindliche Schiff (τὸ πλοῖον), und setzt sich in demselben, das Volk stand am Ufer (ἐπί).

V. 3. (Erster Absatz). „Und er sprach zu ihnen viel in Para- beln." Πολλά, vieles, i. e. Je u hielt einen längeren Lehrvortrag als gewöhnlich, und zwar in Parabeln.

Weil in Parabeln, die durch Je u nach Inhalt und Form ihre höchste Vollendung erhielten, die wichtigsten Wahrheiten des Messias- reiches zur Darstellung kommen, so ist ein genaueres Eingehen in das Wesen derselben vollkommen gerechtfertigt. Das griechische παραβολή ist Uebersetzung des hebräischen מָשָׁל und entspricht dem classischen collatio in der lateinischen Sprache. Der Etymologie nach bezeichnet παραβολή (von παραβάλλειν, nebeneinanderstellen, vergleichen, gegenüberstellen), das Nebeneinanderstellen, besonders zum Zwecke der Vergleichung, die Vergleichung selbst. Es ist also Parabel im Allgemeinen jene bildliche

Redeweise, welche in der vergleichenden Nebeneinanderstellung besteht, oder wie Cicero das entsprechende collatio erklärt: oratio rem cum re ex similitudine conferens. Zweck der Vergleichung ist: eine Sache zu erläutern, dadurch dem Verständnisse näher zu bringen, dem Gedächnisse fester einzuprägen. Was nun den Gebrauch des Ausdruckes Parabel in der heiligen Schrift anbelangt, so kommt derselbe in dreifacher Bedeutung vor. Parabel in weitesten Sinne bezeichnet jede dichterische Rede, soweit ihr Grundcharakter Vergleichung ist; im engern Sinne wird der Ausdruck gebraucht zur Bezeichnung der allegorischen Redeform, im engsten Sinne bezeichnet Parabel das, was wir unter biblischen Parabeln verstehen und davon ist im Folgenden die Rede. — Unter einer Parabel versteht man die Erzählung von Vorkommnissen im Natur= oder Menschenleben zum Zwecke der Versinnbildung einer religiösen Wahrheit. Es ist somit der Parabel charakteristisch, daß sie ihrem Zwecke nach didaktisch, religiöse Wahrheiten vermittelnd, und ihrer Form nach geschichtlich ist: unter dem Bilde eines vorgeführten Ereignisses des gewöhnlichen Lebens, welches sich entweder wirklich zugetragen hat, oder doch nach dem natürlichen Verlaufe der Dinge zutragen konnte, wird ein nicht sinnenfälliges Verhältniß, eine übernatürliche Wahrheit zur Anschauung gebracht. Demnach unterscheidet sich die Parabel wesentlich vom Mythus und von der Fabel. Vom ersten unterscheidet sie sich dadurch, daß in der Parabel das Bild mit vollem Bewußtsein als Bild, als nur äußerliche Hülle zur Darstellung einer religiösen Wahrheit festgehalten wird, eine Confundirung von Bild und Abgebildetem nicht im Entferntesten stattfindet. Von der Fabel ist die Parabel verschieden, sowohl der Form als dem Zwecke nach, indem die Fabel durch erdichtete Ereignisse, die im Erfahrungsgebiete unmöglich sind — Reden von Thieren u. s. w. zur Bethätigung irdischer Tugenden, Arbeitsamkeit, Sparsamkeit u. s. w. ermuntert. Cicero invent. 1, 19 definirt die Fabel: „Fabula est, in qua nec verae nec verisimiles res continentur." — Die Berechtigung, die Parabel als Mittel zur Mittheilung höherer Wahrheiten zu gebrauchen, gründet sich auf die Wahrheit, daß Natur= und Geistesleben nicht unvermittelt einander gegenüberstehen, sondern vielmehr beide von einem höheren Gesetze durchdrungen, und zu einer höheren Einheit zusammengefaßt sind, demzufolge die Dinge der irdischen Ordnung Abbilder der Gesetze des Geistes sind, das Natürliche ein Bild des Uebernatürlichen ist.

In diesem Kapitel theilt Matthias sieben Parabeln mit, deren zeitliche Zusammengehörigkeit sich wohl kaum bestreiten läßt. Sie ver-

halten sich zur Bergpredigt wie Weiterbau des Himmelreiches zur Grund=
legung desselben. Die ersten vier (3—35) hat der Heiland zum versam=
melten Volke, die letzten drei (44—52) nach Entlassung der Schaaren
nur an die Jünger gesprochen.

V. 3—9. Parabel vom Säemanne. Cf. Marc. 4, 3—9,
Luc. 8, 5—8.

V. 3. (Zweiter Absatz). Ὁ σπείρων, qui seminat, das Partic. ist
substantivisch und der Artikel bezeichnet den Säemann als den bestimmten,
den der Heiland meint.

V. 4. Beim Säen fiel ein Theil des Saamens παρὰ τὴν ὁδόν
„an den Weg hin", an welchen nämlich der Acker angrenzte, wo er auf
der festen Oberfläche frei liegen blieb und darum von den Vögeln auf=
gefressen wurde.

V. 5. 6. Anderes aber (ἄλλα δέ statt ἃ δέ, cf. V. 4) fiel
auf felsigen Boden mit dünner Erdschichte und sproßte sofort hervor,
weil es keine tiefe Erdschichte zu durchdringen hatte. Die Sonne aber
versengte es, und weil es nicht Wurzeln hatte, i. e. weil es bei der
dünnen Erdschichte nicht tiefe und starke Wurzeln treiben konnte, ver=
dorrte es völlig.

V. 7. Anderes fiel unter die Dornen, (i. e. unter die im Acker=
felde befindlichen Dornenwurzeln), und als diese aufschoßen, erstickten
sie den aufgehenden Samen.

V. 8. Anderes fiel auf gutes Land und trug Frucht, das eine
hundert, das andere sechzig, das andere dreißig (Körner). Die große
Fruchtbarkeit Palästinas ist durch alte Schriftsteller bezeugt.

V. 9. Cf. 11, 15. Von dieser Parabel, welcher die allgemeine
Erfahrung zu Grunde liegt, daß das Gedeihen des Samens von der
Beschaffenheit des Bodens abhängt, hat der Heiland selbst 19—23 eine
authentische Erklärung gegeben. Darnach soll durch dieselbe dargestellt
werden die Wahrheit, daß der Erfolg des Wortes Gottes im Menschen
bedingt ist durch die Beschaffenheit des Menschenherzens.

V. 10—17. Unterredung Jesu mit seinen Jüngern,
wobei er Aufklärung gibt, warum er in Parabeln lehre.
Cf. Marc. 4, 10—12, Luc. 8, 9. 10.

V. 10. Frage der Jünger, warum (διά τί) Jeu zum Volke in
Parabeln rede? Nach Marc. 4, 10, Luc. 8, 9, geht die Frage nach
dem Inhalte der Parabel. Beide Berichte sind leicht vereinbar. Wann
und wo stellten die Jünger ihre Frage? Die Antwort lautet verschieden:

1. Am Abend als der Heiland nach Beendigung des ganzen parab. Lehrvortrages wieder nach Hause gekommen war. Diese Annahme wird durch Marc. 4, 10 gestützt. 2. Gleich nach Beendigung dieser ersten Parabel und noch auf dem Schiffe.

V. 11—17. Antwort Jesu auf die Frage.

V. 11. Grundangabe, warum Jeu in Parabeln lehrte: „Weil es euch gegeben ist, zu verstehen die Geheimnisse des Himmelreiches, jenen aber ist es nicht gegeben." Ὑμῖν δέδοται, scl. ὑπὸ θεοῦ, euch ist es gegeben (von Gott), i. e. durch die Gnade der göttlichen Erleuchtung vermöget ihr zu verstehen die Geheimnisse des Himmelreiches. Τὰ μυστήρια τῆς βασιλείας τῶν οὐρανῶν, „die Geheimnisse des Himmelreiches." Nach neutestamentlichem Sprachgebrauche bezeichnet μυστήρια, die Heilsrathschlüsse Gottes; so genannt werden diese, weil sie obgleich von Ewigkeit her in Gott beschlossen, den Menschen verborgen blieben (μύειν verbergen), bis sie durch das Evangelium ihre volle Enthüllung erhielten. Durch den Beisatz „des Himmelreiches" werden diese Heilsrathschlüsse näher bestimmt als jene, welche sich auf das Messiasreich, seine Errichtung und Entfaltung beziehen. Die Kenntniß dieser Geheimnisse verdankt der Mensch nur der Gnade Gottes, welche aber allen für sie Empfänglichen zu Theil wird. — Mit ἐκείνοις δέ werden den für die Geheimnisse des Himmelreiches empfänglichen Jüngern gegenübergestellt die unempfänglichen Juden. Also sowohl um der für die Geheimnisse des Messiasreiches Empfänglichen als der Unempfänglichen wegen spricht Jesus in Parabeln; die ersten sollten durch Parabeln in das Verständniß dieser Geheimnisse tiefer eingeführt, letzteren sollten sie durch diese Lehrform verhüllt werden. Und diesen Doppelzweck zu erreichen, ist die Parabel vermöge ihrer Form ganz besonders geeignet: sie ist ähnlich einer Schale, welche den köstlichen Kern ebenso sehr für den Fleißigen als vor dem Trägen bewahrt. Die äußere Hülle der Parabel reizte die empfänglichen Gemüther, durch die Umhüllung hindurch bis zum Verständnisse des Verhüllten vorzudringen, ja die sinnliche Schale war geeignet das Erfassen des übersinnlichen Kernes zu vermitteln und das Festhalten der erfaßten Wahrheit zu erleichtern. Hingegen blieben die Unempfänglichen an der äußeren Form des Lehrvortrages hängen, ohne in dessen Inhalt, der für sie nur Gegenstand des Spottes war, einzudringen. So wurde rücksichtlich dieser unempfänglichen Menschen durch die parabolischen Lehrvorträge Jesu auch der Zweck erreicht, daß die Geheimnisse des Himmelreiches vor Entweihung bewahrt wurden. Cf. V. 13.

B. 12. Erläuterung (γάρ) des vorigen durch eine sprichwörtliche Sentenz, deren Sinn ist: der Reiche wird leicht noch reicher, der Arme verliert leicht das Wenige, was er hat. Die Anwendung dieses (aus der Erfahrung des gewöhnlichen Lebens genommenen) Satzes auf das geistige Gebiet gibt der Zusammenhang: Wer Empfänglichkeit hat für die himmlischen Geheimnisse, der wird durch Gottes Gnade immer tiefer in das Verständniß derselben eingeführt, während hingegen der dafür Unempfängliche der geringen Erkenntniß vom Höheren leicht verlustig geht.

B. 13. Den Grund des Gebrauches der Parabeln rücksichtlich jener, denen es nicht gegeben ist, näher erläuternd, fährt der Heiland fort: „Darum rede ich zu ihnen in Gleichnissen, weil sie sehend nicht sehen und hörend nicht hören, noch verstehen." Etwas anderes lautet die Antwort Jesu nach Marc. 4, 12, Luc. 8, 10. Matthäus gibt den Grund an, warum (διὰ τοῦτο, ὅτι) Je u in Parabeln redet, die beiden anderen Synoptiker machen den Zweck (ἵνα) namhaft, welchen Je u durch die parabolische Lehrweise erreichen wollte. Beide Berichte haben nicht nur nichts Widersprechendes, sondern bilden nur eine Ergänzung. Wie der Unglaube auf Seiten vieler Zuhörer ein Grund war, warum Je u in Parabeln redete, so sollten hinwieder durch diese Lehrform die Geheimnisse vor den Unempfänglichen verhüllt und damit eine Profanirung derselben durch Unempfängliche verhindert werden. Cf. die Erklärung zu B. 11.

B. 14. 15. Der Evangelist zeigt hier, daß das ungläubige Verhalten der Juden Jesu gegenüber (B. 14), und der Grund des Unglaubens, welcher die parabolische Lehrweise veranlaßte, schon von Jesaias vorher verkündet worden sei: „Und es erfüllte sich ihnen die Weissagung des Jesaias, welche spricht: ‚Mit Gehör werdet ihr hören, und gewiß nicht verstehen; und sehend werdet ihr sehen, und gewiß nicht verstehen. Denn fett geworden ist das Herz dieses Volkes, und mit den Ohren sind sie schwerhörig geworden, und ihre Augen haben sie zugemacht, damit sie nicht gewahren mit den Augen noch mit den Ohren hören, noch mit dem Herzen verstehen, noch sich umwenden, und ich sie heilen werde." Das Citat ist aus Jes. 6, 9. 10 nach den LXX angeführt. Das nachdruckvoll an die Spitze gestellte ἀναπληροῦται, adimpletur, ist stärker als das Simplex. Αὐτοῖς, eis, ist Dativ der Beziehung; die Erfüllung des Ausspruches widerfährt ihnen. Ἐπαχύνθη ἡ καρδία, incrassatum est cor, das Herz ist fett geworden. Der Ausdruck ist bildliche Bezeichnung der Trägheit und Unempfindlichkeit der

geistigen Lebensthätigkeit. Der gleiche Gedanke liegt in den Worten:
βαρέως ἤκουσαν, „sie sind schwerhörig geworden.“ Dieser Zustand der
Unempfänglichkeit war aber von Seite des Volkes ein selbstverschuldeter:
sie haben ihre Augen zugemacht (= ἐκάμμυσαν von καμμύειν, wahr=
scheinlich aus der Volkssprache aufgenommene Form für das klassische
καταμύειν, die Augen verschließen), in der Absicht, damit sie nicht
(μήποτε) zur Erkenntniß der Wahrheit, zur Umkehr und zur Rettung
gelangten. Ἰάσομαι ist mit Lachm., Tregell., Tischend., zu lesen statt
ἰάσωμαι der Recepta, und das Verbum ist noch von μήποτε abhängig.
Ein nicht seltener Constructionswechsel.

V. 16. Im Gegensatze gegen die geistig unempfängliche Menge
preiset der Herr selig seine Jünger ob ihrer Empfänglichkeit für die
Geheimnisse des Messiasreiches. Ὑμῶν steht nachdrucksvoll. Μακάριοι οἱ
ὀφθαλμοί, „eure Augen sind selig“, ist anschauliche Schilderung statt:
ihr seid selig. Die Ausdrücke: Augen, Ohren, sehen, hören sind geistig
zu fassen: geistiges Hör= und Sehvermögen, Empfänglichkeit für die
Geheimnisse des Messiasreiches. Die bildliche Darstellung ist veranlaßt
durch V. 13. 14.

Der V. 17 enthält eine nähere Begründung der Seligpreisung
durch Hinweis auf die Größe des Objectes, das sie sahen und hörten
und die darauf begründete Bevorzugung vor den Propheten und den
Gerechten des A. B. Die Jünger wurden gewürdigt den Messias mit
leiblichen Augen zu sehen, auf den die alttestamentlichen Gottesmänner
nur mit den Augen des Glaubens sehnsuchtsvoll hinblickten. Cf. 1
Petr. 1, 10—12.

V. 18. In Folge (οὖν) dieser geistigen Verfassung theilt ihnen
Jeu den Sinn der vorgetragenen Parabel mit.

V. 19—23. Authentische Interpretation der Parabel
vom Säemanne. Der Heiland belehrt seine Jünger, welches der
Hauptgedanke, und welche die partes significativae der Parabel sind.

V. 19. Der Gedanke dieses in grammatischer Beziehung unregel=
mäßig construirten Verses ist: zu einem jeden, der die Predigt vom
Reiche Gottes hört und sie nicht versteht, kommt der Teufel und raubt
aus seinem Herzen das ausgesäete Wort; ein solcher nun ist dargestellt
durch den an den Weg gesäeten Samen. Τὸν λόγον τῆς βασιλείας,
verbum regni, die Predigt vom Messiasreiche, i. e. das Evangelium
cf. 4, 23. 24, 14, Act. 1, 3. 28, 31. Der Same der Parabel be=
zeichnet also die Predigt vom Himmelreiche, i. e. das Evangelium; denn

wie das Samenkorn einen lebenskräftigen Keim in sich enthält, so ist auch das Wort des Evangeliums kein bloßer abstracter Begriff, sondern die Wahrheit selbst, und enthält somit eine innere lebendige Triebkraft. Darum nennt es Paulus Hebr. 4, 12 lebendig und kräftig, und Röm. 1, 16 eine Kraft Gottes, Thomas von Kemp. 3, 2, 2: Meine Worte sind Geist und Leben. Der Säemann ist Christus; der πονηρός, malus = Satan (Marc.), Teufel (Luc.). Ἁρπάζει, rapit, scl. durch seine Versuchungen und Anfechtungen. Wie nämlich der auf den festen Weg gefallene Same nicht in das Erdreich eindringt, so bleibt auch das unverstandene Wort Gottes nur äußerlich, wird nicht wahres Eigenthum des Menschen und geht in den Versuchungen leicht verloren.

V. 20. 21. Der auf felsigen Boden gefallene Same bildet jenen Menschen ab, der das Wort Gottes hört und es mit Freuden aufnimmt, aber in sich keine Wurzel hat, (i. e. keine Glaubenskraft besitzt) und zeitweilig, i. e. nicht beharrlich ist. Wie nämlich der felsige, i. e. nur mit einer lockeren, dünnen Erdschichte versehene Boden den aufgenommenen Samen zwar schnell zum Keimen bringt, aber das tiefere Wurzeltreiben verhindert, so gibt es Menschenherzen, die sich vom Worte Gottes schnell erregen lassen, es mit Freuden aufnehmen, aber, weil sie verderbte Gewohnheiten, Selbstsucht und weltliches Wesen nicht ablegen wollen, so vermag das Wort keine tieferen Wurzeln zu treiben, nicht zum lebenskräftigen und lebenspendenden Herzenseigenthum zu werden. Solche Menschen sind im Glauben nur zeitweilig (πρόσκαιροι), i. e. nicht beharrlich, und die Folge davon ist, daß sie durch die Gluthitze der Trübsale und Verfolgungen in ihrem geistigen Leben bald welk werden und absterben.

V. 22. Der unter die Dornen gefallene Same bildet ab jene Menschen, bei denen die Sorge für die Welt und die Trügerei der Reichthümer das Wort Gottes ersticken. Ἀπάτη, die Betrügerei des Reichthumes, welcher die Menschen mit seinen Reizen täuscht. Dem Reichthume wird Trug zugeschrieben, weil er die Menschen mit seinen Verheißungen betrügt; er verheißt Frieden und bringt Unfrieden, Glück und bringt Verderben.

V. 23. Der auf gutes Erdreich gesäete Same bildet ab den Menschen, der das Wort (vom Messiasreiche) hört und versteht. Damit wird bezeichnet jener Mensch, der das Wort zum vollen Eigenthum seines Herzens macht; kann aber das lebendige Wort Gottes auf dem Fruchtboden des Herzens ungestört wachsen, so bringt es geistige Frucht.

Dieſe Fruchtbarkeit geſtaltet ſich aber doch verſchieden nach der geiſtigen Güte des Bodens und nach Maßgabe der göttlichen Gnaden.

V. 24—30. Parabel vom Unkraute unter dem Weizen. Während das vorige Gleichniß die innere Entwicklung des Reiches Gottes in den Herzen der Menſchen darſtellt, wird in dieſem ſeine äußere Geſtaltung bis zum Weltende veranſchaulicht. In der Welt, dem Ackerfelde der Kirche, entwickelt ſich neben dem Guten auch das Böſe ſelbſtändig; erſt mit dem letzten Gerichte wird eine völlige Scheidung ſtattfinden.

V. 24. Ὡμοιώθη, das Himmelreich „iſt gleich geworden". Cf. 7, 26. Der Aoriſt iſt gewählt mit Rückſicht darauf, daß der Meſſias ſeine Thätigkeit bereits begonnen hat. Ἀνθρώπῳ σπείραντι, homini, qui seminavit; wie aus dem folgenden erſichtlich iſt, wird das Reich Gottes nicht blos mit dem Säemann verglichen, ſondern mit allem, was an ſeine Thätigkeit ſich anſchließt. Weil der Säemann aber der Haupttheil des Bildes iſt, darum ſchließt ſich die Vergleichung des Himmelreiches, welches in allen Theilen des Gleichniſſes abgebildet wird, der Form nach an ihn an.

V. 25. Das Schlafen der Menſchen beſagt, daß jene, welchen die Sorge um das beſäete Ackerfeld oblag, ſorglos waren; abgebildet wird der Zuſtand der geiſtigen Trägheit und Sorgloſigkeit. Dieſe günſtige Gelegenheit benützte der Feind des Säemannes, um Lolch unter den Weizen zu ſäen. Ζιζάνια, lolium temulentum, Lolch, ein im Oriente häufig vorkommendes betäubendes Kraut, welches der Form nach dem Weizen ſehr ähnlich iſt und von ihm nur durch die ſchwarzen Körner ſich unterſcheidet.

V. 26. Erſt als das Weizengras Frucht anſetzte, kam zum Vorſchein auch der Lolch, i. e. er wurde an den ſich bildenden ſchwarzen Körnern erkannt.

V. 27—29. Der Herr verbietet den Knechten das Ausrotten des Unkrautes: „Damit ihr nicht den Lolch zuſammenleſend zugleich mit ihm den Weizen entwurzelt"; denn die Wurzeln beider ſind häufig in einander verſchlungen. Ἅμα αὐτοῖς; ἅμα, zunächſt = adv. zur Bezeichnung einer Zeit, wird hier wie auch im claſſiſchen als Präpoſition = σύν, gebraucht.

V. 30. Θεριστής, Mäher, Schnitter; δεσμή, Bündel, Bund. Die Deutung ſiehe V. 37—43.

V. 31. 32. **Parabel vom Senfkorn.** Cf. Marc. 4, 31. 32, Lne. 13, 19. Die Parabel vom Senfkorne veranschaulicht die große räumliche Ausbreitung des Reiches Gottes von kleinem Anfange an, so daß es für die Menschen eine Stätte der Ruhe, Erquickung und des Friedens sein wird. — Κόκκῳ σινάπεως, grano sinapis: Senfkorn. Dieses Senf= korn wird im V. 32 als der kleinste Same bezeichnet. Bei den Rabb. war es auch sprichwörtliche Bezeichnung für einen sehr kleinen Gegen= stand. Das kleine Senfkorn wird zu einem Gewächse das größer ist als alle Gartengewächse (= λάχανα). Die Senfstaude (σινάπι, im Attischen νᾶπυ, lateinisch sinapi oder sinapis) erreicht im Oriente öfters die Höhe von 8—12 Fuß.

V. 33. **Parabel vom Sauerteige.** Cf. Lucas 13, 21. Diese Parabel bildet ab die der Kirche innewohnende, alles durch= dringende und umgestaltende Kraft. Ζύμη, Sauerteig, ist hier Bild der der Kirche innewohnenden himmlischen Kraft, vermög welcher sie die ganze Welt neu zu gestalten vermag; sonst Bild des schleichenden Verderbens. Cf. 16, 11, 1 Kor. 5, 6. Σάτα τρία, drei Maß. Σάτον, ein Maß für trockene Gegenstände = ⅓ Epha, so daß drei Sata = ein Epha sind. Nach unserem Maße sind drei Sata ungefähr ein Metzen. Die Nennung einer bestimmten Quantität Mehl veranschaulichet die Rede. Die Dreizahl des Maßes hat man öfters allegorisch gedeutet und auf die ganze Menschheit: Juden, Samaritaner, Heiden bezogen; in die ganze Menschheit werde das neue Lebensprincip eingesenkt werden, um sie völlig umzugestalten.

V. 34. 35. Bemerkung des Evangelisten, womit er den Grund angibt, warum Jeu in Parabeln lehrte: weil diese Lehrweise typisch im alten Testamente vorgebildet war. Ταῦτα πάντα, haec omnia, geht auf die von V. 3 an vorgetragenen Parabeln. Die Worte: „und ohne Gleichnisse redete er nichts zu ihnen" sind relativ zu fassen: damals, als er angefangen vom Reiche Gottes in Parabeln zu reden, gebrauchte er nur diese Lehrweise. — Die Stelle im V. 35 ist aus Ps. 77, 2, dessen Verfasser Asaph schon im alten Testamente (2 Chron. 29, 30) „Seher" Prophet genannt wird. Die vom Evangelisten frei nach dem Originaltexte angeführten Worte: „Ich werde öffnen in Gleichnissen meinen Mund, erzählen Verborgenes seit Grundlegung (der Welt)," sind dort gleichsam die Ueberschrift eines Lehrgedichtes, in dem Asaph die Geschichte der Väter von Moses an räthselartig vorträgt, i. e. in einer Weise, daß sie für die Zeitgenossen zu einer Lehrgeschichte wird.

Asaph erklärt also, daß es ihm nicht darum zu thun sei, den Zuhörern das Aeußerliche an der Geschichte der Vorzeit vorzuführen, sondern den Kern derselben, den für die Gegenwart geltenden Lehrgehalt (παρα-βολή) ihnen darzulegen. In wieferne nun Christus der Menschheit den Kern der Geschichte der Vorzeit dargeboten, ihren ewig giltigen Lehr-gehalt völlig enthüllt, die ewigen Rathschlüsse Gottes in Bezug auf das Reich Gottes in seinen Parabeln klar dargelegt hat, war seine Wirksamkeit typisch vorgebildet in Asaphs Wirksamkeit. Die parabolische Lehrweise Jesu war eine antitypische Erfüllung der typischen Wirk-samkeit Asaphs. Ἐρεύγεσθαι, heulen, brüllen, laut schreien, laut ver-künden; Vulg. eructare. Κεκρυμμένα ἀπὸ καταβολῆς (κόσμου), Vulg. abscondita a constitutione mundi. Im Originaltexte: „Räthsel aus der Vorzeit." Darunter versteht Asaph die geheimnißvollen Fügungen Gottes, welche in der Geschichte der Väter sich offenbaren; Matthäus geht aber auf den letzten Grund dieser geheimnißvollen Führung zurück, und faßt darum den Ausdruck von dem von Ewigkeit her beschlossenen aber noch verborgenen Geheimnisse des Reiches Gottes (cf. Ephes. 1, 9), welches Jesus in seinen Parabeln enthüllte.

V. 36. Nachdem Jeu die Volksschaaren entlassen hatte, ging er wieder in's Haus nach Kapharnàum zurück, von welchem aus er nach V. 1 zum See hingegangen war. Auf Bitten der Jünger erklärt jetzt Jeu die Parabel vom Unkraute unter den Weizen. Φράσον, heraussprechen, sagen: es ist das Aufklärung gebende Sagen gemeint. So hier und 15, 15 sonst nicht im neuen Testamente.

V. 37—43. Interpretation der Parabel vom Un-kraute unter dem guten Samen.

Die Erklärung ist von V. 37—39 nur knapp und kurz; erst mit ὥσπερ οὖν (V. 40) wird ausführlich der Hauptgedanke der Pa-rabel dargelegt, zu welchem das Vorige gleichsam als Einleitung sich verhält.

V. 37. Der Säemann, welcher den guten Samen säet, ist der Menschensohn, der Messias.

V. 38. Der Acker ist die Welt, i. e. die Menschheit, in der der Same des Evangeliums ausgesäet wird. Der gute Same sind die Söhne des Reiches, i. e. die Angehörigen des Messiasreiches. Diese werden bezeichnet als „guter Same," und nicht als solche, in welchen der gesäete gute Samen wächst, um anzudeuten, daß die Zugehörigkeit zum Messiasreiche eine geistige Umgestaltung bedingt, welche dadurch

zu Staude kommt, daß der Mensch das Evangelium mit Geist und
Herz aufnimmt, und durch diese Gotteskraft zu einem guten Samen
umgestaltet wird, der Frucht bringt für's Himmelreich. Das Unkraut
sind die Söhne des Bösen, i. e. des Teufels, jene Menschen, deren
sittliche Beschaffenheit vom Teufel herrührt. Cf. Joh. 8, 41. 44, 1 Joh.
3, 8. 10. Der Teufel ist es, welcher den Samen des Unkrautes in
die Herzen der Menschen säet. Die Ernte ist die συντέλεια τοῦ αἰῶνος,
„die Endschaft des (laufenden) Weltalters;" der in den Evangelien
nur bei Matthäus vorkommende Ausdruck bezeichnet die mit der Parusie
verknüpfte Weltkatastrophe, auf welche das messianische Gericht folgt.
Cf. 24, 3. 28, 20, Hebr. 9, 26.

V. 40. Ausführlich wird von jetzt an das mit dem Weltende
zusammenfallende Weltgericht geschildert, um darzuthun, daß am Ende
der Tage eine Scheidung der Guten und Bösen stattfinden werde.

V. 41. Die Engel werden bei der Wiederkunft des Messias aus
seinem Reiche zusammenlesen „alle Aergernisse und Uebelthäter". Das
Verbum συλλέξουσιν mit der Präposition ἐκ ist prägnant: = colligent
et secernent: die Engel Christi werden die Bösen aus dem die ganze
Welt umfassenden Gottesreiche (cf. V. 38), dem sie nur äußerlich angehörten, für immer entfernen. Diese werden nach zweifacher Seite hin
charakterisirt: nach ihrem verführerischen Beispiele und nach ihrem
bösen Wesen. Πάντα τὰ σκάνδαλα, alle Anstöße, i. e. alle Menschen,
welche durch Unglauben und Sünde für Andere ärgernißgebend und
verführerisch sind. Das Abstractum statt des Concretum hebt die Beschaffenheit dieser Menschen stärker hervor.

V. 42. Schicksal der Bösen cf. 8, 12.

V. 43. Auszeichnung der Gerechten. Das Sonnenlicht ist bildliche Bezeichnung besonders des äußeren herrlichen Zustandes der verklärten Leiblichkeit im Reiche der Vollendung. Cf. 17, 2. 1 Kor.
15, 41. 42.

V. 44—50. Die drei hier mitgetheilten Parabeln sind dem
Matthäus eigenthümlich. Der Heiland hat dieselben im engen Jüngerkreise vorgetragen, als er nach Beendigung des parabolischen Lehrvortrages vor der Menge am Meere wieder nach Hanse zurückgekommen
war. Es kann gar kein stichhältiger Grund für die Annahme vorgebracht
werden, diese Parabeln seien zu einer ganz anderen Zeit vorgetragen
worden, und Matthäus habe sie nur auf Grund des gleichen Inhaltes
hier angereiht.

B. 44. Parabel vom verborgenen Schatze. Idee: Das Himmelreich als der werthvollste Besitz muß mit freudiger Aufopferung alles irdischen Besitzes angeeignet werden. Πάλιν . . führt eine abermalige Gleichung des Messiasreiches ein. 'Εν τῷ ἀγρῷ (in agro), der Artikel ist generisch: nicht anderswo als im Acker war der Schatz verborgen. Ὃν . . . ἔκρυψεν, den gefundenen Schatz verbirgt der Finder wieder, nämlich in den Acker, um ihn nicht an den Eigenthümer abgeben zu müssen, sondern um den Acker zu kaufen, und dann den Schatz als in seinem Eigenthume gefunden, sich rechtmäßig aneignen zu können. 'Απὸ τῆς χαρᾶς αὐτοῦ, Vulg. prae gaudio illius; ἀπὸ bezeichnet das ursächliche Verhältniß. Αὐτοῦ wird verschieden gefaßt, als genitivus objecti, Freude über den Schatz, so Vulg., Erasm., Mald., Jansen, Schegg u. A. oder als genitivus subjecti: von wegen seiner Freude; erstere Fassung ist vorzuziehen.

B. 45. 46. Parabel von der kostbaren Perle. Darstellung derselben Idee wie im vorigen Gleichnisse, jedoch mit der charakteristischen Verschiedenheit, daß dort der Schatz ohne Suchen entdeckt, hier dem Finden des Schatzes ein Suchen vorausgeht. Damit wird hingewiesen auf die verschiedenen Wege, die zum messianischen Heile führen. Aber es mag die evangelische Heilsbotschaft ungesucht angeboten, oder erst nach vorausgegangenem Suchen gefunden werden, volles Eigenthum wird sie nur dann, wenn der Mensch bereit ist, dafür alles hinzugeben. Ἔμπορος, Händler, Kaufmann, (Vulg. mercator). Das Perfectum πέπρακεν (von πιπράσκω) weiset vom Standpunkte des Redenden aus auf die vollendete Handlung zurück.

B. 47—50. Parabel vom Fischnetze. Schluß der Gleichnißreden. Diese Parabel bildet eine doppelte Wahrheit ab: 1. Die Aufgabe der Kirche, alle Nationen in ihren Schooß aufzunehmen, 2. die am Ende der Tage stattfindende Scheidung der Glieder der Kirche. Damit ist ausgesprochen, daß die äußere Zugehörigkeit zu derselben noch nicht vor dem ewigen Verderben sichert.

B. 47. Σαγήνη, sagena, großes Schleppnetz.

B. 48. Τὰ καλά, das Gute, i. e. die guten, zum Gebrauche tauglichen Fische. Ἄγγη (τὸ ἄγγος), Gefäße, Behälter.

Zu B. 49. 50 cf. 40—42. Deutung der Parabel. Das Netz bildet ab die Kirche mit ihren Gnadenschätzen und Anstalten zum Heile der Menschen. Das Meer ist die Welt, die Fische sind die Menschen; der Zusatz „aus jeglicher Gattung" enthält die Wahrheit, daß die

Kirche kein Volk, kein Geschlecht, kein Alter, keinen Stand von ihren Segnungen ausschließe. Ausgeworfen wird das Netz von Menschen, cf. 4, 19. Das Ufer bildet ab die andere Welt. Die guten Fische sind die wahren Mitglieder des Messiasreiches, die schlechten (faulen) Fische bilden ab jene Menschen, die nur äußerlich der Kirche angehören.

V. 51. Am Schluße der Parabelreden richtet Jeu an seine Jünger die Frage: „habet ihr dies alles verstanden?" Ταῦτα πάντα. haec omnia, i. e. das von V. 3 an Vorgetragene.

V. 52. Auf die bejahende Antwort der Jünger fährt Jeu fort: „deshalb ist jeder Lehrer, der ein Jünger geworden ist des Himmelreiches, gleich einem Hausvater, welcher hervornimmt aus seinem Schatze Neues und Altes." Διὰ τοῦτο folgert aus dem ναί der Jünger: deswegen, weil ihr dies alles versteht, i. e. weil ihr das Verständniß des in den Parabeln dargelegten Wesens und hohen Werthes des Himmelreiches habet. Πᾶς γραμματεύς, omnis scriba. Durch die nähere Bestimmung: μαθητευθεὶς τῇ βασιλείᾳ τῶν οὐρανῶν wird der Lehrer von dem Jeu spricht, als christlicher bezeichnet, und zugleich die nothwendige Eigenschaft angegeben, die ein solcher haben muß. Er muß sein: Schüler des Himmelreiches (μαθητεύεσθαί τινι = discipulum fieri alicui). Das Himmelreich wird hier personificirt, gleichsam als Lehrmeister hingestellt. Nur jene, welche selbst beim Gottesreiche in die Schule gegangen sind, in die Lehre und das Gnadenleben der Kirche sich hineingelebt haben, sind wahre christliche Schriftgelehrten. Das segenvolle Wirken eines solchen Lehrers wird unter dem Bilde des Wirkens eines Hausvaters dargestellt. Θησαυρός, thesaurus, der Schatzbehälter, in welchem der vorsorgliche Hausvater den nothwendigen Hausbedarf aufbewahrt, bezeichnet in der Anwendung die geistige Vorrathskammer, das depositum fidei (1 Tim. 6, 20), die Gnadenschätze der Kirche. Den Ausdruck: Neues und Altes darf man nicht auf das alte und neue Testament, auf Gesetz und Evangelium beschränken (Orig., Chrys., Hieron.), sondern derselbe ist dahin zu verstehen, daß der tüchtige christliche Lehrer aus der geistigen Vorrathskammer der Kirche und nur aus dieser immer das Zweckentsprechende hervornehmen und in der durch die Bedürfnisse geforderten Form vortragen werde.

Jesus in Nazareth. — Seine Brüder. 53—58.

Marcus (6, 1—6) hat den Abschnitt nach der Erzählung von der Erweckung der Tochter des Jairus.

V. 53 gibt die Zeitangabe für das folgende Ereigniß. Ὅτε ἐτέλεσεν, cum consummasset … Erst nachdem Jesus seine Vorträge in Parabeln gehalten, fand die hier erzählte Reise nach Nazareth statt. Diese Zeitangabe ist, soweit sie die Einreihung des folgenden Ereignisses in den Verlauf des Wirkens Jesu bezweckt, sehr genau. Die von Matthäus berichtete Ankunft Jesu in seiner Vaterstadt und die damit verbundenen Vorgänge daselbst fanden statt erst nach längerer Wirksamkeit Jesu in Galiläa und zwar nach Beendigung des parabolischen Lehrvortrages. Es kann somit die hier erzählte Reise nach Nazareth unmöglich identisch sein mit der Luc. 4, 16—30 mitgetheilten, welche gleich in den Beginn des messianischen Wirkens Jesu fällt. So auch die Protestanten Wieseler, Ewald, Meyer und Keil gegen Schleiermacher und die meisten spätern protestantischen Exegeten. Es ist ganz begreiflich, daß Jesu zweimal den Bewohnern von Nazareth das Heil antrug, sowie daß er zweimal und zwar in ganz ähnlicher Weise zurückgewiesen wurde. Μεταίρειν, transit., von einer Stelle hinweg anders wohin setzen, intransit., sich wegbegeben; so hier.

V. 54. Nazareth wird Jesu Vaterstadt (πατρίς) genannt, weil er daselbst erzogen wurde. Αὐτοὺς; über die allgemeine Beziehung cf. 11, 1. Jesu Lehrvortrag (διδάσκειν) erregt zuerst allgemeines Erstaunen bei den Nazarethanern. Bald tritt an dessen Stelle Neid, der sich in den Worten: „Woher hat dieser da (τούτῳ, verächtlich) diese Weisheit und die Wunderkräfte?" zeigt.

V. 55. 56. Die Nazarethaner begründen die vorhergehende befremdende Frage durch den Hinweis auf Jesu niedrige Herkunft, Bildungsgang, die ihnen bekannt sind. Ὁ τοῦ τέκτονος υἱός, Zimmermanns Sohn; nach Marc. 6, 3 nennen sie Jesum selbst Zimmermann; sehr wahrscheinlich hat Jesus vor seinem öffentlichen Auftreten selbst das Geschäft seines Nährvaters betrieben. Cf. Just. adv. Tryph. 88.

Die Brüder Jesu. Nach Matth. 13, 55 und Marc. 6, 3 werden als Brüder Jesu aufgeführt: Jakobus, Josef (Ἰωσήφ lesen in Uebereinstimmung mit der Vulgata Lachm., Tregell., Tischend. nach überwiegenden griechischen Zeugen statt Ἰωσῆς), Judas und Simon. Ueberdies werden im neuen Testamente noch Brüder Jesu erwähnt:

Matth. 12, 46, Marc. 3, 31, Luc. 8, 19, Joh. 2, 12. 7, 3 ff.,
Act. 1, 14, 1 Kor. 9, 5, Gal. 1, 19. Die Frage nach ihrem Ver=
wandtschaftsverhältnisse zum Herrn wird von den ältesten Zeiten bis
auf unsere Tage verschieden beantwortet. Wie die nachfolgende Unter=
suchung mit Sicherheit ergeben wird, waren die sogenannten Brüder
Jesu nicht leibliche Geschwister des Herrn, sondern seine Vettern, Kinder
des Alphäus (Klopas) und der Maria, Schwester der Mutter Jesu,
also Consobrini des Herrn. Die Benennung „Brüder" beweiset nicht,
daß die so genannten Persönlichkeiten leibliche Geschwister Jesu gewesen
seien; denn das griechische ἀδελφός läßt wie das hebräische אח, dessen
Uebersetzung es ist, auch die weitere Bedeutung „Verwandte" zu, und
wird nachweisbar zur Bezeichnung dieses weiteren Verwandtschaftsver=
hältnisses auch gebraucht. Cf. Gen. 13, 8. 14, 16. 29, 12. 15.

Wären die „Brüder Jesu" leibliche Geschwister des Herrn gewesen,
so sollte man doch erwarten, daß Maria als Mutter derselben bezeichnet
würde, was aber nie geschieht; vielmehr kommt als Sohn Marias nur
Je u vor, und zwar geradezu im Gegensatze zu seinen sogenannten
Brüdern, Marc. 6, 3. Ferner wurde dargethan (cf. 1, 25), daß man
aus dem Umstande, daß Je u der Erstgeborne Marias genannt wird,
nicht mit Eunomius, Helvidius und den meisten protestantischen Exegeten
der neueren Zeit folgern dürfe, Maria müsse außer Je u noch andere
Kinder gehabt haben, und diese seien eben die in der Schrift erwähnten
Brüder Jesu. Wir vermögen aber aus der Schrift auch den positiven
Nachweis zu führen, daß die sogenannten Brüder Jesu seine Geschwister=
kinder waren. Die Fundamentalstelle der Beweisführung enthält Gal.
1, 19. Paulus schreibt, daß er nach Jerusalem gekommen sei, um Petrus
persönlich kennen zu lernen, und daß er dort sonst keinen anderen Apostel
gesehen habe, als Jakobus den Bruder des Herrn: Alium autem apo-
stolorum vidi neminem, nisi Jacobum fratrem Domini. Der Wortlaut, der klar vorliegende Gedankengang des Briefes, sowie die Ver=
gleichung der Stelle mit 2, 9. 12 stellen es außer Zweifel, daß Paulus
den Jakobus, Bruder des Herrn, zu den Aposteln im eigentlichen
Sinne des Wortes rechnet.

In den vier Apostel=Verzeichnissen (cf. 10, 2—4) finden sich
gleichmäßig zwei Persönlichkeiten mit dem Namen Jakobus: Jakobus,
Bruder des Johannes und Sohn des Zebedäus, und Jakobus Alphäi;
einen dritten Apostel Jakobus kennt weder Schrift noch Tradition. Es
muß demnach Jakobus, Bruder des Herrn, mit einem Jakobus in den

Apostel=Verzeichnissen identisch sein. Da wir nun den Jakobus des Galaterbriefes für den Zebedäiden nicht halten dürfen, weil nicht die geringste Spur sich findet, daß das Brüderpaar der Zebedäiden je zu den Brüdern Jesu gerechnet wurde, so bleibt nur Jakobus Alphäi als die Persönlichkeit übrig, die uns Paulus als Jakobus, Bruder des Herrn vorführt. Die Identität zwischen Jakobus, Bruder des Herrn, und Jakobus Alphäi wird ferner außer Zweifel gesetzt durch Vergleichung von Joh. 19, 25 mit Marc. 15, 40 und Matth. 27, 56. In der Nähe des Kreuzes Jesu standen außer der Mutter Jesu und der Salome nach dem übereinstimmenden Berichte der drei Evangelisten Maria Magdalena und eine andere Maria, welche von Johannes nach ihrem Manne Klopas und von den Synoptikern nach ihren Söhnen Jakobus und Josef näher bezeichnet wird. Es wird allgemein anerkannt, daß Κλωπᾶς und Ἀλφαῖος nur verschiedene Pronuntiationen des aram. חלפי sind, da ח bald gar nicht gesprochen wurde, wie in Ἀλφαῖος, bald scharf betont wurde, wie in Κλωπᾶς, und פ entweder durch φ oder π wiedergegeben ward. Es führt uns demnach die Schrift eine Maria vor, welche Gemalin des Klopas (Alphäus) und zugleich Mutter eines gewissen Jakobus ist. Wer möchte nun zweifeln, daß Jakobus, der Sohn der Maria und des Klopas (Alphäus), identisch sei mit Jakobus Alphäi in den Apostel=Verzeichnissen?

Die zwei Söhne der Maria bei Matthäus und Marcus haben dieselben Namen und stehen in derselben Reihenfolge, wie die zwei ersten Brüder Jesu: Jakobus und Josef. Ferner ist der Jakobus der Maria der Apostel Jakobus Alphäi und als solcher identisch mit Jakobus, Bruder des Herrn. Gelingt es uns nun, einen weiteren Bruder dieses Jakobus Alphäi auszuforschen, der mit einem dritten Bruder Jesu gleichen Namen hat, so wird kein gegründeter Zweifel gegen den Satz erhoben werden können, daß in der Schrift die Söhne einer gewissen Maria und des Alphäus Brüder Jesu genannt werden. In den Apostel=Verzeichnissen des Lucas (Evang. 6, 16, Act. 1, 13) findet sich ein Judas Jakobi, während dafür Matth. 10, 3 Λεββαῖος und Marc. 3, 18 Θαδδαῖος haben. Die Identität dieser Namen wird mit sehr wenigen Ausnahmen anerkannt. Cf. Matth. 10, 3. Zu Judas Jakobi ist aber (gegen Herder, Fritzsche, Ewald, Meyer) mit der übergroßen Mehrzahl der Exegeten frater zu ergänzen, weil diese Ergänzung grammatisch zulässig ist, durch den Brief Jud. V. 1 gefordert und durch die Tradition verbürgt wird. Wir haben also nachgewiesen, daß Jakobus, Sohn

Marias und des Alphäus, außer Josef einen Bruder mit Namen Judas
hat, der auch dem Apostel=Collegium angehört. Ebenso finden sich unter
den Brüdern Jesu drei mit den Namen Jakobus, Josef und Judas.
Da nun Jakobus Alphäi nachweisbar identisch ist mit Jakobus, dem
Bruder des Herrn, so ist der Satz erwiesen: Die sogenannten Brüder
Jesu sind Söhne einer Maria und des Alphäus (Klopas).

Nun erübrigt uns noch die nähere Bestimmung des Verwandt=
schaftsverhältnisses zwischen Jesus und seinen „Brüdern". Da Maria,
die Gemalin des Klopas und Mutter des Jakobus und Josef, nach
Joh. 19, 25 eine Schwester (ἀδελφή) der Mutter des Herrn war, so
sind ihre Kinder, die sogenannten Brüder Jesu, Geschwisterkinder des
Herrn (consobrini und nicht patrueles Jesu). Weil man es aber für
unwahrscheinlich gehalten hat, daß zwei lebende Schwestern den gleichen
Namen geführt haben sollen, so hat man entweder Joh. 19, 25 ab=
weichend vom einfachen Satzgefüge erklärt (cf. Meyer nach Wieseler,
auch Luthardt: Das johann. Evang., 2. Aufl.) oder man hat ἀδελφή
im Sinne von Schwägerin verstanden. Nachweisbar hatten aber sowohl
in der kaiserlichen Familie des Augustus zwei lebende Schwestern, sowie
in der Familie des Herodes zwei Brüder den gleichen Namen. Während
die Lateiner mit sehr geringen Ausnahmen (Ambrosius, Hilarius) an
Geschwisterkinder dachten, so hielten viele Griechen (Eusebius, Gregor
von Nyssa, Epiphanius, Chrys. u. A.) die Brüder Jesu für Stiefbrüder
des Herrn, für Kinder Josefs aus einer früheren Ehe.

14. Kapitel.

Enthauptung des Täufers. 1—13.

Cf. Marc. 6, 14—29, Luc. 9, 7—9. 3, 19. 20.

B. 1. Herodes erhält Kunde über Jesu Wirken. Ἐν ἐκείνῳ τῷ
καιρῷ, in illo tempore, ist allgemeine Zeitangabe: nach dem zweiten
Besuche Jesu in Nazareth. Auch bei Marcus folgt diese Begebenheit
nach dem Besuche Jesu in Nazareth, nur daß er zwischen beiden Er=
eignissen den Bericht über die Aussendung der Apostel einfügt, 6, 7—13.
Damals erst erhielt Herodes Antipas Kunde (ἀκοή) über Jesu Wirken.
Verschiedene Ursachen mögen zusammengewirkt haben, daß Herodes so
spät vom Wirken Jesu Kunde erhielt. Er war vielfach von Galiläa
abwesend, in einen Krieg mit dem arabischen Könige Aretas verwickelt

und zudem mochte er als genußsüchtiger Mensch sich wenig um religiöse Dinge bekümmern.

V. 2. Des Herodes Urtheil über Jesus und sein Wirken. Herodes spricht seinen Hofleuten (παῖδες) gegenüber die Meinung aus, Je u sei der von den Todten wieder erstandene Johannes Baptista. Diese seltsame Aeußerung des Herodes, der als wahrscheinlicher Sadducäer (Matth. 16, 6, cf. Marc. 8, 15) gar nicht an die Auferstehung von den Todten glaubte, ist Erzeugniß des im höchsten Grade aufgeregten bösen Gewissens, das dem Mörder dies Schreckbild vormalte. Διὰ τοῦτο, ideo, folgert aus der vorigen Aeußerung: „Deswegen", weil er nämlich von den Todten erstanden und darum kein gewöhnlicher Mensch ist. Αἱ δυνάμεις, virtutes, die Kräfte, welche nämlich in Jesu Wunderwerken sich offenbaren.

V. 3—12. Zur Erläuterung (γάρ) des V. 2 Mitgetheilten holt nun Matthäus die Geschichte vom Lebensende des Johannes kurz nach.

V. 3. Herodes Antipas hatte den Johannes der Herodias, der Gemalin seines Bruders Philippus wegen in's Gefängniß werfen lassen. Das in der Vulgata fehlende Φιλίππου nach ἀδελφοῦ αὐτοῦ ist als hinlänglich bezeugt festzuhalten. Herodes Antipas war ein Sohn Herodes des Großen und der Malthake, einer Samaritanerin. Cf. Jos. Antt. XVII, 1. 3. bell. jud. I, 28. 4. Der hier genannte Philippus (nicht zu verwechseln mit dem Tetrarchen Philippus, Luc. 3, 1) war ein Sohn Herodes des Großen und der Mariamne, Tochter eines Hohenpriesters, der als Privatmann in Jerusalem lebte. Seine Gemalin Herodias war eine Tochter des Aristobulus, Sohnes Herodes des Großen und der Berenike. Als Antipas auf einer Reise nach Rom bei seinem Halbbruder Philippus einkehrte, veranlaßte er seine Schwägerin (und Nichte zugleich) Herodias, mit ihm eine heimliche Ehe einzugehen und verstieß seine rechtmäßige Gemalin, eine Tochter des arabischen Königs Aretas. Nach Antt. XVIII, 5, 2 war Herodes in Machärus, einer Grenzfestung Peräas gegen Arabien, eingekerkert.

V. 4. Das διὰ Ἡρωδιάδα näher erläuternd, bemerkt der Evangelist, Johannes habe gesagt: „Es ist dir nicht erlaubt, sie zu haben (als Gemalin)." Cf. Lev. 18, 16. 20, 21. Der Wortlaut scheint anzudeuten, daß Johannes diese freimüthige Rüge des blutschänderischen Verhältnisses direct und nicht indirect ertheilt habe.

V. 5. Und obwohl Herodes den Johannes tödten wollte (sicher auf Andrängen der rachesüchtigen Herodias, cf. Marc. 6, 9), so hielt ihn doch Furcht vor dem Volke, welches Johannes wie einen Propheten achtete, von dieser Greuelthat zurück. Aber bloße Scheu vor dem Volke vermochte den charakterlosen, von sinnlichen Leidenschaften gefesselten Tetrarchen auf die Dauer nicht von der Blutthat zurückzuhalten.

V. 6. 7. Als nun Herodes zur Feier seines Geburtstages (τὰ γενέσια = γενέθλια) den Großen seines Reiches ein Gastmal gab (cf. Marc. 6, 21), trat die Tochter der Herodias und des Philippus, Salome, ein und tanzte in Mitte des Festsaales (ἐν μέσῳ). Der nach damaliger Sitte mimische und lascive Tanz gefiel dem Herodes so sehr, daß er eidlich versprach, der Salome zu geben, was sie verlange, nach Marc. 6, 23 „bis zur Hälfte meines Reiches".

V. 8. Bevor Salome ihre Bitte stellte, entfernte sie sich aus dem Festsaale und fragte ihre Mutter um Rath, was sie sich erbitten sollte. Cf. Marc. 6, 24. Diese bewog das Mädchen (προβιβάζειν = wozu vermögen), zu fordern, daß ihr sogleich (ὧδε, hier, i. e. sogleich) das Haupt des unbeugsamen Sittenrichters dargereicht werde.

V. 9. Der Herrscher (βασιλεύς, cf. V. 1) ward durch den Inhalt der Bitte betrübt, weil in ihm noch nicht alle Gefühle der Hochachtung für Johannes erstorben waren und weil er die möglichen ernsten Folgen der Hinrichtung des beim Volke hochgeehrten Propheten fürchtete. Dennoch gewährte er sie wegen der Eidschwüre, mit denen er das Versprechen bekräftigt hatte und wegen der Tischgenossen, denen er nicht als Eidbrüchiger erscheinen wollte. So mußte freventlicher Mißbrauch des göttlichen Namens und falsches Ehrgefühl eine Greuelthat decken.

V. 10. 11. Der Bericht macht den Eindruck, daß die ganze grauenhafte That der Enthauptung und Uebergabe des Hauptes noch am Geburtstage während der Festfeier ausgeführt wurde. Ist dies der Fall, so wurde die Festfeier selbst in Machärus gehalten und nicht im weit entfernten Tiberias, der gewöhnlichen Residenz des Herodes Antipas.

V. 12. Die Jünger erweisen ihrem Meister den letzten Liebesdienst der Bestattung und sie bringen Jesu die Trauerkunde. Πτῶμα (πίπτω), Fall, Sturz; das Gefallene, Getödtete, Leichnam, wie hier.

V. 13. Diese Kunde veranlaßte Jesum, sich in die Einsamkeit zurückzuziehen. Ἀκούσας, die Beziehung des Verbums wird verschieden gefaßt. Hieronymus, Augustinus u. A. beziehen es auf die Botschaft der Johannesjünger V. 12. Dagegen ist zu bemerken, daß V. 3 bis inclusive V. 12 eine zur Erläuterung eingeschobene nachträgliche Erzählung enthält. Demnach ist ἀκούσας mit Chrys. und den Meisten auf

V. 1 und 2 zu beziehen. Nicht die Kunde von der Enthauptung des Johannes, sondern die Kunde von der Aeußerung des Herodes über das Wirken Jesu veranlaßte den Herrn, sich mit seinen Jüngern in die Einsamkeit zu begeben. Nach Marc. 6, 30, Luc. 9, 10 kamen die Apostel gerade jetzt von ihrer Aussendung zurück und begab sich Jeſu mit ihnen wohl auch deshalb an das nordöstliche Ufer des Sees Geneſareth, damit diese dort in der Einsamkeit ausruhten und im Gebete sich wieder sammelten. Εἰς ἔρημον τόπον, Luc. 9, 10: εἰς πόλιν καλουμένην Βηθσαϊδά. Gemeint ist Bethſaida Julias.

Wunderbare Speiſung der 5000. 14—21.

Cf. Marc. 6, 34—44, Luc. 9, 10—17, Joh. 6, 1—13.

Nach dem Evangelium Joh. 6, 4 fiel diese Begebenheit kurze Zeit vor dem Paſſahfeste, also ein Jahr vor dem Tode des Herrn.

V. 14. Καὶ ἐξελθών, et exiens, „und er ging heraus“, wahrscheinlich aus dem einsamen Aufenthaltsorte, und ſah viel Volk. Der Heiland nimmt es mit Erbarmen auf, besteigt zum Zwecke der Belehrung eine Anhöhe (Joh. 6, 3) und hält von dort aus einen längeren Lehrvortrag (Marc. 6, 34) über das Reich Gottes (Luc. 9, 11). Darnach bethätigt er seine Wunderkraft an den Kranken in der Volksmenge. Ἄρρωστος, schwach, kränklich; adv. mit ἔχειν = krank sein. Σπλαγχνίζεσθαι, sich erbarmen, Mitleid haben.

V. 15. Als es Abend geworden war (gemeint ist der erste Abend von 3—6 Uhr Nachmittags, cf. V. 23), da forderten die Jünger Jesum unter Hinweis auf die einsame Gegend und die vorgerückte Tageszcit (ὥρα) auf, die Menge zu entlassen, damit selbe in die bewohnten Orte sich begeben und dort Nahrungsmittel zur Sättigung kaufen könnte. Nach Joh. 6, 5 bringt Jeſu selbst diese Angelegenheit zur Sprache mit der an Philippus gerichteten Frage: „Woher werden wir Brod kaufen, damit diese zu essen haben?“ Die Ausgleichung beider Berichte ist nicht schwierig: Auf die durch Johannes mitgetheilte Frage Jesu antworteten die Jünger mit der durch Matthäus verzeichneten Aufforderung.

V. 16. 18. Verhandlung Jesu mit den Jüngern über die Speiſung der Menge. Cf. Joh. 6, 6—9.

V. 16. Die Erklärung Jesu: „Sie haben nicht nöthig fortzugehen“, um sich nämlich Nahrung zu verschaffen, deutete schon an, daß er der Noth abzuhelfen vermöge und die Forderung: „Gebt ihr ihnen zu

essen", sollte die Erwartung von etwas Wunderbarem bei den Jün=
gern erwecken.

V. 17. Die Jünger erklären, daß nur ein Vorrath von fünf
Broden und zwei Fischen vorhanden sei. Nach Johannes machte diese
Mittheilung Andreas, und hatte den Vorrath ein Knabe.

V. 18. Diesen Speisevorrath läßt Je u herbeibringen.

V. 19. 20. Die wunderbare Speisung. Je u befiehlt
dem Volke sich auf dem Grase zu lagern, nimmt die Brode und Fische,
blickt zum Himmel auf, segnet sie, gibt die gebrochenen Brode den Jün=
gern, diese der Menge. Alle Anwesenden aßen und wurden satt, und
zwölf Körbe füllte man mit Ueberresten. — Εὐλόγησεν, Vulg. benedixit;
er sprach die Segensworte über die Brode (cf. Luc. 9, 16), welche die
wunderbare Vermehrung bewirkten. Joh. 6, 11 hat dafür εὐχαριστήσας,
danksagend. Beide Ausdrücke besagen hier nicht dasselbe, sondern stellen
verschiedene Momente dar: der Heiland blickt zum Himmel und bringt
im sicheren Bewußtsein des sich gleich vollziehenden Wunders dem Vater
ein Dankgebet dar, (εὐχαριστεῖν), darnach spricht er über die Brode den
die Vermehrung bewirkenden Segensspruch (εὐλογεῖν). Ἦραν, sie hoben
auf von der Erde; nach Joh. 6, 12 thaten dies die Apostel. Τό περισσεῦον
τῶν κλασμάτων = das Uebriggebliebene von den gebrochenen Broten.
Die folgenden Worte: δώδεκα κοφίνους πλήρεις sind Apposition. Kleine
Körbe (cophini) hatten reisende Juden zur Unterbringung von Lebens=
mitteln und anderen Reisebedürfnissen bei sich. Das Wunder der Brod=
vermehrung sollte, wie aus der nachfolgenden Rede in Kapharnaum
(cf. Joh. 6, 26—60, [59]) hervorgeht, die Wahrheit andeuten, daß
Jesus das Brod vom Himmel sei, welches den Menschen das geistige
Leben verleiht. Die Apostel sollten aus dieser Fülle nehmen, was sie
zur Ausübung ihres Berufes nöthig haben.

Jesus wandelt auf dem See. 22—33.

Cf. Marc. 6, 45—52, Joh. 6, 15—21.

V. 22. Sogleich nach der wunderbaren Speisung nöthigte Jesus
seine Jünger an das gegenseitige westliche Ufer hinüberzufahren, „bis
er das Volk entlassen haben würde", um erst dann nachzukommen.
Ἠνάγκασεν, er nöthigte sie, weil sie lieber bei Je u bleiben wollten.
Den Grund dieser Nöthigung deutet Joh. 6, 15 an: Die Jünger mußten
sogleich entfernt werden, um nicht in das gefährliche Vorhaben der Volks=

schaaren, welche in ihrer Dankbarkeit Jesum zum König ausrufen wollten, verwickelt zu werden. Εἰς τὸ πέραν wird näher bestimmt bei Marc. 6, 45: πρὸς Βηθσαϊδάν, und Joh. 6, 17: Εἰς Καφαρναούμ. Beide Orte lagen nahe aneinander.

V. 23. Nach Entlassung des Volkes begab sich Jesu auf den dort befindlichen Berg (τὸ ὄρος), um zu beten. Während Matth. und Marc. 6, 46, die Absicht angeben, in der Jesu den Berg bestieg, referirt Joh. 6, 15, die äußere Veranlassung dazu: das Vorhaben des Volkes Jesum zum Könige auszurufen. Als es Abend geworden, (hier der zweite Abend von 6 Uhr an) befand sich Jesu auf dem Berge allein.

V. 24. Das erste ἦν gehört zum Adjectiv μέσον, von dem der Genitiv τῆς θαλάσσης abhängig ist: „Das Schiff war schon mitten auf dem Meere, geplagt (d. h. hin und hergeworfen) von den Wogen, denn es war der Wind entgegen." Genauer Johannes 6, 19, nach welchem die Jünger 25—30 Stadien zurückgelegt hatten. Nach Jos. B. J. III, 10, 7 hatte der See Genesareth eine Länge von 140 und eine Breite von 40 Stadien; aber die Breite ist wohl zu gering angegeben, denn seine Länge beträgt 21, seine Breite 12 Kilometer.

V. 25. Um die vierte Nachtwache endlich kam Jesu (vom Berge her), (nahe) zu ihnen wandelnd über das Meer hin. Lachm., Tregell. und Tischend. haben statt ἐπί τῆς θαλάσσης der Recep., nach gewichtigen Zeugen ἐπὶ τὴν θάλασσαν, „wandelnd über das Meer hin". Dieses wunderbare Wandeln über das Wasser (contextwidrig Paulus, Schenkel: Wandeln auf dem über das Wasser emporragenden Ufer) war möglich kraft des allmächtigen Willens Jesu, dem die Elemente und ihre Kräfte unbedingt unterworfen sind, und bezweckte den thatsächlichen Erweis der messianischen Würde Jesu. Seit Pompejus theilten auch die Juden gleich den Römern die Nacht in vier dreistündige Nachtwachen; vorher hatten sie drei Vigilien zu je vier Stunden.

V. 26. Als die Apostel Jesum auf dem Meere wandeln sahen ohne ihn zu erkennen, meinten sie ein Gespenst (= φάντασμα) zu sehen und schrieen vor Furcht laut auf, sie die beherzten und mit den Gefahren auf der See wohlvertrauten Männer — ein Beweis für das Außerordentliche des Vorganges.

V. 27. In liebevoller Eile kommt Jesus den erschrockenen Jüngern zu Hilfe und macht sich durch die Worte: „Ich bin es" erkennbar. Ἐγώ εἰμι hat den Nachdruck und steht im Gegensatze zu φάντασμα: ich, euer schützender Meister, bin es, und nicht ein rächendes Gespenst.

Die folgende Begebenheit mit Petrus (V. 28—30) erzählt nur Mat=
thäus allein.

V. 28. Der rasche, opfermuthige Petrus spricht im kühnen Glauben:
„Herr, wenn du es bist, so heiße mich zu dir kommen über das Wasser
hin." Auf Jesu Machtbefehl, das glaubt Petrus fest, vermag auch er
gleich seinem Meister über die Wasser hinzuwandern. „Sehr viel begehrt
Petrus, doch nur aus Liebe zu Jesu, aus Verlangen zu ihm zu kommen."
Schegg. Darum gewährt Jesu die Bitte. V. 29.

V. 30. Als aber Petrus den gewaltigen Wind sah, nämlich an
den Wasserwogen, welche der Sturmwind aufwarf, da fürchtete er sich
und fing an unterzusinken. Es ist aus dem Zusammenhange klar, daß
Untersinken und Furcht hier sich verhalten wie Wirkung und Ursache.
Um seines Glaubens willen erhält Petrus die Macht über die Wasser
zu wandeln, durch Furcht und Zweifel verliert er sie, und darum be=
ginnt er zu sinken. „Wer Wunder begehrt, muß einen wunderkräftigen
Glauben besitzen." Schegg.

V. 31. Jesu bringt Rettung, tadelt aber Petri Kleingläubigkeit.
Ὀλιγόπιστε „Kleingläubiger". Diese Kleingläubigkeit bekundete Petrus
dadurch, daß er in Jesu Nähe vor den Wasserwogen sich fürchtete.

V. 32. Nachdem Jesu und Petrus das Schiff bestiegen hatten,
wich der Wind und in Folge davon wurde das Ufer schnell erreicht.
Nach Joh. 6, 21 wollten (ἤθελον) die Jünger Jesum in das Schiff
nehmen, und alsbald gelangte dasselbe an's Land. Diese Verschiedenheit
ist dahin auszugleichen, daß man entweder θέλειν adverbial nimmt: gerne
nähmen sie ihn auf, oder daß man bei Johannes auch das sofortige
Ankommen des Schiffes an's Land als wunderbaren Vorgang faßt:
Jesu hatte schon den Fuß auf's Schiff gesetzt, war aber noch nicht in=
mitten der Jünger, als dasselbe schon am Ufer anlangte.

V. 33. Wirkung des Wunders. Das wunderbare Wandeln Jesu
auf dem Meere und das plötzliche Sichlegen des Sturmes machte auf
die im Schiffe Befindlichen einen solchen überwältigenden Eindruck, daß
sie staunend (cf. Marc. 6, 51) ausriefen: „In Wahrheit, Gottes Sohn
bist du." Οἱ ἐν τῷ πλοίῳ sind im Unterschiede von Petrus alle auf dem
Schiffe Anwesenden: die Jünger und die anderen Schiffsleute. In dem
Bekenntnisse: „Du bist in Wahrheit Gottes Sohn" ist der Zweck des
Wunders ausgesprochen. Das wunderbare Wandeln Jesu auf dem Meere,
das plötzliche Stillen des Seesturmes durch Jesu Machtworte sollte zur
Erkenntniß führen, daß er göttliche Macht besitze, von göttlicher Wesen=

heit sei. — Dieses Wunder ist von den Vätern vielfach allegorisch gedeutet und als Weissagung auf die hilfreiche Nähe Christi gefaßt worden. Das Meer ist die Welt, das Schiff im Meere ist die Kirche Christi; Sturm und Wasserwogen bilden ab die Trübsale und Leiden der Kirche; Jesu Verweilen auf dem Berge während der stürmischen Fahrt der Jünger weiset hin auf sein Wohnen im Himmel seit der Himmelfahrt. Doch, wenn auch sichtbar von seiner Kirche getrennt, ist Jesu ihr nahe mit seiner alle Stürme der feindlichen Welt besiegenden Macht, bis er in der vierten Nachtwoche, am Ende der Tage siegreich wiederkommen und seine Kirche nach Besiegung jeder feindlichen Gewalt in den Hafen des ewigen Friedens einführen wird.

V. 34—36. Cf. Marc. 6, 53—56. Nach der Ueberfahrt kam Jesus in's Land Genesareth, und auf die Nachricht seiner Ankunft brachte man alle Kranken der Gegend herbei, und die den Saum seiner Kleider berührten, wurden völlig gesund. Γῆ Γεννησαρέτ (Vulg. Genesar) war eine schöne Ebene Niedergaliläas, die sich dreißig Stadien lang und zwanzig Stadien breit am Westufer des Sees hinzog (cf. Jos. B. J. III, 10, 8 . . .), jetzt das kleine Ghór genannt. Zu κράσπεδον (Vulg. fimbria) cf. 9, 21. Διεσώθησαν (Vulg. salvi facti sunt), wörtlich: sie wurden durchgerettet, d. h. völlig gesund gemacht.

15. Kapitel.

Von der falschen und wahren Verunreinigung. 1—20.

Cf. Marc. 7, 1—23. Im gleichen Zusammenhange.

V. 1. Angabe, wann und von wem das im Abschnitte Erzählte veranlaßt wurde. „Damals, (während Jesu Aufenthalt in Genesaret), traten Pharisäer und Schriftgelehrte von Jerusalem mit einer Frage zu Jesu heran." Der Artikel οἱ ist als verbürgt festzuhalten und οἱ ἀπὸ Ἱερο-σολύμων Φαρισαῖοι . . . bezeichnet die in Jerusalem wohnenden Pharisäer und Schriftgelehrten, welche von dort herangekommen waren. (Marc. 7, 1.)

V. 2. Der Evangelist führt die Beschwerde dieser Gegner Jesu zuerst allgemein: „Warum übertreten deine Jünger die Ueberlieferungen der Alten?" dann speciell „denn sie waschen nicht ihre Hände, wenn sie Mahlzeit halten" vor. Παράδοσις τῶν πρεσβυτέρων, traditio seniorum: die Vorschriften, welche die Juden von ihren Vorfahren der früheren Zeiten (πρεσβύτεροι) als Deutung und Erweiterung des mosaischen Ge-setzes mündlich erhalten hatten; kurz und treffend Hesychius: ἄγραφος διδασκαλία. Auf Grund der Gesetzesstellen Deut. 4, 14. 17, 10 galten diese traditionellen Weiterbildungen des Gesetzes für sehr wichtig und streng verpflichtend. „Brodessen" = Mahlzeit halten. Das bei den Juden zur Zeit Christi allgemein übliche (cf. Joh. 2, 6) Händewaschen vor dem Essen gehörte zu den besonders genau eingehaltenen Vorschriften. An sich bildete dasselbe, weil nicht direct vom Gesetze vorgeschrieben, keinen Bestandtheil der levitischen Reinigungen, somit auch keinen Theil des Cultus, sondern es beruhte nur auf einer Deduction aus einer Gesetzesvorschrift (Lev. 15, 11), und vererbte sich somit als traditionelle Waschung neben den gesetzlichen Reinigungen.

V. 3. Um das Ungerechtfertigte der Anschuldigung in schlagender Weise darzuthun, antwortet Jesus mit der Gegenfrage: „Warum über= tretet auch ihr das Gebot Gottes wegen eurer Ueberlieferung?" Διὰ τί καὶ ὑμεῖς, warum auch ihr; auf beiden Seiten ist vorhanden ein Ueber= treten (παραβαίνειν), bei den Jüngern der Satzungen der Vorfahren, bei den Schriftgelehrten und Pharisäern der Gebote Gottes.

V. 4. 5. Nähere Begründung der Anklage im vorigen Verse. Zunächst (V. 4) führt der Heiland das aus Exod. 20, 12. 21, 17 genommene Gebot Gottes vor. Ὁ θεὸς εἶπεν, „Gott sprach", da er nämlich der Urheber der von Moses niedergeschriebenen Gebote ist. Τίμα, honora, ist, wie der Zusammenhang zeigt, in weiterem Sinne zu fassen: Ehrfurcht erweisen durch die That. In diesem weiteren Sinne ist auch das gegensätzliche κακολογεῖν, maledicere, zu fassen. Θανάτῳ τελευτάτω, (morte moriatur, nach dem hebr.: er soll gewißlich sterben): er soll mit Tod enden, i. e. er soll getödtet werden. — Dieses klare und be= stimmte Gebot Gottes verstanden nun die Juden um ihrer Satzungen willen zu übertreten, wie Jesus in V. 5 zeigt. Hier haben wir uns zu= nächst über die Satzstructur zu entscheiden. Am einfachsten wird zu δῶρον ein ἐστίν ergänzt und der Ausdruck als Prädicat zu dem durch ὃ ἐάν . . . ὠφεληθῇς ausgedrückten Subjectsbegriff gefaßt. Der Nachsatz, welcher auf ὠφεληθῇς folgen sollte, ist als den Gegnern selbstverständlich weggelassen und der Satz von οὐ μή an enthält wieder Worte Jesu, wo= mit er das Urtheil spricht über das Reden und Handeln der Pharisäer. Es ist also zu übersetzen: „Ihr aber saget: Wer zum Vater oder zur Mutter gesprochen haben wird: Es ist ein Tempelgeschenk (i. e. ich habe es dem Tempel als Geschenk geweiht), was irgend wie du von mir zum Nutzen gehabt haben würdest (i. e. was ich dir zur Unter= stützung in der Noth sonst würde gegeben haben . . ." Der ausgelassene

Nachsatz würde lauten: Der ist frei vom Gebote, Vater und Mutter zu ehren. Der Heiland gibt jetzt sein Urtheil ab: „Und er (i. e. der so handelt) wird ganz gewiß nicht ehren seinen Vater oder seine Mutter." Δῶρον, hebr. קָרְבָּן (was Marc. 7, 11 hat) = Opfergabe. Ὠφελεῖσθαί τι. ἔκ τινος, etwas von jemanden zum Nutzen haben.

V. 6. Abschluß der Argumentation im Anschlusse an V. 3: „Und so habt ihr das Gesetz Gottes um eurer Ueberlieferung willen außer Giltigkeit gesetzt." Ἠκυρώσατε (ἀκυροῦν, außer Giltigkeit setzen) nämlich durch eure Ueberlieferung. Nach Abschluß der ganzen Argumentation liegen die gegensätzlichen Beziehungen klar vor: Auf Seite der Jünger kommt in Frage eine Ueberlieferung der Vorfahren, auf Seite ihrer Ankläger ein klar und bestimmt ausgesprochenes Gesetz Gottes, dort finden statt vereinzelte Uebertretungen, hier grundsätzliche Außergeltungsetzungen.

V. 7—9. An die Zurückweisung schließt sich die Zurechtweisung der Gegner an. Der Heiland bezeichnet sie als Heuchler, da sie nur nach einer Scheinfrömmigkeit streben und sagt, daß sie zutreffend (καλῶς) schon vom Propheten Jesaias charakterisirt worden seien. Das Citat in V. 8 und 9 ist aus Jes. 29, 13, aber weder genau nach dem Urtexte, noch nach den LXX. Die Worte gehen zunächst auf die Zeitgenossen des Propheten, sind aber auch eine Prophetie in die Zukunft, welche an den Zeitgenossen Christi in Erfüllung ging. Es wird hier geklagt über einen rein äußerlichen, heuchlerischen Ceremoniendienst, dem alles innere Glaubensleben und Heiligungsstreben abgeht, über eine angebliche Gottesverehrung, die sich nur stützt auf Menschensatzungen. Μάτην (eigentlich Accusativ von μάτη = vergebliches Bemühen, thörichtes Beginnen) läßt eine doppelte Fassung zu; es kann heißen umsonst, unnütz: Ihre Gottesverehrung ist unnütz, bringt keinen Nutzen für ihre Herzen, oder grundlos (= sine causa, Vulg.): ihre Gottesverehrung hat keinen wahren inneren Grund, was sie dadurch bezeugen, daß sie Menschensatzungen statt Gottes Gebote lehren. Erstere Fassung ist die häufigere, letztere hat die Vulgata für sich und paßt sehr gut in den Zusammenhang, insbesondere für das an der Spitze stehende ὑπόκριται. Ἐντάλματα ἀνθρώπων ist Apposition zu διδασκαλίας und bezeichnet die Lehren, welche sie vortragen, als Menschensatzungen.

V. 10. Jesus kehrt sich ab von den unverbesserlichen Pharisäern und Schriftgelehrten, ruft die Volksschaar, welche während der früheren Verhandlung in einiger Entfernung stand, herbei und belehrt sie über die wahre und falsche Verunreinigung 11—20.

V. 11. In seiner Rede an die von pharisäischen Menschensatzungen erdrückte Menge stellt sich der Heiland auf den höheren Standpunkt der sittlichen Reinigkeit, von wo aus auch die controverse Frage ihre volle Beleuchtung erhält. Sittlich verunreinigt nicht, was in den Mund hineingeht, nicht die Speise, welche als etwas Materielles mit dem Geiste des Menschen in keine Berührung kommt, sondern was aus dem Munde herausgeht, weil dies als Frucht des Geistes denselben sittlich zu verunreinigen vermag. Die nähere Erklärung dieses allgemeinen Satzes gibt der Heiland V. 17—19.

Zum richtigen Verständnisse dieses und der folgenden Verse ist ein doppeltes Moment zu beachten. Einmal kann der Heiland unter τὸ εἰσερχόμενον . . . zunächst nicht die levitisch unreinen Speisen gemeint haben, aus folgenden zwei Gründen: 1. Ging der Vorwurf der Gegner nicht auf das Essen verbotener Speisen, sondern auf das Essen mit ungewaschenen Händen, i. e. auf das Essen von gesetzlich erlaubten, also an sich reinen Speisen, welche vielleicht dadurch, daß sie mit nicht gewaschenen Händen berührt wurden, verunreinigt waren; 2. redet der Heiland zu Juden, für welche levitisch verbotene Speisen ein τὸ εἰσερχόμενον εἰς τὸ στόμα gar nicht genannt werden konnten. Anderseits fällt aber die allgemeine Fassung der Rede auf, welche als Erklärung gegen die levitischen Reinigkeitsgesetze aufgefaßt werden konnte und wurde (12). Den Grund dürfen wir wohl darin suchen, daß der Herr hier schon, wenn auch nur dunkel — so daß die Zuhörer es mehr ahnen als verstehen mochten — hindeuten wollte auf die Nähe der Zeit, wo die den Reinigkeitsgesetzen innewohnende ethische Idee, welche von den Pharisäern völlig ignorirt wurde, sich realisiren und die äußere Form der Reinigkeitsgesetze sammt den andern alttestamentlichen Institutionen verschwinden sollte. Wir dürfen also trotz aller Einreden in den Worten des V. 11 zugleich eine Prophetie auf die bevorstehende Aufhebung der levitischen Reinigungsgesetze finden. Diese hatten nur interimistische Geltung, weil ihnen nur ein propädeutischer Charakter zukam. Die Unterscheidung von levitisch Reinem und Unreinem sollte im Volke Israel die Wahrheit lebendig erhalten, daß auf der Schöpfung seit dem Sündenfalle der Fluch ruhe; das Gebot, nur levitisch Reines zu genießen, sollte einerseits die Israel als dem Volke der göttlichen Auswahl obliegende Pflicht, rein und heilig zu leben, symbolisiren, anderseits sollte es den Verkehr zwischen Juden und Heiden erschweren und damit den Zweck der Auswahl erreichen helfen. Κοινοῦν, gemein machen; im neuen Testamente technische Bezeichnung für „levitisch unreinmachen"; hier im sittlichen Sinne.

V. 12. In einer nicht näher bestimmten Weise erhalten die Apostel Kunde von dem Anstoße, welchen Jesu Rede (V. 11) bei den Phari= säern erregte, und sie theilen dies dem Herrn mit, als er vom Volke weg nach Hause zurückgekehrt war. Cf. Marc. 7, 17.

V. 13. 14. Antwort Jesu. Der Heiland erklärt, daß das Pha= risäerthum, weil gottentfremdet und verblendet, zum Untergange ver= urtheilt und darum von den Jüngern auch nicht weiter zu beachten sei. Die bildliche Redeweise von einer Pflanzung war den Juden hinreichend bekannt. Cf. Jes. 60, 21. Φυτεία, Pflanzung; hier bildliche Bezeichnung für das ganze Pharisäerthum. Dieses war nicht von Gott, sondern von Menschen gepflanzt, darum wird es vernichtet werden. Zur Beruhigung seiner Jünger fährt der Heiland im engen Anschlusse an V. 13 fort: „Lasset sie", i. e. befasset euch nicht weiter mit ihnen. Grund: „Sie sind blinde Führer von Blinden", i. e. die Pharisäer, welche ihrer Stellung nach die Aufgabe haben, geistige Führer des Volkes zu sein, sind selbst geistig blind. Auf die traurige Folge dieses unnatürlichen Verhältnisses weiset der Heiland hin mit den Worten: „Wenn aber ein Blinder einen Blinden führt, fallen beide in eine Grube." In der An= wendung ist das Fallen in die Grube zu verstehen von geistigem Ver= derben, welchem sowohl die Pharisäer, als ihre Anhänger anheimfallen sollen. Ὁ βόθυνος (= ἡ βόθρος), Grube.

V. 15. Die Jünger begreifen noch nicht den Ausspruch von V. 11, darum verlangt Petrus im Namen derselben (cf. Marc. 7, 17) Aufklärung. Παραβολή = Denkspruch.

V. 16. Väterlich ernster Vorwurf, daß auch die Jünger, die be= ständigen Begleiter Jesu, noch ohne Verständniß seien. Ἀκμήν (eigentlich Accusativ von ἀκμή, Spitze), im Augenblicke, eben jetzt; hier, wie öfters in der späteren Gräcität = ἔτι (Vulg. adhuc).

V. 17—20. Auf die Bitte der Jünger (15) gibt hier der Herr eine nähere Erläuterung des Ausspruches V. 11. Grundgedanke: Sittlich verunreinigt nur, was die Seele berührt; die Speise aber wird im Bauche verdaut, berührt also die Seele nicht, und bewirkt somit, wenn auch unrein, nicht sittliche Unreinheit.

In V. 17 und 18 ist zu beachten der Gegensatz von εἰς κοιλίαν und ἐκ καρδίας; καρδία, das Centrum des ganzen inneren Menschen.

V. 19 begründet den V. 18: daß das aus dem Munde Hervor=

gehende vom Herzen kommt und darum verunreinigt, ist gewiß; denn das Herz ist der Quell von bösen Gedanken, Mord, Ehebrüchen . . . Die Pluralia bezeichnen die einzelnen Fälle von Mord, Ehebruch u. s. w. Ἀφεδρών (von ἕδρα, Sitz), Abort, Cloake.

V. 20 enthält eine nachdrucksvolle Abschließung der Argumentation, die mit den Worten: „Das Essen aber mit ungewaschenen Händen verunreinigt den Menschen nicht" zu V. 2 zurückkehrt.

Das kanaanäische Weib. 21—28.

Cf. Marc. 7, 24—30.

Der Zusammenhang bei beiden Evangelisten derselbe.

V. 21. Angabe des Ortes, wo das Folgende sich zutrug: „und von dort (nämlich von der Ebene Genesar cf. 14, 34) ausgehend, zog sich Jeu in die Gebietstheile von Tyrus und Sidon zurück." Marc. 7, 24 hat statt: Gebietstheile (μέρη) Grenzgebiete (μεθόρια) von Tyrus und Sidon. Diese Ortsangaben hat man verschieden gedeutet. Es ist eine Streitfrage, ob sich Jeu nur an die Grenze von Palästina in der Richtung nach Tyrus und Sidon, oder ob er sich in die Gebiete von Tyrus und Sidon selbst, also in's Heidenland, begab. Mit Rücksicht auf V. 22 und Marc. 7, 24 ist es wahrscheinlich, daß der Ausdruck „Gebietstheile von Tyrus und Sidon" nicht Landestheile von Tyrus und Sidon, sondern jene Gebietstheile Palästinas bezeichnet, welche die Grenzgebiete des heiligen Landes gegen Tyrus und Sidon hin bildeten. Demnach wäre der Schauplatz des folgenden Ereignisses der nordwestlichste an Tyrus und Sidon angrenzende Theil Galiläas.

V. 22. Γυνὴ Χαναναία, „eine Kananäerin", denn die Bewohner von Phönizien waren kanaanäischen Ursprunges. Marc. 7, 26 bezeichnet sie als Ἑλληνὶς Συροφοινίκισσα τῷ γένει, d. h. als Heidin von Geschlecht, eine Syrophönizierin; Syrophönizien wurde das an Syrien angrenzende Phönizien genannt zum Unterschiede von Libyophönizien. Als sie von Jesu Ankunft hörte, „ging sie aus jenen Gegenden heraus." Ἀπὸ τῶν ὁρίων ἐκείνων ἐξελθοῦσα scheint nach Wortlaut und Zusammenhang zu bedeuten: sie ging heraus von den Grenzen von Tyrus und Sidon, i. e. über die Grenze hinüber in das anstoßende Gebiet von Galiläa, wo Jesus sich aufhielt. Die Anrede: „Sohn Davids" ist daraus zu erklären, daß dem Weibe sowohl die messianischen Erwartungen der Juden als auch diese messianische Benennung durch den häufigen Verkehr mit den Juden jener Gegend leicht bekannt sein konnte. Daß nun Jesus der Sohn Davids, der Messias sei, mochte sie wohl schließen aus der Art und Weise seines Wirkens, von dem sie Kunde erlangt hatte. Cf. 4, 24. Für die Tochter flehend, spricht sie: „Erbarme dich meiner", weil sie als Mutter das Elend der Tochter wie eigenes fühlt.

V. 23. Jesus schweigt vorerst auf die flehentliche Bitte des Weibes, jedenfalls um den Glauben desselben zu prüfen. Das Weib läßt sich aber nicht abhalten mit lauter Stimme den Hilferuf fort- zusetzen. Darum stellen die Jünger an Jeu die Bitte: „Entlasse sie, nämlich durch Gewährung ihrer Bitte (cf. B. 24), denn sie schreit uns nach." Zu dieser Bitte wurden die Jünger nicht so sehr bewogen, weil ihnen das Weib mit seinem Geschrei lästig war, sondern wahr- scheinlich aus Besorgniß vor Verlegenheiten für Jeu, wenn man ein heidnisches Weib in seiner Nähe sähe. Ἐρωτᾶν bezeichnet hier wie im neuen Testamente öfters gegen den classischen Gebrauch: bitten.

V. 24. Die Bitte der Jünger veranlaßt den Herrn zur Aeußerung: „Ich bin nicht gesandt, außer zu den verlorenen Schafen des Hauses Israel." Οὐκ ἀπεστάλην, ich bin nicht gesandt, nämlich vom Himmel auf die Erde. Zum Ausdrucke τὰ πρόβατα . . . cf. 10, 6. Wenn der Heiland hier sagt, er sei nur gesandt für die Juden, so stehen diese Worte nicht im Widerspruche mit jenen Aussprüchen des Herrn, welche seine universale Aufgabe betonen. Cf. 18, 11, Joh. 10, 16. 12, 47. Es ist nämlich zu unterscheiden zwischen dem nächsten und letzten Zwecke der Sendung Jesu, zwischen seiner Wirksamkeit in eigener Person und in seinen Boten. Der Heiland ward gesandt, um in eigener Person zunächst nur unter dem Volke Israel zu wirken; sein Werk aber war bestimmt für die ganze Welt und darum hat auch der vom irdischen Schauplatze scheidende Erlöser seinen Jüngern die Welt als Wirkungskreis angewiesen (Matth. 28, 19).

V. 25. Weder durch Jesu Schweigen auf den Hilferuf, noch durch die Zurückweisung der Fürbitte der Jünger ist das Vertrauen des Weibes geschwächt; vielmehr erneuert es ehrfurchtsvoll die Bitte um Hilfe.

V. 26. Antwort Jesu: In einer in der Anschauungsweise der Zeit begründeten bildlichen Rede wird das Begehren des Weibes zu- rückgewiesen. „Es ist nicht erlaubt (οὐκ ἔξεστιν haben Lachm. und Tischend. statt des recip. οὐκ ἔστιν καλόν = non est bonum Vulg.)

das Brod der Kinder zu nehmen und den Hündchen hinzuwerfen." Ἄρτος, Brod, ist hier Bild für die begehrte Hilfe; die τὰ τέκνα sind die Israeliten; diese als die Söhne des Reiches (cf. 8, 12) hatten das erste Anrecht auf die Hilfe des auf Erden wandelnden Heilandes. Κυνάρια (Hündchen, Vulg. canes statt catelli) ist bildliche Bezeichnung für Heiden. Die in dieser Bezeichnung an sich liegende Härte schwindet, wenn wir beachten, daß der Heiland sich einfach der jüdischen Rede= weise bediente, die sicher durch den langen Gebrauch an Härte ver= loren hatte, und daß ferner dieselbe vom Herrn noch durch die Wahl der Diminutivform und sicher auch durch väterlichen milden Ton ge= mildert wurde. Für das bittende Weib lag aber im Bescheide und in der Form desselben eine Glaubensprüfung.

V. 27. Diese Glaubensprobe besteht das Weib, indem es de= müthig spricht: „Ja, Herr! denn auch die Hündchen essen von den Brosamen, die von den Tischen ihrer Herren fallen." Ναί ist affirmativ und bezieht sich auf das V. 26 Gesagte: Herr, du hast recht mit deiner Erklärung. Mit καὶ γάρ begründet nun das Weib das zustimmende Urtheil: Es bedarf zur Ernährung der Hunde nicht des Hinwerfens des für die Kinder bestimmten Brodes, denn es genügen dazu die vom Tische abfallenden Brocken. Die Anwendung dieser Worte auf den vor= liegenden Fall lautet etwa so: deine Gnadenerweisungen, das geistige Brod für die Israeliten sind so reichlich, daß ohne Verkürzung der zunächst Berechtigten, auch mir, der tief unter ihnen stehenden Heidin, gleichsam ein Abfall daran — die Heilung meiner Tochter zu Theil werden kann. Τὸ ψιχίον ist Diminutiv von ψίξ, χος, ἡ (ψάω), kleines Stück, Bröckchen, Krümchen.

V. 28. Der feste Glaube der demüthigen Kanaaniterin wird belohnt, sogleich erlangt ihre Tochter Heilung. Das Wunder ist eine Heilung aus der Ferne. Cf. 8, 13, Joh. 4, 46 ff. — Nachdem der Heiland die Bitte des Weibes vorerst völlig ignorirt, die Fürbitte der Jünger mit dem Hinweise auf seine nur dem Volke Israel geltende Sendung beantwortet, und der erneuerten Bitte des Weibes gegenüber auf das Anrecht der Juden auf seine Gnadenschätze hingewiesen, hat er doch am Ende geholfen. Ist nun diese anfängliche Weigerung als eine von Jeu wirklich beabsichtigte Zurückweisung des Hilferufes an= zusehen, welche nachträglich durch die Glaubensfestigkeit des Weibes überwunden wurde? Nein! die Weigerung Jesu war nur eine relative, eine Zurückweisung der Hilfe für den Augenblick, um das Vertrauen

der Hilfesuchenden zu befestigen, den festen Glauben derselben zur Offen=
barung zu bringen. Dafür sprechen ganz bestimmt folgende Gründe:
1. Es ist mit dem in der Schrift so klar gezeichneten Charakter Jesu
unvereinbar, daß er sich überhaupt und gar erst in so kurzer Auf=
einanderfolge der Ereignisse sollte widersprochen haben. 2. Da Jesu
als der Herzenskundige (Joh. 2, 24. 25) schon im Momente der
ersten Begegnung die Demuth und den festen Glauben des Weibes
durchschaute, so hat er auch da schon gewußt, was er nachher that.
3. Dafür sprechen auch die gegen die schnelle Hilfe angeführten Gründe.
Obgleich Christi Sendung zunächst nur den Juden galt und seine
persönliche Wirksamkeit sich im Allgemeinen auf das Volk Jesu be=
schränkte — aber nicht so ausschließlich, daß sie sich nicht auch auf
einzelne Heiden hätte erstrecken dürfen — so waren doch alle Gründe
vorhanden, daß Jesus selbst die Schranke zwischen Juden und Heiden
durchbrach. Die von Christus schon phrophetisch verkündete Universalität
seines Werkes (8, 11) hatte zur unbedingten Voraussetzung die Auf=
hebung der Scheidewand zwischen Juden und Heiden (Eph. 2, 14).
Sollten nun die Jünger an diesen Gedanken sich recht gewöhnen, sollten
sie als geborne Juden in Verkündigung der Heilsbotschaft über die
Grenzen des Judenthums desto leichter hinauszugehen vermögen, so war
es im höchsten Grade angezeigt, daß sie sich nicht blos auf das Wort,
sondern auch das Beispiel ihres Meisters berufen konnten.

Wunderbare Speisung der 4000. 29—39.

Cf. Marc. 7, 31. 8, 1—9.

V. 29. Von dort (d. h. dem Orte des früheren Vorganges, cf.
V. 21) weg begab sich Jesu an das galiläische Meer, stieg auf einen
Berg und setzte sich. Aus V. 39 und Marc. 7, 31 geht hervor, daß
Jesus sich an das östliche Ufer des Sees Genesareth begab.

V. 30. Volksschaaren kamen mit ihren Kranken zu Jesus, und
er heilte sie alle. Durch ἔρριψαν, „sie warfen hin", wird die Eile aus=
gedrückt, womit man die Kranken zu Jesu brachte, um sogleich wieder
andere zu holen.

V. 31. Um dieser Wunderheilungen willen priesen die Volks=
schaaren den „Gott Israels", der sich in Jesu so gnadenvoll erwies.
In der Bezeichnung Gottes als des Gottes Israels liegt nach den Einen
angedeutet, daß die preisenden Schaaren Heiden waren, nach Anderen

erklärt sie sich aus dem Bewußtsein des Vorzuges der Juden vor den in der Nähe (Dekapolis) wohnenden Heiden.

V. 32—39. Die wunderbare Speisung cf. Marc. 8, 1—9.

V. 32. 33. Als die Volksschaaren schon drei Tage bei Jesus ausgeharrt und während dieser Zeit die vorhandenen Mundvorräthe aufgezehrt hatten, da bringt Jesus selbst die Speisung der hungernden Menge in Anregung (anders bei der ersten Speisung). Die Jünger weisen auf die Unmöglichkeit hin, in der wüsten Gegend die noth= wendigen Nahrungsmitteln zu beschaffen. Die Worte ἤδη ἡμέραι τρεῖς (Vulg. triduo jam) sind als Parenthese zu fassen und dazu ist εἰσίν zu ergänzen.

V. 34—39. Ungeachtet der sonstigen Uebereinstimmung dieses Berichtes mit dem 14, 15—22 finden sich doch so wesentliche Ab= weichungen, daß schon auf Grund der evangelischen Erzählung die An= nahme, wir hätten hier nur ein zweites Referat eines und desselben Vorfalles, entschieden zurückzuweisen ist. Hier waren sieben Brode und einige Fischlein vorhanden, dort fünf Brode und zwei Fische; hier wurden 4000 gespeist, dort 5000; hier blieben sieben Körbe voll übrig, dort zwölf. — Gegen die Geschichtlichkeit der zweiten Speisung hat man vorzugsweise zwei Einwendungen erhoben. Einmal sei eine Wiederholung des Speisewunders an sich unglaublich. Das ist eine rein subjective Ansicht, welche, da sie sich weder auf innere noch auf äußere Gründe zu stützen vermag, einer weiteren Berücksichtigung nicht werth ist. Ferner wendet man ein, daß unter der Voraussetzung eines früheren Speise= wunders hier (cf. V. 33) das Verhalten der Jünger ganz unerklärlich wäre. Auch diese Schwierigkeit ist mehr gesucht als wirklich vorhanden. Die Jünger weisen einfach auf die Bemerkung Jesu, das Volk nicht ungespeist entlassen zu wollen, auf die Schwierigkeit hin, hier hinreichend Brod zu bekommen. Die Jünger bekunden keine Zweifel an Jesu Wunder= kraft, wohl aber Scheu, durch Hinweis auf die frühere Speisung die= selbe gleichsam herauszufordern. Und gesetzt den Fall, die Jünger hätten im Momente der Frage Jesu an die erste Speisung wirklich nicht ge= dacht, so wäre das durchaus kein hinreichender Grund, die Geschicht= lichkeit der Erzählung selbst zu bezweifeln. Mußte der Heiland nicht später (16, 8 ff.) seine Jünger rügen, daß sie an die zweimalige Speisung nicht dachten?

16. Kapitel.

Zeichenforderung der Pharisäer und Sadducäer. 1—4.

Cf. Marc. 8. 11—13, Luc. 12, 54—56.

Marcus hat den Abschnitt in ganz gleichem Zusammenhange und
sein Bericht unterscheidet sich darin von dem des Matthäus, daß er
nur die Pharisäer an Jesum herantreten läßt und der Wetterzeichen
am Himmel keine Erwähnung thut. Lucas hat einen ganz anderen Zusammenhang und ist der Ausspruch Jesu an das Volk gerichtet. Beides
ursprünglich; nicht zu confundiren. Ueber eine gleiche Forderung der
Schriftgelehrten und Pharisäer cf. 12, 38.

V. 1. Pharisäer und Sadducäer treten gemeinsam an Jesu heran.
Wie später im Synedrium, so vereinigt jetzt schon der gleiche glühende
Haß gegen Jesus die Anhänger zweier einander entgegengesetzten Parteien zu gemeinsamem Vorgehen gegen den gemeinsamen Gegner. Semper
Christus inter duos latrones crucifigitur. Tertull. Das gemeinsame
Auftreten zeigt, daß die Opposition gegen den Herrn in Galiläa schon
ihren höchsten Punkt erreicht hat. Sie fordern (ἐπερωτᾷν, classisch =
fragen, bedeutet im hellenistischen Sprachgebrauche auch fordern), daß
er ihnen ein Zeichen vom Himmel zeige (ἐπιδεῖξαι = spectandum
praebere). Σημεῖον ἐκ τοῦ οὐρανοῦ, d. h. gegenüber den vielbewunderten
Zeichen auf Erden, welche sie als Dämonenwerk erklärten, forderten sie
ein vom Himmel ausgehendes Zeichen. Diese Forderung stellten sie nicht
in lernbegieriger, gläubiger Gesinnung, sondern im feindlichen Unglauben.
Πειράζοντες, tentantes. Das Versuchliche der Forderung bestand nach
der Meinung der Pharisäer und Sadducäer kaum darin, daß sie wirklich
glaubten, Jesus werde ein Wunder nach ihrem Sinne nicht wirken
können, sondern darin, daß sie nach dem bisherigen Verhalten Jesu
gewiß sein konnten, mit ihrer Forderung kein Gehör zu finden. Damit
war aber zugleich die Möglichkeit geboten, Jesum vor der Menge der
Ohnmacht zu beschuldigen und ihn als Pseudopropheten hinzustellen.

V. 2. 3. Vom heiligen Zorne über die Bosheit der Fragesteller
erfüllt (cf. Marc. 8, 12), erklärt Jesus, daß das geforderte Zeichen
nicht nöthig sei, wenn die Gegner nur die Zeichen der Zeiten zu beurtheilen verständen. Weil die Gegner ein Zeichen vom Himmel gefordert
hatten, so beginnt Jesus seine Argumentation von den physischen Erscheinungen am Himmel. „Wenn es Abend geworden ist, sprechet ihr:

heiteres Wetter (= εὐδία, wozu ἔσται zu ergänzen) wird sein, denn es röthet sich der Himmel, und am Morgen (sprechet ihr): heute Sturmwind (χειμών), denn es röthet sich trübe der Himmel." Ein ganz ähnliches Wetterzeichen berichtet Plinius H. N. 18, 78 sol ventos praedicit, cum ante orientem eum nubes rubescunt, si circa occidentem rubescunt nubes, serenitatem futurae diei spondent. Dann fährt der Heiland fort: "Das Angesicht des Himmels (d. h. die äußeren Erscheinungen am Himmel) versteht ihr zu beurtheilen, die Zeichen der Zeiten vermöget ihr nicht zu beurtheilen." Τὰ σημεῖα τῶν καιρῶν, die Zeichen der Zeiten, d. h. die Zeichen, welche die gegenwärtige Zeit darbietet und welche auf den Anbruch der messianischen Zeit schließen lassen. Maldonat: "Signa temporum adventus mei." Solche Zeichen der Zeit waren die messianische Wirksamkeit Jesu im Allgemeinen, sowie insbesondere die äußeren Umstände, in welchen sie sich vollzog: Die Predigt des Vorläufers, das Ende der Danielischen Jahrwoche, die Herrschaft von Fremden über das heilige Land u. s. w.

V. 4. Darum verweiset Jesus auf das Jonaszeichen (cf. 12, 39) und wendet sich mit Abscheu von den Heuchlern ab und entfernt sich von ihnen.

Jesus und seine Jünger. — Vom Sauerteige. 5—12.
Cf. Marc. 8, 14—21.

Beide haben die Erzählung im gleichen Zusammenhange mit dem Vorigen.

V. 5 erzählt die Veranlassung zu der V. 6—12 mitgetheilten Unterredung. "Und als die Jünger an das jenseitige Ufer (Peräa) kamen, hatten sie vergessen Brod mitzunehmen." Zur Ergänzung ist Marc. 8, 13 heranzuziehen. Nachdem Jesus sich von seinen Gegnern entfernt hatte, bestieg er sammt seinen Schülern ein bereitstehendes Schiff und fuhr wieder auf das östliche Ufer des Sees Genesareth hinüber. Der Aorist ἐπελάθοντο, Vulg. obliti sunt, wird verschieden gefaßt; einige Exegeten nehmen ihn im Sinne eines Plusquamperfectums (eine temporale nebensächliche Bestimmung einführend): Sie hatten vergessen (bei der Abfahrt nach Peräa) Brod mitzunehmen. Für diese Fassung scheint Marc. 8, 14 zu sprechen, der ausdrücklich hervorhebt, daß die Jünger nur ein Brod bei sich auf dem Schiffe hatten. Andere halten die Aoristbedeutung fest: Sie vergaßen (nämlich nach ihrer Ankunft in

Peräa) Brod mitzunehmen und zwar für die Weiterreise auf dem Lande.
Nach der letzten Fassung hat die Unterredung von V. 6—12 gewiß
nicht im Schiffe auf der See, sondern auf dem Lande, während der
Weiterreise stattgefunden, während dies im ersten Falle unentschieden bleibt.

V. 6. Von dem V. 5 erwähnten Umstande nimmt Jesu Anlaß,
seine Jünger in bildlicher Rede vor den verkehrten und verderblichen
Lehren der Pharisäer und Sadducäer zu warnen. Προσέχετε, scl. τὸν
νοῦν cf. 6, 1. Ζύμη, fermentum, ist hier bildlicher Ausdruck zur Bezeich=
nung der verkehrten und verderblichen Lehren der Pharisäer und Sadduc=
cäer, welche geeignet waren, das ganze sittliche Wesen des Menschen zu
durchsäuern und zu verderben. Cf. V. 12. — Mit dieser Warnung steht
nicht im Widerspruche die Mahnung Jesu 23, 3; dort ist die Rede
von den Pharisäern in wie ferne sie die gesetzlichen Lehrer der Juden
waren (23, 2) und das Gesetz Gottes lehrten, hier aber kommen sie
als Parteimänner in Betracht, als Lehrer jener Satzungen, die cha=
rakteristisches Eigenthum der Partei waren. Statt Pharisaeorum und
Sadducaeorum hat Marc. 8, 15 a fermento Pharisaeorum et a
fermento Herodis. Beide Stellen zusammengehalten, scheinen nahe zu
legen, daß Herodes als Repräsentant der Sadducäersecte genannt werde,
somit dieser angehört habe.

V. 7. Die Jünger fassen den Sinn der Warnung nicht, sondern
sehen sie vielmehr als Tadel ihrer Vergeßlichkeit an: „Sie aber über=
legten unter einander und sagten: Weil wir keine Brode mitgenommen
haben (deswegen sagte er: Hütet . . .)" Διελογίζοντο ἐν ἑαυτοῖς, sie
überlegten unter sich, i. e. in ihrem Kreise ohne Mittheilung an Jesu
zu machen. Cf. Marc. 8, 16.

V. 8—11. Da Jesu die Gedanken seiner Jünger durchschaute,
so rügte er ihre Kleingläubigkeit, die sich darin bekundete, daß sie bei
der Warnung gleich an den vorhandenen Brodmangel dachten. Die
Erinnerung an die zweimalige wunderbare Speisung (μνημονεύειν) und
die tiefere Einsicht (νοεῖν) in die Bedeutung derselben hätten in den
Aposteln den Gedanken und die Sorge um Brod nicht aufkommen lassen
sollen. Das Speisewunder war nämlich ein Erweis jener göttlichen
Macht Christi, die die Menschen auch beim Mangel der natürlichen
Nahrungsmittel zu speisen vermag. Hätten die Jünger diese Bedeutung
der wunderbaren Vorgänge erfaßt, so würden sie gleich erkannt haben,
daß Jesu mit seiner Warnung nicht physisches Brod gemeint haben
könne. Τοὺς πέντε ἄρτους τῶν πεντακισχιλίων, „die (bekannten) fünf

Brode der 5000 Menſchen", d. h. welche an dieſe vertheilt worden ſind. Κόφινος = Korb, σπυρίς, ſpeciell Speiſekorb.

B. 12. Nach dieſer Belehrung erfaſſen die Jünger den Sinn der Rede Jeſu.

Petri Bekenntniß. — Primat Petri. 13—20.
Cf. Marc. 8, 27—30, Luc. 9, 18—21.

Hinſichtlich des Zuſammenhanges unterſcheidet ſich Marcus von Matthäus nur darin, daß er zwiſchen dem Vorigen und dem hier Mit= getheilten die Erzählung von der Heilung des Blinden in Bethſaida einſchiebt (8, 22—26); Luc. 9, 18 berichtet dieſen Vorfall gleich nach der Erzählung von der Speiſung der 5000, da bei ihm das von Matth. 14, 22 bis 16, 13 Mitgetheilte fehlt. Dem Inhalte nach unterſcheiden ſich die Berichte des Marcus und Lucas von dem des Matthäus darin, daß beide nur das Bekenntniß Petri, nicht auch Chriſti Verheißung an Petrus referiren.

B. 13. 14. Einleitung. Der Evangeliſt gibt vorerſt genau die Oertlichkeit der folgenden wichtigen Vorgänge an, welche mit Recht als Grundſteinlegung der Kirche bezeichnet werden. Auf der Weiterreiſe vom jenſeitigen Ufer des Sees Geneſareth weg kam der Heiland in die Gebietstheile (εἰς τὰ μέρη) von Cäſarea Philippi. Dieſe Stadt, deren urſprünglicher Name Paneas war, lag in Gaulonitis, im nordöſtlichſten Theile Galiläas, am Fuſſe des Antilibanon, in herrlicher, von den Quellen des Jordan befruchteter Gegend. Der Tetrarch Philippus (Luc. 3, 1), der die Stadt theils vergrößerte, theils verſchönerte (Joſef. Antt. XVIII, 2. B. J. II, 9. 1), benannte ſie zu Ehren des Kaiſers Tiberius Cäſarea, und zur Unterſcheidung von Cäſarea in Paläſtina hieß die Stadt von da an Cäſarea Philippi. In dieſer Gegend nun ſollten die Jünger ihren Glauben an die meſſianiſche Würde ihres Meiſters bekunden. Der Weg dazu war bereits geebnet durch Jeſu bisheriges meſſianiſches Wirken vor den Augen der Jünger, die Zeugnißablegung von Seite derſelben aber war geboten durch die herannahenden trüben Tage. — Der Herr veranlaßt ſelbſt das Zeugniß durch die einleitende Frage: „Für wen halten die Menſchen mich, den Menſchenſohn?" Das μέ nach τίνα hat Tiſchend. nach אB Vulg. geſtrichen, dürfte aber doch echt ſein; τὸν υἱὸν τοῦ ἀνθρώπου iſt Appoſition zu μέ. Die Exegeten werfen häufig die Frage auf, warum der Heiland hier gerade nach dem Urtheile der Menſchen über den ‚Menſchenſohn" frage. Die Antwort ergibt sich ungezwungen aus der Vergleichung mit den parallelen Stellen bei Marcus und Lucas. Nach diesen lautet die Frage: Quem me dicunt esse homines (Luc. turbae). Diese sich ergänzenden Berichte zusammengehalten, ergeben: Jesu fragte nicht allgemein, für wen die Menschen ihn hielten, sondern für wen sie ihn als den Menschensohn hielten, welche Vorstellung die Menge mit dieser Selbstbezeichnung Jesu verbinde.

V. 14. Ohne Zögern theilen die Jünger die verschiedenen Meinungen der Menge mit. Die Einen hielten den Menschensohn für den wiedererstandenen Johannes Baptista; Andere für Elias, dessen Wiederkunft vor der Erscheinung des Messias allgemein erwartet wurde. Cf. 11, 14. Einige für Jeremias, dessen Wiederkunft man erwartete, weil er die verborgen gehaltene Bundeslade zur Zeit des Messias wiederbringen sollte. Cf. 2 Maccab. 2, 1—12. Die Worte: aut unum ex prophetis sind wahrscheinlich eine Anspielung auf Deut. 18, 15. Im Allgemeinen gingen also die Meinungen dahin, daß Jesu nicht der Messias selbst, sondern nur einer von den erwarteten Vorläufern desselben sei.

V. 15. 16. Bekenntniß Petri. Nachdem so der Heiland als weiser Lehrmeister durch die vorbereitende Frage (V. 14) den hochwichtigen Moment der Zeugnißablegung der Jünger vorbereitet hatte, richtete er an sie die Frage: „Ihr aber (ὑμεῖς hat den Nachdruck), für wen haltet ihr mich?" Was zunächst die Form des Bekenntnisses (V. 16) betrifft, so ist zu bemerken, daß, obwohl die Frage an alle Jünger erging, doch Petrus allein, und zwar in seinem und der Mitjünger Namen (Chrysost., Hieronym., August.) antwortete. Der bisher schon zweifellos vor den Mitaposteln ausgezeichnete Petrus (cf. die Erklärung zu 10, 2) ist das στόμα τῶν ἀποστόλων Chrys. — Inhalt des Bekenntnisses: Der Menschensohn ist der Messias, ja er ist Sohn Gottes, selbst göttlicher Natur. Σὺ du bist es und kein anderer. Ὁ Χριστός, der Christus. Das durch den Artikel näher bestimmte Substantiv weiset hin auf einen bestimmten Christus, auf jenen, welchen die Juden als den Messias erwarteten. Damit hat Petrus ebenso kurz als bestimmt erklärt, wie er und die Mitapostel Jesu Selbstbezeichnung durch „Menschensohn" verständen. Petrus sagt also: Ich (mit den Uebrigen) weiß im Gegensatze zu den Meinungen der Menge zweifellos (tu es), daß du, wenn du dich als Menschensohn bezeichnest, der Menschensohn im Sinne der bekannten Danielischen Prophetie (Daniel 7, 13, cf. die Erklärung zu

8, 20) bist, d. h. der verheißene und sehnsuchtsvoll erwartete Messias der Juden.

Ὁ υἱὸς τοῦ θεοῦ τοῦ ζῶντος. Diese Worte sind nicht eine ein= fache Paraphrase von ὁ Χριστός, sondern sie enthalten eine Stei= gerung der vorigen Aussage und fügen somit zu derselben ein neues Moment hinzu: Du bist der Messias und als solcher der Sohn des lebendigen Gottes. Wie Gott durch die Näherbestimmung τοῦ ζῶντος, vivi, im Unterschiede von den todten Götzen der Heiden als der wahre Gott bezeichnet wird, so weiset der Artikel ὁ bei υἱός (der Sohn Gottes) darauf hin, daß das Gottessohnverhältniß des Messias ein ganz be= stimmtes, einzigartiges sei, d. h. daß der Messias der einzige, wesen= hafte Sohn Gottes sei. Gut hebt Maldonat diese Bedeutung des Ar= tikels bei υἱός hervor, der nach ihm gesetzt ist: Ut significaretur non qualiscunque sed unicus ille naturalis filius. Den Zusatz: filius Dei vivi als Bezeichnung des metaphysischen Wesensverhältnisses des Messias zu Gott zu fassen, gebietet außerdem noch der Zusammenhang. Im Fol= genden preiset der Herr den Petrus um seines Bekenntnisses wegen selig und führt das Bekenntniß selbst auf göttliche Erleuchtung zurück. Diese Rede des Herrn wäre aber völlig unmotivirt, wenn Petrus dem Messias nur eine moralische Gottessohnschaft vindicirt hätte, wie solche jedem Israeliten zukam. Der Inhalt des Bekenntnisses ist also: Petrus bekennt den Menschensohn nach seiner Aufgabe als den dem Menschengeschlechte verheißenen Messias, i. e. Erlöser, und nach seinem Wesen als den einzigen Sohn des wahren Gottes; er bekennt somit jene Wahrheit, welche nach Joh. 20, 31 den Inhalt des christlichen Bekenntnisses bildet.

V. 17. Der Heiland bestätigt Petri Bekenntniß, indem er ihn um desselben willen selig preiset. Σίμων Βαριωνᾶ, Simon des Jonas Sohn. Der Name des Vaters ist entsprechend der feierlichen umständ= lichen Rede beigefügt. Grund der Seligpreisung des Petrus: „Denn Fleisch und Blut hat es dir nicht geoffenbaret, sondern mein Vater, der im Himmel ist." Das Object zu ἀπεκάλυψε ist aus V. 16 zu er= gänzen. Σάρξ καὶ αἷμα. Der öfters in der Bibel vorkommende Aus= druck ist entweder Umschreibung für Mensch mit dem Nebenbegriffe der Schwäche (cf. 1 Kor. 15, 50) oder Bezeichnung der sinnlichen irdischen Natur des Menschen, speciell der sinnlichen natürlichen Erkenntniß des= selben. Nach der ersten Fassung ist der Sinn der Phrase: Diese be= zeugte Erkenntniß von meiner Person hast du nicht durch irgend einen schwachen, sterblichen Menschen; nach der zweiten: Diese Erkenntniß

haft du nicht aus menschlicher Einsicht, sondern durch göttliche Erleuch=
tung erlangt. Einen sachlichen Unterschied begründen die beiden Auf=
fassungen nicht, doch dürfte die zweite vorzuziehen sein. Petrus wird
also selig gepriesen, weil er vor den Uebrigen göttlicher Erleuchtung
gewürdigt worden ist und weil er die durch Offenbarung erkannte Wahr=
heit so entschieden bekannt hat. Nur durch Erleuchtung von oben kann
der Mensch zur Erkenntniß des Geheimnisses kommen, daß Christus
wahrer Sohn Gottes ist.

V. 18. 19. Verheißung des Primates Petri. Mit
Freudigkeit hatte Petrus sein geistiges Ohr der himmlischen Offenbarung
geöffnet, mit Entschiedenheit die ihm durch göttliche Erleuchtung zu
Theil gewordene Wahrheit verkündet; zum Lohne dafür verkündet ihm
der Herr, daß er das Fundament sei, auf dem Christus seine Kirche
bauen werde (18), daß er ihn in der Kirche selbst mit der höchsten
Auctorität der Regierungs= und Lehrgewalt bekleiden werde (19).

V. 18. Zusammenhang. Dieser ist angezeigt durch κἀγώ, et ego:
wie du in Bezug auf mich bekannt hast, so sage ich in Bezug auf dich:
dem Bekenntnisse Petri entspricht die Verheißung Christi. Ὅτι führt die
directe Rede ein. Σὺ εἶ Πέτρος, „du bist Petrus.“ Εἶ, „du bist“; nicht
du wirst sein; bei der ersten Berufung am Jordan hat der Heiland dem
Simon den Namen Petrus verheißen (Joh. 1, 42), bei der Auswahl
zum Apostelamte hat er ihm den verheißenen Namen beigelegt (Marc.
3, 16, Luc. 6, 14); hier bestätigt der Heiland mit den Worten: tu
es . . . diese Benennung und gibt zugleich im folgenden: et super
hanc petram . . . eine Erklärung derselben. Das „du bist“ betont
schon Origenes: „Εἶπεν πρὸς τὸν οὕτως ὠνομασμένον. Σὺ εἶ Πέτρος.“
Πέτρος ist Beiname des Simon. Zunächst bezeichnet ὁ πέτρος wie das
Femininum ἡ πέτρα Fels, wofür die aramäische Sprache, in der das
Evangelium ursprünglich geschrieben war, nur die Form כֵּיפָא hat. Der
griechische Uebersetzer des Evangeliums hat aber an erster Stelle das
aramäische כֵּיפָא durch das Masculinum wieder gegeben, weil es hier
zunächst auf den Namen des Apostels ankam, wofür die Masculinform
ὁ πέτρος passender war. An der zweiten Stelle wurde aber das ara=
mäische כֵּיפָא durch die Femininform: ἡ πέτρα wieder gegeben, weil hier
das in der Benennung liegende Sachverhältniß zum Ausdruck kommen
sollte, was eben durch das Femininum geschieht. Der Heiland will also
sagen: Dein Name ist Petrus, d. h. Felsenmann, und auf diesen Felsen,
d. h. auf deine durch die beigelegte Benennung schon bezeichnete Felsen=

natur werde ich meine Kirche bauen. Καὶ ἐπὶ ταύτῃ τῇ πέτρᾳ . . .
Zusammenhang und grammatische Structur fordern unabweisbar die
Beziehung von πέτρα auf das vorhergehende πέτρος; beide Ausdrücke
sind wie schon bemerkt nicht sachlich, sondern nur formell von einander
verschieden. Οἰκοδομήσω μου τὴν ἐκκλησίαν. Der Ausdruck ἐκκλησία,
welcher sich in den Evangelien nur hier und 18, 17 findet, bezeichnet
die Gemeinschaft der Gläubigen, welche nach einem im neuen Testamente
ziemlich häufigen Bilde als ein Gebäude hingestellt wird, dessen Bau=
meister Christus selbst ist. Μού ist des Nachdrucks wegen vorausgesetzt:
meine Kirche; es wird Christi Kirche unterschieden von der alttestament=
lichen Gottesgemeinde. Also die Gemeinschaft der Gläubigen, die sicht=
bare Kirche Christi ist aufgebaut auf Petrus, Petrus ist das Fundament
derselben.

Damit sind nun folgende Wahrheiten ausgesprochen: wie das
Fundament der erste und wichtigste Theil an einem Gebäude ist, so ist
Petrus die erste und wichtigste Person der Kirche, er hat den Primat
in derselben; wie nur das als Theil eines Gebäudes anzusehen ist, was
in irgend einer Beziehung zum Fundamente steht, so ist die Zugehörig=
keit zur Kirche bedingt durch die Verbindung mit ihrem Haupte, Petrus
und seinen Nachfolgern.

Um nun den hier gezogenen Folgerungen, welche sich als noth=
wendige Consequenzen aus den Worten Jesu ergeben, zu entgehen, hat
man seine Zuflucht zur gewaltsamen Verdrehung der Schriftworte ge=
nommen. Gegen alle Grammatik haben ältere protestantische Exegeten
in blinder Leidenschaft gegen den Primat der römischen Kirche behauptet:
die Worte καὶ ἐπὶ ταύτῃ τῇ πέτρᾳ . . . bezögen sich nicht auf Petrus
sondern auf Christum selbst, der bei deren Aussprache mit dem Finger
auf sich gedeutet habe. Weil diese zum mindesten abgeschmackte Erklärung
selbst von den besonnenen protestantischen Exegeten neuerer Zeit fahren
gelassen wurde, so dürfen wir uns der Widerlegung derselben füglich
entschlagen. Andere Exegeten suchten die aus den Worten Jesu sich er=
gebenden Consequenzen abzuweisen durch die Ausflucht: unter dem Felsen
auf dem Je u seine Kirche erbauen zu wollen. erklärte, sei nicht der
Apostel, sondern nur der Glaube desselben zu verstehen; nicht Petrus
sei Fundament der Kirche, sondern sein fester Glaube und sein ent=
schiedenes Bekenntniß. Für diese Ansicht glaubte man folgende Gründe
vorbringen zu können: der Heiland selbst sage: et super hanc petram
statt super te . . . und auch von vielen Vätern werde der Ausdruck Fels

vom Glauben Petri verstanden. Was den ersten Punkt betrifft, so ist zu bemerken, daß Christus von der Kirche unter dem Bilde eines Gebäudes spricht und dieses forderte die Redewendung von einem Fels als Grund= feste. „Quia aedificia non super homines, sed super petras fundari solent." Mald. Rücksichtlich des zweiten Punktes ist es richtig, daß die Väter öfters vom festen Glauben und dem Glaubensbekenntnisse Petri als dem Fundamente der Kirche sprechen. Damit wollen sie aber nicht im Entferntesten in Abrede stellen, daß Petrus der Person nach das Fundament der Kirche sei, sondern nur darauf hinweisen, daß Petrus um seines Glaubens und des entschiedenen Bekenntnisses willen gewürdigt ward, Grundfeste der Kirche zu werden. Daß aber Petri Primat nicht auf die Person Petri beschränkt sei, sondern auch auf seine Nachfolger, die römischen Bischöfe überging, wie die katholische Kirche lehrt, ist in der Sache nothwendig begründet. Soll nämlich die sichtbare Kirche auf Petrus begründet, als sichtbare Kirche fortdauern, so muß sie auch fort= dauernd ein sichtbares Fundament haben, d. h. Petrus muß fortleben in seinen rechtmäßigen Nachfolgern. Oefters werden aber in der Schrift alle oder einzelne Apostel Grundfesten und Säulen der Kirche genannt. Cf. Ephes. 2, 20—22, Apoc. 3, 12. 21, 10—17, Gal. 2, 9. Diese Stellen lassen sich mit Matthäus ganz gut vereinbaren: Petrus ist für sich allein, die übrigen Apostel sind in Verbindung mit Petrus Fun= dament der Kirche.

Die Kirche ist auf Petrus, als auf einen Felsen fest gegründet, daher steht sie unerschütterlich fest: καὶ πύλαι ᾅδου οὐ κατισχύσουσιν αὐτῆς. Hier haben wir zunächst die Bedeutung der einzelnen Ausdrücke festzustellen. ᾍδης bezeichnet im neuen Testamente zunächst das Todten= reich, den Ort, in dem sich die Seelen der Verstorbenen aufhalten, den Scheol des alten Testamentes. Die Redeweise πύλαι ᾅδου hat ihren Grund darin, daß man sich die Unterwelt als eine Burg mit festen Thoren vorstellte. Cf. Jes. 38, 10, Job. 10, 21 u. s. w. Κατισχύειν ist mit griechischen Exegeten auch in der Construction des Genitivs in der Bedeutung „überwältigen" festzuhalten. Es ist demnach zu über= setzen: „Und die Pforten des Todtenreiches werden sie (die Kirche) nicht überwältigen." Wir mögen nun die Worte: Pforten des Todtenreiches als einfache Umschreibung für: Todtenreich, oder aber als bildliche Be= zeichnung für: Macht des Todtenreiches fassen, — der Sinn derselben bleibt der gleiche. Das Todtenreich überwältiget aber alle Menschen und schließt sie in seine Behausung ein, weil sie den Gesetzen des Todes

unterworfen, sterblich sind. Vermag nun das Todtenreich die auf Petrus
gegründete Kirche nicht zu überwältigen, so ist sie den Gesetzen des
Todes nicht unterworfen, sie ist unvergänglich. So schon Papst Leo,
der unter portae inferi die leges mortis versteht, ähnlich Schegg. Die
Mehrzahl der Väter versteht unter ᾅδης, die Hölle, den Aufenthaltsort
der Verdammten, und diese Fassung ist insoferne richtig als das Todten=
reich auch den Aufenthaltsort der Verdammten umfaßt; unter den Pforten
der Hölle verstehen sie die höllische Macht und deuten den Ausdruck
entweder von den directen Angriffen der Hölle auf die Kirche Christi oder
von den Verfolgungen der Kirche überhaupt, wie auch von der Gefähr=
dung derselben durch Häresien. Neuere Exegeten (Meyer, Bisping) fassen
κατισχύειν mit Genitiv in der Bedeutung: die Oberhand gewinnen;
darnach ist der Vergleichungspunkt die Festigkeit, die Dauerhaftigkeit;
so fest werde ich meine Kirche auf diesen Felsen bauen, daß selbst die
Thore des Todtenreiches nicht dauerhafter und stärker sein werden als
die Kirche; d. h. es gibt nichts dauerhafteres als die Kirche Christi.
Mald. nimmt κατισχύειν in der nicht nachweisbaren Bedeutung von
resistere; ihm folgt Keil: die Kirche wird so fest und stark sein, daß
die Thore des Hades ihr nicht dauernden Widerstand werden leisten
können, daß der Hades ihr gegenüber seine Macht verlieren und die in
seinem Verschlusse gehaltenen Todten wird herausgeben müssen.

V. 19. Bevor wir an die Erklärung dieses Verses gehen, wollen
wir, um den Fortschritt und den Sinn der Rede Jesu recht zu erfassen,
sehen, in welchem Verhältnisse der Vers nach Form und Inhalt zum
vorigen steht. Auch hier wird die gleiche bildliche Redeweise festgehalten;
die Kirche wird dargestellt unter dem Bilde eines Gebäudes. Das Bild
erhält jedoch dadurch eine Modification, daß Petrus hier in einem an=
deren Verhältnisse erscheint; dort wird er dargestellt in seinem Ver=
hältnisse zur Kirche, als deren Fundament, hier in seiner Stellung in
der Kirche, in welcher er mit der obersten Gewalt bekleidet ist. Welche
Gewalt nun Petrus, das Fundament der Kirche, in concreto in der
Kirche selbst haben werde, lehrt der Heiland in zwei Bildern. Das
erste Bild: καὶ δώσω σοι . . . τῶν οὐρανῶν. Das Futurum δώσω wie
früher οἰκοδομήσω verweiset auf die Zukunft; ist also für die Gegen=
wart nur erst Verheißung. Τὰς κλεῖδας τῆς βασιλείας τῶν οὐρανῶν.
Ueber den bildlichen Ausdruck zu vergleichen: Luc. 11, 52, Apoc. 1,
18. 3, 7. 9, 1, Jes. 22, 22. Das Uebertragen der Schlüssel gilt all=
gemein als Symbol für: Bekleidung mit der höchsten Gewalt; Ueber=

13*

gabe der Schlüssel des Himmelreiches soviel als Uebertragung der höchsten
(Regierungs-) Gewalt im Himmelreiche, i. e. in der Kirche. Zu enge:
Uebertragung der Gewalt, die Aufnahme in das künftige Messiasreich,
oder aber die Ausschließung aus demselben zu verfügen. — Zweites Bild:
χαὶ ὃ ἐάν . . . ἐν οὺρανοῖς. Die Bedeutung dieser bildlichen Rede ist
sehr bestritten und liegt die Schwierigkeit der Erklärung in den Worten
δέειν und λύειν. Unter den verschiedenen Erklärungen der Worte δέειν
und λύειν dürfte folgende die wahrscheinlichste sein. Die beiden Ausdrücke
sind dem rabbinischen Sprachgebrauche entlehnt und sind bildliche Bezeichnungen für verbieten und erlauben, oder genauer für: verboten und
erlaubt erklären. Was nun den bildlichen Gebrauch der Ausdrücke δέειν
und λύειν anbelangt, so hat derselbe seinen Grund in der Vorstellung,
der gemäß das Gesetz als mit Stricken versehen dargestellt wird. In
wieferne nämlich das Gesetz den Menschen bei einzelnen concreten Handlungen verpflichtet, bindet es ihn gleichsam, in wieferne es aber keine
Verpflichtung ausspricht, macht es ihn frei, löset ihn. Den Gesetzes-
lehrern oblag es nun als bestellten Interpreten zu bestimmen, ob das
Gesetz in Anwendung auf bestimmte Fälle verpflichte oder nicht verpflichte; vermöge ihres Lehramtes erklärten sie den Menschen in seinen
einzelnen Handlungen als durch das Gesetz gebunden oder gelöst. Die
Ausdrücke δέειν und λύειν sind somit bildliche Bezeichnungen der Lehrauctorität und der Lehrthätigkeit der jüdischen Gesetzeslehrer. Wenn nun
der Heiland dem Petrus, dem er so eben die oberste Gewalt in der
Kirche verheißen, auch noch auszurüsten verspricht mit der Binde- und
Lösegewalt, so kann sich dies nach dem Dargelegten nur beziehen auf
das Amt des obersten Lehrers und Interpreten des Gesetzes der Kirche
Christi. Dieses Lehramt der Kirche auf Erden wird aber Petrus in
der Art sicher und frei vom Irrthume verwalten, daß seine Entschei-
dungen sogleich die himmlische Bestätigung erhalten: ἔσται δεδεμένον . . .

Mald. faßt nach älteren Exegeten die Worte als Verheißung der
obersten Gewalt der Sündennachlassung: Haec etiam metaphora est,
qua idem, quod duabus superioribus significatur, supremam re-
mittendi aut retinendi peccata potestatem Petrum habuisse und
schließt daraus zurück auf Petri Primat in der Kirche. Ich möchte aber
glauben, daß auf Grund der Schriftworte umgekehrt zu argumentiren
sei. Christus verheißt dem Petrus die oberste Regierungsgewalt und
Lehrauctorität in der Kirche, den Primat, und daraus folgt auch seine
oberste Gewalt der Sündennachlassung. Mit dieser Erklärung stimmt

im Wesentlichen überein die von Bisping, nur daß er unter der Binde-
und Lösegewalt zunächst die gesetzgebende und richterliche Gewalt des
Apostelfürsten versteht. Nach Schegg hat der Herr mit diesen Worten
dem Petrus die oberste Gewalt über die Schätze der Kirche überhaupt
verheißen.

V. 20. Zum Schlusse fügt Jesu an das strenge Verbot, Jemandem mitzutheilen, daß er der Messias sei. Αὐτός, „er selbst" und
kein anderer, welche Meinung jene große Menge hegte, die Jesum blos
für einen Vorläufer des Messias hielt (cf. V. 14). Es scheint befremdlich,.
daß der Heiland, dessen Wirken auf Anerkennung seiner messianischen
Würde abzielte, jetzt diese Wahrheit zu verkünden verbietet. Das Verbot
bezweckte Verhütung des Mißbrauches, welchen die noch in falschen
Messiashoffnungen befangene Menge mit Petri Bekenntnisse getrieben
haben würde. Erst nachdem die Messiaserwartungen der Menge mehr
geläutert waren, konnte derselben ohne Gefahr Jesu als Messias verkündet werden. Διαστέλλειν = befehlen.

Jesus kündigt zum ersten Male sein Leiden an. 21—23.

Cf. Marc. 8, 31—33, Luc. 9, 22.

Der Zusammenhang gleich; Lucas berichtet nicht den Vorfall mit
Petrus. An das Bekenntniß Petri reiht Jesu an seine Leidensverkündigung, um die Jünger, die jetzt eine tiefere Kenntniß seiner Person besaßen, zugleich in das tiefere Verständniß seines Erlösungswerkes einzuführen. Der Redeinhalt in Verbindung mit dem Vorigen ist: der
Messias, obgleich der Sohn Gottes, muß leiden und dadurch zur Verherrlichung gelangen. Diese Wahrheit auch den Aposteln vorzutragen,
war nothwendig im Hinblicke auf deren noch nicht völlig geläuterte Vorstellungen vom messianischen Werke und auf die immer näher kommende
Leidenszeit.

V. 21. Zu beachten ist die nachdrucksvolle Zeitangabe, wann
Jesu bestimmt sein Leiden anzukünden begann: ἀπὸ τότε, „von da an",
als nämlich Petrus öffentlich den Menschensohn als Sohn Gottes bekannt hatte. Durch dieses ἀπὸ τότε wird einerseits der Beginn der
Leidensvorherverkündigungen zeitlich mit Petri Zeugnißablegung in Verbindung gebracht, andererseits hervorgehoben, daß von jetzt an die
Leidensverkündigung einen wichtigen Theil im Unterrichte der Jünger
bildete. Es kann somit ἀπὸ τότε mit Recht als epochemachende Zeit-

angabe in der evangeliſchen Geſchichte bezeichnet werden. Δειχνύειν ὅτι δεῖ . . . zu zeigen, daß er müſſe nach Jeruſalem gehen und leiden . . . Der Heiland belehrte ſeine Jünger, daß ſein Leiden, weil im göttlichen Rathſchluſſe beſchloſſen, nothwendig erfolgen müſſe. Nur das Datum dieſes Unterrichtes referirt Matthäus, die nähere Art und Weiſe deſſelben theilt er nicht mit. Cf. Luc. 24, 44 ff. Das ἀπελθεῖν εἰς Ἱεροσόλυμα, ire Hierosolymam, iſt nur von der Reiſe zum Leiden zu verſtehen; es werden alſo durch dieſe Worte frühere Reiſen Jeſu nach Jeruſalem nicht ausgeſchloſſen.

Weil mit dieſer klaren und beſtimmten Vorherſagung des Lei= dens und der Auferſtehung unvereinbar zu ſein ſcheint die Thatſache, daß die Jünger nach dem Tode Jeſu deſſen Erweckung gar nicht zu erwarten ſchienen, daher den Leichnam beſtatteten, das Grab mit einem ſchweren Steine verſahen und hoffnungslos waren, und die Nachricht von der Auferſtehung und Erſcheinung als unglaublich betrachteten, ſo hat man die Behauptung ausgeſprochen: Jeſu habe ſeine Auferſtehung in dunklerer, unbeſtimmter Weiſe, die nicht nach ihrem wahren Sinne gefaßt wurde, angedeutet und erſt ex eventu ſei die klare und beſtimmte Form, in welcher die Auferſtehungs=Weiſſagung vorliegt, in der Ueber= lieferung ausgeprägt werden, d. h. die vorliegende beſtimmt lautende Auferſtehungs=Weiſſagung ſei nicht urſprünglich. Dieſe Schlußfolgerung iſt unzuläſſig; im Gegentheile iſt das Verhalten der Jünger nach Jeſu Tod und Auferſtehung ungeachtet der beſtimmten Vorherſagung beider Momente ganz gut erklärbar. Den Aufſchluß darüber gibt uns der Evangeliſt Marcus 9, 31. 32, welcher berichtet, die Jünger hätten Jeſu Rede, daß der Menſchenſohn in die Hände der Menſchen über= liefert werde, welche ihn tödten würden, und daß er am dritten Tage vom Tode auferſtehen werde, nicht verſtanden. Es wird niemand die Jünger für ſo ſtumpfſinnig halten, daß er behaupten möchte, ſie hätten den Sinn der ſo klarlautenden Worte mit ihrem Verſtande nicht zu er= faſſen vermögen. Der Evangeliſt will hier ein Nichtverſtehen mit dem Herzen, wenn wir uns ſo ausdrücken dürfen, referiren. Die Leidens= und Auferſtehungs=Vorherverkündigung ſtand mit den Herzenswünſchen der Jünger rückſichtlich des Meſſias in ſo ſcharfem Contraſte, daß dieſe beides nicht in Einklang zu bringen vermochten, und daß beim Ueber= gewichte, womit die Herzenswünſche ſich in der Vorſtellung der Jünger behaupteten, Jeſu Vorherverkündigung über ſein Leiden und ſeine Auf= erſtehung nur äußerlich blieb, nicht zum geiſtigen Eigenthume der Jünger wurde, und darum — nicht dem nächsten Wortlaute, sondern ihrem Inhalte nach unverstanden blieb.

V. 22. Wie wenig noch die Jünger das Leiden und den Tod des Messias zu fassen vermochten, zeigt das Verhalten Petri, des begnadigsten und bevorzugtesten Jüngers. Er nahm Jesu bei Seite (προσλαβόμενος), um ungestört ihm sagen zu können, was er gegen die eben erfolgte Leidensverkündigung vorbringen wollte. Da fing er an Jesu Vorwürfe zu machen: „Gott bewahre dich, Herr! nimmermehr wird dieses geschehen." Ἵλεώς σοι scl. εἴη ὁ θεός; wörtlich: Gott möge gnädig sein. „Vox deprecantis ne id eveniat, quod dictum est." Die Worte οὐ μὴ ἔσται (non erit) sind Ausdruck der Zuversicht. Petrus vermeint eine besonders innige Liebe zu seinem Herrn zu bekunden, wenn er mit großer Zuversicht ausspricht, das angekündigte Leiden werde nicht eintreffen.

V. 23. Der Herr wendet sich unwillig von Petrus ab (στραφείς) und spricht: „Weiche zurück hinter mir (cf. 4, 10) Satan!" Σατανᾶ, „Widersacher"; als solchen bekundete sich Petrus dadurch, daß er sich dem göttlichen Rathschlusse widersetzen wollte, demgemäß die Erlösung durch Christi Leiden und Tod sollte vollbracht werden. Und das σατανᾶ näher erklärend, fährt Jeu fort: „Mein Aergerniß bist du, weil du nicht sinnest, was Gottes, sondern was der Menschen ist." Τὰ τοῦ θεοῦ, die Sache Gottes; diese war hier die Erlösung der Menschen durch das Leiden des Messias. Τὰ τῶν ἀνθρώπων, die Sache, das Interesse der Menschen; dieses forderte keinen leidenden, sondern einen irdisch siegenden und herrschenden Messias. Es war also im unheiligen, der göttlichen Anordnung ganz widersprechenden Beginnen Petri die Strenge der Zurechtweisung völlig begründet.

Bedingungen der Nachfolge Jesu. 24—28.

Cf. Marc. 8, 34 bis 9, 1, Luc. 9, 23—27.

Der Zusammenhang mit dem Vorigen ist enge: Christi Geschick ist Vorbild der Geschicke seiner Nachfolger; wie der Meister nur durch Leiden und Tod hindurch zur Glorie der Auferstehung gelangt, so können auch seine Schüler nur durch Selbstverläugnung und Opferleben ihre Seele beim messianischen Gerichte retten.

V. 24. Das ὀπίσω μου ἐλθεῖν, post me venire, ist von der geistigen Nachfolge zu verstehen: mein Jünger sein. Cf. 4, 19. Die Be-

dingungen dazu sind: ἀπαρνησάσθω ἑαυτόν, abneget semet ipsum.
Das ἑαυτόν bezeichnet das natürliche Selbst, das menschliche Wesen, in
wieferne es nach seinem Sinnen und Trachten dem, was Gottes ist,
widerstreitet. Corn. a Lap. „Jubet ergo, ut quisque suos affectus,
et amores naturales et sensuales Dei legi et voluntati repugnantes
deponat, mortificet, et resecet ac Dei legem et voluntatem assum-
mat, induat et per omnia sequatur." Demnach ist Selbstverleugnung
das Bekämpfen des natürlichen Selbst mit seinem Sinnen und Trachten,
um das Handeln nach der Norm des geoffenbarten Willens Gottes ein-
zurichten. Die Nachfolge Christi fordert ferner: ἀράτω τὸν σταυρὸν
αὐτοῦ. Das Kreuztragen. Zur Erklärung des Ausdruckes cf. 10, 38.
Der Jünger Jesu muß also bereit sein nicht blos zu entsagen (abstinere)
dem, was das eigene natürliche Selbst von sich heraus will, er muß
auch bereit sein auf sich zu nehmen (sustinere) das, wogegen der natürliche Mensch sich sträubt.

V. 25. Begründung des Vorigen: Selbstverleugnung und Kreuztragen ist nöthig, weil nur dadurch das ewige Leben gewonnen werden
kann. Zum Gedanken cf. 10, 39.

V. 26. Weitere Erläuterung (γάρ) des vorigen Verses. Das ewige
Leben ist anzustreben, weil der Verlust desselben unersetzbar ist. „Denn
was wird der Mensch für einen Nutzen haben, wenn er die ganze
Welt gewonnen, aber seine Seele eingebüßt (wörtlich: den Schaden
seiner Seele erlitten, d. h. seine Seele verloren haben wird = animae
detrimentum patiatur) haben wird? Oder was wird ein Mensch geben
als Entgeld für seine (verlorene) Seele?" Der Gedanke der zweiten
durch ἤ aut eingeführten Frage ist: Es gibt kein Mittel die verlorne
Seele wieder einzutauschen, also ist der Verlust des ewigen Lebens
unersetzbar. Lachm., Tregell., Tischend. (achte Ausgabe) haben ὠφελη-
θήσεται — nach אB statt des recipirten ὠφελεῖται Vulg. prodest.
Das im neuen Testament nur hier und in der Parallelstelle bei Marcus
vorkommende ἀντάλλαγμα bedeutet Tauschmittel, ebenso das commutatio
der Vulg. ζημιόω, Schaden zufügen, Pass. Schaden erleiden.

V. 27. Grundangabe (γάρ), warum die verlorene Seele durch
nichts wiedergewonnen werden kann: weil, wenn Christus zum Gerichte
kommt, die Vergeltung strenge nach Maßgabe des sittlichen Thuns der
Menschen erfolgen wird. Der Menschensohn wird kommen: in der
Herrlichkeit seines Vaters, d. h. in jener Glorie, welche dem Vater im
Himmel eigen ist, und welche der Sohn als Abglanz seines Wesens

von Ewigkeit her besitzt. Christi erste Ankunft zur Erlösung erfolgte in der Niedrigkeit des Fleisches, seine Wiederkunft zum Gerichte wird erfolgen im Glanze der göttlichen Herrlichkeit. Πρᾶξις opus, ist Bezeichnung des sittlichen Thuns der Menschen.

V. 28. Nachdrucksvolle (ἀμήν) Hinweisung auf die Nähe des Gerichtes: Einige von den Anwesenden (τινές, also die Mehrzahl nicht mehr) werden Jesu Wiederkunft zum Gerichte noch erleben. Γεύσασθαι θανάτου = den Tod verkosten, i. e. sterben (cf. Joh. 8, 52, Hebr. 2, 9) ist Aramäismus, hebr. den Tod sehen. Βασιλεία bezeichnet hier das Messiasreich im endgeschichtlichen Sinne, das Reich der Vollendung. Demnach weisen die Worte: „den Menschensohn kommend sehen in (mit) seinem Reiche" hin auf die Wahrheit, daß mit dem Kommen Christi zum Gerichte zusammenfällt der Beginn des Reiches der Vollendung. So gefaßt ist der Ausspruch des Herrn bei Matthäus sachlich nicht verschieden von den Worten an der parallelen Stelle bei Marc. 9, 1: „bis sie das Reich Gottes in Macht gekommen sehen werden." Wann und wie erfüllen sich diese prophetischen Worte? Die einzig richtige Antwort auf diese Frage ist: die Erfüllung hat begonnen mit der Zerstörung Jerusalems, setzt sich fort in der Geschichte des Reiches Gottes auf Erden, und wird ihren Abschluß finden mit dem letzten Weltgerichte. Das Strafgericht über Jerusalem machte den Anfang mit dem (offenkundigen) Wiederkommen Jesu zum Gerichte, mit dem letzten Gerichte wird diese in ihren Wirkungen sichtbare Wiederkunft Christi ihren Abschluß finden durch die persönliche Wiederkunft des verklärten Gottmenschen. Es ist die Wiederkunft Jesu bei der Zerstörung Jerusalems ein Typus auf das herrliche sichtbare Wiederkommen zum allgemeinen Gerichte und zugleich eine sichere Gewähr für die Gewißheit desselben. Jenes ist der Anfang, dieses der Abschluß des göttlichen Weltgerichtes, beide zusammen bilden ein Ganzes. Die erste in ihren Wirkungen sichtbare Wiederkunft Jesu zum Beginne des messianischen Weltgerichtes bei der Zerstörung Jerusalems ist hier zunächst gemeint. Das göttliche Strafgericht über Jerusalem hat aber noch ein Theil der Zuhörer Jesu erlebt. Diese Fassung der Worte Jesu, welche strenge genommen im eschatologischen Sinne zu nehmen sind, hat ihre Berechtigung in der Natur der prophetischen Redeweise, welche häufig die ferne Zukunft mit der nahen Zukunft verbindet ohne den dazwischen liegenden Zeitraum anzudeuten.

17. Kapitel.

Verklärung Jesu. 1—13.

Cf. Marc. 9, 2—13 (Vulg. 9, 1—12), Luc. 9, 28—36.

Alle drei Evangelisten haben das Factum in gleichem Zusammenhange:

B. 1. Vorerst gibt der Evangelist eine sehr genaue Angabe der Zeit und der Umstände, unter denen die Verklärung stattfand. Μεϑ' ἡμέρας ἕξ, „nach sechs Tagen", ebenso Marc. 9, 1 (2); Luc. 9, 28 verzichtet mit der Bemerkung: ungefähr (ὡσεί) acht Tage, auf eine ganz genaue Zeitangabe. Der terminus a quo kann nach dem Zusammenhange nur sein, Petri Zeugnißablegung und Jesu erste Leidensankündigung. Es hat also die genaue Zeitangabe den Zweck hinzuweisen auf den engen Zusammenhang zwischen der Verklärung und jenen beiden Ereignissen; die Verklärung Jesu sollte die Jünger im Glauben an Christum als den Sohn Gottes stärken, sollte ihnen zeigen, daß Jesu ungeachtet des ihm bevorstehenden Leidens und Todes doch der Sohn des lebendigen Gottes sei, der nach Vollendung seines Werkes auf Erden zur Herrlichkeit seines himmlischen Vaters werde erhöht werden.

Zeugen der Verklärung. Die drei auch sonst bevorzugten Jünger (cf. Marc. 5, 37, Luc. 8, 51), Petrus, Jakobus, und Johannes nimmt Jesu mit sich, damit sie gesetzliche Zeugen (Denterón. 19, 15) seien von Jesu wunderbaren Verherrlichung, wie sie bald Zeugen sein sollten von seiner tiefsten Erniedrigung in Gethsemane. Cf. 26, 37.

Verklärungsort. Die drei Jünger führte Jesu abgesondert von den übrigen Jüngern (κατ' ἰδίαν) auf einen hohen Berg. Dieser Berg war nach einer bis in's vierte Jahrhundert zurückreichenden Tradition (Cyrillus von Alexandr., Hieronymus; Eusebius der den Berg Tabor beschreibt erwähnt diese Tradition nicht) der tausend Fuß hohe Tabor, ungefähr eine Meile von Nazareth entfernt. In neuester Zeit findet diese Nachricht darum fast allgemeinen Widerspruch, weil der Gipfel des Berges von 218 vor Christus bis 70 nach Christus fortwährend Verschanzungen gehabt habe.

B. 2. 1. Wunderbarer Vorgang: Die Verklärung Jesu. Jesus wurde umgestaltet καὶ μετεμορφώϑη, Vulg. transfiguratus est. Nach der Bedeutung des Wortes μεταμορφοῦσϑαι müssen wir denken an eine Veränderung der äußeren Gestalt (μορφή) Jesu, was ausdrücklich

Luc. 9, 29 sagt: et facta est species vultus ejus altera. Worin nun diese Umgestaltung Jesu bestanden habe, deuten folgende Worte an: καὶ ἔλαμψεν . . . φῶς. „Sein Antlitz leuchtete wie die Sonne, seine Kleider aber wurden weiß wie das Licht." Die Vulgata hat nix nach der nur durch wenige Handschriften bezeugten Leseart: ὡς χιών. Jesu Antlitz strahlte in einem solchen Glanze, daß nur das reine Sonnenlicht mit ihm verglichen (ὡς) werden konnte und der Schein desselben theilte sich auch den Kleidern mit, jedoch im geringern Grade (φῶς). Das Wesentliche der Transfiguration Jesu bestand demnach darin, daß der Glanz der göttlichen Wesenheit Jesu plötzlich durch die leibliche Umhüllung durchdrang und diese selbst verklärte; denn die göttliche δόξα erscheint den menschlichen Augen unter dem blendenden Glanze des Sonnenlichtes, welches ein schwaches Abbild der himmlischen Glorie ist. Die Verklärung war demnach eine momentane Anticipation jenes Verklärungszustandes, in dem der Heiland seit seiner Auferstehung sich immerfort befindet.

V. 3. 2. Vorgang: die plötzliche Erscheinung des Moses und Elias ἐν δόξῃ, in Herrlichkeit, i. e. in überirdischer Glorie. Cf. Luc. 9, 31. Beide Männer nahmen im Volke Israel, dem Eigenthume Gottes, eine hervorragende, in der engsten Beziehung zum göttlichen Heilsplan stehende Stellung ein; Moses als Repräsentant des Gesetzes, Elias der Propheten. Die Erscheinung beider war somit ein Hinweis auf die bevorstehende Erfüllung von Gesetz und Propheten und zugleich Huldigung Christi als des Vollenders des Gottesreiches. — Wie ist die Erscheinung beider Männer zu denken? Die Mehrzahl der Exegeten ist der Ansicht, beide seien mit ihren wirklichen verklärten Leibern erschienen. Dagegen machen andere geltend, daß diese Annahme zwar bei Elias keine Schwierigkeit finde, der auf wunderbare Weise von der Erde entrückt wurde, wohl aber bei Moses, von dem die Schrift ausdrücklich erzählt, daß er gestorben und begraben worden sei. Diese Exegeten meinen nun, Moses und Elias seien erschienen, wie sie im Jenseits lebten, so daß also ihre Erscheinung weder die Auferweckung von den Todten noch die Verklärung ihrer Leiber zur Voraussetzung habe und zur Erklärung dieses Umstandes weisen sie auf die Thatsache hin, daß auch die Engel in materiellen menschlichen Leibern erscheinen, ohne daß sie solche besitzen. Im gleichen Sinne äußert sich der heilige Thomas rücksichtlich des Moses: Moyses fuit ibi in anima solum. Sed qualiter visus est? dicendum, quod sicut angeli videntur.

V. 4. Nach Luc. 9, 33 sprach Petrus die hier mitgetheilten Worte, als Moses und Elias im Begriffe waren von Jesus zu scheiden, und wußte Petrus nicht, was er sagte. Cf. Marc. 9, 5 (6). Durch die letzte Bemerkung soll angedeutet werden, daß die Majestät des Meisters und sein Glanz auf Petrus einen so überwältigenden Eindruck machten, daß er momentan die Klarheit des Bewußtseins verlor. Die Worte Petri selbst werden verschieden interpretirt, entweder: es ist gut, daß wir (Jesus und die Apostel) hier an einem so anmuthigen Orte, unter dem Schutze der Himmlischen sind, oder: es ist gut, daß wir Apostel hier sind, um euch zu längerem Aufenthalt durch Aufrichtung von Hütten behilflich zu sein. Erstere Fassung scheint den Vorzug zu verdienen. Nach Luc. 9, 31 sprachen Moses und Elias mit Jeu über seinen Ausgang (ἔξοδος) i. e. über das Ende seines irdischen Lebens.

V. 5. 3. Wunderbarer Vorgang auf dem Berge: Theophanie, deren zwei Momente durch ἰδού anschaulich vorgeführt werden. 1. Moment: Eine leuchtende Wolke überschattete sie (scl. Jesus, Moses und Elias). Νεφέλη φωτεινή, die Wolke war leuchtend (φωτεινή), nämlich durch das von Christus ausgehende Licht. Obwohl leuchtend konnte sie doch überschatten, denn sie versetzte die Gestalten in ihr in ein Halbdunkel, so daß sie jetzt weniger genau gesehen wurden als früher. Die Wolke ist im alten Testamente Symbol der Gegenwart Gottes, denn Gott erscheint den Menschen nur durch eine Wolke verhüllt. Die Wolkenhülle also, welche den Heiland und die beiden Männer des alten Testamentes umgab, verkündete den Jüngern die gnadenvolle Anwesenheit Gottes auf dem Berge. 2. Moment. Aus der Wolke vernahmen die Jünger die Stimme: „Dieser ist mein vielgeliebter Sohn, an dem ich mein Wohlgefallen habe; ihn höret." Cf. 3, 17. Die Schlußworte ipsum audite, welche den Nachdruck haben, beziehen sich auf die bekannte Weissagung Mosis Deut. 18, 15. Die Himmelsstimme deckt die Bedeutung der Verklärung und der wunderbaren Vorgänge bei derselben völlig auf. Jesus ist der von Moses verheißene Prophet, der Vollender der alttestamentlichen Gottesordnung, Herr und Gebieter der ganzen Welt, dessen bisheriges Wirken dem Willen Gottes gemäß ist, dessen Wort für die Menschheit Lebensnorm ist.

V. 6. 7. Matthäus allein berichtet, daß die Jünger zu Boden fielen, als sie die Himmelsstimme vernahmen, und von dort sich erst in Folge der Berührung durch Jeu wieder erhoben. Die Himmelsstimme verschaffte den Aposteln die volle Gewißheit von der Anwesenheit des heiligen Gottes, welche die unheiligen Menschen mit Furcht und Zittern erfüllt.

V. 8. Als die Jünger aufblickten, hatten sich Moses und Elias schon entfernt, und Jesus stand wieder in seiner gewöhnlichen Gestalt vor ihnen.

V. 9. Während des Herabsteigens vom Verklärungsberge ergeht an die Jünger das Verbot, von dem Gesehenen (= τὸ ὅραμα) Nie= manden (also auch den übrigen Aposteln nicht) vor Jesu Auferstehung etwas zu sagen.

V. 10. Auf dem Rückwege (vom Berge) stellten die Jünger an Jesus die Frage: „Warum also sagen die Schriftgelehrten, daß Elias zuvor (πρῶτον) kommen müsse?" Durch οὖν (igitur) wird die Frage der Jünger als Folgerung aus dem Vorhergehenden kenntlich gemacht. Je nachdem die Beziehung der Folgepartikel verschieden gefaßt wird, gestaltet sich auch der Zusammenhang und der Sinn der Frage ver= schieden. Am wahrscheinlichsten ist Folgendes: Die Jünger folgern ihre Frage aus der Anwesenheit und dem schnellen Verschwinden des Elias auf dem Verklärungsberge. Die Verklärung selbst hatte ihren Glauben an Jesu messianische Würde befestigt und ihre Hoffnung auf die baldige Errichtung des messianischen Reiches erhöht. In Folge dessen möchten sie jetzt wissen, wie es sich mit dem auf die Verheißung des Malachias gegründeten Lehrsatze der Schriftgelehrten verhalte, daß Elias zuvor, i. e. vor Aufrichtung dieses Reiches kommen müsse, um die Menschen darauf durch eine längere Wirksamkeit vorzubereiten.

V. 11. 12. Antwort Jesu. Zuerst (V. 11) bestätigt der Heiland die Richtigkeit des Lehrsatzes der Schriftgelehrten, daß Elias wieder kommen werde und ergänzt denselben mit den Worten: „Und er wird alles wieder herstellen." Dazu bemerkt Mald. gut: Quod autem Christus dicit Eliam qui venturus est, omnia restituturum, hoc sensu mihi dicere videtur, Eliam omnia restiturum esse, partim quia multa ipse per se restituet, partim multoque magis quia signum restitutionis omnium i. e. consummationis saeculi futurus est. Daß hier der Heiland die Wiederkunft des Elias in Person vor der Parusie und dessen die Wiederkunft Jesu vorbereitende Thätigkeit lehre, bezeugen die Väter und die überwiegende Mehrzahl der katholischen Exegeten, so daß Bellarmin die gegentheilige Ansicht bezeichnen konnte, als: „haeresis vel haeresi proximus error" de Rom. Pontif. l. 3, c. 6. — In Vers 12 deckt Jeu die unrichtige Beziehung des

richtigen Lehrsatzes der Schriftgelehrten auf: „Ich sage euch aber, daß
Elias schon gekommen ist, aber sie erkannten ihn nicht an, sondern
thaten an ihm, was sie wollten; so wird auch der Menschensohn zu
leiden haben von ihnen." Die Schriftgelehrten bezogen die Verheißung
der Wiederkunft des Elias auf die erste Ankunft des Messias; dagegen
sagt der Heiland, dieser Ankunft des Messias ist schon der Elias
vorausgegangen, aber in der Person und Wirksamkeit des Johannes.
— Οὐκ ἔγνωσαν αὐτόν „sie erkannten ihn nicht an" scl. als den
gottgesandten Vorläufer des Messias. Zu ἀλλὰ ἐποίησαν . . . Cf.
11, 18 und 14, 3 ff. Zum ganzen Gedanken ist zu vergleichen die
Erklärung zu 11, 14.

V. 13. „Da verstanden die Jünger, daß er von Johannes dem
Täufer zu ihnen redete."

Bedeutung und Endzweck der Verklärung. Da die
Verklärung Jesu eine That Gott Vaters ist (cf. 2 Petri 1, 17), so
müssen wir festhalten, daß der erste Zweck derselben in Christo lag,
und ihre Bedeutung für die Jünger erst in zweiter Linie steht. Den
Zweck der Verklärung für die Person Jesu können wir unschwer be=
stimmen, wenn wir achten auf die Stellung, welche sie in der Reihen=
folge der evangelischen Heilsthatsachen einnimmt, und auf die Umstände,
unter denen sie stattfand. Die Verklärung erfolgte in Galiläa am
Schlusse des öffentlichen Wirkens Jesu daselbst. Wie sie also einerseits
das Wirken des Herrn in Galiläa abschließt, so leitet sie Jesu Gang
nach Jerusalem zur Vollendung des Erlösungswerkes überhaupt ein.
Die Verklärung der menschlichen Natur Jesu als Abschluß seiner gali=
läischen Lehrthätigkeit war eine himmlische, seierliche Bestätigung dieses
Wirkens, eine himmlische Belohnung für die bisherigen Leiden und
Verfolgungen in Ausführung der messianischen Aufgabe, die Erscheinung
des Moses und Elias bezeugte, daß durch Christi Lehrthätigkeit das
Gesetz und die Propheten ihrer Vollendung entgegengeführt seien. In
wieferne an die Verklärung sich bald die Reise nach Jerusalem zur
Vollendung der Erlösung durch das versöhnende Leiden anschloß, hatte
die Verklärung den Zweck, die heilige Menschheit Jesu für diesen
Leidensweg zu stärken, den Sieg im Leidenskampfe vorherzuverkünden
und momentan jene Glorie zu präformiren, welche Je u durch Leiden
für seine menschliche Natur auf immer sich verdienen sollte. Die Be=
dentung der Verklärung des Herrn für die Jünger und damit für alle
Gläubigen eröffnet uns der Apostelfürst 2 Petr. 1, 16. Als Offen=

barung der Jesu eigenthümlichen göttlichen Herrlichkeit bekundete die
Verklärung des Herrn einerseits, daß er mit jener göttlichen Macht
ausgerüstet sei, die uns alles zum Leben und zur Gottseligkeit (2 Petr.
1, 3) Nothwendige zu schenken vermöge, und war sie andererseits eine
prophetische Vorherverkündigung der einstigen Wiederkunft Christi. „Denn
eine Hauptabsicht der Verklärung war, den Jüngern zu zeigen, daß
der tief erniedrigte und der zur Rechten Gottes erhöhte Heiland derselbe
sei, und daß in ihm dieser sterbliche und der einst verklärte Leib, das
himmlische und das irdische Leben Eins seien. Daher gab die Ver=
klärung Christi den Aposteln auch ganz vorzüglich die Gewißheit seiner
dereinstigen Wiederkunft."

Heilung eines mondsüchtigen besessenen Knaben. 14—21.

Cf. Marc. 9, 14—29 (Vulg. 9, 13—28), Luc. 9, 37—42 (43).

Diese Heilungsgeschichte berichten alle drei Evangelisten unmittelbar
nach der Verklärungsgeschichte; der Bericht des Matthäus ist kurz und
summarisch; am anschaulichsten erzählt Marcus.

V. 14. 15. Als Jeu mit den drei Jüngern vom Verklärungs=
berge wieder zum Volke zurückkam (am Tage nach der Verklärung cf.
Luc. 9, 37), bat ihn ein Mann kniefällig um Hilfe für seinen höchst
unglücklichen Sohn. Die Krankheit und das Leiden des Sohnes schildert
der Vater mit den Worten: „Denn er ist mondsüchtig und schlimm=
leidend, denn oft fällt er in's Feuer und oft in's Wasser." Er war also
epileptisch und hingen diese epileptischen Erscheinungen mit dem Wechsel
des Mondes zusammen. Nach Marc. 9, 17, 25 war der Knabe zu=
gleich stumm und taub. Wie wir aus V. 18 ersehen, hatte das Leiden
des Knaben (das bei Marc. 9, 18 und Luc. 9, 34 anschaulich ge=
schildert wird) die letzte Quelle in dämonischer Besessenheit.

V. 16. Früher schon hatte der Vater Hilfe gesucht bei den Jüngern
Jesu, welche vergebliche Heilungsversuche vornahmen. Wahrscheinlich
fanden diese Versuche statt, während Jeu auf dem Verklärungsberge
sich befand. Cf. Marc. 9, 14 ff.

V. 17. Die Mittheilung des Vaters veranlaßt Jesum zur ernsten
und affectvollen Rede: „O du ungläubiges und verkehrtes (διεστραμμένη
von διαστρέφειν) Geschlecht! wie lange soll ich bei euch sein, wie lange
soll ich euch ertragen!" Verschieden beantwortet wird die Frage, wem
der Tadel gelte, d. h. wer mit generatio infidelis et perversa be=

zeichnet sei. Die Ansicht der Mehrzahl unter den älteren Exegeten berichtet Maldonat mit den Worten: Omnes fere auctores existimant,
Christum hoc non de discipulis, sed de parente adolescentis et de
toto Judaeorum genere dixisse. Es scheint aber der Annahme, daß
der Tadel auch auf die Jünger zu beziehen sei, nicht blos nichts im
Wege zu stehen, sondern diese Beziehung scheint vielmehr gefordert zu
werden durch Inhalt und Zusammenhang des Tadels. Die vorwurfsvolle Bezeichnung „ungläubiges Geschlecht" schließt sicher die Jünger
mit ein, deren Unglaube V. 20 ausdrücklich hervorgehoben wird, und
die Klage, „wie lange soll ich bei euch sein, wie lange soll ich euch ertragen!" war rücksichtlich der Jünger, die im steten vertrauten Verkehre
mit Jesu standen, ganz besonders berechtigt. Ungläubige werden aber
die Jünger genannt wegen Mangel an energischem Glauben, weil ihnen
beim Heilungsversuche der nöthige Grad von Vertrauen auf die durch
sie wirkende Wunderkraft fehlte.

V. 18. Heilung. Ἐπετίμησεν αὐτῷ. Er schalt ihn, nämlich mit
seinem Herrscherworte, womit zugleich der Befehl zum Weichen gegeben
war. Ueber den Gebrauch von ἐπιτιμᾶν cf. 8, 26. Das Pronomen αὐτῷ
können wir ganz gut mit der Vulgata auf den Besessenen beziehen nach
der biblischen Darstellungsweise, welche häufig den Dämonischen und
den Dämon verwechselt. Cf. 8, 29. Genauer berichtet die Heilung Marc.
9, 25—27.

V. 19—21. Auf die Frage der Jünger (19) gibt der Herr Antwort (20—21). Ihr vermochtet den Dämon nicht auszutreiben: Διὰ
τὴν ἀπιστίαν ὑμῶν, „wegen eures Unglaubens". Der Ausdruck Unglaube
ist hier (cf. V. 17) nur in relativem Sinne zu fassen und bezeichnet
auf Seite der Jünger einen Mangel an festem Glauben auf ihren göttlichen Meister als Wunderthäter und an Zuversicht auf die ihnen als
seinen Bevollmächtigten verliehene Wunderkraft. Cf. 10, 1. In feierlicher Rede (ἀμὴν) fährt der Heiland fort: „Denn wahrlich ich sage
euch, wenn ihr Glauben habet wie ein Senfkorn, so möget ihr sagen
zu diesem Berge: hebe dich weg von dort, und er wird sich wegheben,
und nichts wird euch unmöglich sein." Πίστις wird hier verschieden
gefaßt: Glaube im weiteren Sinne, soweit er überhaupt eine theologische
Tugend ist, Mald., Schegg; oder Glaube im engeren Sinne: der
wunderthätige Glaube, d. h. der Glaube an Jesum Christum als Inhaber göttlicher Wundermacht. Den vorausgesetzten Glauben vergleicht
der Heiland mit einem Senfkorn. Cf. 13, 32. Nach dem constanten

Gebrauche des Ausdruckes: „Senfkorn" iſt auch hier die Kleinheit der
Vergleichungspunct und bezeichnet demnach die Phraſe: „Glaube wie
ein Senfkorn," einen kleinen aber wahren und lebenskräftigen Glauben.
Es iſt ſomit nicht nöthig die gewöhnliche Bedeutung des bildlichen
Ausdruckes aufzugeben und zu ſagen: Mit dem Senfkorn werde hier
der Glaube verglichen nicht nach der Kleinheit des Senfkornes ſondern
nach der ſcharfen Kräftigkeit des Senfes. So ſchon Hieronymus uud
Auguſtin. In der bildlichen Rede vom Bergverſetzen lehrt der Heiland
anſchaulich die Alles beſiegende Kraft des Glaubens. Cf. 1 Joh. 5, 4.
Auch die buchſtäbliche Erfüllung durch Gregor Thaumat. bezeugt die
Geſchichte. Statt der verbürgten Leſeart: διὰ τὴν ἀπιστίαν haben Lachm.
und Tiſchend. nach אB. διὰ τὴν ὀλιγοπιστίαν aufgenommen.

V. 21. Mit den Worten: „dieſe Art aber fährt nicht aus außer
durch Gebet und Faſten" wendet ſich Je u wieder zum vorliegenden
Falle zurück. Δέ iſt fortführend und ſteigernd. Mit τοῦτο γένος bezeichnet
der Herr eine beſtimmte Klaſſe unter den Dämonen, welche, wie der
ſoeben ausgetriebene, einen höheren Grad von Bosheit und Gewalt
beſitzen, nicht das Geſchlecht der Dämonen überhaupt. Gut Maldonat:
Loquitur Christus de certo aliquo daemoniorum genere, in quo
expellendo plus sit quam in aliis difficultatis, ita ut orationem
etiam atque jejunium oporteat adhibere. Je mächtiger und boshafter
nämlich der Dämon iſt, welcher einen Menſchen in Beſitz genommen
hat, deſto ſtärker muß auch die geiſtige Waffenrüſtung des Dieners
Chriſti ſein, wenn er ihn austreiben will. So kann es alſo Dämonen
geben, zu deren Vertreibung außer Glauben noch (ſpecielles) Gebet
und Faſten nothwendig iſt. Die Macht über die dämoniſche Gewalt
wird nämlich um deſto größer, je mehr der Menſch den Einflüſſen
der ſinnlichen Welt entrückt, je inniger er mit Gott verbunden iſt. Er=
ſteres geſchieht vorzugsweiſe durch Faſten, letzteres durch Gebet. Darum
fordert der Herr von ſeinen Jüngern zur Austreibung gewiſſer Dä=
monenarten neben dem Alles überwindenden Glauben noch insbeſondere
Faſten und Gebet, weil er will, daß ſie im Kampfe gegen den Teufel
mit einer doppelten Waffenrüſtung erſcheinen: mit der Waffenrüſtung
des Glaubens, welche der Herr ihnen angezogen hat und der des
Faſtens und Gebetes, welche ſie ſich ſelbſt bereitet haben. — Tiſchend.
8. Ausgabe hat den Vers, welcher א*B fehlt, geſtrichen; derſelbe iſt
aber, weil ſehr ſtark bezeugt, als echt feſtzuhalten.

Jesus verkündigt zum zweiten Male seinen Tod. 22. 23.

Cf. Marc. 9, 30—32 (Vulg. 9, 29—31), Luc. 9, 43—45.

Der Zusammenhang ist bei allen Evangelisten gleich.

Diese wiederholte (cf. 16, 21) Hinweisung auf den bevorstehenden Tod, welche alle drei Evangelisten berichten, erfolgte in Galiläa, und zwar wahrscheinlich auf dem Wege nach Kapharnaum. Cf. V. 24. Der Zeit nach geschah sie jedenfalls bald nach der Verklärung und der Heilung des mondsüchtigen besessenen Knaben. Der Grund des erneuten Hinweises auf die bevorstehende Trauerzeit liegt lediglich in der Wichtigkeit der Sache. Nicht oft genug konnten die Jünger vorbereitet werden auf die herandrängende Entscheidung, damit, wenn selbe erfolgte, sie sich zu fassen wüßten. — Εἰς χεῖρας ἀνθρώπων, „in Menschenhände“, genauer 16, 21. Den Ausdruck „Menschensohn in Menschenhände (überliefert)“ finden die Exegeten mit Absicht gewählt: Der Erlöser der Menschen wird überliefert werden Menschen, welche zu erlösen er gekommen ist. Die Wirkung dieser Ankündigung: große Trauer. Die Jünger faßten noch nicht den Sinn der Weissagung (Marc. 9, 32 [31], Luc. 9, 45), aber eine trübe Ahnung stieg in ihnen auf. Luc. 9, 44 erwähnt nicht die Verkündigung der Auferstehung.

Der Stater im Munde des Fisches. 24—27.

Nur Matthäus berichtet über diesen Vorgang.

V. 24. Als Jesu mit den Jüngern wieder nach Kapharnaum gekommen war, traten an Petrus die Sammler der Didrachmen heran mit der Frage: „Zahlt euer Meister nicht die Doppeldrachme?“ — Οἱ λαμβάνοντες ist substantivisch: die Sammler. Τὰ δίδραχμα, die (attischen) Doppeldrachmen; eine solche kam im Werthe gleich einem halben heil. Seckel, nach unserem Gelde etwas mehr als ½ Gulden. Im Anschlusse an Exod. 30, 11—16 (cf. 38, 25 ff.) verpflichtete sich das Volk unter Nehem. freiwillig (cf. 2 Esdr. 10, 32. 33) jährlich „zum Dienste des Hauses Gottes“ den dritten Theil eines Seckels zu geben. Dieses Drittel scheint bald zu einem halben heil. Seckel (Doppeldrachme) erhöht worden zu sein, welche Summe zur Zeit Christi jeder freie Jude, der das zwanzigste Lebensjahr erreicht hatte, an den Tempel zahlen mußte. Nach der Zerstörung Jerusalems und des Tempels forderte Vespasian diese Steuer von allen Juden für den Jupiter Capitolinus ein. Cf. Jos. B. J. VII, 6, 6 und Dio Cassius 66, 7. Die Einsammlung geschah im Monate Adar (Februar) und sollte am ersten Nisan, vierzehn Tage vor dem Passahfeste beendet sein. Die Frage an Petrus wird gewöhnlich dahin verstanden, die Sammler hätten bei Jesus, dessen messianischer Ruf ihnen sicher bekannt war, vorausgesetzt, daß er Befreiung von der Tempelsteuer beanspruche. Andere fassen sie einfach als milde Form der Aufforderung zum Zahlen. — Mit Unrecht hält Maldonat für wahrscheinlich die Meinung des Hieronymus und Hilarius: „Qui existimant hoc illud tributum esse, quod Augustus Judaeis imposuit, cum jussit ut universus orbis describeretur." Unter den Neuern Wieseler, Chronol. Synopse 265 ff. und Beiträge 109 ff.

V. 25. Ohne Zögern antwortet Petrus mit Ja. Aus dieser Ant= wort Petri darf nicht mit Sicherheit geschlossen werden, daß Jeu früher die Tempelsteuer immer bezahlt habe. Die bejahende Antwort Petri war, wie aus der folgenden Rede Jesu hervorgeht, tadelnswerth aus dem Grunde, weil sie nicht im Einklange stand mit dem Zeugnisse desselben, daß Jeu der Sohn Gottes, des Herrn des Tempels sei. Cf. 16, 16. — Darum bringt Jeu das Verhalten Petri, von dem er vermög seiner Allwissenheit Kunde hat, zur Verhandlung. Als nämlich Petrus nach Hause kam (also außer dem Hause wurde er gefragt), da kam ihm Jesus, bevor jener vom Vorfalle Mittheilung machen konnte, mit der Frage zuvor (προέφθασεν λέγων): „Was dünket dir Simon? die Könige der Erde, von wem nehmen sie Zölle oder Steuern? von ihren Söhnen oder den Fremden (i. e. Unterthanen)?" — Τέλος be= zeichnet Zoll auf Waaren; κῆνσος Steuer auf Personen und Grund= stücke, Kopf= und Grundsteuer.

V. 26. Aus der richtigen Antwort Petri „von den Fremden" folgert Jeu: „also sind die Söhne (der Könige) frei". Die Anwen= dung dieses Satzes auf den vorliegenden Fall ergab sich von selbst: Jesus als der wahre Sohn Gottes ist frei von der an den Tempel Gottes zu entrichtenden Steuer.

V. 27. Da der Mehrzahl der Juden Jesu messianische Würde und somit auch seine persönliche Freiheit von der Tempelsteuer nicht bekannt war (cf. 16, 13. 14), so würde eine Verweigerung derselben Aergerniß erregt haben; deshalb gebietet Jeu dem Petrus, die Steuer zu zahlen mit den Worten: „Gehe an den See, wirf die Angel aus und den ersten (aus der Tiefe) heraufsteigenden Fisch nimm, und nachdem

14*

du seinen Mund geöffnet haft, wirst du einen Stater finden; diesen
nimm und gib ihnen für mich und dich." — Στατήρ, der griechische
Stater war gleich einem heil. Seckel oder zwei Doppeldrachmen. Die
ebenso einfach als bestimmt gehaltene Darstellung bekundet auf den
ersten Blick ein wunderbares Ereigniß und es sind die verschiedenen
gegen den Wundercharakter des Ereignisses ankämpfenden Erklärungs=
versuche (z. B. die natürliche Deutung oder die mythische Hinweg=
deutung) mit den Schriftworten geradezu unvereinbar. — Den ethischen
Zweck des ganzen Vorganges haben wir nicht in der Rücksicht auf die
Einsammler des Tempelgeldes, sondern in der Rücksicht auf Petrus zu
suchen. Petrus, dem der Herr schon durch das Zuvorkommen mit seiner
Frage sich als Herzenskundigen erwiesen hatte, sollte jetzt durch das
Wunder der Allmacht Jesu (nach Anderen Wunder der Allwissenheit)
im Glauben an Jesu Gottessohnschaft befestigt werden; es sollte ihm
die Wahrheit bekundet werden, daß Jesus, wenn er auch Steuer zahlt,
nicht Unterthan, sondern Gebieter über die Natur sei, welche mit ihren
Schätzen seinen Zwecken dienstbar sein muß. Mit dieser Zweckbestimmung
des Wunders erledigt sich von selbst die Frage, warum der Herr nicht
auf natürlichem Wege das nöthige Geld herbeigeschafft habe.

18. Kapitel.
Rangstreit der Jünger. 1—14.
Cf. Marc. 9, 33—37. 40—48. Luc. 9, 46—48.

Beide Evangelisten haben den Bericht unmittelbar nach der Leidens=
ankündigung.

B. 1. Die Zeit des folgenden Vorfalles gibt der Evangelist mit
den Worten: ἐν ἐκείνῃ τῇ ὥρᾳ, d. h. damals, als Je u nach dem
Vorgange (17, 24—27) noch im Hause des Petrus zu Kapharnaum
sich aufhielt, traten die Jünger (οἱ μαθηταί, unter ihnen auch Petrus,
den wir uns nach Ausführung des Auftrages [17, 27] zurückgekehrt
denken müssen) an Je u mit der Frage: „Wer ist denn nun größer
im Himmelreiche?" In regno coelorum, im Messiasreiche, dessen
Errichtung die Jünger jetzt nahe bevorstehend glaubten, weshalb sie auch
das anschaulich schildernde Präsens ἐστίν (cf. 11, 3) gebrauchen. Die
Frage, wer größer sei an Rang und Macht im Messiasreiche, wird
mit ἄρα aus dem Vorhergehenden gefolgert. Nach dem Contexte bei
Matthäus war die dem Petrus soeben bei der Tributzahlung zu Theil

gewordene Auszeichnung Veranlassung zur Frage, welche indessen im Kreise der Jünger schon früher (cf. Marc. 9, 33) angeregt worden war in Folge offenkundiger Bevorzugung sowohl des Petrus allein vor Allen, als auch desselben und der zwei andern Jünger vor den Uebrigen. Nach Matthäus war also eine directe Frage der Jünger Veranlassung zur folgenden Rede Jesu; anders nach Marc. 9, 33 und Luc. 9, 47. Ausgleichung: Am kürzesten referirt Lucas, nur die Sache und nicht die Umstände mittheilend. Die zwei anderen Evangelisten ergänzen sich und haben wir uns den Hergang etwa so zu denken. Die Jünger stritten schon auf dem Wege nach Kapharnaum, wer der Größere sei, und als sie zu Hause angelangt, vom Herrn nach dem Grunde des Streites gefragt wurden, schwiegen sie anfänglich aus Scham. (Marc.) Nachher veranlaßte sie die erneute Bevorzugung Petri, die Frage direct dem Herrn vorzulegen. (Matth.)

V. 2—4. Antwort Jesu auf die Frage der Jünger. Der Streit der Jünger hatte seinen Grund theils in einer unrichtigen Vorstellung vom Messiasreiche, theils in wirklich ehrgeizigem Streben. Dem gegen= über stellt nun Jeu die Bedingung fest, an die der Eintritt in's Messiasreich geknüpft ist (V. 3), und folgert daraus (V. 4) die sitt= liche Verfassung, durch die eine höhere Stelle im selben erlangt wird.

V. 2. Um die Belehrung und Ermahnung recht nachdrucksvoll zu machen, stellt der Heiland ein Kindlein in Mitte der Jünger. Nach Nicephorus K. G. 2, 35 soll es der hl. Ignatius gewesen sein.

V. 3. Ἐὰν μὴ στραφῆτε, nisi conversi fueritis, ist von der sittlichen Umkehr zu verstehen. Diese muß dahin führen, daß die Jünger werden „wie die Kindlein", d. h. sie müssen Kindersinn sich zu eigen machen; nur kindliche Anspruchslosigkeit, Einfalt, Offenheit, Demuth und Sanftmuth befähigen zum Eintritte in's Himmelreich. Weil der Heiland hier nur die sittliche Verfassung der Mitglieder des Messias= reiches charakterisiren will, so geht er auf die Frage, wie diese erworben werden kann, nicht ein. Aufschluß darüber gab der Herr schon früher in Jerusalem in der Unterredung mit Nicodemus. Joh. 3, 1—15.

V. 4. Dieser Vers enthält eine Folgerung aus dem allgemeinen Grundsatze des V. 3: Weil überhaupt Kindersinn nöthig ist zum Ein= tritte in's Messiasreich, so folgt (οὖν) daraus, daß nur jener ein Grö= ßerer ist in diesem Reiche, der sich demüthigt. Das Verbum ταπεινώσει, humiliaverit hat den Nachdruck.

V. 5. Die Frage der Jünger ist zwar beantwortet, aber der

Heiland nimmt jetzt Anlaß, im engen Zusammenhange mit dem Vorigen von der Behandlung der „Kinder" zu reden, und zwar sowohl wegen der Wichtigkeit der Sache an sich, als auch um den Jüngern zu zeigen, wie der geforderte Kindersinn sich im Leben bethätigen müsse. — Παιδίον τοιοῦτον, „ein derartiges Kindlein", ist zunächst durch das dastehende Kindlein veranlaßte Bezeichnung der bescheidenen, demüthigen Gläubigen, aber mit Recht kann man zugleich eine Beziehung der Worte auf wirkliche Kinder zulassen. (Corn. a Lap., Bisping, Schegg.) — Δέξηται, Vulg. susceperit, bezeichnet die Aufnahme, um für die geistigen und leiblichen Bedürfnisse zu sorgen. Ἕν, unum, weiset hin auf den großen Werth Eines solchen Kindleins. Ἐπὶ τῷ ὀνόματί μου, auf Grund meines Namens, i. e. weil es den Namen Christi bekennt, weil es ein Christ ist. Cf. πιστεύειν im folgenden Verse. Wer ein solches Kindlein, einen Gläubigen, aufnimmt, um Christi willen, der nimmt den Herrn selbst auf. Zum Gedanken cf. 10, 40 ff., 25, 35 ff.

V. 6. Strafverkündigung an jene, welche die παιδία ärgern. Σκαν- δαλίσῃ, i. e. im Glaubensleben zum Falle bringen, was natürlich auf die verschiedenste Weise geschehen kann. Die Größe eines solchen Vergehens wird vom Heilande dargelegt durch den Hinweis auf die große Strafe, welche dasselbe verdient: es ist ein todeswürdiges Ver- gehen. Die Redeweise ist bildlich. Μύλος ὀνικός ist der Mühlstein, welcher vom Esel getrieben wird (auch blos ὄνος genannt), also ein großer Stein. Die Todesstrafe des Ersäufens war zwar keine jüdische, wohl aber war sie den Juden bekannt.

V. 7. Mitleidsvoll spricht der Heiland zuerst einen Weheruf über die Menschheit, weil sie den Aergernissen ausgesetzt ist. „Wehe der Welt von wegen der Aergernisse." Vae an erster Stelle ist nicht ein „Straf- wehe", sondern ein Wehe des Mitleides: „Miserans Christus dicit vae." Mald. Τῷ κόσμῳ, der Menschheit, welche als solche den Aergernissen ausgesetzt ist. Ἀπὸ τῶν σκανδάλων. Das ἀπὸ weiset hin auf die bewirkende Ursache des οὐαί: das „Wehe", welches über die Mensch- heit ausgesprochen werden muß, hat seine Ursache in den Aergernissen, die gegeben werden; denn die Aergernisse sind eine große Gefahr für die Menschen, weil durch sie Viele zum Falle gebracht werden. — Den Weheruf erläuternd, fährt der Heiland fort: „Denn es ist nothwendig, daß Aergernisse kommen; doch wehe dem Menschen, durch welchen das Aergerniß kommt." Die Nothwendigkeit, daß Aergernisse kommen, hat ihren Grund in der gegenwärtigen sittlichen Beschaffenheit der Welt, in

der Irrthum und Sünde herrschen und häufig das Böse über das Gute
die Oberhand gewinnt. Weil aber jeder Mensch sittliche Freiheit besitzt,
so spricht der Heiland das Strafwehe über den, der Aergerniß gibt.

V. 8. 9. Wegen der großen Gefährlichkeit des Aergernisses muß
sich der Mensch mit der strengsten Selbstverleugnung hüten, daß er
sich durch ein gegebenes Aergerniß nicht zur Sünde verführen lasse.
Zum Gedanken cf. 5, 29. 30. Hände, Füße, Augen werden genannt
als Organe, durch welche vorzugsweise die verführerischen Wirkungen
der gegebenen Aergernisse in's Innere des Menschen geleitet werden;
und es ist demnach die Forderung, Hand und Fuß abzuhauen ... an=
schauliche Darstellung der Nothwendigkeit, die Abtödtung als Mittel
gegen die verführerischen Wirkungen der Aergernisse und als Bedingung
zur Erlangung des ewigen Lebens zu üben. — Καλόν — ἥ; der Positiv
mit nachfolgendem ἥ zur Bezeichnung des Comparativs ist bei den LXX
häufig, findet sich aber auch bei Classikern. Χωλός, hinkend, geht auf
den Fuß; κυλλός, curvus, geht auf die Hand: verkrüppelt.

V. 10. Anschließend an V. 6 setzt der Heiland die Warnung vor
dem Aergernißgeben fort. Weil dasselbe seine Veranlassung sehr häufig
in einer Geringschätzung und Nichtachtung des Nebenmenschen hat, darum
die Warnung: „Sehet zu, daß ihr nicht einen dieser Kleinen verachtet."
Der Ausdruck μιχροί ist hier wie im V. 3 zu fassen. — Den Grund,
warum keines von diesen Kleinen gering geschätzt werden darf, gibt der
Heiland mit den Worten: „Denn ich sage euch, daß ihre Engel im
Himmel allezeit sehen das Angesicht meines Vaters im Himmel." Der
Heiland bestätigt hier feierlich die Lehre des alten Testamentes vom
Dienste der Engel bei den Menschen. Durch die bildliche Redeweise vom
Schauen des Angesichtes Gottes werden die zum Dienste der μιχροί
bestimmten Engel nach orientalischem Sprachgebrauche (4 Kön. 25, 19)
als die vornehmsten, als die vertrautesten Diener Gottes bezeichnet.
Maldonat: Sumpta est ex aulae consuetudine metaphora, ubi quo
quis honoratior est, eo propinquior est regi eoque frequentius in
ejus conspectu versari solet. Natürlich darf aus der bildlichen Rede=
weise nicht gefolgert werden, daß einzelne Engelchöre das Angesicht
Gottes nicht sehen (Chrys.) oder gar, daß einzelnen Engeln zur Strafe
für die nicht sorgfältige Beschützung der anvertrauten Menschen zeit=
weilig verboten werde, vor dem Angesichte Gottes zu erscheinen (Ori=
genes). Weil demnach die „Kleinen" Gegenstand besonderer göttlicher
Vorsorge sind, so wird die Strafe für jene, die ihnen Aergerniß geben,

desto empfindlicher sein. — Unsere Stelle lehrt zunächst nur, daß Fromme und Gläubige einen (Schutz=) Engel haben; die weitere Frage, ob überhaupt jeder Mensch sich eines solchen zu erfreuen habe, berührt der Heiland nicht. Darum ist dies auch eine alte Streitfrage, wenn gleich die Mehrzahl der Väter und Theologen der Meinung des heiligen Hieronymus beipflichtet: Magna dignitas animarum ut unaquaeque habeat ab ortu nativitatis in custodiam sui angelum delegatum. — Neben Matth. 18, 10 enthält das neue Testament noch folgende classische Stellen für die Lehre von den Schutzengeln: Act. 12, 15 und Hebr. 1, 14.

V. 11. Die Echtheit des Verses, der in אBL, Minusk., in mehreren Versionen und bei einigen Vätern fehlt, wird von Lachm., Tregell., Tischend. bestritten und derselbe als aus Luc. 19, 10 herübergenommen angesehen. Aber schon auf Grund überwiegender äußerer Zeugen ist die Echtheit desselben festzuhalten. — Der Vers gibt einen zweiten Grund (γάρ) an, warum die Kleinen nicht geringgeschätzt (geärgert) werden dürfen: Christus ist gekommen das Verlorene zu retten, also würde dem Zwecke der Ankunft Jesu direct entgegengehandelt durch das zum Verderben führende Aergernißgeben. — Τò ἀπολωλός; das Neutrum bei Personen, wie häufig bei Johannes, ist gewählt, um den Begriff recht zu verallgemeinern: die ganze durch den Sündenfall dem Untergange anheimgefallene Menschheit. Gerade die Wahrheit, daß Christus gekommen ist vom Verderben zu erretten, muß den Menschen, wenn er nicht alles christlichen Gefühles ledig ist, von dem zum Verderben führenden Aergernißgeben zurückschrecken.

V. 12—14. Die Wahrheit, daß der Heiland gekommen sei das Verlorene zu retten, wird hier sehr anschaulich geschildert in einem von den gewöhnlichen Verhältnissen entlehnten Bilde, dessen Bedeutung den Jüngern aus der alttestamentlichen Redeweise hinlänglich bekannt war. „Was dünket euch? wenn Jemand hundert Schafe hat und es geht eines von ihnen irre, wird er nicht die neunundneunzig zurücklassen auf den Bergen und fortgehen, um jenes zu suchen, welches irre ging? Und wie es sich gefügt, daß er es findet, wahrlich, ich sage euch, er freut sich über selbes mehr, als über die neunundneunzig, welche nicht irre gegangen sind. Also ist es nicht Wille bei eurem Vater, daß Eines dieser Kleinen verloren gehe." Um der Rede Lebendigkeit und Nachdruck zu geben, fordert der Heiland direct das Urtheil seiner Jünger heraus: „Was dünket euch?" Ἐὰν γένηται..., „wenn... geworden sind",

i. e. wenn ein Menſch in den Beſitz von hundert Schafen gekommen
iſt. 'Επὶ τὰ ὄρη iſt zu verbinden mit ἀφεὶς, ſo auch die Vulg. relin-
quit in montibus; ἐπὶ, darüber hin, drückt anſchaulich aus, wie die
weidende Heerde ſich über die Berge hin ausbreitet. Χαίρει . . . Dieſer
Zug des Gleichniſſes iſt pſychologiſch; denn es liegt in der Natur des
Menſchen, daß ihm im Momente eines erlittenen Verluſtes der Werth
des verlorenen Gegenſtandes ſo hoch erſcheint, daß für den Augenblick
die nicht verlorenen Gegenſtände gleichſam als werthlos gelten. Abgebildet wird dadurch der ſehr hohe Werth der Menſchenſeele. Da die
einzelnen Züge des Gleichniſſes in dem gebrauchten Bilde ihren Grund
haben, ſo ſind ſie in der Anwendung der durch das Gleichniß dar-
geſtellten Idee gemäß zu interpretiren und nicht ihrem Wortlaute nach
zu preſſen. So werden z. B. die neunundneunzig Schafe in der Parabel
darum vom Hirten verlaſſen, weil ſonſt das Suchen des verlorenen
Schafes ihm nicht möglich wäre. Der Idee des Gleichniſſes gemäß wird
dadurch nur die große Sorge des göttlichen Hirten um ein verlorenes
Schaf, und nicht etwa Sorgloſigkeit gegen die nicht verlorenen Schafe
abgebildet. — Beachte noch: Da eine verloren gegangene Seele mit
dem Aufgebote aller Anſtrengung und Sorge gerettet werden muß, wie
unverantwortlich und ſträflich iſt es, eine Seele durch Aergernißgeben
in's Verderben zu führen! und erſt wenn es durch den beſtellten Hirten
der Heerde Chriſti geſchähe! Die gleiche Parabel hat Luc. 15, 4—7
mit ſchärferer Hervorhebung der einzelnen Züge. Der Zuſammenhang
iſt dort ganz anders; der Herr gebraucht dies Gleichniß mit anderen,
um die Phariſäer zurückzuweiſen, welche über ſeinen Umgang mit Zöllnern und Sündern murrten. Jedenfalls wurde daſſelbe Gleichniß vom
Herrn zweimal vorgetragen.

Die brüderliche Zurechtweiſung. 15—20.

Zuſammenhang. Chriſtus, der gute Hirt, ſucht mit größter
Liebe und Sorgfalt die verlorenen Schafe auf und führt ſie zur
Heerde zurück; aber auch der Chriſt darf nicht gleichgültig bleiben
gegen das Wohl des Mitchriſten. Wenn darum dieſer ſich verſündigt
und damit den Weg zum Untergange betreten hat, ſo muß er ihn
wieder für das Heil zu gewinnen ſuchen. Die Pflicht dieſer Rettungs-
verſuche und die Art und Weiſe ihrer Ausführung bilden den Inhalt
dieſes Abſchnittes.

V. 15. Ἐὰν δὲ ἁμαρτήσῃ . . . εἰς σέ; Lachm. und Tischend. haben nach אB εἰς σέ gestrichen; die Worte sind aber weil überwiegend bezeugt als echt festzuhalten, und es ist demnach zu übersetzen: „wenn aber dein Bruder wider dich gesündiget hat . . .“ — Ἀδελφός ist der christliche Mitbruder; und ἁμαρτάνειν, peccare, bezeichnet nicht blos das Versündigen des Christen gegen den Mitchristen durch Aergerniß= geben, sondern ist allgemein zu fassen von jedem Verfehlen gegen den Mitmenschen. — Die Frage, warum der Herr nur die persönlichen Beleidigungen von Seite des Mitbruders nennt, die dem Christen Anlaß geben sollen zur Zurechtweisung und nicht dessen sittliche Vergehen überhaupt, wird verschieden beantwortet. Nach den Einen sind die Worte peccare in te strenge auf persönliche Beleidigungen zu be= schränken, und wolle der Heiland durch das Gebot der Zurechtweisung in diesen Fällen die Unzulässigkeit und Unerlaubtheit der Rache bei persönlichen Beleidigungen lehren; nach Anderen schließen die Worte peccare in te alle Versündigungen des Mitbruders in sich. „Credo ego de omni peccatorum genere sive contra nos sive contra Deum agi;“ Mald. Demnach wäre das Gebot der Zurechtweisung bei per= sönlichen Beleidigungen nur eine beispielsweise Normirung des Ver= haltens des Christen gegen den fehlenden Mitchristen überhaupt.

Erste Stufe der brüderlichen Zurechtweisung: „Weise ihn zurecht zwischen dir und ihm allein; wenn er dich hört, so hast du deinen Bruder gewonnen.“ Unter vier Augen soll also die Zurecht= weisung stattfinden; denn sie muß ein Act der Liebe sein und die Rettung des fehlenden Bruders bezwecken, und darum alles fern halten, was den fehlenden Mitbruder beschämen und seine Umkehr erschweren könnte. — Ἐάν σου ἀκούσῃ, wenn er deiner Rüge Gehör gibt, und in Folge davon in sich geht. Ἐκέρδησας . . . du hast ge= wonnen, scl. für das Himmelreich, das der Bruder zu verlieren in Gefahr war.

V. 16. Zweite Stufe. Wenn die erste Art der Zurechtweisung nicht zum Ziele führt, so werde ein neuer Weg eingeschlagen. Der Beleidigte ziehe einen oder zwei Zeugen herbei und vor diesen, zugleich auch von diesen (cf. V. 17: ἐὰν δὲ παρακούσῃ αὐτῶν) erfolge vom Neuen die Zurechtweisung. Den Zweck der Beiziehung von Zeugen gibt der Heiland an mit den Worten: „Damit auf zweier oder dreier Zeugen Mund festgestellt werde jedes Wort.“ Cf. Deut. 19, 15. Πᾶν ῥῆμα bezeichnet im Zusammenhange unserer Stelle die Erklärung, welche der Beleidiger bei der gemeinschaftlichen Zurechtweisung abgibt. Diese sollte nach der Forderung des Gesetzes durch zwei oder drei Zeugen sichergestellt werden können.

V. 17. Dritte Stufe. Ist auch diese Art der Zurechtweisung erfolglos, so schreibt der Heiland vor: „Sage es der Kirche." Der Ausdruck ἐκκλησία ist hier zu fassen wie 16, 18: Versammlung der Gläubigen, wobei natürlich an die gesetzlichen Vorsteher der Kirche zu denken ist, wie aus V. 18 klar hervorgeht. — Wenn der Beleidiger (Sünder) auch der Zurechtweisung dieser letzten und höchsten Instanz gegenüber hartnäckig bleibt, dann: „er sei dir (gelte dir) gleichwie ein Heide und ein Zöllner." — Nach der großen Mehrzahl der Exegeten (so die Katholiken im Anschluße an die alten Erklärer fast durchgängig) ist in der Forderung des Herrn, einen Menschen, welcher der Auctorität der Kirche sich widersetzt, für einen Heiden und Zöllner zu halten, das Gebot der Ausschließung aus dem Kirchenverbande schon einge= schlossen und ausgesprochen, — und dafür spricht auch V. 18 —, während andere (Grot., Meyer) die Ausschließung aus der Kirche als eine Folge aus der Forderung des Herrn ansehen. An der Sache ändert diese verschiedene Fassung der Worte nichts. Zweifellos ist: wer der Auctorität der Kirche in Verstockung widersteht, ist als außer dem kirchlichen Gemeindeverbande stehend anzusehen, und die Kirche hat das Recht (unter Umständen die Pflicht), die Ausschließung durch förmlichen Urtheilsspruch zu verfügen.

V. 18. Hier bekleidet der Heiland seine Apostel ausdrücklich mit dem Rechte der Ausschließung aus der Kirchengemeinschaft, auf welches V. 17 schon hinwies. Die Rede Jesu ist der Wichtigkeit des Gegen= standes gemäß feierlich (ἀμήν). Was zunächst die Frage betrifft, wer unter den angeredeten ὑμεῖς zu verstehen sei, so ist die Antwort leicht: nach dem Contexte können es nur die Apostel sein, an welche über= haupt die Rede im ganzen Kapitel gerichtet ist. Darin stimmen fast alle Exegeten, katholische und protestantische überein; und daher hat die Ansicht, unter den Angeredeten seien überhaupt die Beleidigten zu verstehen (Orig., August., Theophyl., Grot.) nur historischen Werth. Den Aposteln macht nun der Heiland die Verheißung: „Was immer ihr binden werdet auf der Erde, wird gebunden sein im Himmel, und was immer ihr lösen werdet auf Erden, wird gelöset sein im Himmel." Wie verschieden auch im Einzelnen die bildlichen Ausdrücke „binden und lösen" gedeutet werden mögen (cf. 16, 19), so verstehen die

katholiſchen Exegeten (und auch proteſtantiſche) die Stelle dahin, daß
Chriſtus hier den Apoſteln die Gewalt der Ausſchließung aus der
Kirche, und der Wiederaufnahme in dieſelbe nach gewirkter Buße ver=
leiht. Der Ernſt dieſer Binde=. und Löſegewalt iſt erſichtlich aus der
Verſicherung des Herrn, daß die in Folge der verliehenen Gewalt
gefaßten Beſchlüſſe auch im Himmel ihre Giltigkeit vor Gott haben
werden. Allerdings redet hier der Heiland von einer Uebertragung
dieſer Gewalt nur an die Apoſtel; aber dieſe erhalten ſie nicht um
ihrer Perſon, ſondern um ihrer perſönlichen Stellung in der Kirche
wegen, i. e. als Amtsgewalt; daher ſind damit alle ausgerüſtet, welche
die Amtsnachfolger der Apoſtel ſind. Wie ſchon zu 16, 19 bemerkt
wurde, darf man die Binde= und Löſegewalt nicht beſchränken auf
die Macht der Sündenvergebung und Losſprechung (Corn. a Lap.,
Mald. Sylveira) und erſt daraus das Recht der Excommunication
folgern.

V. 19. 20. „Wiederum wahrlich ſage ich euch, daß, wenn zwei
aus euch zuſammenſtimmen werden auf Erden in irgend einer Sache,
um welche ſie etwa bitten, ſie ihnen wird zu Theil werden von meinem
Vater, der im Himmel iſt; denn wo zwei oder drei verſammelt ſind
auf meinen Namen hin, da bin ich in ihrer Mitte.“ Der Zuſammen=
hang dieſer Verheißung mit dem Vorigen wird verſchieden gefaßt; Chryſ.:
Nachdem der Heiland im Vorigen die Strafandrohung für den Streit
vorgebracht habe, weiſe er jetzt hin auf die großen Güter der Eintracht;
Hieronymus: omnis superior sermo ad concordiam nos provoca-
verat, igitur et praemium pollicetur; Schegg: Chriſtus ſtelle die
ſchrecklichen Folgen der Excommunication anſchaulich und höchſt ein=
dringend dar an ihrem Gegentheile, an den ſeligen Folgen der Kirchen=
gemeinſchaft; Bisping: Mit πάλιν λέγω wiederhole der Heiland die
vorige Verſicherung, aber in Verallgemeinerung: Die Apoſtel beſitzen
in der Kirche nicht blos eine auch im Himmel giltige Löſegewalt,
ſondern um was ſie immer in Gemeinſchaft bitten, das wird von
Gott ihnen gegeben werden. Dieſe Anſicht ſcheint mir die wahrſchein=
lichere zu ſein. Συμφωνήσουσιν (ſo iſt zu leſen, nicht συμφωνήσωσιν)
iſt des Nachdrucks wegen vorangeſtellt, denn die große Wirkung der
Gebetsvereinigung ſoll hervorgehoben werden. De omni re, non ideo
dicit ut bona et mala, sed ut parva et magna, ut facilia et dif-
ficilia comprehendat. Mald. Οὗ ſteht ſtatt ὅ durch Attraction. — Der
V. 20 enthält eine nähere Begründung (γάρ) der im V. 19 enthaltenen

Verheißung und eine Bedingung, an welche die Erfüllung derselben geknüpft ist. Das gemeinsame Gebet findet Erhörung, wenn die Betenden versammelt sind in Bezug auf meinen Namen. Συνηγμένοι εἰς τὸ ἐμὸν ὄνομα, Vulg. congregati in meo nomine. Die Worte: versammelt sein auf den Namen Jesu hin, haben den Sinn, daß Jesus, seine Ehre und Verherrlichung Zweck und letztes Ziel der Versammlung sein muß: Ut nihil aliud quam Christum et gloriam ejus quaerant. Das Gebet der so Versammelten findet Erhörung: Quia Christus est in medio eorum et quasi ipsorum ore pro illis orat. Mald. Cf. Joh. 15, 1—7.

Von der Versöhnlichkeit. 21—35.

V. 21. Das Gebot der brüderlichen Zurechtweisung hat zur Voraussetzung die Pflicht der Bereitwilligkeit, die zugefügten Beleidigungen zu verzeihen. Nachdem nun der Heiland von der Zurechtweisung nach einem bestimmten Maße gesprochen hat, so möchte Petrus wissen, wie es sich rücksichtlich der Verzeihung verhalte, daher die Frage: „Herr, wie oft wird mein Bruder gegen mich sündigen, und werde ich ihm vergeben? Bis siebenmal?" Es war Axiom der jüdischen Rabbiner: „Homini in alterum peccanti semel remittunt, secundo remittunt, tertio remittunt, quarto non remittunt." Bekanut mit der Güte seines Meisters nennt nun Petrus eine Zahl, welche mehr als das Doppelte der jüdischen enthält.

V. 22. Antwort Jesu: Die Verzeihung muß unbeschränkt sein. Diesen Gedanken kleidet Jesus in die Worte: „Nicht sage ich dir: bis zu siebenmal, sondern bis zu siebenzigmal sieben (oder: bis zu siebenundsiebenzigmal). Ἕως ἑβδομηκοντάκις ἑπτά, Vulg. usque septuagies septies. In der Uebersetzung dieser Worte gehen die Erklärer auseinander: Die Einen übersetzen „bis zu siebenzigmal siebenmal", d. h. 490 Mal, und sagen, die Wiederholung der Multiplicativendung bei ἑπτά sei absichtlich vermieden; Andere (Orig., August., Greg., Bisp., Meyer) übersetzen: „bis zu siebenundsiebenzigmal", d. h. 77 Mal, und sei diese Construction statt ἑπτά καὶ ἑβδομηκοντάκις oder ἑβδομήκοντα ἑπτάκις gewählt, weil dem Evangelisten die analoge Stelle Gen. 4, 24 vorschwebte. Ungeachtet dieser Verschiedenheit der Worterklärung stimmen die Exegeten doch bezüglich des Sinnes zusammen: es werde treffend die grenzenlose Wiederholung des von Jesu geforderten Vergebens ausgedrückt.

V. 23—35. Gleichniß. Im folgenden Gleichnisse beleuchtet nun der Heiland die Pflicht des unbegrenzten Verzeihens gegen den Neben=menschen, welches nur eine Kleinigkeit ist gegenüber der Verzeihung, welche der Mensch von Gott erhält, und folgert daraus die Strafbar=keit der Unversöhnlichkeit gegen den Nebenmenschen.

V. 23. Διὰ τοῦτο folgert aus den Worten Jesu im V. 22.: Des=wegen, weil unbegrenzte Verzeihung Pflicht ist. Zu ὡμοιώθη cf. 13, 24. Das Himmelreich wird mit einem irdischen Könige verglichen, daher ἀνθρώπῳ βασιλεῖ; durch denselben wird Gott abgebildet. Συνᾶραι (von συναίρειν) λόγον, Vulg. rationem ponere = Rechenschaft halten; der Ausdruck kommt nur noch 25, 19 vor, classisch = διαλογίζεσθαι πρός τινα. Die δοῦλοι der Parabel (Bedienstete, Beamte des Königs) bilden ab die Menschen, welche alle ohne Ausnahme im Dienstverhältnisse zu Gott stehen, dem sie Rechenschaft ablegen müssen.

V. 24. Als die Abrechnung begann, wurde vor ihn gebracht ein Schuldner von 10.000 Talenten. Μυρίος unendlich viel, unendlich groß; als wirkliches Zahlwort mit verändertem Accent μύριοι = 10.000. Ein Talent (jedenfalls attisches, wie das folgende δηνάριον zeigt) = 60 Minen, 1 Mine = 100 Denare; ein Talent betrug mehr als 2000 österreichische Gulden. 10.000 Talente sind Bezeichnung einer sehr großen, unerschwinglichen Schuld. Abgebildet wird die Größe der Schuld der Menschen gegen Gott.

V. 25. Das Urtheil des Königs gegen den zahlungsunfähigen Schuldner ist strenge: er selbst mit Weib, Kindern und der ganzen Habe soll verkauft werden. Nach mosaischem Rechte (Lev. 25, 39. 47, 4 Kön. 4, 1 cf. Ex. 22, 3) mußte der Schuldner mit seiner Person und Fa=milie dem Gläubiger haften. — Dieser Zug der Parabel weiset hin auf die Größe des Verlustes und der Strafe, die dem Sünder bevorstehen. Ut gravissima poena significetur." Mald. In der Uebertragung ist alles zu übergehen, was durch die Eigenthümlichkeit des gebrauchten Gleichnisses bedingt ist.

V. 26. 27. Der Knecht erkennt seine Schuld, darum fällt er dem Könige zu Füßen, bittet um Aufschub und verspricht in seiner Angst die große Schuld zu zahlen. Um des aufrichtigen Schuldbekenntnisses willen gewährt der König aus Erbarmen mehr als erbeten wurde: er schenkt die Schuld, die für den Diener ohnehin unzahlbar war. Δάνειον = τό δάνος = donum, Darlehen, auf Zinsen gegebenes oder empfan=genes Geld.

V. 28—30. Diese Verse berichten, wie der Knecht, welcher so eben Gnade bei seinem Herrn fand, das gerade entgegengesetzte Verfahren seinem Mitknechte gegenüber einhielt. — Ἐξελθών herausgehend, nämlich aus dem Saale, in welchem er soeben Erbarmen gefunden — so schnell vergaß er völlig die ihm zu Theil gewordene Gnade. Ἑκατὸν δηνάρια, etwa 35 Gulden nach unserem Gelde, also eine verschwindend kleine Schuld gegenüber den 10.000 Talenten. — Und dennoch wird der Gläubiger roh und unbarmherzig gegen seinen Schuldner; „er faßte ihn fest, würgte ihn und sprach: Bezahle, wenn du was schuldig bist". Ἀπόδος εἴ τι ὀφείλεις, so ist nach ℵBC zu lesen statt ὅτι ὀφείλεις (= quod debes der Vulg). Die hypothetische Fassung „wenn du etwas schuldig bist", hat den Erklärern Schwierigkeiten gemacht. Man hat darin eine gewisse Urbanität in der Rede gefunden; allein dazu bildet die Rohheit der Handlungsweise des Knechtes gegen den Mitknecht einen zu grellen Contrast. In der problematischen Redeweise eine Unsicherheit des Gläubigers bezüglich des Rechtes seiner Forderung zu suchen, geht darum nicht an, weil die Schuld von 100 Denaren nach der ganzen Darstellung nicht zweifelhaft ist. Es ist darum jene Fassung allein richtig, welche auf ἀπόδος den Nachdruck legt und den Sinn der Worte dahin gibt: Zahle, wenn du etwas schuldig bist, d. h. dein Schuldigsein verpflichtet dich zum Zahlen. — Obgleich der Mitknecht seine Schuld fußfällig bekennt und zu zahlen verspricht, so läßt ihn der Gläubiger doch ohne Barmherzigkeit in den Kerker werfen. Die 100 Denare bilden ab die Schuld der Versündigung gegen den Mitmenschen, und der Unterschied zwischen 100 Denaren und 10.000 Talenten veranschaulicht den Unterschied zwischen Menschenschuld und Schuld gegen Gott. Weil Gott den Menschen eine so große Schuld nachläßt, so fordert er von ihnen unbedingt, den Mitmenschen zu verzeihen.

V. 31. Mitknechte, welche Zeugen des lieblosen Vorganges waren (= ἰδόντες τὰ γινόμενα), wurden sehr betrübt über die unbarmherzige Mißhandlung und machten ihrem Herrn genaue Mittheilung über das Vorgefallene (= πάντα τὰ γενόμενα). Διασαφέω (σαφής) deutlich machen = sagen. Anwendung: Die Mitknechte sind die Engel, denn wenn sie auch hoch über den Menschen stehen, so sind sie doch Gott gegenüber gleich den Menschen Geschöpfe. Wie sie für uns bitten, so klagen sie auch wider uns. Nach Mald. dagegen ist dieser Zug der Parabel nur Redeschmuck, ohne daß er eine höhere Wahrheit abbildet: ideo additum esse quia ita inter homines fieri solet ut alii servi alios apud dominum accusent.

V. 32. 33. Der König ruft den unbarmherzigen Knecht vor, und erinnert ihn an die große ihm zu Theil gewordene Barmherzigkeit, die auch ihn gegen den Mitknecht hätte mitleidig stimmen sollen. Οὐκ ἔδει, nonne oportuit, bezeichnet eine moralische Nothwendigkeit.

V. 34. Der erzürnte König tritt jetzt als Richter auf, und läßt ein unbarmherziges Gericht über den harten Knecht ergehen. Βασανιστής, Folterknecht; dieser Zug der Parabel ist wesentlich, da die Folter ein Abbild der Qual der Hölle ist. Den Folterknechten soll der hartherzige Knecht überantwortet bleiben, „bis er die ganze Schuld ihm (dem Herrn) zurückgezahlt hätte", d. h. ohne Ende, da er die unzahlbare Schuld niemals zahlen wird. Mald. fore ut nunquam liberentur nisi poenas persolvant, quas quia persolvere nunquam poterunt nunquam liberabuntur.

V. 35. In diesem Verse wird Inhalt und Zweck der Parabel klar dargelegt. „So wird auch mein himmlischer Vater euch thun, wenn ihr nicht verzeihet, ein jeder seinem Bruder vom Herzen." Sie lehrt, daß der dem Menschen von Gott gewordene Nachlaß der unendlichen, und darum für ihn untilgbaren Sündenschuld, Grund sein muß, dem Bruder die Schuld, welche im Vergleiche zur erlassenen Gottesschuld eine Kleinigkeit ist, vom Herzen zu vergeben. — Der König der Parabel läßt den Knecht büßen für die schon geschenkte Schuld. Wie ist dieser Zug in der Anwendung zu verstehen, da ja Gott für immer vergibt, so daß er wegen der einmal vergebenen Schuld den Menschen nicht mehr zur Rechenschaft zieht? In diesem Zuge der Parabel dürfen wir eine Andeutung der Wahrheit finden, daß jene Sünde, welche einen großen Undank gegen soeben oder früher empfangene besondere göttliche Begnadigungen bekundet, zu einer so großen Schuld in den Augen Gottes anwächst, daß sie allen früheren vergebenen Verschuldigungen an Größe gleichkommen kann. — Die Recepta hat zum Schlusse des Verses noch die Worte: τὰ παραπτώματα αὐτῶν, welche aber hier gewiß unecht sind, und wohl aus 6, 14. 15 herübergenommen wurden.

Dritter Haupttheil.

Wirksamkeit Jesu nach dem Weggange aus Galiläa. 19, 1 bis 25, 46.

Matthäus hat nun seinen Bericht über die galiläische Wirksam=
keit Jesu beendet. Von jetzt an schildert der Evangelist Jesu Heils=
wirken während seines letzten Ganges nach Jerusalem, sowie die Er=
eignisse in der jüdischen Hauptstadt, welche dem Leiden des Herrn
unmittelbar vorangingen und die Endkatastrophe herbeiführten. Wir
können diesen Theil der evangelischen Geschichte in folgende Unterabthei=
lungen bringen: 1. Jesu Wirksamkeit auf dem Wege von Galiläa nach
Jerusalem 19, 1—20, 34. 2. Jesu Wirksamkeit in Jerusalem vor Be=
ginn seines Leidens 21, 1—25, 46, und zwar: α) Jesu feierlicher
Einzug in die jüdische Metropole und Streitreden mit den jüdischen
Parteiführern 21, 1—22, 46; β) Strafreden Jesu gegen die Schrift=
gelehrten und Pharisäer 23, 1—39; γ) eschatologische Reden Jesu 24,
1—25, 46.

19. Kapitel.

Jesu letzte Reise nach Jerusalem. 19, 1 bis 20, 34.

Kurz aber bestimmt hebt Matthäus Jesu Reise von Galiläa nach
Jerusalem hervor, weil er bisher seinen Bericht auf Jesu Wirken in
Galiläa beschränkend, noch von keiner Reise nach der jüdischen Metropole
Erwähnung gethan hat, und weil diese Reise die Einleitung zur Voll=
eudung des messianischen Werkes in Jerusalem bildete.

V. 1. Cf. Marc. 10, 1. „Und es geschah, als Jesus vollendet
hatte diese Reden, begab er sich fort von Galiläa, und kam in das
Gebiet von Judäa, jenseits des Jordans." Die Worte τοὺς λόγους
τούτους beziehen sich auf die 4, 12 bis 18, 35 berichtete Lehrthätigkeit
Jesu in Galiläa. Als Jesus diese zu Ende geführt und sich den Be=
wohnern von Galiläa als den Messias bezeugt hatte, da verließ er für
immer Galiläa (zu μετῆρεν cf. 13, 53), um sich nach Jerusalem zu
begeben und dort sein Werk zu vollenden. Das nächste Reiseziel (Judäa)
und den Weg bezeichnet der Evangelist mit den Worten: ἦλθεν εἰς τὰ
ὅρια τῆς Ἰουδαίας πέραν τοῦ Ἰορδάνου. Πέραν τοῦ Ἰορδάνου ist mit
ἦλθεν zu verbinden und bestimmt genauer den Weg, auf welchem der
Heiland von Galiläa weg in das Gebiet von Judäa kam: „jenseits des
Jordans", d. h. auf dem Wege, der durch Peräa führte, kam Jesus

an die Grenzen von Judäa. Gegen die Verbindung mit εἰς τὰ ὅρια spricht das Fehlen des Artikels τὰ bei πέραν, so wie der Umstand, daß das Gebiet von Judäa sich nicht über den Jordan erstreckte. Cf. Jos. B. J. III, 3, 5. Πέραν τοῦ Ἰορδάνου ist aber nachgesetzt, um anzudeuten, daß die von V. 2 an folgenden Reden und Ereignisse noch in Peräa statt= fanden. — In Bezug auf diese letzte Reise Jesu haben wir noch Angaben bei Joh. und Luc., welche mit Matth. 19, 1 im Widerspruche zu stehen scheinen. Joh. 11, 54 berichtet, daß Jesus nach der Erweckung des Lazarus in Bethanien, sehr nahe bei Jerusalem, sich mit seinen Jüngern nach Ephraim im südlichen Samaria begeben habe. — Gleich darauf (11, 55) sagt Johannes, daß das Passahfest nahe gewesen sei, und 12, 1 berichtet er, daß Jesus sechs Tage vor diesem Passah wiederum in Bethanien eingetroffen und daselbst gesalbt worden sei. Man sucht nun Matth. 19, 1—20, 34 mit Joh. 11, 54 und 12, 1 dadurch aus= zugleichen, daß man sagt, Matthäus gebe genau den Weg an, welchen der Heiland von Ephraim aus (Joh. 11, 54) bis nach Bethanien (Joh. 12, 1) eingeschlagen habe. Nach dieser Fassung hat sich der Hei= land von Ephraim aus nochmals nach Galiläa begeben und nach kür= zerem Aufenthalte ging er von hier über Peräa nach Jerusalem. (Matth. 19, 1). — Eine weitere Angabe über Jesu letzte Reise nach Jerusalem findet sich Luc. 17, 11; καὶ ἐγένετο ἐν τῷ πορεύεσθαι αὐτὸν εἰς Ἱερου= σαλήμ, καὶ αὐτὸς διήρχετο διὰ μέσου Σαμαρείας καὶ Γαλιλαίας. Diese Stelle ist nicht ganz parallel mit Matth. 19, 1, sondern sie schließt sich enge an Joh. 11, 54. 55 an: Als Jesus nach Ephraim gekommen war, nahte das Passahfest der Juden. Jesus mußte sich nun nach gött= lichem Rathschlusse nach Jerusalem begeben. Er verließ Ephraim, reiste mitten durch Samaria und Galiläa (cf. Luc. 17, 11) und ging von hier aus durch Peräa nach Jerusalem Cf. Matth. 19, 1 ff.

Jesu letzte Wirksamkeit in Peräa. 19, 2 bis 20, 28.

V. 2. Allgemein schildert der Evangelist sowohl die Umstände, unter denen Jesu Reise erfolgte, als auch die Wirksamkeit Jesu während derselben. Große Volksschaaren folgten Jesu nach, der seine Wunderkraft bethätigte. — Ἐθεράπευσεν αὐτούς; das αὐτούς hat allgemeine Beziehung: er heilte sie alle, d. h. die in den nachfolgenden Schaaren krank waren. Vom folgenden Verse an referirt der Evangelist bestimmte Ereignisse und Lehrvorträge während dieser Reise.

Von der Ehe und Ehelosigkeit. 3—12.
Cf. Marc. 10, 2—12.

V. 3. Pharisäer treten an Jesus mit der Frage heran: „Ist es einem Manne erlaubt, sein Weib zu Folge jeden Grundes zu entlassen?" — Ἀνθρώπῳ (Vulg. homini) haben Lachm. und Tischend. nach ℵBC gestrichen, ist aber als echt festzuhalten, weil hinreichend bezeugt. Mit κατὰ πᾶσαν αἰτίαν, (diese Worte fehlen bei Marcus), legen die Fragesteller Jesu die Antwort „Nein" gleichsam in den Mund. Die Frage bezieht sich auf den zur Zeit Christi heftig geführten Streit der einander feindlich gegenüberstehenden Schulen des Hillel und Schammai, cf. 5, 31. — Nicht aus Lernbegierde, sondern in der Absicht, Jesum zu versuchen, wurde die Frage an ihn gestellt. Das Versuchliche der Frage lag darin, daß Jesus in die mit Leidenschaft geführten Parteistreitigkeiten der Juden hineingezogen werden sollte, und daß er, mochte seine Antwort für welche der beiden Parteien immer ausfallen, damit den Haß der anderen sich zuzog. Vielleicht auch wollte man, da von Jesus zu erwarten war, er werde sich für die strengere Meinung des Schammai erklären, den in ehelichen Dingen laxen Herodes Antipas, den Herrn von Peräa, gegen Jesum aufbringen und ihm das Schicksal des Johannes Baptista bereiten. Cf. 14, 1 ff.

V. 4—6. Antwort Jesu. Sie lautet wider Erwarten der Fragesteller; denn unter Berufung auf den bei der Erschaffung des ersten Menschenpaares offenkundig gewordenen und in der Schrift verzeichneten Willen Gottes lehrt der Heiland die Unauflösbarkeit der Ehe und läßt sich damit in die jüdischen Schulstreitigkeiten gar nicht ein.

V. 4. Mit der Frage: „Habet ihr nicht gelesen (scl. in der Schrift), daß der, welcher sie (die Menschen) geschaffen hat, vom Anfange an als Männliches und Weibliches sie schuf?" verweiset Jesus die Schriftgelehrten auf die Schrift, die auf ihre Frage Antwort gebe. Die Schriftworte beziehen sich auf den in der Gen. 1, 27 enthaltenen Bericht über die Erschaffung des ersten Menschenpaares. — Subject in ὁ ποιήσας ist Gott; als Object ist aus dem Folgenden αὐτούς zu ergänzen. Ἀπ' ἀρχῆς ist nicht mit ὁ ποιήσας, sondern mit ἄρσεν καὶ θῆλυ zu verbinden; denn es soll hingewiesen werden auf die ursprüngliche Erschaffung der Menschen. Ἄρσεν καὶ θῆλυ heben das Geschlecht hervor: „als Männliches und Weibliches" schuf sie Gott. Der Heiland will also sagen: Schon vom Anfange an, i. e. bei Erschaffung des erften Menschenpaares, hat Gott dadurch, daß er dasselbe in verschiedenem nothwendig zusammengehörendem, weil erst in der Verbindung sich ergänzendem Geschlechte erschuf, zu erkennen gegeben, daß Mann und Weib unlösbar verbunden sind.

V. 5. Was im Sachverhalte (V. 4) begründet ist, hat Gott auch bestimmt verkündet: „Und er (Gott) sprach: Deshalb wird der Mensch den Vater und die Mutter verlassen und seinem Weibe anhangen und es werden sein die Zwei zu Einem Fleische." Καὶ εἶπεν, Subject ist nach dem Zusammenhange Gott. Die aus Gen. 2, 24 entlehnten Worte sprach zwar Adam, aber der Heiland vindicirt sie Gott, da Adam beim Anblicke der Eva auf göttliche Eingebung den Ausspruch machte: „Deus per hominem dixit, quod homo prophetando praedixit." Auguſt. Ἕνεκεν τούτου, Vulg. propter hoc. Diese Worte des Citates aus Gen. 2, 24 haben in der Rede Adams eine Beziehung auf den vorausgehenden V. 23. Deshalb, weil nämlich das Weib vom Manne genommen ist. In der Rede Jesu geht ἕνεκεν τούτου auf den Inhalt des V. 4 und ist der Zusammenhang im Wesentlichen derselbe: Weil Gott die Menschen, welche ursprünglich eine Einheit waren, in zwei sich gegenseitig bedingende und ergänzende Geschlechter getheilt hat, darum wird die Verbindung zwischen Mann und Weib in der Ehe so enge sein, daß... Καὶ ἔσονται οἱ δύο εἰς σάρκα μίαν. Die Zwei, i. e. Mann und Weib, werden durch die Ehe eine Einheit bilden und zwar nicht blos eine moralische, sondern eine leibliche, daher: εἰς σάρκα μίαν. Die Construction εἶναι εἰς statt des Nominativs ist dem Hebräischen nachgebildet. Das οἱ δύο fehlt im Originaltexte, ist aber von den LXX ergänzt, weil durch den Zusammenhang dargeboten. Κολλᾶσθαι = penitus agglutinari, hebräisch דָּבַק. Zum Gedanken cf. 1 Kor. 6, 16. 7, 4, Ephes. 5, 28.

V. 6. Aus V. 4, und 5 folgt: „Demnach sind sie nicht mehr Zwei, sondern Ein Fleisch." Οὐκέτι, jam non, ist logisch zu fassen: Da es sich so verhält, so folgt, daß schon nicht... Wenn auch Mann und Weib in der Ehe verschiedene Persönlichkeiten bleiben, so sind sie doch durch die Ehe so enge mit einander verbunden, daß sie Eins, Ein Organismus (μία σάρξ) werden. — Aus dem Ganzen zieht nun der Heiland den Schluß, der eine directe Antwort auf die Frage der Pharisäer enthält: „Was nun Gott verbunden hat, soll der Mensch nicht trennen." Ὅ quod, schließt sich enge an μία σάρξ an, und um recht die durch die eheliche Verbindung zwischen Mann und Weib herbeigeführte Einheit hervorzuheben, ist ὅ statt οὕς gewählt. Malb.: Non dixit: quos Deus conjunxit, sed quod Deus conjunxit ut non tamquam de duobus, sed tamquam de uno corpore loqueretur.

V. 7. Die Pharisäer verstehen Jesu Rede richtig von der Unauflösbarkeit der Ehe, darum machen sie unter Berufung auf Deut. 24, 1 ff. eine Einwendung dagegen. Wenn eine Scheidung überhaupt nicht zulässig ist, wie kommt es nun (οὖν), daß „Moses befohlen hat, einen Scheidebrief zu geben und zu entlassen?" Ἐνετείλατο; der Ausdruck entspricht nicht ganz dem Sachverhalte, denn nirgends befiehlt Moses die Entlassung des Weibes, sondern er fordert nur die Erfüllung gewisser Bedingungen zu einer gesetzlichen Entlassung, und dazu gehörte auch die Ausstellung eines Scheidebriefes. Cf. 5, 31. Zu ἀπολῦσαι ist γυναῖκα zu ergänzen.

V. 8. Antwort Jesu. „Moses hat mit Rücksicht auf eure Herzenshärtigkeit euch gestattet, eure Weiber zu entlassen; vom Anfange an ist es nicht so gewesen." Πρὸς τὴν σκληροκαρδίαν, mit Rücksicht auf die Herzenshärtigkeit, welche bei der Nichtzulassung der Scheidung nur zu noch größeren Uebeln geführt haben würde. — Ἐπέτρεψεν … ἀπολῦσαι, er gestattete zu entlassen. — Die Scheidung war also nur ein Zugeständniß, eine Dispense vom Gesetze, erfolgt wegen der Herzenshärtigkeit der Juden. Ἀπ' ἀρχῆς … γέγονεν. „Vom Anfange an ist es nicht so (οὕτως) gewesen", nämlich, daß es dem Manne gestattet war, das Weib zu entlassen. — Fassen wir nun den Inhalt des V. 8 zusammen, so ist Folgendes zu sagen: Die ursprüngliche (ἀπ' ἀρχῆς) Gottesordnung rücksichtlich der Ehe ist durch das nachfolgende Zugeständniß der Ehescheidung nicht aufgehoben worden, vielmehr war diese Erlaubniß nur eine Dispense von dem in Kraft bestehenden Gesetze, welche ertheilt wurde mit Rücksicht auf die sittliche Unvollkommenheit der Juden. Damit ist aber auch schon indirect ausgesprochen, daß mit dem Aufhören dieser Unvollkommenheit auch der Grund der ertheilten Dispense wegfalle und somit das Gesetz, welches die Unlösbarkeit der Ehe ausspricht, wieder in volle Kraft trete. Nun hat aber Christus in seinem Reiche den Zustand der Vollkommenheit objectiv hergestellt und zugleich jedem Mitgliede desselben die Mittel an die Hand gegeben, die geforderte Vollkommenheit zu erlangen; darum kann in diesem Reiche der Vollendung von der um der Unvollkommenheit wegen ertheilten Dispense keine Rede mehr sein — d. h. im messianischen Reiche gilt ohne Einschränkung das im Wesen der Ehe begründete Gesetz der Unlösbarkeit des Ehebandes. — Ueber den Ausdruck σκληροκαρδία cf. im neuen Testamente Marc. 16, 14, Röm. 2, 5, Act. 7, 51.

V. 9. Zu lesen ist mit Tischend. μὴ ἐπὶ πορνείᾳ, „außer auf Grund der Unzucht", statt παρεκτὸς λόγου πορνείας, Lachm. nach BD. Marc. 10, 10 hat die gleichen Worte ohne den Zusatz: μὴ ἐπὶ πορνείᾳ, welchen Hug und Berlepsch auch hier aus dem Texte willkürlich entfernten. Zur Erklärung cf. 5, 31. 32.

V. 10. Das von V. 10 bis 12 Mitgetheilte wurde zwischen Jesus und den Jüngern allein verhandelt. Auch die Jünger faßten richtig den Sinn der Worte, welche eine große Strenge des neuen Gesetzes in Beziehung auf die Ehe verkündeten, daher ihre Einrede: „Wenn es sich so verhält mit der Sache des Mannes mit seinem Weibe, so frommt es nicht zu heiraten." Αἰτία, Vulg. causa, Verhältniß, Lage: Wenn die Lage des Mannes mit dem Weibe so (= οὕτως) ist wie V. 9 verkündet, nämlich daß nur auf Grund des Ehebruches das Weib entlassen werden kann, und auch damit das Eheband noch nicht gelöst wird, so . . .

V. 11. 12. Antwort Jesu, die sich an οὐ συμφέρει γαμῆσαι enge anschließt und diesen Ausspruch erklärt. „Nicht alle fassen dieses Wort, sondern (nur diejenigen), denen es gegeben ist." Τὸν λόγον τοῦτον bezieht sich zweifellos auf den Ausspruch der Jünger im V. 10: es ist besser . . . Der Heiland will sagen, mit diesen Worten hätten die Jünger eine wichtige Wahrheit ausgesprochen, welche aber nicht alle zu fassen, i. e. zur Richtschnur ihres Lebens zu machen vermögen. Dies vermögen nur jene: οἷς δέδοται, scl. ὑπὸ θεοῦ (cf. 13, 11), i. e. denen von Gott die Gnade, sich der Ehe enthalten zu können, das donum continentiae gegeben ist. Es ist somit die keusche Ehelosigkeit nur durch Gottes Gnade möglich. — Χωρεῖν, Vulg. capere, bezeichnet geistig aufnehmen, mit dem Verstande und dem Herzen fassen, so daß das so Aufgenommene Lebensnorm wird. Der Heiland will nicht sagen, daß das Sinnverständniß des Ausspruches „non expedit nupere" Schwierigkeit habe, sondern nur die sittliche Aneignung seines Inhaltes. — Im V. 12 gibt nun der Heiland die nähere Erklärung (γάρ), welche unter den οἷς δέδοται zu verstehen seien. Die Redeweise ist bildlich. Εὐνοῦχοι in den zwei ersten Verstheilen wird gewöhnlich im buchstäblichen Sinne genommen, und werden darunter physische Eunuchen verstanden, die es entweder schon von der Geburt her sind oder dazu erst von den Menschen gemacht wurden. Aber nicht jene hat der Heiland im Auge, welche nicht heiraten können aus physischem Unvermögen oder wegen äußerer Umstände, sondern: „Es gibt Entmannte, welche sich selbst entmannt haben um des Himmelsreiches willen". Daß εὐνοῦχοι hier bildlich von der geistigen Eunuchie zu fassen sei, darin herrscht unter den Exegeten Uebereinstimmung. Gemeint sind jene Menschen, welche alles geschlecht= lichen Begehrens sich in dem Grade entäußert haben, als wären sie wirklich leibliche Eunuchen. Dieser Entäußerung muß aber ein himm= lisches Motiv zu Grunde liegen, daher: „um des Himmelreiches willen", d. h. um ungetheilt dem Himmelreiche leben zu können und dadurch auch eine höhere Stufe himmlischer Seligkeit sich zu erwerben. — Die Jungfräulichkeit um des Himmelreiches willen steht nach unzweifelhafter Lehre Christi höher als der Ehestand. Der Grund davon liegt in der Natur der Jungfräulichkeit selbst — sie ist heilig und unversehrt und darum gleichförmig Christo, seiner heil. Mutter und der Kirche; ferner in den Folgen derselben: sie ermöglicht, Gott ungetheilt zu dienen. Cf. 1 Kor. 7, 25—35. Diese freiwillige Virginität empfiehlt der Hei= land mit den Worten: „Wer es fassen kann, der fasse es." Χωρεῖν, auch hier zu fassen vom geistigen Aufnehmen, und zwar nicht als bloßer Act des Intellectus, sondern: mit Verstand und Herz erfassen. Die damit Begabten haben nicht blos den Willen, sondern auch die Willens= macht zur Ausführung. Die metaphorische Bezeichnung der völligen Geschlechtsenthaltung durch εὐνουχίζειν ἑαυτόν findet sich auch bei den Rabbinern. Bekanntlich hat sich Origenes durch die buchstäbliche Fassung dieser Worte zur Selbstentmannung verleiten lassen.

Jesus segnet die Kinder. 13—15.

Cf. Marc. 10, 13—16, Luc. 18, 15—17.

Lucas wird nach 9, 51 bis 18, 14 wieder parallel mit den zwei andern Synoptikern.

V. 13. Nachdem die Erwachsenen die Gnadenerweisungen des lehrenden und wunderwirkenden Herrn erfahren hatten, brachte man kleine Kinder herbei, ut, quatenus ea ferebat aetas, beneficiorum Christi participes fierent. Mald. Die Zeitbestimmung lautet allgemein: τότε, damals, als Jesus in Peräa seine segensreiche Thätigkeit entfaltete. Cf. V. 2. Der Heiland sollte den herbeigebrachten Kindern die Hände auflegen und beten. Händeauflegen war schon bei den Patriarchen

(cf. Gen. 48, 14) Mittel der Mittheilung der dem Segnenden inne=
wohnenden höheren Kräfte. Den Kindern sollte Jesus die Hände auf=
legen, weil sie vermög ihrer Unschuld für den Segen besonders em=
pfänglich, vermög ihrer Schwachheit desselben besonders bedürftig waren.
Καὶ προσεύξηται, i. e. den Segen unter Aussprache bestimmter
Segensworte vermitteln. Marc. 10, 13, Luc. 18, 15 erwähnen blos
das Berühren der Kinder und schweigen vom Gebete. — Die Jünger
aber „schalten sie" (nämlich die Herbeitragenden), i. e. wiesen sie un=
freundlich zurück, weil sie Jesum, der lehrte, Wunder wirkte und auf
der Reise begriffen war, belästigt glaubten.

V. 14. Im Gegensatze (δέ) zum abweisenden Verhalten der Jünger,
besiehlt der Heiland, die Kinder herbeikommen zu lassen, „denn solcher
ist das Himmelreich". Τῶν τοιούτων . . ., den so Beschaffenen gehört
das Himmelreich, i. e. den unschuldigen Kindern und jenen, welche in
ihrem Leben demüthigen und unschuldigen Kindersinn darstellen. Gut
Maldonat: Non dixit horum, sed talium est regnum coelorum, ut
non solum aetate pueros sed etiam moribus pueris similes com-
prehenderet. Die Worte τῶν τοιούτων hätten niemals ausschließlich auf
jene gedeutet werden sollen, welche in ihrem sittlichen Leben Kinder=
eigenschaften zur Darstellung bringen; denn sind Kinder echte Vorbilder
der Mitglieder des Messiasreiches, so können sie schon deßhalb davon
nicht ausgeschlossen sein. Jesus ist gekommen für Jung und Alt; Alle
haben an ihn dieselben Ansprüche. Für die Berechtigung der Kindertaufe
hat man sich schon früh auf diese Stelle berufen.

V. 15. Der Herr legte nun den Kindlein die Hände auf, und
reiste von dort weg.

Der reiche Jüngling. 16—22.

Cf. Marc. 10, 17—22, Luc. 18, 18—23.

V. 16. In anschaulicher Lebendigkeit (ἰδού) führt der Evangelist
einen neuen Vorfall ein. Εἷς προσελθών. Wir müssen uns Jesum auf
der Reise durch Peräa stets von einer großen Menschenmenge umgeben
denken. Jetzt tritt nun Einer aus der Menge an ihn heran mit der
Frage: „Meister, welches Gute soll ich thun, damit ich ewiges Leben
habe?" Nach V. 22 war der Fragesteller ein junger Mann, und nach
Luc. 18, 18 zugleich ein Synagogenvorsteher. Die Anrede διδάσκαλε
war bei den Juden häufig; das ἀγαθέ der Recepta und Vulgata haben

Lachm., Tregell., und Tischend. nach wichtigen Handschriften gestrichen; es dürfte aus Marcus und Lucas herübergenommen sein. In der Frage: τί ἀγαθόν . . . αἰώνιον, hat τί den Ton: welches Gute (i. e. welches bestimmte gute Werk) soll ich thun? Die Frage selbst ist zu erklären aus dem Umstande, daß von den jüdischen Rabbinen die Frage, welches gute Werk man vorzüglich üben müsse, um Mitglied des Messiasreiches zu werden, vielfach verschieden beantwortet wurde. Der Jüngling hatte sich bisher der Gesetzeserfüllung eifrig beflissen (20), jetzt möchte er aus dem Munde Jesu wissen, durch welches bestimmte Werk er sich sicher das ewige Leben erwerben könne.

V. 17. Antwort Jesu. Jesus gibt dem Jüngling eine Belehrung sowohl über das Gute an sich als auch über die Uebung des Guten zum Zwecke der Erlangung des ewigen Lebens. — Τί με ἐρωτᾷς περὶ τοῦ ἀγαθοῦ; so ist mit Lachm., Tischend., nach wichtigen Handschriften, Versionen (auch Vulg.) und Vätern (Hieronymus zur Stelle, August. lib. I. de trinitate c. 13) zu lesen, statt des Textes der Recepta: τί με λέγεις ἀγαθόν; Περὶ τοῦ ἀγαθοῦ hat den Ton: was fragst du mich über das Gute? d. h. deine Frage nach dem Guten ist überflüssig. Die Erläuterung, warum diese Frage überflüssig sei, gibt der Heiland an mit den Worten: „Einer ist der Gute (beachte den Artikel ὁ ἀγαθός = der absolut Gute), scl. Gott. Um den Inhalt der Antwort Jesu und ihren Zusammenhang mit der Frage des Jünglings richtig zu erfassen, ist Folgendes zu beachten: Der Jüngling stand mit seiner Frage noch ganz auf alttestamentlichem Standpunkte, demgemäß ihm eine Vielheit von einzelnen Werken vorschwebt, die ihm gleichsam in mechanischer Weise aneinander gereiht sind, ohne daß er sich zur Vorstellung einer einheitlichen organischen Verbindung der einzelnen guten Werke zu erheben vermag. Von diesem Irrthume will der Herr den Fragesteller befreien und zwar thut er es nicht dadurch, daß er ihn gleichsam theoretisch diese Einheit lehrt, sondern daß er hinweiset auf den Quell, in welcher diese Einheit der guten Werke begründet ist: nur Einer ist der absolut Gute, Gott, darum ist auch das Gute nur Eines. — Nachdem der Heiland Aufschluß über das Wesen des Guten gegeben hat, führt er seine Belehrung fort (δέ die Rede weiterführend) rücksichtlich der Uebung des Guten zum Zwecke der Erwerbung des ewigen Lebens: „Wenn du zum Leben eingehen willst, so halte die Gebote." Das Eine Gute auf Seite der Menschen ist die Erfüllung des Willens des Einen guten

Gottes, und dieser Wille ist den Menschen zum Ausdrucke gebracht worden durch die Gebote Gottes. Diese muß also der Mensch beobachten, wenn er zum Leben eingehen will.

V. 18. 19. An das allgemein lautende τὰς ἐντολάς (V. 17) knüpft der Jüngling die weitere Frage: ποίας „welche?" Die Frage ist gestellt vom Standpunkte des Jünglings aus, der sich noch immer nicht von der Vorstellung befreien kann, gerade durch Uebung einzelner Werke das ewige Leben zu erlangen. Der Heiland nennt nun in seiner Antwort einige Gebote der zweiten Tafel des Dekaloges und fügt daran das Gebot der Nächstenliebe (Lev. 19, 18), — welche nach der Lehre des Apostels Paulus die Erfüllung des Gesetzes ist. Röm. 13, 10, cf. Gal. 5, 14.

V. 20. Nachdem der Jüngling die Beobachtung der genannten Gebote betheuert hatte, stellt er die weitere Frage: „Was ermangle ich noch?" Da nach Marc. 10, 21 Jesus den Jüngling auf diese Versicherung hin mit Liebe anblickte, so darf dessen Aussage weder angezweifelt noch auch als Ausdruck werktheiliger Selbstgefälligkeit gefaßt werden. Vielmehr verräth die letzte Frage das tief innerlich erregte Gemüth des Jünglings, das durch die bisher treu geübte Gesetzes= erfüllung nicht beruhigt ward. Es steigt in ihm die Ahnung auf, daß es noch eine höhere Stufe christlicher Vollkommenheit gebe, als treue Gesetzeserfüllung sie verleiht, und wehmuthsvoll fragt er nach dem Mittel sie zu erreichen.

V. 21. Antwort Jesu: „Wenn du vollkommen sein willst, so gehe hin, verkaufe deine Habe und gib es (den Erlös) den Armen und du wirst einen Schatz im Himmel haben, und komm und folge mir nach." Zuerst ist der Ausdruck τέλειον εἶναι „vollkommen sein" zu erklären. Gemeint ist jener Grad sittlicher Vollkommenheit, so daß nach keiner Seite hin etwas fehlt. Cf. V. 20. Um nun diese Voll= kommenheit zu erreichen, soll der Jüngling alles verkaufen u. s. w. Der Heiland verlangt vom Jünglinge eine beständige Nachfolge und als unerläßliche Vorbedingung derselben eine völlige Entäußerung aller irdischen Habe. Da nun an sich die Nachfolge Jesu nicht die völlige Entäußerung der irdischen Güter zur nothwendigen Voraussetzung hat, so ist die Frage zu beantworten, warum der Heiland an den Jüngling diese Forderung gestellt habe? Der Grund lag in der sittlichen Ver= fassung des Jünglings, welche der Heiland durchschaute. Derselbe hing mit seinem Herzen noch am Irdischen; die gestellte Forderung sollte ihm daher einerseits die vorhandene sittliche Schwäche zum Bewußtsein bringen, andererseits ihn zu einem höhern sittlichen Streben, als das bisherige war, veranlassen. Auf unsere Stelle wird die Lehre von den evangelischen Räthen überhaupt und des evangelischen Rathes der frei= willigen Armuth insonderheit gegründet. Maldonat sagt zur Stelle: Christum his verbis non praeceptum sed consilium dare luce me= ridiana clarius est. Tum de praecepto loquitur, non dicit: si vis perfectus esse, serva mandata, sed: si vis ad vitam ingredi; cum vero de consilio, non dicit: si vis ad vitam ingredi, sed, si vis perfectus esse. Praeterea mandatorum observationi tamquam praemium proponit vitam aeternam: si vis, inquit, ad vitam in= gredi, serva mandata; observationi vero consiliorum non vitam aeternam sed thesaurum in coelo, id est vitae aeterne majores divitias pollicetur. Das Wesen eines evangelischen Rathes wird ebenso kurz als bestimmt von Bellarmin dahin angegeben: Opus bonum a Christo nobis non imperatum sed demonstratum, non mandatum sed commendatum.

V. 22. Ἀπῆλθεν λυπούμενος „er ging traurig hinweg". Und dies näher erklärend: ἦν γάρ . . . Er hatte nicht die sittliche Kraft, der irdischen Güter sich zu entledigen und verließ darum Jesum; dennoch erfüllte Traurigkeit sein Herz, denn er fühlte, daß nur in Jesu Nachfolge der Zug seines Herzens nach höherer Vollkommenheit sich verwirklichen könne. Ob der Jüngling verloren ging? Keine weitere Nachricht liegt vor; die Erzählung wie sie vorliegt, nöthiget zu diesem Schlusse nicht.

Die Gefahr des Reichthums. 23—26.

Cf. Marc. 10, 23—27, Luc. 18, 24—27.

Das Verhalten des reichen Jünglings veranlaßte Jesum, zu seinen Jüngern von den sehr großen Gefahren des Reichthums zu reden. Malb.: „Christum ex adolescente, qui propter divitias a consiliis evangelicis deterritus fuerat, occasionem accepisse, de divitibus in genere disputandi.

V. 23. Mit dem feierlichen ἀμὴν λέγω führt der Heiland die Rede ein, in der zuerst die Schwierigkeit hervorgehoben wird, daß ein Reicher des Himmelreiches theilhaftig werde.

V. 24. Verstärkte Hervorhebung der Schwierigkeit, daß ein

Reicher selig werde. „Leichter ist es, daß ein Kameel durch ein Nadel= öhr eingehe (hindurch gehe), als ein Reicher in das Himmelreich." Die bildliche Redeweise vom Hindurchgehen (διελθεῖν; Tischend. εἰσελθεῖν) eines Kameels durch ein Nadelöhr ist sprichwörtliche Bezeichnung der höchsten Schwierigkeit einer Sache, so daß also Jesus durch die Ver= gleichung sagen will: es ist im höchsten Grade schwer, daß ein Reicher in's Himmelreich eingehe. Maldonat (obgleich er die Bedeutung des Sprichwortes anders faßt): Valde esse difficile divitem in regnum coelorum introire. Ein ähnliches Sprichwort vom Elephanten findet sich im Talmud. Die Stelle im Coran sura 7, 28: non ingredientur paradisum, donec transeat camelus foramen acus ist jedenfalls aus Matthäus entlehnt. — Die Abänderung von κάμηλος in κάμιλος, Ankertau (nur durch wenige Minusc. bezeugt) hat ihren Grund in einem Mißverständnisse, denn abgesehen davon, daß sich das Wort κάμιλος erst bei den griechischen Grammatikern und Scholiasten findet, ist durch die Abschwächung nichts gewonnen, da auch ein Hindurch= gehen eines Ankertaues durch ein Nadelöhr ein Ding der Unmöglichkeit ist. Τρύπημα, das Gebohrte, Loch; ῥαφίς, die Nähnadel. — Die Ge= fährlichkeit des Reichthumes liegt nicht in diesem an sich, sondern beim sündigen Menschen, der sich durch selben leicht fesseln (Crescentem sequitur cura pecuniam, Horaz carm. 3, 16) und zu weltlichen Genüssen verleiten läßt. Eine practische Exegese über unseren Abschnitt hat schon Clemens von Alexandrien in seinem Schriftchen, τίς ὁ σωζό= μενος πλούσιος, quis dives salvetur? gegeben, worin er die christ= lichen Grundsätze vom Reichthume in folgende Punkte zusammenfaßt: 1. Der Reiche ist nicht ohne Hoffnung auf Seligkeit; 2. der Reich= thum kann ihm sogar ein Mittel zur Erreichung derselben werden; 3. wenn daher ein Reicher zu Grunde geht, so sind nicht seine Reich= thümer, sondern die Gesinnung, womit er sie besessen, die Ursache seines Verderbens.

V. 25. Die Jünger staunen über die Strenge der Rede Jesu, deren Sinn sie richtig erfaßten, daher fragen sie: „wer kann demnach gerettet werden?" Der Zusammenhang der Frage mit dem Vorigen wird verschieden gefaßt: Es sei hier eine argumentatio a majori ad minus: wenn schon die Reichen, welche in ihren Reichthümern die Mittel zur Erlangung der Seligkeit besitzen, sehr schwer selig werden, wer wird also überhaupt gerettet werden? So Schegg. Berlepsch, Meyer. Gegen diese Fassung des Zusammenhanges spricht entschieden der

Umstand, daß vom Heilande der Reichthum zu bestimmt als Hinderniß zur Erlangung der Seligkeit erklärt wird, als daß die Jünger ihn als Mittel dazu hätten ansehen können. Es ist darum vorzuziehen folgende Fassung: Die Frage der Jünger sei veranlaßt worden durch den Hinblick auf die natürliche Beschaffenheit der Menschen, bei welchen im Großen und Ganzen ein Streben nach irdischen Gütern vorherrscht. Demnach ist der Sinn: Wenn der Reiche sehr schwer in's Himmelreich eingeht, wer wird also gerettet werden, da alle Menschen mehr oder weniger nach Reichthümern streben? Mald. Quasi dicant, cum omnes divitiis incumbant . . . So August., Arnoldi, Bisping, Keil.

V. 26. Der Heiland sucht zuerst durch einen theilnahmsvollen Blick (= ἐμβλέψας) die entmuthigten Jünger aufzurichten und spricht dann die trostvollen Worte: „Bei Menschen ist dies (das Gerettetwerden) unmöglich, aber bei Gott ist alles möglich." Παρὰ ἀνθρώποις, bei den Menschen[1], d. h. den Menschen mit Rücksicht auf ihre eigenen Kräfte. Da nun Gott allen, die ihn bitten, die nothwendige Gnade gibt, so können auch alle selig werden.

Lohn der Nachfolge Christi. 19, 27 bis 20, 16.

Cf. Marc. 10, 28—31, Luc. 18, 28—30.

V. 27. Τότε, damals, als nämlich Jesus mit seiner Belehrung über die Gefahren des Reichthums und über die Möglichkeit gerettet zu werden, zu Ende war, nahm Petrus Anlaß (= ἀποκρίνεσθαι, cf. 11, 25) zur Frage: „Siehe, wir haben alles verlassen, und sind dir nachgefolgt, was also wird uns werden?" Die Frage ist veranlaßt, durch 19, 21. Unter Hinweis auf den Lohn im Himmel hatte der Herr den reichen Jüngling aufgefordert, die irdische Habe hinwegzugeben und ihm nachzufolgen. Er kam der Aufforderung nicht nach. Ganz entgegengesetzt hatten die Apostel gehandelt; sie hatten alles verlassen und waren Jesu nachgefolgt, jetzt möchte Petrus wissen, was sie dafür zu erwarten haben. Zu den Worten Petri nos omnia reliquimus, bemerkt Hieronymus: „Grandis fiducia: Petrus piscator erat, dives non fuerat, cibos manu et arte quaerebat, et tamen loquitur confidenter: reliquimus omnia. Und diese zuversichtliche Rede erklärend schreibt Gregor und nach ihm der hl. Bernhard: Multum deserit, qui voluntatem habendi derelinquit.

V. 28. In feierlicher Rede weiset der Heiland hin auf die

hohe Auszeichnung, welche den Aposteln für ihre Nachfolge bei der allgemeinen Neugestaltung zu Theil werden wird: sie werden in Gemeinschaft mit Christo das Zwölfstämme=Volk richten. — Ἐν τῇ πα= λιγγενεσίᾳ, Vulg. in regeneratione „in (bei) der Wiedergeburt." Syntaktisch ist der Ausdruck mit καθίσεσθε zu verbinden: in der Wieder= geburt werdet ihr sitzen, i. e. dann, wenn die Neugestaltung erfolgt. Damit weiset der Heiland zunächst auf die Zeit hin, wann der Lohn der Apostel besonders offenkundig hervortreten werde. Es ist somit die Frage zu beantworten, was wir unter παλιγγενεσία zu verstehen haben? Der Ausdruck kann nach dem Zusammenhange nur die mit der Wieder= kunft Christi beginnende Neugestaltung und Verklärung des Univer= sums bezeichnen. Schon im alten Testamente, besonders bei Jesaias (65, 17. 66, 22) wird mit der messianischen Zeit eine Neugestaltung der ganzen Schöpfung in Verbindung gebracht. Im neuen Testamente verkündet Johannes Apoc. 21, 1, cf. 2 Petri 3, 13 einen neuen Himmel und eine neue Erde und Petrus (cf. Act. 3, 21) eine Wieder= herstellung aller Dinge. Paulus verkündet, daß die ganze Schöpfung, welche bis auf diese Stunde seufzet (Röm. 8, 22), sehnsüchtig harre auf das Offenbarwerden der Söhne Gottes (Röm. 8, 19), weil auch sie dann dem Fluche der Sünde enthoben und in die volle Erlösung und Umgestaltung eingeführt werden wird. Es ist nämlich katholische in Schrift und Tradition begründete Lehre, daß, wenn der Tod und die Sünde völlig überwunden und der ganze Mensch nach Leib und Seele in die volle Erlösung eingegangen ist, dann auch die Welt vom Knechtschaftsjoche, unter dem sie immer noch seufzet, befreit und herrlich umgestaltet werden wird. Diese Umgestaltung des Universums, welche den Abschluß der streitenden und den Beginn der triumphirenden Kirche bilden wird, bezeichnet hier der Ausdruck παλιγγενεσία.

Die Worte cum sederit filius hominis in sede majestatis suae, beziehen sich unzweifelhaft auf die richterliche Thätigkeit, welche der wiedergekommene Gottmensch entfalten wird, cf. 24, 30, 25, 31. 26, 64. Neben Christus werden auch die Apostel auf zwölf Thronen sitzen und richten die zwölf Stämme Israels. Sicher enthalten diese Worte eine Verheißung der Auszeichnung und des Lohnes der Apostel (Schegg) für ihre Nachfolge. Das Sitzen auf Thronen ist bildliche Bezeichnung der Theilnahme an Christi Herrlichkeit und Herrschergewalt. Κρίνειν; wie alle Gläubigen beim letzten Gerichte eine Richtergewalt ausüben werden über die ungläubige Welt (1 Kor. 6, 2), so werden insbesondere die

Apostel in Verbindung mit Christo richten die zwölf Stämme Israels. Judicare wird von Mald. im Anschlusse an Hieronymus im Sinne von condemnare gefaßt und dem entsprechend sind die „zwölf Stämme Israels" die ungläubig gebliebenen Juden, oder die Ungläubigen über= haupt. Die richterliche Thätigkeit der Apostel bestimmt Maldonat näher dahin: Apostolos judicaturos, tamquam doctores, tamquam testes accusantes quodammodo eos qui sibi evangelium pradicantibus et salutis viam docentibus credere noluerunt. Nach anderen Exegeten (Schegg, Keil) sind die „zwölf Stämme Israels" Bezeichnung für die Gesammtheit der Gläubigen als das Israel κατὰ πνεῦμα und bezeichnet κρίνειν nicht das Amt der Verurtheilung sondern der Einführung in die den Gläubigen durch Christi Richterspruch zuerkannte Seligkeit. Mehr als Vermuthungen über die Theilnahme der Apostel an den für uns noch vielfach geheimnißvollen Vorgängen beim Beginne der Welt= umgestaltung am Ende der Tage vermögen wir jetzt nicht aufzustellen; indessen scheint für die erstere Ansicht, welche gewichtige Auctoritäten für sich hat, auch Pauli Aussage 1. Kor. 6, 2 zu sprechen.

V. 29. Aber überhaupt Alle, welche um Christi willen Irdisches hingeben, werden dafür reichlich entschädigt werden, und zwar schon auf dieser Welt, noch mehr aber im anderen Leben. — Πᾶς correspon= dirt mit ὑμεῖς im V. 28. Ἕνεκεν τοῦ ἐμοῦ ὀνόματος, „um meines Namens willen", i. e. um des christlichen Glaubens willen; damit wird das Motiv bezeichnet, welches bei diesem Verlassen maß= gebend sein muß. Um Christo näher zu kommen, um ihm ungehindert dienen zu können, müssen die irdischen Güter, deren Besitz den Dienst des Herrn erschwert, denselben oft fast unmöglich macht, verlassen wer= den. Quomodo potest uxor propter Christum relinqui? Mald. Vult (Christus) se uxori praeferri et si uxor virum impediat quominus Christum sequatur uxorem relinqui non matrimonio dissoluto sed facto divortio. — Den Lohn für diese Entäußerung bezeichnet der Herr mit den Worten: „Hundertfältig wird er empfangen und ewiges Leben ererben." Statt ἑκατονταπλασίονα, „hundertfältig" haben Lachm., Tregell. und Tischend. πολλαπλάσιονα, „vielfältig" aufgenommen. Die Worte des Herrn enthalten eine doppelte Verheißung an jene, die um des Herrn willen sich des irdischen Besitzes entäußern: die Vergeltung dafür in dieser Welt und die in der andern Welt. Hundertfältiges (d. h. die mit der Nachfolge Jesu gegebenen geistigen Güter, welche die verlassenen irdischen Güter hundertfach [unendlich] überragen) wird als Vergeltung

schon auf dieser Welt zu Theil, und dazu kommt als Vollendung die
Zutheilung des ewigen Lebens in der andern Welt. Diese Fassung der
Verheißungsworte Jesu, welche durchaus nicht gegen den Wortlaut bei
Matthäus verstoßt, wird direct gefordert durch die parallelen Stellen
bei Marc. 10, 30 und Luc. 18, 30. Es ist daher unzulässig, die Worte
καὶ ζωὴν αἰώνιον als erklärenden Zusatz zu ἑκατονταπλάσιονα zu fassen:
vielfältiges und zwar ewiges Leben wird erlangen der, welcher . . .
Nach dieser Fassung wiese der Heiland nur auf die in der anderen
Welt stattfindende Vergeltung für das Verlassen der irdischen Güter um
seinetwegen hin.

V. 30. Der Lohn im Messiasreiche hängt aber nicht von der Zeit
der Berufung ab. Diesen Gedanken drückt der Heiland mit den Worten
aus: „Viele Erste aber werden die Letzten sein, Letzte (werden) die
Ersten (sein)." Im ersten Verstheile ist πρῶτοι, im zweiten ἔσχατοι
Subject und sind die Ausdrücke als Zeitbestimmungen zu fassen zur
Bezeichnung der Zeit des Eintrittes ins Messiasreich. Die Erläuterung
dieses Ausspruches Jesu gibt die folgende Parabel.

20. Kapitel.

Parabel von den Arbeitern im Weinberge. 1—16.

Nur Matthäus hat diese Parabel. Wie schon γάρ im V. 1 anzeigt, hat sie den Zweck den in 19, 30 ausgesprochenen Gedanken näher
zu erläutern.

V. 1. Zu ἀνθρώπῳ οἰκοδεσπότῃ cf. 13, 24. 18, 23. Ἅμα πρωΐ,
gleich am Morgen, früh Morgens, ganz Früh. Εἰς τὸν ἀμπελῶνα,
um sie zu schicken in seinen Weingarten.

V. 2. Der Hausherr kam mit den Arbeitern um einen Denar als
Taglohn überein. Ἐκ δηναρίου; ἐκ bezeichnet den Preis (Denar) als
dasjenige, von welchem aus die Uebereinkunft bestimmt und ver-
mittelt wurde. Τὴν ἡμέραν ist Accusativ der näheren Bestimmung, in
Betreff eines Tages. Vielleicht war ein Denar damals gewöhnlicher
Taglohn, cf. Tob. 5, 14.

V. 3. Um die dritte Stunde (περί mit Accusativ = dem lateinischen circiter), d. h. um 9 Uhr Vormittag fand der Hausherr andere
Leute auf dem Marktplatze (wo man auf Arbeitsanbietung wartete)
müssig stehen.

V. 4. Der Herr fordert sie auf, in seinen Weinberg zu gehen

(καὶ ὑμεῖς „auch ihr", wie die schon früher geworbenen Arbeiter, cf.
B. 2) und stellt ihnen einen Lohn nach Gerechtigkeit in Aussicht.

V. 5. Um die sechste und neunte Stunde ging der Hausherr wieder
aus, „und machte es ebenso" d. h. er schickte die jetzt Geworbenen gleich
jenen um die dritte Stunde in seinen Weinberg und behielt sich die Belohnung nach Recht und Billigkeit bevor.

V. 6. 7. Deßgleichen that der Herr um die eilfte Stunde.

V. 8. Als es Abends geworden war, d. h. die zwölfte Stunde
(6 Uhr Abends) gekommen war, befahl der Herr seinem Verwalter, den
Arbeitern den Lohn zu geben. Dieser mußte also schon, was der Herr
bezüglich des Lohnes beschlossen hatte. Das Gebot, bei der Lohnaus-
theilung mit den zuletzt Gekommenen zu beginnen, ist im Tenor der
Parabel begründet.

V. 9. Von den um die eilfte Stunde in den Weinberg Geschickten
erhielt jeder (ἀνά ist distributiv) einen Denar. Zu οἱ περὶ τὴν ἑνδε-
κάτην ὥραν ist zu ergänzen ἀπεσταλμένοι εἰς τὸν ἀμπελῶνα.

V. 10—12. Als die zuerst Berufenen auch nur einen Denar Ar-
beitslohn erhielten, murrten sie und sprachen: „Diese Letzten haben Eine
Stunde gewirkt (gearbeitet), und du hast sie uns gleich gemacht, die
wir getragen haben die Last des Tages und die Hitze." Μίαν ὥραν
ἐποίησαν; nach klassischem Sprachgebrauche ist ὥραν Objectsaccusativ
zu ποιεῖν: sie haben Eine Stunde zugebracht scl. im Weinberge; gewöhnlich wird ὥραν als Accusativus temporis gefaßt: sie haben eine
Stunde (lang) gearbeitet.

V. 13—15. Der Herr wendet sich jetzt an einen der unzufriedenen
Arbeiter, nennt ihn ἑταῖρε, „guter Freund", um möglichst mild die
folgende Rüge einzuführen, fordert ihn auf den Denar, um welchen er
mit ihm übereingekommen ist (δηναρίου ist Genitivus pretii) in Empfang
zu nehmen und schneidet mit der vorwurfsvollen Frage: „Oder ist es
mir nicht erlaubt, was ich will, zu thun in den Sachen meines Eigenthums (= ἐν τοῖς ἐμοῖς)?" jede weitere Gegenrede ab. Der Gedanke
ist: die ihr den bedungenen Lohn empfangen, habet nichts darein zu
reden, wenn ich anderen, die nicht gleichen Anspruch haben, doch freiwillig Gleiches zukommen lasse. — Die Worte „oder ist dein Auge
böse . . .?" sind bildliche Bezeichnung einer neidischen Gesinnung. Gedanke: Da jeglicher rechtlicher Grund zum Murren fehlt, so könnte nur
Neid Veranlassung zur Unzufriedenheit sein.

V. 16. Mit οὕτως wird die Anwendung der Parabel eingeleitet

und die Worte: „So werden die Letzten Erste sein und die Ersten
Letzte" enthalten die Lehre derselben. Οὕτως geht auf die ganze Parabel
zurück: Wie die Lohnvertheilung ohne Rücksicht auf die Arbeitszeit er=
folgte, ebenso werden . . . Die zuletzt in den Weinberg Berufenen sind
die Ersten geworden, insoferne ihnen zuerst der Lohn ausgezahlt wurde,
und sie für eine Stunde Arbeit den gleichen Lohn empfingen mit jenen,
welche den ganzen Tag im Weinberge arbeiteten. Diese Sentenz wird
erläutert (γάρ) durch die Schlußworte des Verses: „Denn Viele sind
berufen, Wenige aber auserwählt." Tischend. hat nach אBLZ, einigen
Versionen diese Worte gestrichen; sie sind aber überwiegend bezeugt und
auch aus inneren Gründen festzuhalten. Es läßt sich nämlich wohl die
Weglassung des Spruches, dessen Zusammenhang mit der Parabel nicht
sogleich erkannt wurde, nicht aber seine spätere Hinzufügung erklären.

Ausdeutung der Parabel. Der Hausvater ist Gott, cf. 21,
28. 33. Joh. 15, 1, der Weinberg das Reich Gottes auf Erden, die
Kirche; der Verwalter ist Christus, die Arbeiter im Weinberge sind nicht
blos die Apostel und ihre Nachfolger im apostolischen Amte, sondern
die Gläubigen überhaupt. Mitglied des Reiches Gottes wird der Mensch
durch den Gnadenruf Gottes. Der Arbeitstag ist für die ganze Mensch=
heit die Zeit von der Gründung der Kirche bis zur Wiederkunft Christi,
für den einzelnen Menschen seine Lebenszeit. Die verschiedenen Stunden
des Arbeitstages sind für die Kirche Christi die verschiedenen Entwicke=
lungsphasen; an einige Völker ergeht früher der Ruf zum Eintritte in
die Kirche Christi, an andere später — für die einzelnen Menschen, die
verschiedenen Lebensalter, in welchen sie Mitglieder der Kirche werden.
Die Einen werden schon früh Morgens, von ihrer Geburt an, andere
um die dritte Stunde, in ihrem Jünglingsalter, andere um die sechste
Stunde, im Mannesalter, andere um die neunte Stunde, im Greisen=
alter, andere endlich erst um die eilfte Stunde, unmittelbar vor ihrem
Tode berufen. Diese beiden Auslegungen zu verbinden sind wir darum
berechtiget, weil die Entwicklungsgeschichte der Kirche Christi im Kleinen
sich wiederholt in der Geschichte der einzelnen Menschen. — Der Abend
ist für die gesammte Menschheit das Weltende, für den einzelnen Men=
schen das Lebensende; der Denar ist der Lohn für die Arbeit in der
Kirche Christi, die ewige Seligkeit. Die zuletzt Berufenen erhalten den
gleichen Lohn mit den erst Berufenen, d. h. der längere Dienst im
messianischen Reiche bedingt nicht schon einen größeren Lohn im Himmel.
Diese Wahrheit hat zur Voraussetzung die andere, daß die Zuerkennung

des meſſianiſchen Lohnes ein Gnadengeſchenk Gottes iſt. Nur der Menſch, welcher dem Gnadenrufe Gottes folgend in der Kirche Chriſti arbeitet, erlangt das Heil, aber dieſes bleibt ein Geſchenk Gottes. Es iſt richtig, daß ein Menſch im Reiche Gottes in ganz kurzer Zeit ebenſo viel wirken kann, als ein anderer in einem langen Zeitraume, nach den Worten der Schrift: „Consummatus in brevi explevit tempora multa", Sapient. 4, 13; aber es liegt der Parabel ferne dieſen Gedanken auszudrücken, da ſie ja den gleichen Lohn, welchen die zuletzt Berufenen mit den zuerſt Berufenen erhielten, nicht auf ein eifrigeres Wirken in der kurzen Arbeits= zeit, ſondern ausdrücklich auf die freie Willensentſchließung des Haus= vaters zurückführt. Die Wahrheit, daß die ewige Seligkeit der Menſchen ein göttliches Gnadengeſchenk iſt, und daß Gott in der Zuerkennung der= ſelben völlig frei waltet, bildet den Hauptgedanken der Parabel. Gegen unſere Deutung des Denares ſcheint ein Doppeltes zu ſprechen: das Murren der Erſtberufenen bei Austheilung des Lohnes und die Schluß= worte der Parabel. Wer beim letzten Gerichte gegen den göttlichen Richter murren werde, der zeige ſich ſchon durch dieſes Verhalten un= würdig den Denar, die ewige Seligkeit, zu erlangen. Dagegen iſt zu be= merken, daß bei der Auslegung von Parabeln der durch ſie dargeſtellte Hauptgedanke feſtgehalten werden muß und daß demnach einzelne Züge derſelben, welche durch die Natur des gebrauchten Bildes nothwendig ſind, in der Uebertragung keine Anwendung finden. Das zweite Moment führt uns zu einer näheren Erklärung der Worte: „Viele ſind berufen, Wenige aber auserwählt." Da 22, 14 die gleichen Worte unzweifelhaft den Sinn haben, daß Viele, welche zum ewigen Leben berufen ſind, desſelben durch eigene Schuld verluſtig gehen werden, ſo faſſen jene Exegeten, welche die gleiche Bedeutung auch hier feſthalten (Mald.), den ſyntaktiſchen Zuſammenhang dahin: der Heiland füge mittelſt einer all= gemeinen Sentenz eine Warnung für die Erſtberufenen ein; dieſe könnten mit ihrem empfangenen Lohne vollauf zufrieden ſein, da ja viele Be= rufene des Lohnes ganz verluſtig gehen werden. Nach anderen Exegeten (Bisping, Meyer, Keil) ſind hier unter den Auserwählten ſolche zu ver= ſtehen, welche einen höheren Lohn vor den Uebrigen im meſſianiſchen Reiche erlangen werden.

Vorhersagung des Leidens und Todes Jesu. 17—19.

Cf. Marc. 10, 32—34, Luc. 18, 31—34.

Ueber das Motiv dieser wiederholten Leidensankündigung cf. das zu 16, 21 und 17, 22 Gesagte.

V. 17. Zu καὶ ἀναβαίνων, cf. 19, 1.: der Heiland ist soeben auf der Fortsetzung seiner Festreise nach Jerusalem begriffen. Auf dieser Reise nun (ἐν τῇ ὁδῷ) nimmt der Herr, der stets von Volksmassen begleitet ist, die Jünger abgesondert von denselben zu sich (= κατ᾽ ἰδίαν) und verkündet ihnen ganz bestimmt den traurigen Ausgang der gegenwärtigen Festreise nach Jerusalem. Die Worte ἐν τῇ ὁδῷ, „auf dem Wege" fehlen in der Vulgata.

V. 18. 19. Die Leidensvorhersagung lautet hier am bestimmtesten, cf. 16, 21. Während der Herr früher nur allgemein hinwies auf die ihm bevorstehenden vielen Leiden und auf seinen Tod, werden hier beide Momente näher bestimmt; das παθεῖν durch die Vorausverkündigung seiner Verspottung und Geißelung und das ἀποκτεῖναι durch Verkündigung seines Kreuzestodes. Ferner kündigt Jesus jetzt bestimmt auch das Mitwirken der Heiden an. Nur zu den Jüngern spricht Jesus vom bevorstehenden Leiden und Kreuzestode, weil das Volk dafür unempfänglich war, ja leicht zum Aufruhr gegen die Obrigkeit hätte veranlaßt werden können. Die Frage, ob diese wiederholte Leidensankündigung noch in Peräa, oder nach Ueberschreitung des Jordans schon in Judäa erfolgt sei (Schegg), läßt sich wohl nicht mit Sicherheit beantworten.

Die Zebedäiden. 20—28.

Cf. Marc. 10, 35—45.

V. 20. Τότε, damals, als nämlich Jesus auf sein Leiden in Jerusalem hingewiesen hatte, trat die Mutter der Zebedäiden, des Jacobus und Johannes, Salome mit Namen (cf. 27, 56. Marc. 15, 40) mit einer Bitte an Jesus heran. Nur schüchtern und zaghaft rückt sie mit ihrer Herzensangelegenheit hervor, daher zuerst die allgemeinen Ausdrücke „etwas erbittend von ihm".

V. 21. Erst auf Jesu ermunternde Frage: „Was willst du?" wagt Salome bestimmt den Gegenstand der Bitte namhaft zu machen: „Sprich, daß diese meine zwei Söhne sitzen sollen, Einer zu deiner

Rechten und Einer zu deiner Linken in deinem Reiche." Die Ausdrücke: sitzen zur Rechten und zur Linken, scl. des auf dem Throne sitzenden Königs, sind bildliche, hinlänglich bekannte Bezeichnung für: die obersten Ehrenstellen einnehmen. Wie aus V. 22 cf. Marc. 10, 35 sicher hervorgeht, waren die beiden Brüder Jacobus und Johannes, die eigentlichen Bittsteller und die Mutter war nur Organ, durch welche das Anliegen Jesu vorgetragen wurde. (So August., Chrys., Greg.) — Aeußere Veranlassung zur Bitte mag wohl die durch Jesu Wort von seiner Auferstehung veranlaßte Vorstellung von der baldigen Errichtung des Messiasreiches, welches als äußerliches und glänzendes gefaßt wurde, gegeben haben, sowie die bisher dem Jacobus und Johannes mit Petrus zu Theil gewordene Auszeichnung vor den übrigen Jüngern. Den Grund der Bitte in mütterlichem Ehrgeize zu suchen, ist durch den Context nicht geboten; vielmehr ist die Annahme wahrscheinlich, daß das liebende Mutterherz der Salome wünschte, es möchten ihre beiden Söhne in der nächsten Nähe des geliebten Meisters sein und eben dadurch vor den Uebrigen ausgezeichnet die ersten Ehrenplätze einnehmen.

V. 22. Die Antwort Jesu ist nicht als Tadel, sondern als einfache Erklärung, daß die Bitte aus Unwissenheit hervorgegangen sei, zu fassen. Die Worte „ihr wisset nicht, was ihr begehret" werden verschieden erklärt. Mald. gibt den Vorzug der Erklärung: bonum quidem petitis, sed non bene intellectum: putatis enim precibus occupari posse, cum ejusmodi sit ut non petentibus sed merentibus dari possit. Da diese Interpretation dem Contexte völlig entspricht, so glaube ich sie festzuhalten dürfen. — Und um den beiden Jüngern zu zeigen, daß ihre Bitte aus Unwissenheit gestellt worden sei, richtet Jesus an sie die Frage: „Könnet ihr den Kelch trinken, welchen ich trinken werde?" Τὸ ποτήριον, „Becher" (Kelch); der Ausdruck ist bildliche Bezeichnung des den Menschen beschiedenen Lebensloses überhaupt (cf. Ps. 15, 5) und insbesondere Bild für Schmerz und Leid. Cf. Jes. 51, 17. Den Grund hat die metaphorische Bedeutung des Ausdruckes in der Gewohnheit der Juden, daß der Hausvater jedem Tischgenossen seinen Antheil am Getränke in den Becher zu geben pflegte. — Mit den Worten: „Den Kelch, welchen ich trinken werde" weiset Jesus hin auf die ihm bevorstehenden Leiden, und worin dieser Leidenskelch bestehen werde, hatte er soeben angedeutet in der bestimmten Leidensankündigung. Cf. V. 17—19. Marc. 10, 38 hat noch: et baptismo quo ego baptizor baptizari? Diese Worte haben den gleichen Sinn wie die früheren.

Voll Liebe zu Jesus antworten die Jünger mit Entschiedenheit: „wir können es".

V. 23. Der Heiland bestätigt die entschiedene Aussage der Jünger: „Meinen Kelch werdet ihr freilich trinken," d. h. die Leiden, welche ich zu bestehen habe, werdet auch ihr erdulden. In wieferne nun der Leidenskelch bei Christo auch den Tod miteinschloß, dürfen wir in diesen Worten Jesu auch eine Vorherverkündigung des Martyriums finden; nur würde eine Beschränkung des bildlichen Ausdruckes auf das Martyrium die Worte unberechtigt einschränken. Und in der That hat auch Jakobus den Martertod für den Herrn erlitten. Act. 12, 2. — Aber rücksichtlich der vorgebrachten Bitte antwortet Jesus, die geforderten Ehrenplätze zu zuweisen, sei nicht seine, sondern des Vaters Sache, der sie von Ewigkeit her ausgetheilt habe. Οὐχ ἔστιν ἐμὸν τοῦτο δοῦναι: Die Vulgata hat hinter δοῦναι ein ὑμῖν, vobis gelesen, was aber sicher nicht echt ist: „Es ist nicht meine Sache, dieses (das Sitzen zur Rechten und Linken) zu geben." Zu beachten ist, daß der Heiland sich nicht die Macht abspricht, diese Ehrenplätze auszutheilen, sondern daß er nur, um uns nach menschlicher Sprachweise auszudrücken, erklärt, das Zutheilen der Ehrenplätze im Messiasreiche gehöre nicht in seine Competenz. Die folgenden Worte werden das Sachverhältniß klarer machen. — Ἀλλ' οἷς ἡτοίμασται ὑπὸ τοῦ πατρός μου. Zu ergänzen ist: τούτοις δοθήσεται: „sondern, welchen es (das Sitzen zu meiner Rechten und Linken) bereitet ist von meinem Vater (diesen wird es gegeben werden)." Ἡτοίμασται „es ist bereit" nämlich von Ewigkeit her, es ist durch den ewigen Rathschluß Gottes bestimmt. Ὑπὸ τοῦ πατρός μου. Diese ewige Vorherbestimmung wird hier von Christo dem Vater zugeschrieben, weil nach biblischem Sprachgebrauche die Erwählung, die Berufung durchgehends dem Vater zugeschrieben wird. Zur Sache ist Folgendes zu bemerken; obwohl alle Werke Gottes nach Außen (ad extra) den drei göttlichen Personen gemeinschaftlich sind, so werden doch durch die sogenannte attributio einige dem Vater, andere dem Sohne und wieder andere dem hl. Geiste zugeschrieben. Cf. 1, 18. Ohne Grund glaubten also die Arianer aus dieser Stelle beweisen zu können, daß Christi Macht geringer sei als die des Vaters, und daß somit Christus nicht göttlicher Wesenheit sei.

V. 24. Die zehn übrigen Jünger wurden unwillig (ἠγανάκτησαν von ἀγανακτεῖν), nämlich aus Eifersucht über die zwei Mitjünger, welche die ersten Plätze im Messiasreiche anstrebten.

V. 25—28. Aus diesem Murren der Zehn nimmt Jesus Veranlassung seine Jünger zu belehren über die wahre Größe im Himmelreiche und über den Weg, der dazu führt. Der Unterricht geschieht durch die veranschaulichende Gegenüberstellung der Größe in irdischen Reichen und im Himmelreiche.

V. 25. Die Größe in den heidnischen (irdischen) Reichen bekundet sich durch unbeschränkte Herrschergewalt: „Ihr wisset, daß die Herrscher der Heiden herrschen über sie (nämlich über die Heiden) und die Großen über sie gebieten." Die Composita κατακυριεύειν und κατεξουσιάζειν bezeichnen das unterdrückende, durch nichts beengte Herrschen. Αὐτῶν geht auf ἐθνῶν. Die Construction der Vulgata: dominantur eorum statt in eos ist dem Griechischen nachgebildet.

V. 26—28. Anders verhält es sich im messianischen Reiche. Hier wird wahre Größe erlangt durch demüthiges Dienen, das seinen Grund in aufopfernder Liebe zum Nebenmenschen hat. — Μέγας, groß, i. e. eine ausgezeichnete Stelle inne haben. Πρῶτος, der Erste, steht zu μέγας in klimaktischem Verhältnisse, ebenso δοῦλος zu διάκονος. Gedanke: Je höher der Mensch im Reiche Christi steigen will, desto tiefer muß er sich verdemüthigen. Unerreichbares Muster und Vorbild ist Christus selbst: „Gleichwie der Menschensohn nicht gekommen ist sich bedienen zu lassen (= διακονηθῆναι), sondern zu dienen und hinzugeben seine Seele (Leben) als Lösegeld anstatt Vieler." Λύτρον, Lösegeld; dieses war die Seele Jesu, d. h. die Hingabe seines Lebens. Ἀντὶ πολλῶν. Cf. Marc. 10, 45. Das ἀντί drückt die Stellvertretung aus: Die Hingabe des Lebens Jesu trat stellvertretend (satisfactio vicaria) ein für die Menschen, welche durch die Sünde ihr Leben verwirkt hatten und durch diese Hingabe wurden sie losgekauft scl. vom ewigen Verderben, welchem sonst die sündige Menschheit unrettbar verfallen wäre. Cf. Joh. 3, 16, 2 Kor. 5, 21, Gal. 3, 13, 1 Petri 2, 24. Der Gedanke, daß Christus selbst das Lösegeld für unsere Loskaufung ist, findet sich auch anderwärts im neuen Testamente. Während hier als Lösepreis λύτρον Christi Seele (ψυχή) bezeichnet wird, nennt Petrus 1 Petr. 1, 19 als Lösegeld Jesu Christi theueres Blut und Paulus 1 Tim. 2, 5. 6 Christum selbst: „Der Mensch Jesus Christus, der sich zum Lösegeld gegeben hat für Alle." Diese Stellen zusammen lehren: Jesus Christus selbst, seine Hingabe in den Tod, die Vergießung seines Blutes war der Preis, durch welchen die Menschen aus der Gewalt des Satans losgekauft, und somit vom ewigen Verderben errettet wurden. — Weil

Christus nach bestimmten Aussprüchen der Schrift (Röm. 5, 18, 1 Tim. 2, 6, 1 Joh. 2, 2) für alle Menschen gestorben ist, so hat man an unserer Stelle (cf. 26, 28, Hebr. 9, 28) πολλῶν, multorum, als Li= totes = für Alle fassen wollen. Das ist nicht nöthig; denn Christus ist für Alle gestorben mit Rücksicht auf die objective Wirkung seines Kreuzestodes; für Viele mit Rücksicht auf die subjective Aneignung der Wirkung desselben. Maldonat erklärt das multorum an unserer Stelle dahin: Voluisse Christum non voluntatem suam, sed mortis suae fructum significare. Nam si ejus quidem voluntatem spectes pro omnibus hominibus nemine excepto mortuus est. Si spectes fructum non ad omnes pervenit, sed ad multos, quia non omnes percipere voluerunt. Es ist demnach unsere Erlösung (ἀπολύτρωσις) eine Aus= lösung (ἐξαγοράζειν) aus der Macht der Sünde und des Satans durch Erlegung eines Lösegeldes (λύτρον), welches ist Jesus Christus selbst, die Hingabe seines Lebens in den Tod und welches anstatt unser (ἀντί πολλῶν) erlegt wurde, damit wir vom Tode errettet würden, dem wir durch die Sünde verfallen waren.

Die Blinden von Jericho. 29—34.

Cf. Marc. 10, 46—52, Luc. 18, 35—43.

V. 29. Der Heiland hat auf seiner Reise nach Jerusalem den Jordan überschritten, und ist nach Jericho gekommen. Ueber die Ankunft Jesu in Jericho und über seine Wirksamkeit während des Aufenthaltes daselbst berichtet ausführlich Luc. 18, 35—19, 27. Matthäus schweigt davon ganz und erzählt nur, was sich zutrug als Jesus mit seinen Jüngern von Jericho gegen Jerusalem weiter reiste. — Jericho (יְרִיחוֹ, oder wie häufiger יְרֵחוֹ, LXX Ἰεριχώ), die Balsamduftige, war eine im Stammgebiete Benjamins gelegene Stadt, vom Jordan 60 Stadien (20 Stadien = eine Stunde) und von Jerusalem 150 Stadien (Jos. B. J. IV, 8, 3) entfernt. Jetzt ist an der Stelle ein elendes Dorf mit Namen Richa.

V. 30. Zwei Blinde, die am Wege saßen, baten Jesum um Hilfe. Ueber die Anrede Κύριε und die messianische Bezeichnung υἱὲ Δαυίδ cf. 9, 27—32. Rücksichtlich dieser Blindenheilung stimmen die evan= gelischen Berichte nicht überein. Die Differenzen beziehen sich auf fol= gende zwei Punkte. Nach Matthäus wurden zwei Blinde geheilt, nach Marcus und Lucas nur Einer. Die Heilung erfolgte nach Matthäus und Marcus, als Jesus Jericho verließ, nach Lucas, als Jesus der Stadt sich näherte.

Ausgleichsversuche. Jesus habe sowohl beim Ein= als Aus=zuge einen Blinden geheilt und Matthäus habe diese zwei Facta zu=sammengezogen. So Theophyl., Neander, Wieseler, Ebrard, Bisping. Der eine Blinde (Bartimäus bei Marcus) sei auch sehr arm und be=sonders beklagenswerth gewesen, deshalb werde er allein bei Marcus und Lucas erwähnt. So August. und Viele. Der Eine sei ein besonders ausgezeichneter Schüler Jesu geworden und es habe sich darum die Erinnerung an ihn allein in der Tradition erhalten. Schegg, Ibar. Weil der an zweiter Stelle erwähnte Ausgleichsversuch die Differenz zwischen Marcus und Lucas bestehen läßt, und weil gegen den letzten Lösungsversuch, wie mir scheint Bedenken geltend gemacht werden können, so möchte ich der ersten Ansicht beipflichten.

V. 31. Die den Herrn begleitende Volksmenge (cf. V. 29) verwies die Bittenden zur Ruhe, entweder aus Unwillen über das zu=dringliche Rufen, oder weil Jesus gerade einen Lehrvortrag hielt, den man nicht stören lassen wollte. Die Blinden aber ließen sich durch dieses Drohen nicht zum Schweigen bringen, sondern riefen noch lauter um Hilfe.

V. 32. Jesus richtete nun an sie die Frage: „Was wollet ihr, soll ich euch thun?" Ποιήσω ist conjunct. deliberationis. Durch die Frage wollte Jesus seine Theilnahme an dem Lose der Unglücklichen bekunden, und zugleich das Vertrauen derselben zu ihm erhöhen. Meyer.

V. 33. „Sie sprechen zu ihm, Herr, daß unsere Augen geöffnet werden." Ἵνα, ut, ist abhängig von dem aus V. 32 zu ergänzenden θέ-λομεν. Ἀνοιγῶσιν (2. Pass. aorist) lesen Lachm., Tregell., Tischend. nach אBD statt ἀνοιχθῶσιν der Recepta.

V. 34. Aus Mitleid heilt der Heiland die Blinden; er berührte ihre Augen, und sprach dabei zugleich das Machtwort, welches das Gesicht wieder gab (Marcus und Lucas). Ὀμμάτων (so ist zu lesen statt ὀφθαλμῶν) ist seltener vorkommender Ausdruck; ὄμματα = die Augen, Stamm ὀπ cf. ὁράω.

Jesu Wirksamkeit in Jerusalem vor Beginn seines Leidens. 21, 1 bis 25, 46.

21. Kapitel.

Jesu feierlicher Einzug in Jerusalem. 1—11.

Cf. Marc. 11, 1—11, Luc. 19, 29—44, Joh. 12, 12—19.

V. 1—7. Vorbereitungen zum Einzuge. V. 1. Auf der Weiterreise von Jericho (20, 29) nach Jerusalem war Jesus mit seinen Jüngern bis gegen Bethphage an den Oelberg (εἰς Βηθφαγὴ πρὸς [Lachm., Tregell., Tischend. εἰς] τὸ ὄρος τῶν ἐλαιῶν) gekommen. — Βηθ-φαγή = Feigenhausen, wird im neuen Testamente noch einigemale (Marc. 11, 1. Luc. 19, 29), öfters aber im Talmud erwähnt; im alten Te-stamente kommt der Name nicht vor. Rücksichtlich der Lage des Ortes lauten die Angaben verschieden. Sehen wir, welche Andeutungen zur Beantwortung der Frage die heilige Schrift selbst darbietet. Da an den parallelen Stellen (Marc. 11, 1 und Luc. 19, 29) Bethphage und Bethanien mitsammen genannt werden, so dürfen wir sowohl aus der Verbindung der zwei Ortsnamen, als auch aus dem Umstande, daß Matthäus nur Bethphage anführt, mit Sicherheit schließen, daß Bethphage nahe bei Bethanien lag. Die Lage des kleinen, im alten Testamente ebenfalls nirgends erwähnten Bethaniens ist aber sicher bekannt; es lag 15 Stadien (cf. Joh. 11, 18), i. e. ³/₄ Stunden östlich von Jerusalem und zwar am östlichen Abhange des Oelberges, dort wo der Weg von Jerusalem nach Jericho führte. In der Nähe davon werden wir demnach auch Bethphage suchen müssen. Daß Beth-phage nicht am westlichen sondern am östlichen Abhange des Oelberges zu suchen sei, geht schon aus den Worten des Matthäus hervor, daß Jesus von Jericho her gegen Bethphage an den Oelberg (πρὸς oder εἰς τὸ ὄρος τῶν ἐλαιῶν) gekommen sei. Demgemäß versetzt die christliche Tradition mit Recht Bethphage zwischen Bethanien und die Höhe des des Oelberges und zwar wahrscheinlich in jene Gegend, wo der Weg von Bethanien nach Jerusalem durch den Sattel zwischen dem Oelberge und dem Berge des Aergernisses führt. Wenn dagegen die Talmudisten Bethphage an den westlichen Abhang des Oelberges, ganz nahe an Jerusalem verlegen, so dürfte dieser Umstand seine Erklärung darin finden, daß in der Zeit der Talmudisten der Name des Fleckens, nachdem er zerstört worden, auf die näher bei Jerusalem gelegenen

Gehöfte übertragen wurde. Daraus, daß Marcus und Lucas zuerst
Bethphage und danu erst Bethanien anführen, darf man nicht schließen,
daß Bethphage vor Bethanien, d. h. weiter von Jerusalem entfernt
lag; denn es wird Bethphage zuerst darum genannt, weil Jesus von
dort das Reitthier zum feierlichen Einzuge in Jerusalem nahm. —
Nach dem Berichte der Synoptiker könnte man vermuthen, es sei Jesus
direct von Jericho über Bethphage und Bethanien, ohne Aufenthalt
daselbst, nach Jerusalem gezogen. Dem war aber nicht so. Nach Joh.
12, 1 ff. kam Jesus sechs Tage vor dem Passahfeste (von Jericho)
nach Bethanien, wurde daselbst im Hause des Lazarus von Martha
bei einem Gastmahle gesalbt, und zog am folgenden Tage feierlich in
Jerusalem ein. Und mit diesem Berichte des Johannes stehen die Synoptiker durchaus nicht im Widerspruche. Aus dem nachdrucksvollen
τότε (tunc) bei Matthäus ist ersichtlich, daß er, (und mit ihm die
andern Synoptiker) die Ankunft in Bethphage (und Bethanien) ausschließlich nur von dem Gesichtspunkte aus erzählt, daß daselbst die
Vorbereitungen zum feierlichen Einzuge in Jerusalem begannen, und
daß dieser selbst von dort seinen Aufang nahm. Damit ist aber ganz
gut vereinbar die Erzählung des Johannes. Mit einigem Schein kann
dagegen der Umstand geltend gemacht werden, daß Matthäus (26,
6—13) und Marcus (14, 3—9) mit dem Berichte über Jesu Salbung in Bethanien unmittelbar die Leidensgeschichte einleiten. Der Aus-
gleich dieser Verschiedenheit ist nicht schwierig. Johannes referirt chronologisch genau wie schon die bestimmte Zeitangabe zeigt, während die
Anordnung bei den Synoptikern nur nach sachlichen Gesichtspunkten
erfolgte. Da nämlich die Salbung nach Jesu Erklärung eine prophetische
Vorausnahme seines Todes war, so war der Bericht darüber eine ganz
geeignete Einleitung in die Leidensgeschichte.

V. 2. 3. Jetzt gibt der Herr zweien Jüngern den Auftrag, sich
in das ihnen gegenüberliegende Bethphage zu begeben und von dort
ihm ein Reitthier herbeizuschaffen. Ὄνον δεδεμένην καὶ πῶλον μετ᾽ αὐτῆς,
„eine Eselin angebunden und ein Füllen mit ihr" (super quem nemo
adhuc hominum sedit, Marc. 11, 2, Luc. 19, 30). Während Marcus
und Lucas nur des Füllen, auf dem der Herr ritt, Erwähnung thun,
berichtet Matthäus genauer, daß man auch die Eselin mitnahm, damit
das bisher noch ungezähmte Füllen desto leichter zu lenken wäre. —
Durch die bestimmte Mittheilung, daß die Jünger die Thiere sogleich
beim Betreten des Ortes finden würde und daß der Eigenthümer der-

selben gegen die Wegführung keine Einsprache erheben werde, bekundete Jesus übernatürliches Wissen.

V. 4. 5. Der Evangelist sieht in dieser Vorbereitung zum Einzuge in Jerusalem die Erfüllung der prophetischen Vorhersagung des Zacharias 9, 9: „Saget der Tochter Sions: Siehe, dein König kommt (zu) dir sanftmüthig und reitend auf einem Esel, und (zwar) auf einem Füllen, dem Jungen eines Jochthieres.“ In der angeführten Stelle wird verheißen die Ankunft eines Friedensfürsten, dessen Einzug in die heilige Stadt erfolgen werde unter den Symbolen des Friedens, d. h. zum Erweise seiner Sanftmuth werde derselbe in die Stadt reiten auf einem Esel und nicht auf einem Rosse, dessen sich die kriegerischen Fürsten bedienen. In Christo zog der wahre Friedensfürst in die Metropole des Judenthums ein und sein Reiten auf einem Füllen verkündete symbolisch seine sanfte, friedfertige Gesinnung. Es hatte sich somit jetzig völlig und buchstäblich die prophetische Verheißung erfüllt. — Die Worte: „Saget der Tochter Sions“, d. h. den Bewohnern Jerusalems, finden sich wörtlich bei Jes. 62, 11; etwas verschieden bei Zacharias: „Freue dich sehr, Tochter Sions“. Sion ist für Jerusalem gesetzt und Tochter steht nach orientalischer Redeweise für: Bewohner. Ἐπιβεβηκώς, bestiegen habend, d. h. sitzend; Vulg. sedens. Ἐπὶ ὄνον καὶ ἐπὶ πῶλον; diese Worte werden verschieden gefaßt. Häufig nimmt man καὶ ἐπὶ πῶλον als erklärenden Zusatz zum Vorigen: reitend auf einem Esel und zwar auf einem Füllen. Andere meinen ὄνον gehe auf die Eselin (so die Vulg. asinam) und πῶλον auf das Füllen; beide seien aber genannt, obwohl der Herr nur das Eine Thier (das Füllen) bestiegen habe, weil beide Thiere als zusammengehörig betrachtet würden (Schegg). Πῶλον wird näher charakterisirt durch υἱὸν ὑποζυγίου, „Junges eines Jochthieres“. Τὸ ὑποζύγιον (vom Adjectiv ὑποζύγιος· unter dem Joche gehend), das Jochthier, Zug- oder Lastthier.

V. 6. 7. Die (zwei) Jünger machen sich an die Ausführung des Auftrages; führen die beiden Thiere herbei, legen auf sie ihre Oberkleider und Jesus setzte sich auf selbe. Ἐπεκάθισεν (so ist zu lesen statt ἐπεκάθισαν = sedere fecerunt, Vulg.) ἐπ᾽ αὐτῶν, „er setzte sich darauf“. Ἐπ᾽ αὐτῶν wird mit Recht auf ἱμάτια bezogen: er setzte sich über den Oberkleidern auf das Füllen. So Theophyl., Euthym., Arnoldi, Bisping, Meyer, Keil. Andere: Es gehe das Pronomen auf die Thiere, und sei der Plural, obwohl der Herr nur auf einem ritt, genommen nach einer auch sonst vorkommenden generellen Redeweise. Schegg.

B. 8—11. Einzug selbst. Der Einzug Jesu in die heilige Stadt gestaltete sich zu einem feierlichen Triumphzuge, der aber sehr verschieden ist von den prunkvollen Aufzügen irdischer Herrscher. Es zog in die Metropole des Volkes seines Eigenthums der Messiaskönig, der in der Niedrigkeit des Fleisches gekommen war, um den Frieden zu bringen; darum mischt sich in diesem Aufzuge Hohes mit Niedrigem.

B. 8. Ὁ πλεῖστος ὄχλος = das meiste Volk, d. h. der größte Theil desselben bezeugte seine Ehrfurcht dadurch, daß die Einen mit den Oberkleidern den Weg belegten, auf welchem Jesus ritt (cf. Joh. 12, 12), die Anderen denselben mit abgehauenen grünen Baumzweigen bestreuten. Beides war im Orient übliche Ehrenbezeugung beim Einzuge der Könige. Cf. 4 Kön. 9, 13.

B. 9. Auch mit Worten drückte das den Herrn begleitende Volk seine Huldigung aus. Der Heiland befand sich in Mitte der ihn begleitenden Volksmassen, welche mit mächtiger Stimme (ἔκραζον λέγοντες) riefen: „Hosanna dem Sohne Davids! Gesegnet der da kommt im Namen des Herrn! Hosanna in den Höhen!" Diese Worte, mit denen die Volksschaaren dem in seine Königsstadt einziehenden Messias die Huldigung darbringen, sind aus dem messianischen Psalme 117, 25. 26 entlehnt; nur ist hier die Psalmstelle durch: „dem Sohne Davids" und durch die Schlußworte: „Hosanna in den Höhen" erweitert. Die gleichen Psalmworte wurden vom Volke auch am Laubhüttenfeste gesungen, wenn es mit Palmzweigen in der Hand um den Brandopferaltar ging. Zur Erklärung der Psalmstelle ist Folgendes zu bemerken: Ὡσαννά ist griechische Wiedergabe des hebr. הוֹשִׁיעָה נָּא, „gib doch Hilfe, bring doch Heil" (Hieronym. ad locum: salvum fac, obsecro) und in dieser Bedeutung ist das Wort hier festzuhalten. Mit υἱῷ Δαυίδ wird näher bestimmt, wem das Heil, die Hilfe (von Oben) zu Theil werden möge: dem Sohne Davids, i. e. dem Messias. Das Volk erwartet jetzt, da der Messias in die Hauptstadt einzieht, die Errichtung des messianischen Reiches, darum erhebt es den Hilferuf zum Himmel, Gott möge das Unternehmen segnen. Mald.: Precatur turba Deum ut novum regem diuque desideratum servet ac prosperet. In der späteren Zeit hat sich durch den Gebrauch die etymologische Bedeutung des Wortes mehr verwischt und wurde dasselbe zu einer bloßen Huldigungsformel abgeschwächt. Zu ὁ ἐρχόμενος, der Kommende, scl. der Messias, cf. 11, 2. Ἐν ὀνόματι κυρίου ist nähere Bestimmung zu ἐρχόμενος, „der kommt im Namen des Herrn", d. h. zu Folge göttlicher Scudung.

Cf. Joh. 8, 42. Ὡσαννὰ ἐν τοῖς ὁψίστοις, Hosanna, Hilfe sei in den Höhen, d. h. komme vom Himmel, dem Throne des Herrn, zu seinem Gesandten auf Erden. Mald.: Rogant Deum, ut de coelo novum regem servet. Andere anders. Mit dem feierlichen Einzuge Jesu in die jüdische Metropole war der hehre Moment zur Vollendung des Erlösungswerkes gekommen, darum mußte er laut, offen und all= gemein als der gesandte Messias proclamirt werden.

V. 10. Mächtig war der Eindruck dieses Einzuges: allgemeine Erregung erfolgte in der Stadt, man fragte: „wer ist dieser?"

V. 11. Antwort auf diese Frage: „Dieser ist der Prophet, Jesus von Nazareth aus Galiläa." — So lautet die Antwort nach dem von Lachm., Tregell., Tischend. aufgenommenen Texte; die Vulg. hat: Hic est Jesus propheta a Nazareth Galilaeae. Diese Antwort hat man befremdend gefunden und geeignet, die messianische Würde Jesu in Zweifel zu stellen. (de Wette.) Man fragt, warum gab die Menge nicht zur Antwort: er ist der Messias? Darauf ist zu erwidern: Dies hatten die Bewohner von Jerusalem ja ohnehin beim Einzuge in den lauten Zurufen des Volkes gehört. Jetzt gibt die Menge Antwort auf die Frage, wer der sei, der soeben als gottgesandter Messias verherrlicht wurde: Jesus von Nazareth ist es. Ὁ προφήτης, der (bekannte) Prophet. — Jesu Einzug war ein religiöser Triumphzug, darum findet er auch am Heiligthume seinen Abschluß. Wie nämlich Marc. 11, 11 berichtet, kam Jesus gleich nach dem Einzuge in das Heiligthum, entfernte sich aber von dort nach ganz kurzem Aufenthalte wieder (περιβλεψά- μενος . . . ἐξῆλθεν εἰς Βηθανίαν). — Wie sich aus der Vergleichung der Synoptiker mit Johannes (cf. 12, 1. 12) mit Sicherheit ergibt, zog Jesus am Sonntage vor dem Passah, am zehnten Nisan, an welchem Tage nach Exod. 12, 3 das Paschalamm ausgesondert werden sollte, in Jerusalem ein. Es war somit die Zeit gekommen, da an die Stelle des vorbildlichen Osterlammes das wahre Osterlamm trat.

Tempelreinigung. 12—17.

Cf. Marc. 11, 15—17, Luc. 19, 45. 46.

V. 12. Jesus ging in den Tempel, trieb die Verkäufer und Käufer im Tempel heraus und warf die Tische der Wechsler und die Sitze der Taubenhändler um. Nach der genauen Zeitangabe bei Marc. 11, 15 erfolgte die Tempelreinigung erst am Tage nach Jesu Einzug

in Jerusalem. — Ἐν τῷ ἱερῷ; im Heiligthume, d. h. im äußersten
Vorhofe an der östlichen Seite, auch Vorhof der Heiden genannt, wahr=
scheinlich zu beiden Seiten des Haupteinganges; dort wurde alles zum
Opfer Nothwendige (Opferthiere, Oel, Wein) zum Verkaufe ausgeboten
und durch dieses mit Lärm verbundene Verkauf= und Kaufgeschäft die
Ruhe des Ortes vielfach gestört. Die Geldwechsler, deren Tische der
Heiland umwarf, waren Geldmänner, die vorzugsweise das ausländische
Geld in heilige Münze, womit die Tempelabgaben gezahlt werden mußten,
umwechselten und bei diesem Wechselgeschäfte ein Agio erhoben, daher
auch die Benennung κολλυβιστής. Geldwechsler, von κόλλυβος = kleine
Münze, welche beim Verwechseln als Agio genommen wurde. — Die
meisten älteren, unter den Neuern die katholischen und auch viele pro=
testantische Exegeten (Tholuck, Olsh., Ebrard, Meyer, Keil) halten mit
Recht fest, daß die von den Synoptikern erzählte Tempelreinigung nicht
identisch sei mit jener, welche Joh. 2, 13 ff. berichtet. Vielmehr hat
der Heiland zweimal diesen Act vorgenommen; am Beginne seines öffent=
lichen Wirkens und am Schlusse desselben. Die Wiederholung hat ihren
Grund vielleicht nicht so sehr in dem nach der ersten Reinigung bald
wieder eingeführten Mißbrauche, als vielmehr in der Bedeutung der
Handlung selbst. In der äußeren Tempelreinigung lag ein Hinweis auf
die Jesu innewohnende Macht der Reinigung und Läuterung des Cultus
überhaupt, welche nach Malach. 3, 1—3 dem Messias zustand.

V. 13. Die Rede, womit Jesus seine Handlung begleitet, ist, wie
schon γέγραπται anzeigt, dem alten Testamente entlehnt, und zwar der
erste Theil: „mein Haus wird ein Bethaus genannt werden“ aus Jes.
56, 7, der zweite: „ihr aber machet es zu einer Räuberhöhle“ aus
Jerem. 7, 11. Das temp. praes. ποιεῖτε weiset auf die gegenwärtige
Entweihung hin. Dieser den Geschäftsleuten gemachte starke Vorwurf
findet seine Erklärung darin, daß man die heilige Stätte des Gottes=
dienstes zum profanen Orte gewinnsüchtigen und mit mancherlei Un=
gerechtigkeit verbundenen Handelns erniedrigte. Anders Mald.: „Quia
scilicet, ut latrones praedam in speluncam, ita vos undique res a
templi sanctitate prorsus alienas huc congeritis. Daß sich die Händler
sofort fügten, daß insbesondere die habsüchtigen Wechsler sich den Verlust
ihres Geldes so ohne Weiteres gefallen ließen, ist ein schlagender Be=
weis für die Majestät des göttlichen Wesens Jesu, vor der jeder Wider=
spruch verstummen muß, für den überwältigenden Eindruck, den seine
Persönlichkeit auf schuldbeladene Gewissen macht. Hieronym.: Igneum

quiddam atque sidereum radiabat ex oculis ejus, et divinitatis majestas lucebat in facie.

V. 14. Nachdem der Herr die Entweiher des heiligen Ortes vertrieben, weiht er ihn gleichsam wieder ein durch Gnadenerweisungen an heiliger Stätte (ἐν τῷ ἱερῷ).

V. 15. 16. Den höchsten Unmuth der schon durch Jesu feierlichen Einzug erregten hohen Priesterschaft erregten die nachfolgenden Ereignisse: Die bewunderungswürdigen Thaten (= θαυμάσια, im neuen Testamente nur hier; Vulg. mirabilia) der Tempelreinigung und der Krankenheilungen, und das Hosannarufen sogar schon der Jugend, und zwar noch an heiliger Stätte. — Das Jubeln der Kinder, in den Augen der Priester und Schriftgelehrten auch eine Entweihung des Tempels, nehmen sie nun zum Anlasse, um an Jesum die vorwurfsvolle Frage zu richten: „Hörest du, was diese sagen (und warum stellst du es nicht ab?)" In seiner Antwort verweiset Jesus die Fragesteller auf den messianischen Pf. 8, dessen V. 3 mit dem recitativen ὅτι eingeführt wird: „Aus dem Munde der Kinder und Säuglinge hast du dir Lob bereitet." An der angeführten Stelle ist die Rede vom Lobe, welches Gott sich aus dem Munde der Unmündigen und Säuglinge bereitet hat. Die Anwendung auf den vorliegenden Fall lautet: Also ist auch das Hosannarufen der Kinder am heiligen Orte Gott wohlgefällig und daher berechtigt. Mald.: Observandum est, Christum se in hujus accomodatione sententiae Deum declarare. Nam quod Deo David dixerat, sibi dictum esse interpretatur. Θηλάζειν, säugen, von der Mutter; saugen, von den Kindern.

V. 17. Bevor noch die Fragesteller über die erhaltene Antwort sich zu besinnen vermochten, verließ sie Jesus und begab sich hinweg nach Bethanien, um daselbst zu übernachten. Αὐλίζεσθαι, sich im Freien aufhalten; übernachten.

Verfluchung des Feigenbaumes. 18—22.
Cf. Marc. 11, 12—14 und 19—24.

V. 18. Πρωίας . . . als Jesus am Morgen in die Stadt zurückkehrte. Nach Marcus, der überhaupt diesen Vorfall genauer erzählt, erfolgte die Verfluchung des Feigenbaumes am ersten Tage nach dem feierlichen Einzug in die Stadt vor der Tempelreinigung. Es war demnach der Verlauf der Begebenheiten folgender: Am Tage des Einzuges betritt, der Herr den Tempel nur, auf einen Augenblick, worauf er gleich nach Bethanien zurückkehrt. Am folgenden Tage (Montag) früh Morgens begibt sich Jesus wieder in die Stadt, und auf dem Wege dahin ereignet sich der hier erzählte Vorfall, worauf die Tempelreinigung erfolgt. — Ἐπείνασεν, „es hungerte ihn"; es liegt kein Grund vor, den Hunger Jesu als natürliche Folge seiner menschlichen Natur in Abrede zu stellen. Anders Mald.: Esurire finxisse, ut occasionem acciperet edendi miraculi.

V. 19. Da trat Jesus zu einem vereinzelt (= μίαν) am Wege stehenden Feigenbaume hinzu, faud aber nichts als nur Blätter an demselben. Feigenbäume pflanzte man gerne an Straßen, weil deren Staub als die Fruchtbarkeit derselben befördernd galt. Da der Feigenbaum zuerst die Früchte ansetzt und erst danu die Blätter treibt, so ließ der Blätterschmuck des Baumes auf das Vorhandensein von Früchten schließen, wie hingegen der Mangel derselben bei vorhandenen Blättern den Baum als einen unfruchtbaren erwies. Die Bemerkung des Evangelisten Marcus 11, 13. „Es war noch nicht die Zeit des Feigen" hat den Sinn: wenn auch jetzt zur Passahzeit noch nicht die Zeit war, da die Feigen reif waren, so war doch dieser eine Baum in der Entwicklung so weit voraus, daß man bei ihm solche suchen durfte. — Zufolge dieses Mangels an Frucht ergeht das Fluchwort Jesu: „nicht mehr komme von dir eine Frucht in Ewigkeit"; und die Wirkung desselben: „und alsogleich verdorrte der Feigenbaum." Das Wunder der Verfluchung des Feigenbaumes, welches ein Erweis der Jesu zukommenden Macht zu strafen und zu verderben ist, hat prophetisch symbolischen Charakter: es war ein Hinweis auf die bald erfolgende Verwerfung des Volkes Israels wegen seiner sittlichen Unfruchtbarkeit. Israel war besonders auserwählt unter allen Völkern, es stand gleichsam am Wege, auf dem Gott wandelte, es prangte im prächtigen Blätterschmucke ganz besonderer göttlicher Veranstaltungen unter ihnen, aber es trug nicht Früchte guter Werke. Nach anderen Exegeten weiset der Blätterschmuck des Feigenbaumes auf die äußere Werkheiligkeit der Juden hin. In dieser Fassung des prophetisch-symbolischen Charakters der Erzählung stimmen seit Origenes die Erklärer fast ausnahmslos überein.

V. 20. Die plötzliche Verdorrung des Feigenbaumes erregt das Erstaunen der Jünger und sie sprechen: „Wie ist auf der Stelle verdorret der Feigenbaum?" Matthäus hat seinen Bericht zusammengezogen, Marcus berichtet genauer. Nach ihm hat das V. 20—22. Erzählte sich

erst am folgenden Morgen zugetragen, und hat Petrus in seinem und
der Jünger Namen das Erstaunen ausgesprochen.

V. 21. 22. Antwort Jesu, in der er nicht eingeht auf die Frage
der Jünger, wie das Verdorren des Baumes bewirkt worden sei, sondern
das Mittel angibt, wodurch auch die Jünger solche und noch größere
Wundererfolge zu wirken vermögen: durch die Kraft eines festen nicht
wankenden Glaubens. „Wahrlich sage ich euch, wenn ihr Glauben habet
und nicht wanket, so werdet ihr nicht allein das am Feigenbaume Geschehene thun, sondern auch, wenn ihr zu diesem Berge da sprechet:
Hebe dich und stürze dich ins Meer, so wird es geschehen. Und alles,
um was ihr immer glaubend bitten werdet im Gebete, werdet ihr empfangen.“ Zum Bilde des Bergeversetzens cf. 17, 20. Tò τῆς συκῆς =
das am Feigenbaum Geschehene.

Im Verse 22 enthält πιστεύοντες die Bedingung der Gebets-
erhörung, das Gebet muß im Glauben verrichtet werden; wer aber
glaubend betet, betet im Namen Jesu, Joh. 14, 13, cf. Matth. 7, 7—10,
18, 19. Zu beachten ist noch die anschauliche Belehrung in Beispielen:
Baum, Berg, dienen dazu, den Jüngern die Wahrheit nahe zu legen,
daß vor der siegreichen Kraft des Glaubens jeder Widerstand schwindet.

Jesus im Kampfe mit seinen Feinden. 21, 23 bis 22, 46.

Die Ereignisse drängen zum Abschlusse. Die Schaaren des Volkes
hatten Jesu als dem Messias gehuldigt, selbst die Kinder waren von der
mächtigen Bewegung ergriffen und wiederholten am heiligen Orte den
messianischen Huldigungsruf. Der Herr selbst erschien nicht blos im
Tempel, sondern trat durch die Vertreibung von Verkäufern und Käufern,
durch seine Wunderwerke und Lehrthätigkeit als ein mit messianischer
Würde bekleideter Helfer und Lehrer des Volkes auf. Es war also für
die Jesu feindlich gesinnten Vertreter und Führer der Juden keine Zeit
mehr zu verlieren, jedes noch längere Zurückhalten mußten sie als ge-
fahrbringend erkennen. Doch wagte man aus Furcht vor dem Volke
(Marc. 11, 18, Luc. 19, 47. 48) noch nicht mit Gewalt gegen Jesus vorzugehen. Darum griff man zur List seine Zuflucht: Durch verfängliche
Fragen sollte Jesus in's Verderben gestürzt werden. Zuerst nahten sich
ihm in dieser Weise die Synedristen.

Frage der Synedristen nach Jesu Vollmacht und Antwort
Jesu auf diese Frage. 21, 23 bis 22, 14.

Cf. Marc. 11, 27 bis 12, 12, Luc. 20, 1—19.

V. 23. Καὶ ἐλθόντι . . . ἱερόν, „als er (Jesus) in das Heilig=
thum kam", nämlich am zweiten Tage nach dem Einzuge, am Diens=
tage, an welchem sich das hier Erzählte zutrug. Während an diesem
Tage Jesus im Tempel lehrte, traten zu ihm heran: οἱ ἀρχιερεῖς καὶ
οἱ πρεσβύτεροι τοῦ λαοῦ. Marcus nennt 11, 27 auch die Schriftgelehrten.
Abgeordnete der höchsten Behörde (des Synedriums) treten im Namen
derselben mit der Frage an Jesus heran: „in welcher Macht thust du
dieses?" Ταῦτα umfaßt das gesammte Wirken Jesu in Jerusalem seit
dem feierlichen Einzuge. An die Frage nach der Vollmacht schließt sich
jene nach dem Vollmachtgeber an: „und wer hat dir diese Macht ge=
geben?"

V. 24—27. In seiner Erwiderung stellt Jesus eine Gegenfrage
und macht von der Beantwortung derselben die Antwort auf die an ihn
gestellte Frage abhängig. — Ἐρωτήσω ὑμᾶς κἀγὼ λόγον ἕνα, „(nur)
Eine Frage werde ich euch vorlegen." Diese Frage ist V. 25 enthalten.
Τὸ βάπτισμα Ἰωάννου, „die Taufe des Johannes"; gemeint ist die ganze
auf den Messias vorbereitende Wirksamkeit des Baptista, von welcher
die Bußtaufe als der vorzüglichste Bestandtheil hier genannt wird. Nach=
drucksvoll steht die Frage, woher war sie, „vom Himmel oder von
Menschen?" d. h. hat Johannes getauft (und überhaupt gewirkt) im
himmlischen Auftrage, oder wurde er nur von Menschen dazu bevoll=
mächtigt? Die Synedristen überlegten bei sich (διαλογίζεσθαι bezeichnet
das mit gegenseitiger Mittheilung verbundene Ueberlegen) die Gefahr,
welche eine bestimmte Antwort auf die vorgelegte Frage bringen würde
(cf. V. 26), daher antworten sie in ihrer Verlegenheit: „Wir wissen
es nicht". Das war aber keine Antwort auf Jesu Frage, daher spricht
er mit Rücksicht auf V. 24 zu ihnen: „Auch ich sage euch nicht, in
welcher Vollmacht ich dieses thue." Zu beachten ist, wie der Heiland
seine eigene Auctorität geltend macht gegenüber den Fragestellern, die
wohl in amtlichem Auftrage vor ihm erschienen waren.

Gleichnißreden Jesu gegen die Hierarchie.
21, 28 bis 22, 14.

Nachdem der Heiland die Hierarchen, welche ihn mit ihrer klug berechneten Frage zum Falle bringen wollten, zum Schweigen gebracht hatte, beginnt er in drei Gleichnißreden gegen sie zu sprechen. Es wird darin ihr heuchlerisches und ungehorsames Wesen scharf getadelt und auf die Strafe dafür hingewiesen.

Das Gleichniß von den zwei Söhnen. 28—32.

Nur Matthäus allein hat es aufbewahrt.

V. 28. Mit der Frage: „Was dünket euch?" leitet der Heiland die vorzugsweise gegen die Hierarchen gerichtete Parabel ein, um diese jetzt nach vorausgegangener Verweigerung einer Antwort zum Reden herauszufordern, womit sie ihr eigenes Verdammungsurtheil verkünden sollten. „Ein Mann hatte zwei Kinder, und er trat hin zu dem ersten und sprach: Kind! gehe hin, arbeite heute in meinem Weinberge." — In der Anrede τέκνον, fili, findet man ausgedrückt die Vaterliebe; viel= leicht soll durch diese Bezeichnung auf die im Kindesverhältnisse liegende Pflicht des Gehorsams hingewiesen werden.

V. 29. Der erste Sohn verleugnet das Kindschaftsverhältniß mit Worten, bethätigt es aber nach vorausgegangener Reue über den Un= gehorsam im Worte durch die That. — Μεταμεληθείς (von μετα- μέλεσθαι, Reue haben), Vulg. poenitentia motus. Ἀπῆλθεν, „er ging hin", nämlich in den Weinberg, um daselbst zu arbeiten.

V. 30. Der zweite Sohn betheuerte seinen Gehorsam in Worten, verleugnete ihn aber durch die That. Ἐγώ hat den Nachdruck und steht in gegensätzlicher Beziehung zu V. 29: Ich im Gegensatze zum ersten Sohne . . . Mit der Anrede κύριε will der zweite Sohn seine heuch= lerische Unterwürfigkeit zum Ausdrucke bringen.

V. 31. 32. In diesen Versen wird vom Herrn die Beziehung und Bedeutung der Gleichnißrede angedeutet. Der Heiland läßt zuerst die Synedristen selbst das Urtheil über das Verhalten der beiden Söhne und damit auch das Urtheil über sie selbst rücksichtlich ihres Verhaltens zu Gott aussprechen. Dann fährt er in direct gegen seine Gegner ge= richteter Rede fort: „Wahrlich sage ich euch, die Zöllner und die Huren gehen euch voran in das Reich Gottes. Denn es kam Johannes zu

euch auf dem Wege der Gerechtigkeit und ihr glaubtet ihm nicht. Die
Zöllner aber und die Huren glaubten ihm. Ihr aber, obgleich ihr es
sahet, habet nicht Reue gezeigt nachher, so daß ihr ihm geglaubt
hättet." — Ἐν ὁδῷ δικαιοσύνης, „auf dem Wege der Gerechtig=
keit", d. h. auf dem Wege, den die Gerechtigkeit zu wandeln vorschreibt,
und der somit zur Gerechtigkeit führt. In diesem Wege kam Johannes,
d. h. er lehrte durch Wort und That denselben wandeln. Nach diesen
Bemerkungen ist es unschwer, den Inhalt der Gleichnißrede zu bestimmen.
Der Mann der Parabel ist Gott (cf. 20, 1), der Weinberg ist das
Reich Gottes auf Erden, die alttestamentliche Theokratie und deren Voll=
endung, die Kirche Christi. Durch den ersten Sohn sind nach den
Worten Jesu abgebildet „die Zöllner und die Huren", i. e. jene Juden,
welche der Forderung des Gesetzes, durch das Gott zu ihnen sprach,
ein beständiges „Wir wollen nicht" entgegenbrachten, nachher aber, als
sie die eindringliche Bußpredigt des Johannes vernahmen, durch Werke
der Buße sich den Eingang in das Messiasreich bereiteten. Durch den
zweiten Sohn sind dargestellt die angeredeten Persönlichkeiten (cf. ὑμεῖς
in V. 31 u. 32), die Hierarchen, welche stets betheuerten, das Wort
Gottes befolgen zu wollen, es aber durch die That verleugneten. Wenn
der Heiland sagt, die bußfertigen Zöllner und Huren gehen vor den
Hierarchen in das Reich Gottes ein (beachte: durch Bußfertigkeit sind
die verachtetsten Juden Wegweiser zum Reiche des Heils geworden für
ihre von Gott geordneten Führer), so will er damit nicht aussprechen,
daß die Hierarchen ihnen nachfolgen werden, sondern nur andeuten,
daß das Thor zum Gottesreiche bis zum Augenblicke ihnen noch nicht
verschlossen sei. Aber schon nach einigen Tagen sollte den Synedristen
als solchen das Messiasreich verschlossen werden. Was hier von ein=
zelnen Klassen unter den Juden ausgesagt wird, gilt im Ganzen und
Großen von den Juden und Heiden überhaupt, da letztere wie der erste,
erstere wie der zweite Sohn handelten. So erklären fast durchgehends
die Väter, welche unter dem ersten Sohne die Juden, unter dem zweiten
die Heiden verstehen. Mald.: Credibile tamen est, et ne ab omnibus
antiquis auctoribus discedamus, pium existimare, etiam huc Christum respexisse, ut gentilem et judaicum populum obscure et
oblique significaret. Nam publicani et meretrices gentilium, sacer-
dotes vero, scribae et Pharisaei Judaeorum expressa imago esse
videbantur.

Zweite Gleichnißrede. — Parabel von den aufrührerischen Winzern.
V. 33—46.

Cf. Marc. 12, 1—12, Luc. 20, 9—19.

Nach Matthäus und Markus sprach Jesus diese Parabel zu den Hierarchen, nach Luc. 20, 9 zum Volke. Außer den Hierarchen war auch viel Volk anwesend.

V. 33. Im Anschlusse an Jes. 5, 2 (cf. Jerem. 2, 21, Joel 1, 7) schildert der Heiland, was alles der Herr des Weinberges für denselben gethan: Er umgab ihn mit einem Zaune, grub in ihm eine Kelter, in welche der Wein floß, und baute einen Thurm zur Bewachung des Weingartens. Den so sorgfältig hergerichteten Weingarten verdingte der Herr an Winzer, damit sie ihn bearbeiteten und einen Theil der Früchte ihm ablieferten. Cf. Marc. 12, 2, Luc. 20, 10. — Φραγμός (φράσσω), das Einschließen, Umschließen; Zaun, Wall; ληνός ὁ, ἡ, ein ausgehöhltes Gefäß, Trog, besonders Kelter; πύργος, jedes Befestigungs- werk, Thurm.

V. 34—39. In diesen Versen wird zuerst geschildert das rebel- lische Benehmen der Winzer gegen die Knechte, welche der Herr des Weingartens zu zwei verschiedenen Zeiten schickte, um die Früchte des Weingartens in Empfang zu nehmen: Den einen peitschten sie, den an- deren tödteten sie, den anderen steinigten sie. — Τοὺς καρποὺς αὐτοῦ (V. 34) gibt die Vulgata mit fructus ejus, d. h. des Weinberges; Andere beziehen das Pronomen αὐτοῦ auf das unmittelbar vorher- gehende Subject: seine, d. h. die dem Herrn gehörigen Früchte. Ἐλιθο- βόλησαν in V. 35 bildet eine Steigerung zu den vorhergehenden Verben: Die Winzer peitschten sie (ἔδειραν von δέρω), tödteten sie, ja steinigten sie grausam. — Als der Herr zuletzt seinen eigenen Sohn sandte in der Erwartung, daß die Winzer aus Scheu sich an ihm nicht ver- greifen würden, gingen diese so weit, daß sie auch ihn tödteten. Ἐν- τραπήσονται, Vulg. verebuntur, „sie werden sich scheuen"; ἐντρέπειν, umkehren, übert. Jemanden beschämen; Pass. sich schämen, scheuen, cum accus.

V. 40. 41. Auf die Frage Jesu, wie der Herr des Weinberges bei seiner Rückkehr mit den aufrührerischen Winzern verfahren werde (V. 40), antworten die Synedristen: „Als Elende wird er sie elend zu Grunde richten und den Weinberg wird er an andere Arbeiter ver- dingen, welche ihm die Früchte zu ihrer Zeit entrichten werden." Nach

Marc. 12, 9 und Luc. 20, 16 gibt Jesus selbst die Antwort auf die von ihm aufgeworfene Frage, worauf nach Lucas die Synedristen sprechen: absit. Die Ausgleichung dieser unwesentlichen Verschiedenheit ist nicht schwierig. Auf die Frage des Herrn antworten die Synedristen (Matth.), der Heiland wiederholt mit Nachdruck ihre Antwort (Marc. u. Luc.), worauf die Synedristen, die indessen merken, daß die Spitze derselben sich gegen sie selbst kehre, entgegnen: absit (Luc.). So schon Chrysost. — In der Erklärung des Gleichnisses herrscht unter der Exegeten Uebereinstimmung. Der Hausherr ist Gott, der Weinberg die älttestamentliche Kirche. Unter Zaun, Kelter, Thurm haben wir die verschiedenen göttlichen Veranstaltungen zum Schutze und zur Beförderung des geistigen Wachsthums des Gottesvolkes zu verstehen. Mald.: Nihil aliud his tribus rebus significatur quam Deum ecclesiae suae fecisse quidquid facere debuit, ut bene et custodiri et coli posset. Die Winzer sind die von Gott bestellten Pfleger und Beschützer der Kirche, die Priester und Lehrer des Volkes. Alle diese Veranstaltungen traf Gott auf Sina und kehrte von dort wieder auf seinen Himmelsthron zurück. Der so sorgfältig bestellte Weingarten sollte seinem Herrn geistige Früchte bringen, d. h. die Mitglieder der älttestamentlichen Kirche sollten unter der Leitung und Führung der Lehrer und Priester in religiöser Erkenntniß und im entsprechenden Leben vorwärtsschreiten. Die Knechte des Herrn sind die von Gott zu verschiedenen Zeiten geschickten Propheten, welche aber, und zwar vorzugsweise von den Führern der Juden, entweder schmählich zurückgewiesen oder grausam gemordet wurden. Cf. Hebr. c. 11. Die nachdrucksvolle Hervorhebung der zweimal erfolgten Sendung von Dienern soll abbilden die Langmuth und Barmherzigkeit, welche Gott seinem Volke ungeachtet dessen Empörung gegen die Gottesgesandten entgegenbrachte. Der Sohn endlich ist der Sohn Gottes, der Messias der Juden. Wenn gesagt wird, daß die Winzer ihn erkannten, so wird mit diesem Zuge der Parabel hingewiesen auf die Jesum als Sohn Gottes, als Messias bezeugende Wirksamkeit desselben, wodurch die Hierarchen Jesum als Messias erkennen konnten und vielfach auch erkannten, wenngleich sie diese Erkenntniß verleugneten. Mit V. 39 wird die Parabel Prophetie; in der Behandlung des Sohnes der Parabel liegt ein prophetischer Hinweis auf das Jesu nahe bevorstehende Los. Für den Frevel an ihrem Erlöser traf die Hierarchen (und das mit ihnen verbundene Volk) die gebührende Strafe, und treffend läßt die Parabel sie selbst dieselbe aussprechen: Κακοὺς κακῶς ἀπολέσει·

Sie hatten Gott verworfen, darum wurden sie von Gott verworfen und an ihrer Statt wurden andere Lehrer und Führer des Israel nach dem Geiste bestellt.

V. 42—44. Der Zusammenhang wird verschieden gefaßt. Am einfachsten dürfte es sein, diese Verse als Bestätigung und nähere Erklärung der Aussage von V. 41 zu fassen. Aehnlich Mald. Probat Christus id eventurum quod comminabatur, i. e. Deum malos male perditurum. — V. 42. Die Schriftworte: „Der Stein, welchen die Bauleute verworfen haben, ist zum Eckstein geworden. Vom Herrn ist dies geschehen, und es ist wunderbar in unseren Augen" sind aus dem allgemein für messianisch gehaltenen Ps. 117, 22. 23 entlehnt. Der Accusativ λίϑον steht per attract. für λίϑος. Κεφαλὴ γωνίας ist der Haupteckstein. Dieser ist an einem Gebäude jener Stein, welcher gleichsam die Grundlage des Gebäudes bildet und die einzelnen Theile desselben zusammenhält, so daß diese in irgend einer Beziehung zu ihm stehen müssen. — Die Redeweise ist bildlich, und insoferne verschieden vom Bilde des Weinberges, als hier das Gottesreich unter dem Bilde eines Gebäudes (cf. 1 Kor. 3, 9, 2 Kor. 13, 10, Ephes. 2, 21. 4, 12) und die bestellten Vorsteher und Leiter desselben als Bauleute dargestellt werden. Der Stein, welcher zum Grundeckstein wurde, ist Jesus Christus; er ist als der Messias der Grund= und Eckstein eines neuen Gottesreiches. Die Bauleute, die ihn verworfen, waren die Lehrer und Führer des jüdischen Volkes. Weil Christus, der Gründer des neutestamentlichen Gottesreiches, Ziel und Hoffnung Israels, und somit auch der eigentliche Lebensquell der alttestamentlichen Theokratie war, so wurde mit seiner Verwerfung von Seite der Synedristen das Schicksal des Judenvolkes definitiv entschieden. Aber die Verwerfung des Sohnes Gottes durch die Menschen hatte nach göttlichem Rathschlusse einen Erfolg, der direct den menschlichen Bestrebungen entgegengesetzt war: der von den Synedristen dem Tode überantwortete Gottessohn stieg siegreich aus dem Grabe hervor und ward nach göttlicher, schon von David vorausverkündeter Fügung der Gründer eines neuen Gottesreiches, der Kirche Christi. Diese Hervorhebung des Contrastes zwischen menschlichem Streben und göttlichem Fügen war ganz besonders geeignet, den jüdischen Hierarchen das Strafwürdige ihres Vorgehens vor Augen zu führen. Aber vergebens; in ihrer Verblendung stürzten die Synedristen sich ins Verderben, und zogen das Volk mit sich in den Untergang. — Παρὰ κυρίου, vom Herrn her, d. h. in Folge göttlichen Rathschlusses. Die Femininformen αὔτη und ϑαυμαστή sind nicht auf κεφαλὴ γωνίας zu beziehen, sondern sie stehen im engen Anschlusse an die hebräische Sprache statt der Neutra; so auch die Vulgata: istud und mirabile.

V. 43. Den Zusammenhang mit dem Vorigen gibt διὰ τοῦτο an: „Deßwegen, (weil ihr Hierarchen den Messias verworfen habet) sage ich euch, daß das Reich Gottes von euch wird genommen werden und einem Volke gegeben werden, welches seine Früchte bringt." Zu beachten ist ἀφ᾽ ὑμῶν, „von euch", womit die Rede Jesu direct sich an die ihm gegenüberstehenden Hierarchen wendet, diese als die Baulente, als die Winzer der Parabel bezeichnend. Warum sagt der Heiland: „das Gottesreich wird von euch genommen werden" und nicht: es wird euch nicht gegeben werden? Ueber die diesen Worten zu Grunde liegende Wahrheit cf. 8, 12. Fructus ejus, i. e. quos nt proferret vinea plantata est. Gemeint sind jene geistigen Früchte, welche die Mit= glieder des Messiasreiches hervorbringen sollen und welche Paulus Gal. 5, 22 cf. Ephes. 5, 9 aufführt.

V. 44. Tischendorf hat den ganzen Vers gestrichen, weil er in D, 33 und bei einigen Kirchenvätern fehlt; aber die ältesten und über= wiegenden Zeugen sprechen für seine Aechtheit. In bildlicher Rede ent= hält der Vers eine Verallgemeinerung und zugleich Steigerung des im ersten Verstheile 43 ausgesprochenen Gedankens: Nicht blos die Juden machten sich durch Verwerfung des Messias des Heiles verlustig, sondern jeder, der an ihm Anstoß nimmt, wird schwerer Strafe nicht entgehen. „Wer auf diesen Stein gefallen sein wird, wird sich zerschellen; auf wen er aber gefallen sein wird, den wird er zerstäuben." — Was die Erklärung betrifft, so ist „auf den Stein fallen" so viel als Anstoß nehmen an Christo, an seiner Person, an seinem Werke. Wer solchen Anstoß an ihm nimmt, der wird zerquetscht werden, d. h. großem gei= stigen Verderben anheimfallen. „Auf den der Stein fällt, den wird er zerstäuben", d. h. wer dem messianischen Gerichte bei der Wiederkunft Christi verfällt, dem wird es in Beziehung auf sein geistiges Leben ergehen, wie jenem Menschen nach seinem leiblichen Leben, den ein Stein zerstiebt, d. h. wird völlig zu Grunde gehen. Die Worte des Herrn im zweiten Verstheile sind ohne Zweifel eine Anspielung auf den großen Stein bei Daniel 2, 45. Nach älteren und neueren Exegeten im An= schlusse an den heil. Augustinus bezeichnet der erste Verstheil die Strafe im diesseitigen, der zweite im jenseitigen Leben für jene Menschen, welche sich am Messias versündigen: „Prima parte significatur poena praesentis vitae, quae peccantes in Christum sequitur, sive in anima, sive in corpore; secunda vero poena damnationis futurae, cum lapis ille de coelo super impios tota mole casurus est." Jansen. Der Heiland verkündet hier dieselbe Wahrheit, welche der Apostelfürst mit den Worten ausspricht: Hic est lapis, qui reprobatus est a vobis aedificantibus, qui factus est in caput anguli. Et non est in alio aliquo salus; nec enim nomen est aliud sub coelo datum ho-minibus, in quo oporteat nos salvos fieri. Act. 4, 11. 12. Συνθλᾷν, zerdrücken, zerquetschen. Λικμᾷν, das Getreide reinigen, worfeln; übert. vernichten, zermalmen.

V. 45. 46. Nachdem die Hohenpriester und Pharisäer, die bei-den Parabeln gehört hatten, erkannten sie, daß Jesus von ihnen ge-sprochen habe. Gereizt dadurch, suchten sie sich der Person Jesu zwar zu bemächtigen, wurden aber durch die Furcht vor dem Volke daran gehindert, welches den Herrn für einen Propheten hielt.

22. Kapitel.

Dritte Gleichnißrede. Die Hochzeit eines Königs. 1—14.

Cf. Luc. 14, 16—24.

Sowohl die äußeren Verschiedenheiten nach Ort, Zeit und Ver-anlassung, wie die inneren sprechen dafür, daß beide Parabeln nicht iden-tisch sind. So schon August., Gregor, Thomas, gegen Theophyl., Mald.

V. 1. Καὶ ἀποκριθείς, auf eine gegebene Veranlassung hin das Wort ergreifen (cf. 11, 25). Die Veranlassung war hier das Streben der Hierarchen Jesum zu tödten. Weit entfernt den Herrn einzuschüch-tern, veranlaßte ihn dasselbe vielmehr seinen Gegnern weiter das bevor-stehende Gericht vorzuhalten. Der Plural ἐν παραβολαῖς (obwohl nur eine Parabel folgt) ist Plural der Kategorie: in parabolischer Lehrweise wie bisher.

V. 2. Zu ὡμοιώθη cf. 13, 24; zu ἀνθρώπῳ βασιλεῖ cf. 18, 23. Γάμος oder häufiger im Plural wie hier = Hochzeit; γάμους ποιεῖν = Hochzeit machen, Hochzeit ausrichten, Vulg. nuptias facere.

V. 3. Der König sandte seine Diener aus, um die schon früher Geladenen zur Hochzeitsfeier zu rufen; sie aber wollten nicht kommen.

V. 4. In seiner Langmuth und Barmherzigkeit läßt sich der König nicht abhalten, durch andere Knechte eine zweite eindringliche

Einladung an die Geladenen zu richten mit dem Hinweise, daß alles zum Hochzeitsmahle Nöthige bereits zugerichtet sei. Τὸ ἄριστον, Frühstück, Morgenimbiß = prandium. Hier bezeichnet der Ausdruck im Unterschiede von δεῖπνον (coena), jenes Mahl, womit die Reihe der Hochzeitsmahle beginnen soll. Τὰ σιτιστά (σιτίζειν füttern, nähren) = das Mastvieh; Vulg. altilia (von alere), besonders vom Geflügel gebraucht.

V. 5. u. 6. Aber auch der zweiten dringlichen Einladung brachten die Einen völlige Gleichgültigkeit in Folge eigennützigen, weltlichen Strebens entgegen; Andere traten direct feindselig gegen die einladenden Diener auf, indem sie dieselben verhöhnten und tödteten. Ἀμελεῖν unbekümmert, unbesorgt sein; Vulg. negligere.

V. 7. Der König ist über die Frevler erbittert, ordnet sogleich sein Kriegsheer gegen sie ab, und verschiebt bis zur Beendigung des Kriegszuges das schon zugerüstete Mahl. Ἐνέπρησεν von ἐμπρήθω, verbrennen, in Brand stecken. Vulg. succendere.

V. 8. Die zuerst Geladenen werden vom Könige als der Einladung unwürdig bezeichnet, und hatten dies durch ihr Verhalten (cf. V. 5. 6) hinlänglich bekundet.

V. 9. Die Knechte sollten jetzt gehen ἐπὶ τὰς διεξόδους τῶν ὁδῶν „an die Ausgänge der Wege", i. e. dorthin, wo die Wege sich kreuzen, und wo viele Leute zusammentreffen.

V. 10. In Erfüllung des Auftrages ihres Herrn brachten die Knechte herbei πονηρούς τε καὶ ἀγαθούς „Böse und Gute". Die Bösen sind an erster Linie erwähnt, um den Gedanken hervorzuheben, daß die Knechte in Ausführung des Auftrages bei der Einladung auf die sittliche Qualification der zu Ladenden gar keine Rücksicht nahmen. Καὶ ἐπλήσθη ὁ γάμος ἀνακειμένων, „und es wurde voll die Hochzeit von zu Tische Sitzenden," d. h. als das Hochzeitsmahl beginnen sollte waren alle Tische des Hochzeitssaales wohl besetzt (ἐπλήσθη). Tischend. 8 hat nach אBL statt ὁ γάμος ὁ νυμφών „das Brautgemach", was ohne Zweifel Correctur ist.

V. 11. Jetzt betritt der König den Hochzeitssaal, (εἰσελθών) und bei Besichtigung der Geladenen findet er einen Gast ohne hochzeitliches Kleid. Ἔνδυμα γάμου = Hochzeitskleid, d. h. ein Kleid, wie es durch die Hochzeitsfeier gefordert wird.

V. 12. Mit Befremden fragt der König den Mann, wie er ohne ein solches Kleid es wagen konnte, hieher zu kommen. Dieser Zug der Parabel hat vielfach Befremden erregt. Wie konnte der Mann so hart

getadelt und schwer bestraft werden wegen des Mangels an einem
hochzeitlichen Kleide, da er ja von der Straße weg in den Hochzeitssaal
gerufen wurde? Man hat sich zur Erklärung dieses Umstandes berufen
auf eine Sitte des persischen Hofes, wornach Jene, welche zur Audienz
beim Könige zugelassen wurden, mit einem prächtigen Kleide (Kaftan)
beschenkt wurden, in welchem sie erscheinen mußten. Dieses der Sitte
gemäß dargereichte Kleid habe der betreffende Hochzeitsgast zurückgewiesen.
Aber diese Annahme scheint nicht recht zulässig zu sein, weil einerseits
das Alter der Sitte nicht nachweisbar ist, und es andererseits kaum
denkbar erscheint, daß der geladene und erschienene Gast ein ihm zum
Geschenke dargebotenes Hochzeitskleid sollte ausgeschlagen haben. Es ist
auch gar nicht nöthig zu dieser Annahme seine Zuflucht zu nehmen; denn
es ist an sich selbstverständlich, daß der zu einer Hochzeit Geladene in einer
entsprechenden Kleidung erscheine, und zudem schließt die Parabel die
Möglichkeit des Umkleidens vor Beginn der Hochzeitsfeier gar nicht aus.
Wenn unter den von der Gasse weg Geladenen nur ein Mann ohne
Hochzeitskleid im Saale sich einfand, so haben sich die anderen doch
wohl nach der Einladung sogleich hochzeitlich gekleidet, da es doch ganz
unwahrscheinlich ist, daß sie schon im Hochzeitskleide auf der Gasse
getroffen wurden.

V. 13. Deshalb spricht der König ein strenges Strafurtheil.
Vergleiche den gleichen Ausspruch 8, 13. Hier ist noch beigefügt: „ge=
bunden an Händen und Füßen" um anzudeuten, daß der Hinaus=
geworfene vollständig hilflos sei und sich aus dem Orte der Finsterniß
nicht herauszuarbeiten vermöge.

V. 14. Die Schlußworte: „denn Viele sind berufen, wenige aber
auserwählt" enthalten eine Begründung (γάρ) des Strafurtheiles in
V. 13 und zugleich die Anwendung der Parabel. — Nach der voran=
stehenden Erklärung ist es nicht schwer die Bedeutung des Gleichnisses
im Allgemeinen und in seinen einzelnen Zügen zu bestimmen. Im
Allgemeinen ist diese Parabel zu charakterisiren als prophetische Ver=
kündigung der Entfaltung der Kirche Christi. Die Geschicke der Kirche
Christi, die Art ihrer Ausbreitung, das Los der Mitglieder derselben
von ihrer Gründung an bis zu ihrem Ende werden uns in diesem
Gleichnisse in großen Zügen vorgeführt. Ohne die einzelnen Theile
der Parabel zu pressen, dürfen wir sagen, daß dieselbe in ihrem ersten
Theile, V. 1—7, die Ereignisse in der Kirche bis zur Zerstörung
Jerusalems, dagegen von V. 8 an die weitere Entwicklung und den

Abschluß der streitenden Kirche zur Darstellung bringt. Im Einzelnen
ist Folgendes zu bemerken: Der König der Parabel ist Gott Vater,
der Sohn ist der Logos, der Sohn Gottes; die Hochzeit desselben ist
die Incarnation des Logos, wodurch dieser mit der menschlichen Natur
eine eheliche Verbindung einging, um fortan als Gottmensch, als Braut=
werber, unter den Menschen aufzutreten. Cf. 9, 15. 25, 1, Joh. 3, 29.
Die Braut ist die Kirche, d. i. die Gesammtheit der Gläubigen. Cf. 2 Kor.
11, 2, Ephes. 5, 25—27, Apoc. 21, 2. 9. Die Hochzeitszeit dauert
fort bis zur Wiederkunft Christi, denn während dieser ganzen Zeit ist
der Heiland Brautwerber bei allen, die gewillt sind durch Glauben
und Taufe in eine geistliche Verbindung mit ihm einzugehen. Die Ver=
mälung Christi mit seiner Kirche kommt zum völligen Abschlusse mit
der Wiederkunft des Herrn, wo die triumphirende Kirche in der Ge=
sammtheit ihrer Glieder mit ihrem verklärten Bräutigam zu einem nicht
mehr trennbaren Bunde vereinigt ein ewiges Freudenmahl im himmlischen
Hochzeitssaale feiern wird. Cf. 25, 1 ff. In der streitenden Kirche
wird zum Unterschiede vom himmlischen Hochzeitsmahle nur das Früh=
mahl (ἄριστον, prandium) abgehalten. Wie dieses nur die Einleitung
zum eigentlichen Hochzeitsmahle bildete, so bieten die geistlichen Genüsse,
welche die Verbindung mit Christo dem Gläubigen auf Erden gewährt,
nur einen schwachen Vorgeschmack der Süßigkeit der Güter im Himmel
selbst, welche das ewige Freudenmahl der verklärten Kirche darbieten
wird. Die erst Berechtigten zur Theilnahme an dieser Hochzeit waren
die Juden als Söhne des Reiches, weshalb auch an sie zuerst die
Einladung erging durch die Diener, i. e. durch Johannes Baptista und
die Apostel. In der zweimaligen Sendung von Dienern soll zur Dar=
stellung kommen die Eindringlichkeit der Einladung Gottes, sowie dessen
Langmuth gegenüber der Gleichgültigkeit der Juden. Weltsinn und
irdische Interessen machen besonders unempfänglich für den göttlichen
Gnadenruf. Die Zerstörung der Stadt ist prophetischer Hinweis auf
das der Metropole des Judenthums bevorstehende Strafgericht. Die
nach der Zerstörung der Stadt vom Neuen erfolgte Einladung auf den
Straßen bildet ab die Berufung der Heiden zum Messiasreiche, nachdem
die Juden im Großen und Ganzen diesen Ruf von sich gewiesen haben.
Wenn nach dem historischen Verlaufe der Ereignisse der Ruf zum Ein=
tritte in die Kirche an die Heiden auch schon vor der Zerstörung Je=
rusalems erging — die Missionsreisen Pauli, — so kann die Parabel
diese Berufung doch nach der Zerstörung Jerusalems insoferne setzen,

als im Großen die Predigt des Evangeliums an die Heiden erst erfolgte nach der offenkundigen Verwerfung des Judenthums. An die Bösen und Guten geht der Ruf, d. h. niemand, mag er bisher wie immer beschaffen sein, ist von der Theilnahme am Messiasreiche ausgeschlossen, wenn er nur dem Gnadenrufe Gottes Gehör schenkt. Wenn nun die Fülle der Heiden in den Hochzeitssaal, d. h. in die Kirche Christi ein= getreten ist, dann folgt das Hochzeitsmahl selbst, diesem geht aber eine Sichtung der Hochzeitsgäste voraus; nicht Alle im Saale Anwesenden, d. h. nicht alle Glieder der Kirche, sondern nur jene, welche mit dem Kleide der wahren Gerechtigkeit geschmückt sind, werden daran theil= nehmen, die anderen aber werden dem ewigen Verderben überantwortet werden. „Die Parabel erzählt nur von Einem, der kein hochzeitliches Kleid hatte, obgleich der Hochzeitssaal voll war. Sagt sie das zum Troste oder zur Warnung, daß auch nicht Einer übersehen werde, und wenn noch so Viele an der Hochzeitstafel säßen?" Für letztere Annahme scheinen die Schlußworte der Parabel zu sprechen: „Denn Viele sind berufen, aber Wenige erwählt," i. e. viele sind berufen zur Theilnahme am Messiasreiche, aber Wenige auserwählt zur wirklichen Theilnahme.

Verfängliche Frage der Pharisäer und Herodianer über die Steuerzahlung. 15—22.

Cf. Marc. 12, 13—17, Luc. 20, 20—26.

Nachdem Jesus die Hierarchen durch seine Gleichnißreden zurück= gewiesen hatte, traten die Pharisäer und Herodianer an ihn heran, um durch die verfängliche Frage rücksichtlich der Steuerzahlung an den römischen Kaiser Jesu eine Falle zu legen.

V. 15. Τότε, damals, als nämlich die Synedristen dreimal vom Herrn scharf getadelt und verurtheilt worden waren. Da hielten die Pharisäer eine Berathung (= συμβούλιον ἔλαβον; nicht = sie faßten einen Rathschluß) in der Absicht Jesum mit einem Worte wie in einer Schlinge zu fangen (= παγιδεύειν, von παγίς, Schlinge); — ἐν λόγῳ in einer Rede, d. h. in einem Ausspruche, den Jesus thun würde. Nicht die vorgelegte Frage, sondern die auf dieselbe zu gebende Antwort ist als Schlinge gedacht. Man berieth eben über eine solche Frage, daß die Antwort darauf nach der Meinung der Gegner Jesum jedenfalls zum Falle bringen mußte.

V. 16. 17. In Folge gefaßten Rathschlusses senden die Pharisäer

Anhänger ihrer Partei nebst Herodianern ab, die Jesu die zum Ver=
derben führende Frage vorlegten. Μετὰ τῶν Ἡρωδιανῶν, „in Ver=
bindung mit den Herodianern," d. h. den Anhängern der königlichen
Familie des Herodes. Obgleich die Pharisäer als Vertreter des streng
theokratischen Princips und die Herodianer als Anhänger des von jenen
verhaßten Königthums, welches ganz von Rom abhängig war, einander
feindlich gesinnte Parteien waren, traten sie doch gegen Jesum gemein=
schaftlich auf. Cf. 16, 1. — Ihre eigentliche Frage leiten sie mit einer
heuchlerischen captatio benevolentiae ein: „Meister! wir wissen . . ."
Sie heben hervor Jesu Wahrhaftigkeit, seine lautere Lehre, seinen Frei=
muth, den sie begründen (γάρ) durch den Hinweis, daß vor ihm Menschen=
ansehen nicht gelte. Τὴν ὁδὸν τοῦ θεοῦ „den Weg Gottes," d. h.
den Weg, welchen zu wandeln Gott gebietet. Diesen lehre Christus ἐν
ἀληθείᾳ, „in Wahrheit", so daß seine Lehre mit dem Willen Gottes
völlig zusammenstimme. Daraus folgern nun (οὖν) die Heuchler die
Berechtigung, ihre Frage Jesu zur Beantwortung vorlegen zu dürfen.
Zu beachten ist die umständliche Einführung der Frage: „Was scheint
dir? Ist es erlaubt Zins dem Kaiser zu geben oder nicht?" Was nun
die Veranlaßung zur Stellung gerade diese Frage betrifft, so war sie
gegeben in den damaligen jüdischen Verhältnissen. Jene Partei, welche
streng und einseitig am theokratischen Standpunkte, wornach nur Jehova
König Israels war, festhielt, negierte die Erlaubtheit, dem römischen
Kaiser Steuer zu zahlen, während die Anhänger des von den Römern
errichteten und durch sie gehaltenen Königthums sich schon aus Partei=
interesse für die Erlaubtheit des Steuerzahlens erklären mußten. Hätte
nun Jesus einfach mit Ja geantwortet, so wäre es leicht gewesen das
Volk gegen ihn als Verräther an den heiligen Vorrechten des theo=
kratischen Volkes aufzustacheln, während er im entgegengesetzten Falle
den Römern als Aufwiegler des Volkes gegen die bestehende Ordnung
hätte denuncirt werden können.

V. 18. Jesus durchschaut die in der Frage liegende Bosheit (πο=
νηρία), und dem entsprechend lautet zunächst seine Anrede. Er bestätigt
die Aussage der Fragesteller, daß vor ihm Menschenansehen nicht gelte,
dadurch, daß er sie „Heuchler" nennt, damit andeutend, daß ihm auch
bezüglich der Antwort selbst Wahrhaftigkeit vindicirt werden müsse.

V. 19. Auf sein Verlangen hin reichen nun die Gegner Jesu
eine Steuermünze hin. Τὸ νόμισμα τοῦ κήνσου, „die Steuermünze", d. h.
die Münze, in der die Steuer entrichtet wurde.

V. 20. 21. Auf die Frage, wessen Bild und Inschrift die Münze, der Denar, trage, antworten sie: des Kaisers. Der Hinweis auf das Bildniß und die Inschrift der im Lande üblichen Münze soll an den factischen Bestand der Landesherrschaft desjenigen erinnern, dessen Münze im Lande circulirte. Und diesen thatsächlichen Bestand der kaiserlichen Oberherrschaft über das Land constatirten die Juden durch die Annahme und den Gebrauch der kaiserlichen Münze. — Damit hatten sich Jesu Gegner in der That schon gefangen gegeben, und der Heiland deckt diese Thatsache nur klar auf durch die Folgerung (οὖν), welche er aus der gegebenen Antwort zieht: „Gebet also, was des Kaisers ist, dem Kaiser, und was Gottes ist, Gott.“ Τὰ τοῦ Καίσαρος, d. h. was der Kaiser vermöge seiner factisch bestehenden Obergewalt zu fordern berechtigt ist. Τὰ τοῦ θεοῦ, d. h. was Gott vermög seiner Herrschaft fordert; daher ist zu enge jene Erklärung, welche die Worte auf die Pflicht der Tempel=steuer beschränkt. Tertull. contra Marc. 4, 38 faßt die Worte Jesu als Gebot Gott zu geben „quod Dei habet inscriptionem et imaginem, animam.“

V. 22. Jesu Antwort erregte das Staunen seiner Gegner (ἐθαύ-μασαν); da sie aber den Zweck ihrer Frage nicht erreichten, so ergriffen sie den Rückzug (ἀφέντες αὐτὸν ἀπῆλθον).

Fragestellung der Sadducäer bezüglich der Auferstehung. 23—33.
Cf. Marc. 12, 18—27, Luc, 20, 27—39.

Nachdem Synedristen, Pharisäer und Herodianer mit ihren Fragen zurückgewiesen worden sind, versuchten es die Sadducäer.

V. 23. Ἐν ἐκείνῃ τῇ ἡμέρᾳ, „an jenem Tage“, d. h. am selben, an welchem die Verhandlung mit den Pharisäern und Herodianern statt=fand. Der Evangelist kennzeichnet die Sadducäer näher als Leute, welche die Auferstehung leugneten. Diese nähere Bezeichnung der Sadducäer nach ihrer charakteristischen Lehre hat nicht den Zweck die Leser des Evan-geliums über das Wesen des Sadducäismus zu unterrichten, sondern sie soll gleich im Vorhinein auf den mit Jesu verhandelten Streitpunkt aufmerksam machen. Ueber die Sadducäer cf. das zu 3, 7. Bemerkte und Act. 23, 8.

V. 24. Klug leiten sie die verfängliche Frage ein durch den Hin=weis auf eine Gesetzesstelle: „Meister! Moses hat gesagt: Wenn Je=mand gestorben ist ohne Kinder zu haben, so soll sein Bruder die Frau

desselben heirathen und Nachkommenschaft erwecken seinem Bruder."
Die Schriftworte sind ein Citat aus Deut. 25, 5. wo von der Levirats=
ehe die Rede ist. Starb nämlich ein Ehemann ohne männliche Leibes=
erben zu hinterlassen, so mußte der Bruder des Verstorbenen die hinter=
lassene Witwe ehelichen und danu den erstgezeugten Sohn auf den
Namen des Verstorbenen schreiben lassen. Ἐπιγαμβρεύειν, verschwägern;
ἐπιγ. τινά = eine Frau als Schwager (γαμβρός), nach dem Rechte
der Levitatsehe (cf. Deut. 25, 5—10) heiraten.

V. 25—27. An den Hinweis auf die Gesetzesstelle (V. 24) reihen
die Sabbucäer die Erzählung eines höchst wahrscheinlich erdichteten
Falles, der nach ihrer Meinung ein Hauptargument gegen die Lehre
von der Auferstehung enthalten mochte, ja diese ad absurdum führen
sollte. Dieser Fall, von den Sabbucäern als wirklich vorgekommen dar=
gestellt (= ἦσαν παρ' ἡμῖν . . .), bestand darin, daß ein Weib der
Reihe nach mit sieben Brüdern verheiratet war. — Γήμας, (so lesen
Lachm., Tregell., Tischend.) ist seltenere Form für γαμήσας.

V. 28. Jetzt rücken die Sabbucäer mit der Frage hervor, auf
die es von Anfang an abgesehen war: „Bei der Auferstehung nun,
welchem von den Sieben wird sie als Frau gehören? Denn Alle haben
sie gehabt?" — ἐν τῇ ἀναστάσει: „Resurrectio vocatur tempus, quod
post resurrectionem consecuturum est." Mald. Das Verfängliche der
Frage lag darin, daß Jesus nach der Meinung der Sabbucäer nur
antworten konnte: nach der Auferstehung gehöre das Weib (nämlich als
Eheweib) nur Einem oder es gehöre allen Sieben. Das Erste wäre
aber gegen die gleiche Berechtigung der Sieben gewesen, welche die
Sabbucäer stark hervorheben; das Zweite hätte doppelt gegen das Gesetz
verstoßen, weil darnach ein Weib gleichzeitig mehrere Brüder zu Männern
gehabt hätte. Es blieb also nach der Meinung der Sabbucäer uichts
übrig, als daß Jesus sich entweder gegen das Gesetz oder gegen die
Lehre von der Auferstehung ausspreche.

V. 29—32. Antwort Jesu. Der Heiland antwortet auf den vor=
gebrachten Einwurf, daß derselbe auf einer völlig irrigen Vorstellung
beruhe, die ihren Grund in der Unkenntniß der Schrift sowohl, als der
Macht Gottes habe.

Im Verse 30 deckt der Herr die Unkenntniß der Gegner rück=
sichtlich der Macht Gottes auf. „In der Auferstehung nämlich heiraten
sie nicht und werden nicht verheiratet, sondern wie Engel Gottes im
Himmel sind sie." Ἐν τῇ ἀναστάσει, d. h. im Leben, das mit der Auf=

erstehung beginnt. Γαμοῦσιν gilt von den Männern; γαμίζονται von den Töchtern, welche von den Vätern verheiratet werden. Ὡς ἄγγελοι ἐν τῷ οὐρανῷ, Vulg. sicut angeli in coelo. Cf. 1. Cor. 15, 44, wo der Apostel die mit der Auferstehung beginnende verklärte Leiblich= keit als σῶμα πνευματικόν bezeichnet. Als σῶμα πνευματικόν bezeichnet aber der Apostel den verklärten Leib der Auferstandenen: „non quia sit spiritus, ut quidam male intellexerunt, sive per spiritum intel- ligatur spiritualis substantia, sive aer aut ventus, sed quia erit omnino subjectum spiritui“ Thomas von Aquin. Die Identität des Auferstehungsleibes mit dem gegenwärtigen erhellt schon aus dem Be= griffe „Auferstehung“ (ἀνάστασις) und wird klar bezeugt durch Schrift und Tradition. Ist demnach der Auferstehungsleib einerseits ein wahrer Leib (August.: Sicut animale corpus non est anima, sed corpus, ita et spiritale corpus non spiritum debemus putare, sed corpus), so ist er andererseits ein auf alle Weise verklärter Leib, ein geistiger insoferne, als er vom Geiste beherrscht, durch ihn unvergänglich ist. Rücksichtlich der Vergleichung der Auferstandenen mit den Engeln be= merkt Mald: „non comparat beatos Angelis omnibus in rebus, sed in ea tantum de qua agebatur, quod nuptias inituri non essent; quia nimirum immortales erunt ideoque opus illis non erit nuptiis, quae nonnisi ad propagandum et perpetuandum mortale hominum genus institutae sunt.“ Wir können demnach den Sinn der Worte Jesu dahin fassen: In dem Leben, das mit der Auferstehung beginnt, kann von der durch die Sadducäer erhobenen Schwierigkeit gar keine Rede sein; denn das Leben der Wiedererstandenen wird nicht an die gegenwärtige Daseinsweise und deren Bedürfnisse (speciell heiraten und verheiratet werden) gebunden sein, sondern vermög der göttlichen Macht wird es ein verklärtes, ein engelgleiches, nicht mehr vergängliches sein, womit die Fortpflanzung und die Ehe von selbst aufhört. — In den Versen 31 und 32 geht der Heiland auf die Schriftunkenntniß der Sadducäer näher ein, und zeigt, wie in der Schrift selbst die Lehre von der Auferstehung gelehrt werde. Die im Verse 32 enthaltene Schrift= stelle: „Ich bin der Gott Abrahams und der Gott Isaaks und der Gott Jakobs“ ist aus Exod. 3, 6. entlehnt. Als Gott dem Moses zum ersten Male erschien, bezeichnete er sich als den Gott Abrahams, Isaaks und Jakobs, und zwar zu einer Zeit, wo diese Väter schon längst ver= storben waren. Den Worten Gottes an Moses fügt nun der Heiland mit Bezug auf die in Verhandlung stehende Frage die Bemerkung bei:

„Nicht ist Gott ein Gott von Todten, sondern von Lebenden." Wir haben hier einen Syllogismus, in dem (nur) der Schlußsatz als selbst= verständlich nicht gezogen ist. Der Obersatz lautet: Nicht ist Gott ein Gott von Todten, sondern von Lebenden; der Untersatz: Nun nennt sich Gott den Gott Abrahams, Isaaks und Jakobs (zur Zeit da diese Väter schon längst verstorben waren); Schlußsatz: Also müssen die Stammväter nach ihrem Tode noch in irgend welcher Weise fort= leben. Direct ist mit diesen Worten nur die Fortexistenz der Seele nach dem Tode des Leibes bewiesen, indirect aber auch die Auferstehung, da bei den Sadducäern die Läugnung der Auferstehung eine natürliche Folge „ihrer pantheistischen Ansicht war, daß mit dem Tode das persönlich individuelle Leben des Menschen in das allgemeine Gottesleben auf= gehe." Mald.: „Sadducaei ut Origenes, Hieronymus adnotaverunt, propterea futuram negabant resurrectionem quod animas immor= tales esse non crederent. Itaque probata testimonio noto animarum immortalitate et resurrectio illis probatur."

V. 33. Die Volksmassen staunten über diese Art des Lehrens Jesu.

Frage der Pharisäer nach dem größten Gebote. 34—40.

Cf. Marc. 12, 28—34.

V. 34. Nachdem die Pharisäer gehört hatten, daß Jesus auch die Sadducäer zum Schweigen gebracht habe (= φιμοῦν, von φιμός Maul= korb), versuchen sie es nochmals, obwohl auch schon besiegt (cf. V. 22), Jesum zu fangen. Vorerst berathen sie in einer Versammlung (συνήχ= θησαν ἐπὶ τὸ αὐτό) die Art ihres Vorgehens.

V. 35. 36. Das Resultat der Berathung war, daß ein Mit= glied der Partei, ein Gesetzeskundiger, an Jesum herantrat mit der Frage: ποία ἐντολὴ μεγάλη ἐν τῷ νόμῳ, „welches Gebot ist ein großes im Gesetze?" Diese Frage hat ihren Grund in den Aufstellungen der Rabbinen, welche die Gesammtheit der Gebote des Gesetzes (613) in zwei Klassen theilten: in große und kleine, und verschiedene Bestimmungen festsetzten, um zu beurtheilen, ob ein bestimmtes Gebot als groß oder klein zu gelten habe. Meyer (und auch Bisping) urgirt ποία: „wie be= schaffen" (qualis): „ein wie beschaffenes Gebot ist ein großes?" Darnach ginge die Frage nicht nach einem bestimmten großen Gebote, sondern nach den Merkmalen, die ein Gebot haben müsse, um groß genannt werden zu können. Sicher kommt aber ποία auch in der vorher fest=

gehaltenen Bedeutung vor, und dieser zu folgen räth der Zusammenhang (cf. V. 37—40) sowie die Vulg. So auch Schegg, Keil. Der
Evangelist bemerkt: die Frage sei in versuchlicher Absicht gestellt worden.
Das Versuchliche derselben bestand darin, daß man glaubte, Jesus werde
darauf entweder gar keine Antwort geben können oder eine solche, die
sich mit Erfolg werde bestreiten lassen.

V. 37—40. Antwort Jesu. In seiner Antwort führt der Heiland
die zwei Gebote der Gottes- und Nächstenliebe aus dem Gesetze vor,
und bezeichnet sie als groß. Das Gebot der Gottesliebe: „Du sollst
lieben den Herrn, deinen Gott mit deinem ganzen Herzen und mit deiner
ganzen Seele und mit deinem ganzen Verstande" ist genommen aus
Deut. 6, 5 und frei nach den LXX angeführt. Die Gottesliebe muß den
ganzen inneren Menschen nach allen seinen niederen und höheren Kräften
(beachte das dreimal mit Nachdruck gesetzte ὅλη = tota) umfassen. —
Und weil die Gottesliebe die Liebe zum Nächsten zur nothwendigen
Folge hat, so reiht der Heiland als dem ersten Gebote gleich (an Bedeutung) das Gebot der Nächstenliebe an: „Du sollst deinen Nächsten
lieben wie dich selbst." Das Citat ist aus Lev. 19, 18 nach den LXX
citirt. Als Norm der Nächstenliebe bezeichnet der Heiland die (geordnete)
Selbstliebe, die in der Natur des Menschen begründet ist, und daher
nicht befohlen zu werden braucht. Ueber ἀγαπᾷν, cf. 5, 44. Das Gebot
der Nächstenliebe bezeichnet der Heiland als von gleicher Art (= ὁμοία)
mit dem Gebote der Gottesliebe. Eine schöne Erklärung dieses Ausspruches des Herrn gibt der Liebesjünger Johannes: diese beiden Gebote sind einander gleich, weil die Gottesliebe durch die Nächstenliebe
sich bekundet und weil die Nächstenliebe ein Ausfluß der Gottesliebe ist.
Cf. 1 Joh. 4, 20. Und seine Antwort abschließend sagt der Heiland:
„An diesen zwei Geboten hängt das ganze Gesetz und die Propheten."
Mit diesen Worten bezeichnet der Herr das Gebot der Gottes- und
Nächstenliebe als die Stütze und den Mittelpunkt aller übrigen Gebote
und Lehren. Das sittliche Verhalten des Menschen hat nur dann wahren
Werth, wenn es in der Gottes- und Nächstenliebe fest gegründet ist,
durch sie getragen wird. — Damit hatte der Heiland zugleich, soweit
es zunächst nöthig war, die Antwort auf die Frage des Schriftgelehrten
gegeben. Ist nämlich das Gebot der Gottes- und Nächstenliebe der
Mittelpunkt aller übrigen Gebote, so folgt daraus, daß ein Gebot um
so wichtiger ist, je näher es diesem Fundamentalgebote des christlichen
Lebens steht.

Marc. 12, 28—34 erzählt die gleiche Verhandlung in ganz
gleichem Zusammenhange, aber mit einigen Verschiedenheiten. Nach ihm
ging die Frage auf das erste (größte) aller Gebote (ποία ἐστὶν ἐντολὴ
πρώτη πάντων); er erwähnt nicht den versuchlichen Charakter der Frage,
erzählt aber, daß der Schriftgelehrte seine Zustimmung zur Antwort
Jesu gegeben habe, worauf Jesus sagte: „Du bist nicht fern vom Reiche
Gottes." Dieser Zusatz des Marcus soll nach Meyer mit der Angabe
des Matthäus, daß der νομικός Jesum πειράζων gefragt habe, unvereinbar sein. Diese Differenzen und scheinbaren Widersprüche sind indessen leicht auf Grund der verschiedenen Zwecke beider Evangelien auszugleichen. Weil Marcus sein Evangelium zunächst für römische Heidenchristen schrieb, denen die jüdischen Unterscheidungen zwischen großen und
kleinen Geboten des Gesetzes unbekannt waren, so läßt er die Frage des
Schriftgelehrten nicht nach einem großen Gebote im Sinne der jüdischen
Gesetzeslehrer, sondern überhaupt nach dem größten Gebote gerichtet
sein, und dies mit um so größerem Rechte, als Jesus in diesem Sinne
auf die Frage des Gesetzesgelehrten geantwortet hat. — Die Bemerkung
des Matthäus, Jesus sollte durch die vorgelegte Frage versucht werden,
kann entweder dahin erklärt werden, daß das Versuchliche mehr in der
Natur der Anfrage selbst als in der bösen Absicht des Fragenden lag,
oder, was wahrscheinlicher sein dürfte, die Versuchung Jesu lag in der
Absicht der Pharisäer, die den Schriftgelehrten absandten und nicht in
der Absicht dieses selbst. Ist der Sachverhalt aber dieser, so ist mit dem
Berichte des Matthäus ganz gut vereinbar der von Marcus erzählte
Schluß der Verhandlung zwischen Jesus und dem νομικός und unbe-
gründet die Behauptung Meyers, Matthäus habe die Ueberlieferung
bezüglich der Tendenz des Auftrittes alterirt. — Die Zustimmung
des Gesetzeslehrers zur Antwort Jesu konnte Matthäus im Hinblicke auf
seinen judenchristlichen Leserkreis um so eher weglassen, weil diese Antwort mit den Worten des Gesetzes gegeben war, dessen Giltigkeit keinem
Zweifel unterlag. Anders lag die Sache für Marcus. Weil seinem
heidenchristlichen Leserkreise das mosaische Gesetz nicht in dem Maße bekannt war wie den Judenchristen, so hatte der Evangelist ein Interesse,
die Zustimmung des νομικός zu berichten, um seinen Lesern zu zeigen,
daß selbst ein jüdischer Gesetzeslehrer für die Wahrheit der Lehre Jesu
Zeugniß ablegen mußte. Es stehen demnach die Berichte des Matthäus
und Marcus nicht im Widerspruche mit einander, sondern sie ergänzen
sich gegenseitig: Matthäus berührt genauer die Veranlassung der Ver-

handlung, Marcus ausführlicher den Verlauf derselben. — Luc. 10, 25 ff. enthält einen verschiedenen Bericht; denn dafür sprechen die Ver= schiedenheiten nach Umständen, Zeit und Ort.

Jesu Frage über den Messias als Sohn Davids. 41—46.
Cf. Marc. 12, 35—37, Luc. 20, 41—44.

V. 41. Nachdem auch der Schriftgelehrte mit seiner versuchenden Frage völlig abgewiesen war, hatte der Heiland, angefangen von den Hierarchen die Vertreter sämmtlicher jüdischen Parteien zum Schweigen gebracht. Jetzt geht der Herr einen Schritt weiter, indem er die Offensive ergreift. Συνηγμένων τῶν Φαρισαίων, Vulg. congregatis Pharisaeis. Nach der Darstellung des Evangelisten haben in der Zeit, da zwischen Christus und dem Schriftgelehrten die Frage nach einem großen Gebote verhandelt wurde, allmälig die Pharisäer sich eingefunden.

V. 42. An die versammelten Pharisäer richtet Jesus eine Frage, um die hochmüthigen Gesetzeslehrer zu beschämen. Eingeführt wird die Frage durch die allgemeinen Worte: „Was dünket euch von dem Messias?" woran sich gleich der ganz bestimmte Fragepunkt anschließt: „Wessen Sohn ist er?" Matthäus berichtet genauer als die zwei andern Synoptiker, welche nur die Einwendung Jesu, nicht aber auch seine Frage an die Pharisäer mittheilen. Marcus berichtet ausdrücklich, daß die Verhandlung im Heiligthume (ἐν τῷ ἱερῷ) stattfand. — Die Ant= wort der Pharisäer: „Davids Sohn" hat ihre Begründung im alten Testamente, worin der Messias häufig als Sohn Davids verkündet wird. Cf. die Erklärung zu 1, 1.

V. 43. 44. So richtig die Antwort an sich war, so unklar und unvollständig waren die Vorstellungen, welche die Pharisäer auf Grund dieser Schriftworte vom Messias hatten. In Folge ihrer irdischen Messiashoffnungen glaubten dieselben mit der Bezeichnung: „Davids Sohn" die ganze Würde der Persönlichkeit des Messias völlig aus= gesprochen zu haben, und sie vermochten sich nicht zur Vorstellung des übernatürlichen Wesens und Charakters des verheißenen Erretters zu er= heben, obwohl die Propheten dies hinlänglich angedeutet hätten. — Das Unvollkommene, ja Unrichtige der Anschauung der Juden that der Heiland aus der Schrift dar. „Es sprach der Herr zu meinem Herrn: „setze dich zu meiner Rechten, bis ich lege deine Feinde als Schemmel deiner Füße (oder: deine Feinde unter deine Füße)." Die Schriftworte sind aus dem messianischen Psalme Ps. 109 entlehnt und der Heiland sagt ausdrücklich, daß David sie im Geiste, d. h. vom heil. Geiste er= leuchtet, gesprochen habe, so daß also Davids Worte ein himmlisches Zeugniß vom Messias enthalten. Da die himmlische Benennung des Messias mit „Herr" in der Psalmstelle selbst näher bestimmt wird durch: Sitzen zur Rechten Gottes, so hätten die Juden aus dieser Charakterisi= rung des Messias leicht erkennen können, daß derselbe nicht blos Davids Sohn, sondern auch Gottes Sohn sei. — Statt ὑποπόδιον (Vulg. scabellum) lesen Lachm., Treg., Tischend. ὑποκάτω = darunter.

V. 45. Aus der Schriftstelle folgert der Heiland: „Wenn nun David ihn (den Messias) Herrn nennt, wie ist er sein Sohn?" Der Gedanke dieser in Form einer Folgerung aus der Psalmstelle an die Gegner gerichteten Frage kann mit Rücksicht auf die früheren Bemerkungen dahin formulirt werden: Da David selbst vom göttlichen Geiste erleuchtet den Messias, welchen die Schrift (und ihr) als Sohn Davids bezeichnet, „seinen Herrn" nennt, wie ist es möglich (πῶς), daß er (blos) Sohn Davids sei? Liegt darin, daß David den Messias seinen Herrn nennt, welcher zur Theilnahme an der göttlichen Herrschergewalt berufen ist, (Sitzen zur Rechten Gottes), nicht schon ausgesprochen, daß der Messias, seiner menschlichen Natur nach ein Sohn Davids, zugleich Sohn Gottes ist? Zu dieser von der Schrift angedeuteten Wahrheit vermochten sich aber die jüdischen Schriftlehrer im Ganzen nicht zu erheben. Damit war zugleich das frevelhafte Beginnen der Gegner Jesu völlig blos= gelegt: Sie hatten nicht einmal eine klare und vollkommene Vorstellung von der Messiaswürde und unterfingen sich, Jesum zu verfolgen, weil er sich als den Messias der Juden erklärte und durch sein ganzes Wirken als solchen bezeugte.

V. 46. Dieser Argumentation aus dem Gesetze stehen die Männer des Gesetzes völlig rathlos gegenüber, und aus Furcht vor einer neuen Niederlage wagen sie es nicht mehr (οὐκέτι), an Jesus eine Frage zu stellen. So müssen die Gegner Jesu den Sieg seiner Lehre über die jüdische Gesetzesgelehrsamkeit in dem Momente bekunden, wo sich der Herr für immer von ihnen abwendet. Nachdem nun die Weisheit aller Repräsentanten des Judenthums dem Herrn gegenüber zu Schanden geworden war, so blieb diesen kein anderer Weg mehr übrig als der Appell an die rohe Gewalt und die gemeine Verleumdung.

23. Kapitel.

Strafrede Jesu gegen die Schriftgelehrten und Pharisäer. 1—39.

V. 1. Dieser Vers gibt an, wann und vor wem Jesus die folgende lange Strafrede gehalten hatte. Τότε, damals, als nämlich die Pharisäer zum vollständigen Stillschweigen gezwungen worden sind (cf. 22, 46), wandte sich Jesus mit seiner Rede an das Volk und die Jünger. Schriftgelehrte und Pharisäer hat uns der Evangelist bisher als Hauptgegner Jesu in Jerusalem vorgeführt; aber der Heiland verhielt sich ihnen gegenüber vorwiegend abwehrend, indem er deren Angriffe zurückwies. Im Angesichte seines Todes war aber für Jesus der Moment gekommen, um mit dem ganzen Gewichte seiner Auctorität gegen seine Gegner ins Gericht zu gehen, und das feierliche Zeugniß, welches er gegen sie ablegt, deckt schonungslos die Gebrechen und Verbrechen der gefeierten Führer des Volkes auf. Für die Jünger und jene Volksschaaren die noch innere Empfänglichkeit für Jesu Wirken besaßen, lag in dieser Strafrede eine ernste Warnung vor den Schriftgelehrten und Pharisäern, eine eindringliche Mahnung, sich von ihrem verderblichen Wirken völlig loszusagen. — Die nachfolgende Rede, deren Ursprünglichkeit weder aus äußeren noch aus inneren Gründen bestritten werden kann, läßt sich in drei Theile zerlegen: 1. Schilderung des scheinheiligen und ehrsüchtigen Verhaltens der Schriftgelehrten und Pharisäer 2—12; 2. achtfacher Weheruf über die jüdischen Volksführer 13—36; 3. Strafandrohung über Jerusalem 37—39.

V. 2. Mit den Worten: „Auf den Stuhl Mosis haben sich gesetzt die Schriftgelehrten und Pharisäer" werden die Schriftgelehrten und Pharisäer als Nachfolger Mosis im Lehramte, als Lehrer des mosaischen Gesetzes bezeichnet. Als solche bildeten sie die eigentliche Lehrauctorität der Juden. „Docendi auctoritate praediti sunt." Mald.

V. 3. In Form einer Folgerung (οὖν) aus V. 2. richtet der Heiland an seine Zuhörer die Mahnung: „Alles also, was irgend sie euch gesagt haben werden, das thuet und haltet." Zu beachten ist der Aorist ποιήσατε und das Präsens τηρεῖτε; ersterer drückt aus das momentane Thun, letzteres das dauernde Halten des Gebotes. In welchem Umfange die Mahnung: „Alles thuet" zu fassen sei, lehrt der Zusammenhang mit V. 2; durch diesen wird das Gebot auf das beschränkt, was sie als Nachfolger Mosis, i. e. als wirkliche Lehrer seines Gesetzes sagen. Nur als legitime Lehrer, nicht als Parteimänner hat der Herr die Schriftgelehrten und Pharisäer hier im Auge. Mald.: non de ipsorum (Pharisaeorum), sed de legis ac Mosis doctrina loquitur. Daher ist dieser Ausspruch ganz gut vereinbar mit 16, 6. — Wie konnte aber Jesus, der Gründer und Lehrer des neuen Gottesreiches, seine Jünger an die alttestamentlichen Lehrauctoritäten verweisen? Die alttestamentliche Gottesordnung bestand noch zu Recht, und so lange dies der Fall war, waren die Schriftgelehrten und Pharisäer die legitimen Gesetzeslehrer. Die Dauer dieser bestehenden Verhältnisse zu erörtern, wäre einerseits gefährlich gewesen, weil daraus die Gegner Jesu eine scheinbare Berechtigung zu ihrem gewaltsamen Vorgehen hätten ableiten können, andererseits war es völlig überflüssig. Denn die mächtige Zeichen= und Thatensprache Gottes am Pfingstfeste, dem Geburtstage der Kirche Christi, so wie bald darauf bei der Zerstörung Jerusalems, dem Begräbnißtage des Judenthums, das sich selbst am Charfreitage den Todesstoß gegeben hatte, verkündete zweifellos, daß Schriftgelehrte und Pharisäer aufgehört hatten, autoritative Gesetzesinterpreten zu sein. Dagegen (δέ) warnt Jesus, das persönliche Thun dieser Lehrer zur Richtschnur des Handelns zu nehmen: „Nach ihren Werken aber thuet nicht; denn sie sagen, und thun nicht (was sie sagen)."

V. 4. Cf. Luc. 11, 46. Aber (δέ) noch weiter gehen sie: ‚Sie binden schwere und unerträgliche Lasten und legen sie auf die Schultern der Menschen; mit ihren Fingern aber wollen sie dieselben nicht in Bewegung setzen.“ Die Redeweise ist bildlich. Gemeint sind unter φορτία, Vulg. onera, die rigorosen Gesetzesinterpretationen, sowie die Verquickung des Gesetzes mit den traditionellen Zusätzen, welche wie eine schwere Last auf den Juden lagen. Diese strengen Forderungen, welche Schriftgelehrte und Pharisäer an die Menschen stellten, selbst zu erfüllen, machten sie nicht den geringsten Versuch. Auf τῷ δακτύλῳ liegt der Nachdruck: sie ihrerseits wollen nicht einmal mit dem Finger die Last berühren, welche sie andern auferlegen. — Δεσμεύω (im neuen Testament auch δεσμέω) binden, in Bündel zusammenfassen; δυσβάστακτος von δύς und βαστάζειν, schwer zu tragen; Tischend. hat den Ausdruck mit Unrecht gestrichen.

V. 5. Was sie aber thun, dem nehmen sie den inneren Werth durch die Gesinnung, in der sie es thun. Cf. 6, 1. Und diese Worte erläuternd, sagt der Herr: „Sie machen nämlich breiter ihre Gedenkzettel und vergrößern die Quasten.“ Φυλακτήρια (wörtlich Verwahrungs=, Schutzmittel), hebräisch Thephillim, Gedenkzettel (Schegg:

Spruchbänder) waren bei den Juden Pergamentſtreifen, mit den Stellen
des Geſetzes: Exod. 13, 1—16, Deut. 6, 4—9; 11, 13—21 beſchrieben,
welche die Juden in buchſtäblicher Erfüllung der Schriftſtellen (Exod.
13, 9. 16, Deut. 6, 8. 11, 18) beim Gebete mit Riemen an der linken
Hand gegenüber dem Herzen und an der Stirne zwiſchen den beiden
Augenbrauen befeſtigten. Sie ſollten ſein eine Ermahnung zur Erfüllung
des Geſetzes mit Herz und Kopf. Ueber κράσπεδον cf. 9, 20. Durch
die Erweiterung ihrer Phylakterien und die Vergrößerung der Zipfel
am Kleide wollten Schriftgelehrte und Phariſäer vor den Menſchen
offenkundig machen ihren beſonders großen Eifer für das Geſetz des
Herrn.

V. 6. 7. Cf. Marc. 12, 39, Luc. 11; 43. 20, 46. Für den zur
Schau getragenen Geſetzeseifer verlangten ſie auch die Anerkennung der
Menſchen, und zwar durch Zuweiſung der Ehrenplätze bei Gaſtmälern
(πρωτοκλισία) und in den Synagogen (πρωτοκαθεδρία), durch Be-
grüßungen auf den öffentlichen Plätzen und durch die ehrende Be-
grüßung: Meiſter! רבי, wörtlich „mein Meiſter"; der Ausdruck war
(wahrſcheinlich ſeit der Zeit des Schammai und Hillel) ehrenvoller Titel
der jüdiſchen Geſetzeslehrer, womit dieſe von ihren Schülern angeredet
wurden, da man bei der Anrede niemals den Namen des Meiſters
gebrauchte. Schriftgelehrte und Phariſäer liebten es alſo, daß ihnen
allen Menſchen gegenüber die Stellung zuerkannt werde, welche Lehrer
gegen ihre Schüler einnahmen.

V. 8—12. Im Gegenſatze (ὑμεῖς δέ ſteht mit Nachdruck) zu dieſem
hochmüthigen Streben der Schriftgelehrten ſollen die Jünger, die Lehrer
im Meſſiasreiche, beſcheiden und demüthig ſein. Die Belehrung geſchieht
anſchaulich in drei concreten Beiſpielen (V. 8—10), welche demgemäß
nicht dem Wortlaute nach zu preſſen, ſondern nach dem Contexte zu
erklären ſind. Die buchſtäbliche Faſſung der Worte Jeſu wird ausgeſchloſſen durch V. 9, weil ja damit dem Kinde verboten würde, ſeinen
Erzeuger „Vater" zu nennen, ſowie durch die Thatſache, daß die Apoſtel
die Gläubigen „Kinder" nennen, womit ſie ſich ſelbſt als deren geiſt-
liche Väter hinſtellen. Cf. 1 Kor. 4, 15, 1 Petr. 5, 13 u. ſ. w. —
Erſtes Beiſpiel: „Ihr aber ſollet nicht genannt werden (d. h.
laſſet euch nicht nennen) Rabbi; denn Einer iſt euer Lehrer, ihr Alle
aber ſeid Brüder." Zum richtigen Verſtändniſſe dieſer und der folgenden
Worte müſſen wir uns gegenwärtig halten den Gelehrtenſtolz, ſowie
das ſectireriſche Treiben der Phariſäer, wovon die Warnung Jeſu

ihren Ausgang nimmt. Jeder Pharisäer wollte Urheber und Führer einer Partei sein und als solcher glaubte er sich in eine dem gemeinen Volke unnahbare Höhe entrückt, von der aus er mit vornehmer Verachtung auf dasselbe herabblickte. Und den concreten Ausdruck fand dieser sich separatistisch überhebende Gelehrtendünkel in den Benennungen: Rabbi, Vater, Anführer, welche sich die jüdischen Lehrer vindicirten. Es war also neben dem Hochmuthe „das Sectenthum, welches der Heiland hiemit und nach ihm die Kirche als wider die göttliche Einheit und Einzigkeit des Lehramtes streitend verdammt".

Wenn nun der Heiland seinen Jüngern verbietet, sich Rabbi nennen zu lassen, so ist die Benennung natürlich nur in dem oben dargelegten Sinne verboten. Das zeigt klar die Begründung des Verbotes; denn wenn Jesus auf den Einen Lehrer Aller hinweiset, so ist damit die gleiche Abhängigkeit Aller von ihm ausgesprochen. Weil es nur einen himmlischen Lehrmeister gibt, und darum Christi Kirche nur Eine sein kann, so müssen die von Gott bestellten Lehrer derselben in Demuth sich bescheiden, nur das zu lehren, was Gott sie gelehrt hat, damit so die Einheit der Kirche und die brüderliche Gesinnung unter den lehrenden und lernenden Gliedern derselben lebendig erhalten werde. — Zweites Beispiel: „Und einen Vater von euch nennet nicht auf Erden (d. h. gebet keinem Menschen den Lehrertitel Vater), denn Einer ist euer Vater, der himmlische." Es enthält denselben Gedanken, wie das erste Beispiel, nur von einer anderen Seite dargestellt. — Ebenso das dritte Beispiel: „Auch sollet ihr nicht genannt werden (d. h. euch nicht nennen lassen) Anführer; denn euer Anführer ist Einer, Christus." Καθηγητής = καθηγεμών, Führer, Wegweiser; hier Lehrführer = magister der Vulg. Fassen wir nun der Wichtigkeit der Sache wegen den Inhalt der Worte Jesu abschließend zusammen, so läßt sich derselbe dahin bestimmen: Nicht Lehrertiteln in seiner Kirche verbietet Christus, sondern hochmüthige Ueberhebung, separatistische Bestrebungen der in derselben bestellten Lehrer. Diese sollen sich stets gegenwärtig halten, daß es nur Einen Lehrer und Führer, nur Einen Vater der Menschen gibt, dem gegenüber Alle Schüler, Kinder und Geleitete sind. Die von Christus in der Kirche bestellten Lehrer sind nur seine Diener und müssen sich in Demuth dieses Dienstverhältnisses stets bewußt sein. — Daran schließt sich schön der V. 11: „Der Größere von euch aber wird sein euer Diener", d. h. darnach wird sich die wahre Größe des Einen vor dem Andern bemessen, ob er mehr den Andern zu dienen und sich dienend unter sie zu erniedrigen trachtet. Zum Gedanken cf. 20, 27. 28. Cf. das „Servus servorum Dei", wie sich die obersten Diener Christi, die Päpste zu nennen pflegen. Da nur echte Demuth wahre Größe vor Gott begründet, so schließt der Heiland die ganze Belehrung mit den Worten: „Wer aber sich selbst erhöhet, wird er= niedriget werden; und wer sich selbst erniedriget, wird erhöhet werden." Cf. Jak. 1, 9, 1 Petr. 5, 5.

V. 13—36. Achtfaches Wehe über die Schriftgelehrten und Pharisäer.

V. 13. Der erste Weheruf über die Schriftgelehrten und Pharisäer, die in directer Anrede „Heuchler" genannt werden, wird begründet mit: „weil ihr verschließet das Himmelreich vor den Men= schen". Die Redeweise ist bildlich, indem das Messiasreich unter dem Bilde eines Gebäudes (cf. 16, 17—20) dargestellt wird. Mit Christi Ankunft war das Messiasreich gekommen (cf. 3, 2), seine Pforten standen bereits offen (cf. 11, 12), es bedurfte somit nur des Eintrittes in dasselbe durch gläubigen Anschluß an den Herrn, den Schriftgelehrte und Pharisäer bisher leider so erfolgreich zu verhindern wußten. — Und diese schwere Anklage erläuternd, spricht der Herr weiter: „Denn ihr selbst gehet nicht hinein und lasset auch diejenigen, welche eingehen wollen, nicht eingehen." Sie wirkten also dem Messiasreiche entgegen indirect durch ihr Beispiel, dem die Volksmenge zu folgen bereit war, und direct durch ihre Lehre, wodurch sie auch noch jene zurückhielten, die zum Eintritte in dasselbe bereit waren (= εἰςερχομένους, qui in- troire volunt. Mald.). Es sind somit die Führer des Volkes zu Ver= führern desselben geworden.

V. 14. Cf. Marc. 12, 40, Luc. 20, 47. Zweiter Weheruf. Dieser Vers enthält nach der recipirten Lesart, womit auch die Vulgata übereinstimmt, einen Weheruf über die Schriftgelehrten und Pharisäer wegen ihres habsüchtigen Wesens, das sich gerade den verlassenen Witwen gegenüber zeigte. Griesb., Scholz u. A. haben den Vers nach mehreren Zeugen vor V. 13 gestellt, während Lachm. und Tischend. ihn als Glossem aus den anderen Synoptikern ganz strichen, weil er in mehreren Handschriften (אBD . . .) fehlt. Da aber eine große Zahl von Zeugen für den Vers spricht, so dürfen wir wohl an seiner Echtheit festhalten, ungeachtet der auch aus inneren Gründen versuchten Einwendungen. — Κατεσθίειν, comedere, „auffressen", ist stärker, aber treffender Ausdruck zur Bezeichnung des habgierigen Wesens; ihr fresset die Häuser der

Witwen auf, d. h. ihr bringet ihre Güter mit Unrecht an euch. Die folgenden Worte: „Und zwar (= καί) indem ihr zum Scheine lange Gebete sprechet" geben nähere Aufklärung darüber, wie sie ihre habsüchtigen Zwecke zu erreichen suchten: sie gaben vor, für die ihnen gebotenen irdischen Güter die Witwen mit ihren langen Gebeten zu entschädigen. Die Vulgata hat mit der Uebersetzung orationes longas orantes die Worte καί προφάσει nicht wiedergegeben, und damit das heuchlerische Reden nicht zum Ausdrucke gebracht. Διὰ τοῦτο, deswegen, d. h. wegen eurer Habsucht gegen verlassene und hilfsbedürftige Witwen, die ihr dazu noch in frevelhafte Heuchelei hüllet, „werdet ihr ein gar strenges Gericht erfahren".

V. 15. Drittes Wehe, ausgesprochen wegen der Proselytenmacherei, welche die unseligsten Folgen für die Gewonnenen hatte. Der große Eifer der Schriftgelehrten und Pharisäer, Proselyten zu gewinnen, wird geschildert mit den hyperbolisch zu fassenden Worten: „Ihr durchfahret das Meer und das Land (= ξηρά, scl. γῇ), um einen Proselyten zu machen." Diesen Bekehrungseifer und die weiten Reisen, welche Schriftgelehrte und Pharisäer zu diesem Zwecke machten, berichtet auch Jos. Antt. XX, 2, 4. — Und wenn Jemand durch euer Bemühen ein Proselyte geworden ist (ὅταν γένηται, scl. προσήλυτος), „so macht ihr ihn zu einem Höllensohne doppelt mehr denn ihr". Υἱὸς γεέννης, „Höllensohn" = ein der Hölle Verfallener. Die attributive Bestimmung διπλότερον ὑμῶν (Vulg. duplo quam vos) wird am besten adjectivisch gefaßt: (Ihr macht ihn zu einem Höllensohne), „der es in doppelt höherem Grade ist als ihr". Wie aber sind Jesu Worte, daß die durch die Pharisäer gewonnenen Proselyten noch mehr dem höllischen Verderben verfallen als ihre Bekehrer, zu verstehen? Das Verständniß der Worte erleichtert uns die Erfahrung. Neubekehrte neigen häufig in's Extrem, und es bedarf einer sorgfältigen Führung derselben, um sie vor dieser Gefahr zu bewahren. Diese bewährte Führung fehlte aber den durch die Pharisäer gewonnenen Proselyten völlig; im Gegentheile wurden sie durch das fanatische Gebahren derselben zu doppelten Fanatikern für das pharisäische Lehrsystem und damit in noch höherem Grade unempfänglich für das messianische Heil als die Pharisäer selbst. Nicht der Bekehrungseifer der Schriftgelehrten und Pharisäer an sich, sondern die Thatsache, daß das hochmüthige, ehrsüchtige und fanatische Gebahren derselben für die von ihnen Bekehrten zum großen Verderben wurde, veranlaßte den Herrn zum Weherufe. — Προσήλυτοι (= Herangekommene), hebr. גרים (= Fremdlinge), hießen die vom Heidenthume zum Judenthume Bekehrten. Es gab zwei Klassen derselben; Proselyten des Thores, welche gleichsam nur bis zur Schwelle des Judenthums gelangten, und Proselyten der Gerechtigkeit, welche völlig in's Juden=thum übertraten. Die Proselyten der ersten Klasse mußten sich ver=pflichten zur Beobachtung der sogenannten sieben noachischen Gebote, welche untersagten: Gotteslästerung, Götzendienst, Mord, Blutschande, Raub, Widersetzlichkeit gegen die Obrigkeit und Essen noch blutender Fleischstücke. Die Proselyten der zweiten Klasse traten durch Annahme der Beschneidung (und der Proselytentaufe) ganz zum Judenthume über und mußten das ganze mosaische Gesetz beobachten.

V. 16—22. Vierter Weheruf über die Schriftgelehrten und Pharisäer, weil sie blinde Führer des Volkes sind, und darum dieses statt zum Heile in's Verderben führen. Diese Blindheit deckt der Hei=land dadurch auf, daß er aus dem ganzen falschen Lehrsysteme deren Behandlung des Eides hervorhebt und an zwei Beispielen ihre die Heiligkeit desselben untergrabende Casuistik aufdeckt und geißelt. „Wehe euch, ihr blinden Wegweiser, die ihr sprechet: Wer beim Tempel schwört, so ist es nichts; wer aber beim Golde des Tempels schwört, der ist schuldig." Οὐδέν ἐστιν, es ist nichts, d. h. ein solcher Schwur hat keine verpflichtende Kraft. Ὀφείλει, er ist verpflichtet, scl. den Eid zu halten. Ueber den Hebraismus ὀμνύειν ἔν τινι statt des Accusativs oder κατά mit dem Genitiv cf. 5, 34. Ἐν τῷ χρυσῷ τοῦ ναοῦ; die Einen denken an den Tempelschatz, Andere an die goldenen Geräthschaften des Tem=pels. Sonst wird über die hier mitgetheilte Distinction in Eidesablegung und Eidesverpflichtung nichts weiter berichtet; aber dieselbe ist durch Jesu Wort völlig verbürgt. — Im V. 17 deckt der Heiland die in obiger Distinction sich offenbarende Thorheit und Blindheit auf. Der Nachdruck liegt auf ἁγιάσας (so lesen Lachm., Tregell., Tischend. statt ἁγιάζων; Vulg. sanctificat). Beim Golde des Tempels konnte der Jude nur schwören, insoferne es „geheiligt" war. Darum fragt Jesus: „Was ist größer (d. h. ein größerer Verpflichtungsgrund zur Beobachtung des Eides), das Gold oder der Tempel, der das Gold heiligt?" Die Ant=wort ist selbstverständlich. — In den V. 18—20 wird ein zweites Beispiel pharisäischer Casuistik rücksichtlich des Eides bei dem Altare und bei dem Opfer auf dem Altare vorgeführt und vom Herrn in der gleichen Weise wie V. 17 behandelt. — Nachdem der Heiland gezeigt hat, daß der Eid beim Tempel den beim Golde desselben, und beim

Altare den bei der Opfergabe einschließt, geht er V. 21. 22 einen
Schritt weiter und zeigt, daß der Eid beim Tempel zuletzt ein Eid bei
Gott selbst sei, da der Tempel seine Heiligkeit nur durch das Wohnen
Gottes in ihm habe, sowie der Eid beim Himmel ein Eid bei Gott ist,
der im Himmel thront. Cf. 5, 33—37. Statt der recipirten Leseart
κατοικοῦντι, die auch Lachm. und Tischend. in seiner achten Ausgabe
haben, lesen Andere κατοικήσαντι == der (den Tempel) als Wohnsitz
angenommen hat. Aus dem Lehrsysteme der Schriftgelehrten und Pharisäer greift der Heiland deren Behandlung des Eides wohl darum
hervor, weil sie ganz geeignet war, die Heiligkeit desselben zu unter-
graben und damit die feste Grundlage des religiösen Lebens zu zerstören.

V. 23. 24. Cf. Luc. 11, 42. **Fünftes Wehe** über die Schriftgelehrten und Pharisäer, welche in unbedeutenden Dingen ängstlich gewissenhaft waren, während sie über die wichtigen Gesetzesvorschriften
sich ohne Bedenken hinwegsetzten: „Ihr verzehntet (d. h. gebet den
Zehnten) die Münze, und den Anis und den Kümmel, aber fallen gelassen habt ihr das Wichtigere des Gesetzes: die Gerechtigkeit und das
Erbarmen und die Treue; dieses hättet ihr thun und jenes nicht unterlassen sollen." — Die gesetzliche Zehentpflicht erstreckte sich nur auf die
Feld- und Baumfrüchte und auf Thiere (cf. Lev. 27, 30, Num. 18, 21,
Deut. 12, 6. 14. 22—27), wurde aber von den Pharisäern auch auf
die (hier genannten) Gartenfrüchte ausgedehnt und dadurch allgemeine
Norm. Τὰ βαρύτερα τοῦ νόμου, d. h. die wichtigeren Vorschriften des
Gesetzes, von denen der Herr drei namhaft macht: Κρίσις (Vulg. judicium) „das Gericht", d. h. die Uebung der Gerechtigkeit durch un-
parteische Handhabung der Gerechtigkeitspflege, Mald. judicium, quo
unicuique suum jus redditur; Ἔλεος Ausübung der Barmherzigkeit;
πίστις (Vulg. fides) Treue. Im V. 24 wird die Strenge der Pharisäer
in kleinen Dingen und ihr laxes Wesen in wichtigen geschildert durch
die sprichwörtliche Rede: „Mücken durchseihen", d. h. durch Durchseihen
des Getränkes die Mücken daraus entfernen, und „Kameele verschlucken".
Hingewiesen wird auf die Gewohnheit der strengen Juden, den Wein,
bevor sie ihn tranken, durch ein sehr feines Sieb zu seihen, damit so
aus demselben die etwa vorhandenen unreinen Thierchen entfernt würden.
Die Bedeutung der bildlichen Ausdrücke ist selbstverständlich. — Ἀποδε-
κατοῦν, (δέκατος) == den Zehenten entrichten, τό ἡδύοσμον (von ἡδύς
und ὀσμή), ein wohlriechendes Gartenkraut, Gartenmünze, Vulg. mentha;
τὸ ἄνηθον, der Dill, Anis, ein Küchenkraut, Vulg. anethum; τὸ

κύμινον, Kümmel, Vulg. cyminum. Διυλίζειν, durchſeihen, Vulg. excōlare.

V. 25. 26. Sechstes Wehe über Phariſäer und Schriftgelehrte, weil ſie mit der äußerſten Sorgfalt äußere Unreinigkeit vermieden, dagegen völlig unbekümmert waren um den Schmutz der Sünde. Dieſe äußere Scheinheiligkeit bei innerer ſittlicher Verdorbenheit wird anſchaulich geſchildert in einem concreten Beiſpiele: „Ihr reiniget das Aeußere des Bechers und der Schüſſel, inwendig aber ſind ſie voll aus Raub und Unenthaltſamkeit." Γέμουσιν, „ſie ſind voll", scl. der Becher und die Schüſſel; das ἐκ drückt aus, woher die Gegenſtände kommen von denen Becher und Schüſſel voll ſind: von Raub und Unenthaltſamkeit. Ἀκρασία iſt ſpätere Form für ἀκράτεια; gemeint iſt die Unenthaltſamkeit rückſichtlich des Eigenthums der Nebenmenſchen. Die gedruckte Vulgata hat pleni estis ſtatt pleni sunt; dadurch wird das Innere der Schriftgelehrten und Phariſäer als durch Raub und Unenthaltſamkeit befleckt bezeichnet. — Nachdrucksvoll wendet ſich Jeſus im V. 26 gegen dieſe Scheinheiligkeit mit den Worten: „Blinder Phariſäer! reinige zuerſt das Innere des Bechers, damit auch das Aeußere desſelben rein werde." Der Singular erhöht den Nachdruck der Rede und legt die ernſte Mahnung jedem Phariſäer einzeln ans Herz. Blind nennt ihn der Herr, weil er wie ſein Verhalten bekundet, ſo ſehr das Weſen wahrer Reinigkeit verkennt. Τὸ ἐντὸς τοῦ ποτηρίου „das Innere des Bechers", d. h. ſein Inhalt; dieſer ſoll rein, nicht durch den Schmutz der Sünde befleckt ſein. Ἵνα γένηται .... damit auch das Aeußere desſelben rein werde, d. h. damit die äußere durch Putzen herbeigeführte Reinheit des Bechers zu einer wirklichen Reinheit werde, inſoferne ſie in Wahrheit ein Sinnbild davon iſt, daß der Inhalt des Bechers nicht mit Sündenſchmutz befleckt iſt. Die Mahnung des Herrn ſo zu faſſen fordert ſowohl der gewählte Ausdruck γένηται als auch der factiſche Thatbeſtand. Die Phariſäer reinigten factiſch das Aeußere der Becher und Schüſſeln ſorgfältig; es war ſomit nur nöthig, daß die äußere Reinheit zum Symbol der wirklich vorhandenen inneren Reinheit ward (γίγνεσθαι). So gefaßt geben dieſe Worte des Herrn eine Andeutung über die tiefere den levitiſchen Reinigungs-Satzungen zu Grunde liegende Idee. Cf. 15, 11.

V. 27. 28. Siebentes Wehe, wegen des Contraſtes, in welchem der zur Schau getragene äußere Tugendeifer mit dem inneren verfaulten ſittlichen Weſen der Phariſäer und Schriftgelehrten ſtand. Dieſe Scheinfrömmigkeit charakteriſirt der Heiland anſchaulich dadurch,

daß er die Schriftgelehrten und Pharisäer mit übertünchten Gräbern ver=
gleicht: „Wehe euch, Schriftgelehrte und Pharisäer, Heuchler! denn ihr
gleichet übertünchten Gräbern, die außen zwar schmuck (ώραῖοι) erscheinen,
innen aber voll sind von Todtengebeinen und jeglicher Unreinigkeit.
So erscheinet auch ihr von außen den Menschen gerecht, innen aber
seid ihr voll von Heuchelei und Ungerechtigkeit." Alljährlich wurden
die Gräber einen Monat vor dem Passahfeste mit Kalk geweißt, um
so diese Stätten der Unreinigkeit kenntlich zu machen, damit die Menschen,
besonders die Festzügler sich vor Berührung derselben hüten konnten,
da man dadurch sieben Tage unrein wurde. Cf. Num. 19, 16. Κονιᾷν,
mit Kalk (κονία) bestreichen; Vulg. dealbare, überweißen.

V. 29. 30. Schlußwehe über die Schriftgelehrten und Pharisäer,
weil sie in That und Wort Verehrung für die verstorbenen Propheten
und Gerechten heuchelten und sich den Anschein gaben, gerechter zu
sein als ihre Vorfahren. „Wehe euch, ihr Schriftgelehrten und Pharisäer,
Heuchler! denn ihr bauet die Gräber der Propheten und schmücket die
Denkmäler der Gerechten, und sprechet: wenn wir in den Tagen unserer
Väter gewesen wären, würden wir nicht ihre Genossen am Blute der
Propheten gewesen sein." Οἰκοδομεῖν τοὺς τάφους, „die Gräber bauen",
d. h. an den Orten, wo Propheten begraben waren, Grabmonumente
erbauen.

V. 31. Aus der V. 30 angeführten Rede der Schriftgelehrten
und Pharisäer folgert Jesus: „Demnach bezeuget ihr euch selbst, daß
ihr Söhne seid derjenigen, welche die Propheten gemordet haben." Ὥστε,
Vulg. itaque, demnach, d. h. da ihr saget: „unsere Väter": Cf. V. 30.
Μαρτυρεῖτε ἑαυτοῖς, d. h. ihr legt ein Zeugniß ab, das gegen euch
selbst spricht. Die Schriftgelehrten und Pharisäer hatten die Propheten=
mörder „ihre Väter" genannt, somit sich selbst als deren „Söhne"
hingestellt. Diese Selbstbezeichnung nimmt der Heiland auf, faßt sie
aber im geistigen Sinne, wornach sie Söhne der Mörder vermöge
ihrer Gesinnungsgleichheit genannt werden. Mit diesen Worten legt
der Herzenskundige die Mordgedanken der Schriftgelehrten und Pharisäer
blos, und deckt den Contrast auf, der zwischen den wahren Gesinnungen
und dem heuchlerischen Reden und Thun dieser Menschen bestand.

V. 32. In bitterer Ironie richtet jetzt der Herr die Aufforderung
an seine Gegner, endlich die gerügte Heuchelei abzulegen und durch die
That die innere Gesinnung zu offenbaren: „und ihr — machet voll das
Maß eurer Väter." Ὑμεῖς steht nachdrucksvoll; die Väter hatten schon eine

große Sündenschuld auf sich gehäuft durch Tödtung der gottgesandten Propheten; für ihre gleichgesinnten Nachkommen erübrigte nur noch, dieses Maß vollzumachen. Dies geschah durch die Ermordung des Propheten κατ' ἐξοχήν, des Messias. Μέτρον, Maß, scl. der Sündenschuld.

V. 33. Und weil sie das Maß der Väterschuld voll machen werden, darum werden sie dem ewigen Verderben anheimfallen. Zur Charakteristik cf. 3, 7. Κρίσις τῆς γεέννης, „Gericht der Hölle", d. h. Gericht, dessen Urtheilsspruch zum ewigen Verderben der Hölle verdammt.

V. 34. 35. „Deshalb, siehe! sende ich zu euch Propheten und Weise und Schriftgelehrte und (das stark verbürgte καί haben Lachm., Tregell. und Tischend. gestrichen) werdet ihr aus ihnen tödten und kreuzigen, und werdet aus ihnen geißeln in euren Synagögen, und versolgen von Stadt zu Stadt, damit über euch komme alles gerechte Blut, welches vergossen wird auf der Erde von dem Blute Abels des Gerechten bis auf das Blut Zacharias des Sohnes des Barachias, den ihr gemordet habet zwischen dem Tempel und dem Altare." Die Worte hängen enge mit V. 32 und 33 zusammen: Damit die Schriftgelehrten und Pharisäer und mit ihnen das Volk, dessen Repräsentanten sie sind, das Maß der Sündenschuld der Väter vollmachen, und in Folge davon dem Verderben anheimfallen, deßwegen sende ich ... διὰ τοῦτο wird seinem Inhalte nach näher bestimmt durch V. 35. Ἐγώ steht mit Nachdruck und das Präsens ἀποστέλλω bezeichnet die in der nahen Zukunft gewiß erfolgende Sendung: Im Vollbewußtsein seiner messianischen Würde verkündet Jesus die bevorstehende Sendung seiner Heilsboten und Lehrer, welche er durch „Propheten, Weise und Schriftgelehrte" bezeichnet. Das Eintreffen der prophetisch angekündigten Schicksale derselben bezeugt die Apostel- und Kirchengeschichte. Zum Gedanken cf. 10, 17. 23. — Ὅπως ἔλθῃ ..., damit komme (nämlich nach göttlicher Absicht). Eine unberechtigte Abschwächung ist es, ὅπως als Bezeichnung des Erfolges (Wald.) zu fassen. Αἷμα δίκαιον, gerechtes d. h. unschuldiges Blut. Die Redeweise: das vergossene Blut kommt über Jemand bedeutet: die Strafe dafür trifft ihn, cf. Jon. 1, 14, Joel 3, 19, Matth. 27, 25. Es wird aber die That selbst statt der Strafe dafür gesetzt, um nachdrucksvoll hervorzuheben, daß die Größe der Strafe der Größe der Vergehungen völlig gleich sein werde. Der Heiland stellt hier den Prophetenmord und die Strafe dafür als Wirkung des göttlichen Rathschlusses hin. Statt: ihr mordet die gesendeten Propheten und werdet in Folge davon dem Verderben nicht entgehen, sagt der Herr: damit ihr der Strafe nicht entgehet, sende ich und mordet ihr. Es ist göttliches Verhängniß, daß der Mensch, wenn er unempfänglich bleibt für die göttlichen Gnadenerweisungen, immer tiefer in Sünden und Verderben sich stürzt. Und mit Rücksicht auf diesen naturgemäßen Weg, welchen der verhärtete Mensch wandelt, wird der dadurch herbeigeführte Erfolg nach biblischem Sprachgebrauche als von Gott bezweckt dargestellt. — Der Heiland bringt mit der Blutthat an Abel, welche die erste ist, die der alttestamentlichen Canon berichtet, die an Zacharias, dem Sohne des Barachias begangene in Verbindung. Wer war nun der hier erwähnte Zacharias? Schon von den ältesten Zeiten an (bei Chrys.) bis auf jetzt haben viele Exegeten die Meinung vertreten: es sei der 2 Chron. 24, 20—22 (cf. Jos. Ant. IX. 8, 3) erwähnte Zacharias. Hieronymus, Beda; „et omnium fere posteriorum opinio est" Mald. Von diesem wird an besagtem Orte erzählt, daß er auf das Gebot des Königs Joas „im Vorhofe des Hauses Gottes" gesteinigt wurde, und mit den Worten: „Jehova wird es sehen und rächen" gestorben sei. Für diese Meinung sprechen ganz entscheidende Gründe. Einmal die Zusammenstellung mit dem Morde an Abel; wie nämlich dieser der erste ist, welchen der alttestamentliche Canon berichtet, so ist die Ermordung des Zacharias der letzte Prophetenmord, welcher uns in der Reihenfolge des Canons erzählt wird (obgleich die Ermordung des Uria, cf. Jerem. 26, 23, zeitlich später folgte). Zu dieser vergleichenden Gegenüberstellung der Ermordung des Zacharias war auch in den Umständen, unter denen sie erfolgte, Veranlassung gegeben. Die Ermordung des Priesters Zacharias geschah an heil. Stätte, im Vorhofe zwischen dem Brandopferaltare und der Pforte des Heiligthums, und war also wie der Brudermord eine ganz besonders verabscheuungswürdige That; dort wie hier erscholl der Racheruf zum Himmel. Ein weiteres Moment für die Richtigkeit unserer Auffassung bietet Luc. 11, 51. In dem dort mitgetheilten, fast wörtlich gleichen Ausspruche Jesu, der allerdings zu einer andern Zeit und unter verschiedenen Verhältnissen gemacht wurde, kann unter Zacharias nur der von Joas gemordete Priester sein. Einer bedeutenden Schwierigkeit begegnet diese Annahme in dem Umstande, daß der Priester Zacharias 2 Chron. 24, 20. ein Sohn des Jojada, unser Zacharias aber Sohn des Barachias genannt wird. Protestantische Exegeten (de Wette, Bleek, B. Crus., Meyer, Keil) führen den Beisatz: filii Barachiae einfach auf einen Irrthum des Evangelisten zurück. Dagegen meinen Hug,

Credner, Weiß und Andere: Jesus habe prophetisch auf den von Josefus
Flavius B. J. IV. 5, 4. erzählten Mord des Zacharias des Sohnes
Baruchs hingewiesen, welcher, kurz vor der Zerstörung Jerusalems von
den Zeloten ἐν μέσῳ τῷ ἱερῷ getödtet wurde. Da nun zur Zeit der
Abfassung des Evangeliums die vom Herrn angekündigte Blutthat schon
vollbracht war, so habe der Evangelist an Stelle des Futurums in der
Rede Jesu das temp. praeterit. ἐφονεύσατε substituirt. Einen andern
Weg, die Schwierigkeit zu beseitigen, hat Bisping eingeschlagen. Im An=
schlusse an eine Notiz bei Hieronymus, daß im Evangelium der Nazaräer
(cf. die Einleitung) gestanden habe: Zacharias, Sohn des Jojada (in
evangelio, quo utuntur Nazaraei pro filio Barachiae filium Jojadae
scriptum reperimus) stellt er die Ansicht auf: es sei zwischen der ur=
sprünglichen Rede Jesu und der griechischen Uebersetzung derselben zu
unterscheiden. Jesus habe gesagt: „Bis zum Blute Zacharias, Sohnes
des Jojada" und habe den Zacharias im Auge gehabt, von welchem
2 Chron. 24, 20 ff. die Rede ist. Der griechische Uebersetzer des Mat=
thäus habe aber dafür υἱοῦ Βαραχίου gesetzt, um auf den kurz vorher
von den jüdischen Zeloten verübten Frevel hinzuweisen. Beiden Er=
klärungsversuchen stehen aber bedeutende, wohl kaum zu beseitigende
Schwierigkeiten entgegen, und speciell möchte ich behaupten, daß die gegen
die erste Erklärungsweise erhobenen Einwendungen mit noch mehr Recht
gegen die zweite geltend gemacht werden können. Wenn Bisping im An=
schlusse an Meyer (und derselben Meinung ist auch Keil) meint: die
behauptete Umsetzung des Futurums in den Aorist wäre ein so auf=
fallendes Absurdum, daß, sie dem Matthäus zuzumuthen, entschieden
gegen seinen sonstigen schriftstellerischen Charakter streite, so darf wohl
füglich gefragt werden, ob ein Uebersetzer der Schrift dem Worte des
Herrn durch Textänderung eine so wesentlich verschiedene Beziehung geben
durfte, und ob ein derartiger Versuch, wenn er wirklich gemacht worden
wäre, nicht ganz entschiedenem Widerspruche in der Kirche begegnet wäre?
Theoretisch dürfte die Annahme, daß der Hagiograph selbst die Worte
des Herrn in modificirter Weise wiedergegeben habe, eher zulässig sein, als
die Annahme einer Textänderung durch den unbekannten Uebersetzer. Aber
selbst abgesehen von diesen schwerwiegenden Bedenken spricht gegen diese
Versuche noch eine andere Schwierigkeit. Der von Josefus erwähnte Za=
charias ist ein Sohn τοῦ Βαρούχου (in den Handschriften kommen auch
die Varianten Βαρεῖς und Βαρισκαίου vor); Baruch und Barachias sind
aber ganz verschiedene Namen. Bei diesem Sachverhalte spricht alle

Wahrscheinlichkeit für die Annahme, der Vater des vom Herrn erwähnten Zacharias habe zwei Namen: Jojada und Barachia gehabt. Diese Ansicht erwähnt schon Chrysostomus und ein alter Scholiast: Ζαχαρίαν δὲ τὸν Ἰωδάε λέγει· δυώνυμος γὰρ ἦν. — Griechische Exegeten (Orig., Basilius, Theophyl., Euthym.) halten den hier erwähnten Zacharias für den Vater des Baptista, andere denken an den Propheten Zacharias, Sohn des Barachias (cf. Zach. 1, 1); aber von der Ermordung dieser beiden Persönlichkeiten erzählt die Geschichte nichts.

V. 36. Dieser Vers enthält den Abschluß der Weheruf=Rede an die Schriftgelehrten und Pharisäer durch die nachdrucksvolle Ankündigung der bevorstehenden Strafe: „Wahrlich, ich sage euch; kommen wird alles dieses über dieses Geschlecht.“ Ἥξει, es wird kommen und nicht ausbleiben; des Nachdruckes wegen ist das Verbum vorangesetzt. Πάντα ταῦτα (Vulg. haec omnia nach der Recepta) Alles dieses, d. h. die Strafe für all das vergossene Blut.

V. 37—39. Zum Schlusse lehrt die Rede Jesu in affectvoller Weise sich gegen Jerusalem, den Mittelpunkt des heil. Volkes. Der Heiland hebt hervor seine liebevolle Fürsorge gegen die Stadt und die kalte Zurückweisung derselben durch deren Bewohner (V. 37). Darum wird sie öde werden (V. 38). Zugleich eröffnet der Herr aber auch die freudige Aussicht auf die einstige Bekehrung des Volkes (V. 39).

V. 37. „Jerusalem, Jerusalem! die da die Propheten mordet und steiniget diejenigen, die zu ihr gesandt sind, wie oft wollte ich deine Kinder versammeln, wie eine Henne ihre Küchlein unter ihre Flügel versammelt, und ihr habet nicht gewollt!“ Ἰερουσαλήμ und nicht das sonst bei Matthäus gebräuchliche Ἰεροσόλυμα ist gesetzt des Nachdrucks wegen. Πρὸς αὐτήν ist nicht im Sinne von πρὸς σεαυτήν zu fassen, da die Rede mit ἡ ἀποκτείνουσα in die dritte Person übergeht. Die Vulgata hat die directe Anrede quae occidis ... qui ad te missi sunt beibehalten. Die Verdoppelung von Jerusalem ist ein emphatischer Ausdruck des Mitleides. Gemeint sind die Bewohner der Stadt, deren fortdauernd feindliche und mörderische Gesinnung durch die participia praesentia (ἀποκτείνουσα und λιθοβολοῦσα) gezeichnet wird. In dem Bilde von der Henne und den Küchlein (cf. Jes. 31, 5) schildert der Herr die vorsorgliche Liebe, mit der er den Bewohnern der Stadt nach=gegangen ist. Zu wiederholten Malen war der Herr schon in Jerusalem erschienen und wollte die Bewohner der Stadt durch sein Heilswirken dem drohenden Verderben entziehen. Dem Liebesrufe des Herrn setzten aber die Juden beständig ein hartnäckiges: wir wollen nicht, entgegen. Indessen darf die hier vom Herrn betonte vorsorgliche Liebe zu seinem Volke nicht auf die Wirksamkeit des fleischgewordenen Logos beschränkt werden; sie reicht vielmehr bis zur Zeit der Auswahl des Volkes zurück und zieht sich durch die ganze Geschichte Israels hindurch. Durch den Mund der Propheten erging der barmherzige Gnadenruf des Erlösers an das Volk Israel und seine Menschwerdung und seine Wirksamkeit als Gottmensch war nur der höchste Act der ununterbrochen fortgesetzten Liebeserweise.

V. 38. Auf die bevorstehenden Folgen dieses Widerstrebens weiset Jesus mit den Worten hin: „Siehe, gelassen wird euch euer Haus wüste." ʽΟ οἶκος ὑμῶν bezeichnet, weil die Bewohner von Jerusalem angeredet sind, die heilige Stadt, das darin befindliche Nationalheilig=thum natürlich miteingeschlossen. Ἔρημος, obwohl von Lachm. gestrichen, ist mit Rec., Tischend., Vulg. nach überwiegenden Zeugen als ächt fest=zuhalten. Der Ausdruck ist prädicativ zu fassen und bezeichnet den schließ=lichen Erfolg davon, daß die Stadt wegen der Widerspenstigkeit der Bewohner ihrem Schicksale überlassen wird.

V. 39. Wie γάρ anzeigt, hat der Vers den Zweck die vorher=gehende Strafankündigung an Jerusalem näher zu erläutern. „Denn ich sage euch, gewiß nicht sollet ihr mich sehen von jetzt an, bis ihr sagen werdet: gesegnet sei, der da kommt im Namen des Herrn." Zum Verständnisse dieser Begründung der Strafandrohung ist folgendes zu bemerken: Weil die Juden, das Volk der Erwählung, die Träger der messianischen Verheißungen, in der Person Jesu ihren Messias selbst zurückwiesen, so hatte damit das Volk im Großen und Ganzen sein eigent=liches Ziel verfehlt, es hatte selbst seinen wahren Lebensgrund vernichtet. Israel war ein leeres und verlassenes Haus, es glich nunmehr einem Leichname und die Zerstörung der Stadt und des Tempels durch die Römer war nur eine äußere Bezeugung der inneren Verlassenheit des einst so begnadigten Gottesvolkes. Daher konnte Jesus auch die Straf=androhung von V. 38 begründen mit den Worten: „Nicht sollet ihr mich sehen von jetzt an." Diese Worte haben sich erfüllt zunächst buch=stäblich; der erstandene Heiland war nur mehr auserwählten Zeugen sichtbar (cf. Act. 10, 41); ferner aber auch im höheren und geistigen Sinne: der verworfene Messias entzog dem Judenvolke als solchem seine Gnadengegenwart. Ἀπ ἄρτι geht auf den Schluß des öffentlichen Wirkens Jesu, womit geschichtlich auch zusammenfällt das Ende seines

Erdenwandels. — Aber nicht auf immer entzieht Christus dem aus=
erwählten Volke seine Gegenwart und damit seine Gnade: es wird ihn
bei der Parusie, nachdem es als Volk sich bekehrt hat, mit dem mes=
sianischen Huldigungsrufe Ps. 117, 26 empfangen. Cf. 21, 9. Ueber
die Bekehrung der Juden als Volk am Ende der Tage handelt aus=
führlich Paulus Röm. c. 11. Wohl mit Unrecht bezieht Mald. den
messianischen Ausruf auf die ungläubig gebliebenen Juden: ego invitos
quidem eos dicturos puto, animo tamen, non ore.

Jesu Rede von der Parusie, dem Weltende und dem letzten Gerichte. 24, 1 bis 25, 46.

Schluß der Lehrthätigkeit Jesu durch die große prophetische Rede
über die letzten Dinge. Jerusalems und der Welt überhaupt. Am voll=
ständigsten theilt diese Rede Matthäus, nur im Auszuge Marc. 13,
1—37 und Luc. 21, 5—38 mit. Bei Johannes fehlt sie ganz.

24. Kapitel.

V. 1—3. Angabe der näheren Umstände, durch welche die fol=
gende Rede veranlaßt, und des Ortes, wo sie gehalten wurde.

V. 1. Καὶ ἐξελθὼν ὁ Ἰησοῦς, scl. ἐκ τοῦ ἱεροῦ: „Und Jesus
ging hinaus (aus dem Tempel, in welchem er das 21, 23 — 23, 39
Mitgetheilte vorgetragen hatte), und entfernte sich vom Heiligthume."
Wohin er sich vom Tempel weg begab, sagt V. 3: auf den Oelberg.
Der Heiland hat sonach mit 23, 39 seine öffentliche Lehrthätigkeit im
Tempel vor dem Volke beendet, und spricht nur im Kreise der Jünger
das Folgende. „Jesu Scheiden aus dem Heiligthume des alten Testa=
mentes enthielt den welthistorischen Moment, daß von nun an diese
Stätte aufgehört habe der Ort der Offenbarung und die Wohnung der
Glorie des Herrn zu sein." Reischl. — Während des Weggehens machen
Jesum die Jünger mit großer Theilnahme auf „die Bauwerke des
Tempels" aufmerksam. Οἰκοδομὰς τοῦ ἱεροῦ, d. h. die Pracht der
Bauwerke, welche in ihrer Gesammtheit das Heiligthum (τὸ ἱερόν) bil=
deten: der Tempel (ὁ ναός) und die umfangreichen Nebenbauten. Die
Pracht des Heiligthums schildert ausführlich Jos. Flav. Antt. XV. 11
und B. J. V. 5. Veranlassung zu diesem Hinweise gab die 23, 38,
mitgetheilte Strafankündigung, womit auch für den Tempel ein trauriges
Geschick verkündet wurde.

V. 2. Das οὐ vor βλέπετε (es fehlt in DLX, Kirchenv., Itala und Vulgata) ist als hinreichend verbürgt festzuhalten, und der Vers als Frage zu fassen, weil die Frageform sowohl in den Context gut paßt als auch mit der Vulgata stimmt: „Er antwortete und sprach zu ihnen: Nicht sehet ihr dieses Alles?" Die Frage Jesu wird am einfachsten als rhetorische Redewendung gefaßt, womit auch Jesus die Jünger auf die Pracht des Heiligthums aufmerksam macht, um die Ankündigung der völligen Zerstörung des Prachtbaues nachdrucksvoller hervorzuheben: „Wahrlich ich sage euch, es wird gewißlich nicht gelassen werden ein Stein auf dem andern, der nicht niedergerissen werden wird." Die buchstäbliche Erfüllung dieser Prophetie bestätigt die Geschichte; die bei der Zerstörung des Tempels durch Titus noch übrig gebliebenen Ruinen und Grund= mauern wurden völlig durch feurige Kugeln zerstört bei der unter Julian dem Apostaten versuchten Wiederherstellung des Tempels. Cf. Ammian. Marcell. 23, 1. — 'Αφεθῇ ist P. aor. von ἀφίημι, Vulg. relinquetur.

V. 3. Der Heiland hat nun den Oelberg (ὄρος τῶν ἐλαιῶν = mons olivarum) erreicht und setzt sich dort im Angesichte der heil. Stadt nieder. Der Oelberg lag östlich von Jerusalem, von der Stadt durch das Cedronthal getrennt, und lief mit den beiden Haupthügeln der Stadt parallel, überragte aber den höchsten Punkt des Tempelberges um etwa 60 Meter. Von der Stadt war der Berg einen Sabbatweg entfernt. Cf. Act. 1, 12. — Die Jünger nach Marc. 13, 3. Petrus, Andreas, Jakobus und Johannes treten an ihn heran und ersuchen um Antwort auf zwei Fragen: 1. Frage: Ηότε ταῦτα ἔσται, quando haec erunt? ταῦτα, d. h. daß kein Stein vom Heiligthume auf dem andern bleibt; 2. Frage: „Welches ist das Zeichen deiner Ankunft und des Endes der (laufenden) Weltzeit?" παρουσία von Christus gebraucht, be= zeichnet seine herrliche Wiederkunft zum Gerichte und zur Vollendung seines Werkes. Wie aber wurden die Jünger veranlaßt mit der Frage nach der Zeit der Zerstörung Jerusalems jene nach den Zeichen der Wieder= kunft Jesu und mit diesen das Ende der gegenwärtig laufenden Weltzeit in Verbindung zu bringen? Der Grund davon liegt in dem messianischen Ideenkreise der Juden. Zunächst erwartete man vor dem Eintritte des messianischen Reiches große Drangsale, die sogenannten Dolores Messiae (cf. Hos. 13, 13, Jes. 63, 3, Jerem. 31, 9). Zugleich erwartete man mit der Ankunft des Messiaskönigs den Abschluß der gegenwärtigen Weltzeit durch das allgemeine Völkergericht, wornach das Eine ewige Gottesreich seinen Anfang nehmen sollte. Weil nun die Jünger die vom

Herrn verkündete Zerstörung Jerusalems als eine die Wiederkunft Jesu und damit das Ende der gegenwärtigen Welt ankündigende Katastrophe auffassen, so richten sie an ihn die oben mitgetheilten Fragen.

V. 4—25. 46. Antwort Jesu auf die Fragen der Jünger in V. 3. Nach der Zeit des besonderen Gerichtes über Jerusalem und nach den Zeichen der Wiederkunft Jesu zum Gerichte und zur Vollendung der gegenwärtigen Weltperiode hatten die Jünger gefragt. In seiner Antwort beschreibt nun Jesus die dem Ende Jerusalems und der Welt vorhergehenden Zeichen, das besondere Gericht über Jerusalem und das allgemeine Weltgericht, indem er nach Weise alttestamentlicher Prophetie beide Momente in seiner Darstellung verbindet, Züge beider mit einander vermischt und wie es im Wesen prophetischer Rede (cf. Joel 2, 28—32, cf. Act. 2, 17—21) begründet ist, die näher und entfernter liegende Zukunft nicht immer genau zu erkennen gibt. In Folge dessen ist es schwer sicher zu bestimmen, welche Züge der folgenden Rede auf die Zerstörung Jerusalems, und welche auf das Weltende gehen. Im Verlaufe der Erklärung werden einzelne verschiedene Auffassungen kurz angeführt werden. Von den verschiedenen Eintheilungen der großen eschatologischen Rede dürfte folgende sich empfehlen: 1. Angabe der Vorzeichen, die dem Ende Jerusalems und der Welt vorangehen werden, V. 4—14; 2. Weissagung vom Untergange Jerusalems V. 15—22; 3. Weissagung vom Untergange der Welt, V. 23—35; 4. Aufforderung zur Wachsamkeit, weil die Stunde des Endes ungewiß ist, V. 36 bis 25, 30; 5. Schilderung des letzten Gerichtes 25, 31—46.

Vorzeichen vom Ende Jerusalems und der Welt. 4—14.

Der Heiland beantwortet zuerst die Frage: τί τὸ σημεῖον . . . weil damit zugleich die Antwort auf die erste Frage: quando haec erunt? soweit es nothwendig und für die Jünger gegenwärtig möglich war, gegeben wurde.

V. 4. 5. Als erstes Zeichen macht Jesus namhaft das Auftreten falscher Messiasse, welche eine sehr verderbliche Wirksamkeit entfalten werden; darum warnt er nachdrucksvoll vor denselben. Ἐπὶ τῷ ὀνόματί μου, „auf Grund meines Namens", d. h. mit dem Vorgeben, der den Juden verheißene Messias zu sein. Daß schon vor der Zerstörung Jerusalems falsche Messiasse unter den Juden aufgestanden sind, bezeugt hinlänglich die Apostelgeschichte. Sie erzählt uns das verderbliche Wirken

eines gewiſſen Theudas (5, 36. cf. Antt. XX. 5. 1; bezüglich der
Frage, ob der Theudas des Luc. und Joſ. Flav. identiſch oder ver=
ſchiedene Perſönlichkeiten ſeien, lauten die Antworten verſchieden) ſowie
des Aegyptiers (21, 38 cf. Antt. XX 8, 6 und B. J. II. 13, 5).
Ferner iſt aus der Geſchichte hinlänglich bekannt das Auftreten falſcher
Propheten in Jeruſalem zur Zeit, als die Stadt von den Römern
belagert wurde. — Gleich dieſes erſte Zeichen weiſet wie auf die nahe
Zukunft in der Zerſtörung Jeruſalems, ſo auch auf die ferne Zukunft,
auf die dem Weltende vorangehende Zeit hin.

B. 6. Der Heiland macht ein zweites Zeichen namhaft: Kriege
und Kriegsgerüchte: „Ihr werdet aber hören von Kriegen und Kriegs=
gerüchten. Sehet zu, daß ihr nicht erſchrecket; denn es muß alles ge=
ſchehen; aber noch nicht iſt es das Ende." Πολέμους καὶ ἀκοὰς πολέμων,
„Kriege und Kriegsgerüchte", d. h. Kriege in der Nähe und in der
Ferne. Von den gewaltigen Kriegen im ganzen römiſchen Reiche zur
Zeit der Zerſtörung Jeruſalems berichten die römiſchen Geſchichtſchreiber
Tacitus und Dio Caſſius. Δεῖ hat den Nachdruck: die Erwägung, daß
nach göttlichem Rathſchluße alle dieſe Kriege nothwendig ſind, ſoll die
Menſchen getroſt halten. Τὸ τέλος, „das Ende", scl. der in Rede
ſtehenden Drangſale. Hieronym. und Viele, auch Keil faſſen τέλος vom
Ende der Welt.

B. 7. Die Schlußworte von B. 6 erläuternd, führt der Herr ein
drittes Zeichen an: Erhebung der Völker gegeneinander, der Königreiche
gegen Königreiche, Seuchen, Hungersnoth und Erdbeben. Λιμοί,
Hunger; Hungersnoth. Die Worte καὶ λοιμοί (λοιμός = lues, Peſt,
Seuche) haben zwar Lachm., Tregell. und Tiſchend. geſtrichen, ſind aber
als überwiegend bezeugt feſtzuhalten; Vulg. pestilentiae. Κατὰ τόπους,
„Ort für Ort."

B. 8. Ἀρχὴ ὠδίνων, Vulg. initia dolorum, Anfang der Wehen,
(wörtlich Geburtswehen), welche dem Ende Jeruſalems und der Welt
vorhergehen. Bilden aber die vorhergenannten Ereigniſſe erſt den Anfang
der Drangſale, ſo ſind noch viel größere Wehen zu erwarten.

B. 9. Zugleich mit den im Vorhergehenden geſchilderten allge=
meinen Ereigniſſen werden ſtattfinden ſpeciell die Verfolgungen der Jünger
Chriſti. Zum Gedanken cf. 10, 17. 18. Cf. Tacitus ann. 15, 44:
odium generis humani.

B. 10. Folge dieſer Verfolgungen von Außen her: Fall vieler
Gläubigen und Kampf in der bisher durch Glauben verbundenen chriſt=

lichen Gemeinde, σκανδαλίζεσθαι, „Anstoß nehmen", d. h. abfallen vom Glauben.

V. 11. Zur Verfolgung mit Gewalt kommt noch die Vorführung durch Irrlehrer, welche in der christlichen Gemeinde selbst aufstehen werden. Cf. 7, 15.

V. 12. Und wegen des Ueberhandnehmens der Gesetzwidrigkeit (= ἀνομία), d. h. der Sünde in Folge der Wirksamkeit der falschen Propheten, wird selbst die Liebe der Mehrzahl (= τῶν πολλῶν) erkalten. Sündhafte Auflehnung gegen Gott hat stets kalten Egoismus im Gefolge, wodurch die werkthätige Liebe zum Nebenmenschen erstickt wird. Cf. 1 Joh. 3, 9 ff. Ψυγήσεται, von ψύχω hauchen, durch Hauchen abkühlen, Pass. erkalten. Ein grauenhaftes Bild zu diesen prophetischen Worten geben die Gräuelscenen in dem von den Römern belagerten Jerusalem; aber völlig erfüllen werden sie sich erst in den dem Weltende vorangehenden Tagen.

V. 13. „Wer aber (bei diesen allgemeinen Drangsalen) ausharret bis ans Ende, der wird gerettet werden." Ὑπομείνας; die nähere Bestimmtheit erhält das Verbum durch den Zusammenhang: ausharren in der Bewahrung des Glaubens bei der allgemeinen Verfolgung und Verführung und im Festhalten des dem Glauben entsprechenden Liebeslebens. Εἰς τέλος, „bis ans Ende", nämlich dieser Drangsale, welches stattfindet bei der Wiederkunft Christi. Für jeden einzelnen Menschen kommt das Ende dieser Drangsale bei seinem Tode, und kann darauf τὸ τέλος auch bezogen werden. Es ist demnach σωθήσεται von der Errettung des höheren Lebens aus dem geistigen Verderben und nicht des physischen Lebens durch die Flucht zu verstehen.

V. 14. Weiteres Zeichen der Wiederkunft Christi: Die Verkündigung des Evangeliums unter den Heiden auf der ganzen Welt. Τοῦτο τὸ εὐαγγέλιον τῆς βασιλείας „dieses Evangelium vom Reiche", d. h. das Evangelium welches der Heiland auf Erden verkündete und von dem seine eschatologischen Weissagungen einen Theil bildeten. Der Gedanke, daß am Ende der Welt das Evangelium überall verkündet sein werde, wird stark hervorgehoben durch: ἐν ὅλῃ τῇ οἰκουμένῃ und πᾶσιν τοῖς ἔθνεσιν. Zu εἰς μαρτύριον αὐτοῖς cf. 10, 18. Τέλος bezeichnet zunächst wohl das Weltende; so schon Hieronym. und nach Mald. omnes vetustiores auctores. Da aber zur Zeit der Zerstörung Jerusalems das Evangelium schon im größten Theile der damals bekannten Welt verkündet war (cf. Röm. 1, 8. 10, 18), so kann τέλος auch auf dieses Weltereigniß bezogen werden. So schon Chrys.

Weissagung vom Untergange Jerusalems. 15—22.

Im Anschlusse an die vorher angeführten Vorzeichen verkündet der Herr ein trauriges Ereigniß (V. 15), bei dessen Eintreffen das Ende unmittelbar bevorstehe, und folgert daraus (V. 16—22) das Verhalten der Jünger Jesu.

V. 15. „Wenn ihr nun sehet das Scheusal der Verwüstung, von welchem Daniel der Prophet gesprochen hat, stehend an heiliger Stätte, — wer es liest, merke es! —" Das traurige Ereigniß bezeichnet der Heiland mit den Worten: Τὸ βδέλυγμα τῆς ἐρημώσεως, Vulg. abominationem desolationis, „Scheusal der Verwüstung". Der Genitiv bezeichnet, worin das Scheusal, der Gräuel bestehe: in der Verwüstung, also: gräuliche Verwüstung. Mald: Abominabilis et horrenda desolatio. Das Eintreffen dieser gräulichen Verwüstung am heiligen Orte (in loco sancto, i. e. im Tempel) ist nach den Worten des Herrn schon von Daniel vorherverkündet worden. Die Stelle findet sich Daniel 9, 27 (cf. 11, 31. 12, 11) und geht zunächst auf die Profanation des Tempels durch Antiochus Epiphanes, der in demselben dem Jupiter einen Götzenaltar errichten ließ. Cf. 1 Macc. 1, 54. Nach der Erklärung Jesu ist dieses traurige Ereigniß in der Geschichte Israels Vorbild eines gleichen Ereignisses in der christlichen Zeit, welches das bevorstehende Ende ankündet. Die Frage nach der Beziehung dieser Worte hängt wesentlich zusammen mit der Frage, ob der Heiland hier ein Ereigniß am Ende der Welt oder bei der Zerstörung Jerusalems prophetisch ankündet. Beziehen wir mit der Mehrzahl der Exegeten die Worte auf die Zerstörung Jerusalems, so haben wir bei dem angekündigten Gräuel der Verwüstung an die durch die Geschichte bezeugte Entweihung des jüdischen Heiligthums unmittelbar vor der Zerstörung Jerusalems zu denken. Aber auch die Beziehung auf das Weltende ist nicht abzuweisen, und demnach verkündet der Heiland die gräuliche Entweihung des christlichen Heiligthums als Zeichen des bevorstehenden Weltendes. — Die als Parenthese zu fassenden Worte: „wer es liest, merke es" enthalten eine Mahnung Jesu (so Chrys., Euthym., Schegg, Schanz; andere fassen sie als Bemerkung des Evangelisten), beim Lesen der betreffenden Daniel'schen Stelle in die Bedeutung derselben einzudringen.

V. 16—20. Wenn nun dieser Gräuel der Verwüstung hereingebrochen ist, dann ist es nothwendig für die Jünger (d. h. die Gläubigen) zu fliehen (16); die Flucht ist so dringlich, daß sie nicht den geringsten Aufschub erleiden darf (17. 18), weshalb die auf der Flucht behinderten zu beklagen sind (19); darum die Aufforderung zu bitten, daß jedes Hinderniß der Flucht hinweggenommen werde (20). — Ὁ ἐπὶ τοῦ δώματος, der auf dem platten Dache sich befindet, (cf. Deut. 22. 8): dieser steige nicht herab, nämlich zu dem Zwecke, um sich durch das Holen von Hab und Gut aufzuhalten. Es liegt auf den Worten: ἄραι τὰ ἐκ τῆς οἰκίας, welche das Vorherige näher erklären, der Nachdruck. Schegg, Schanz. — Ὁ ἐν τῷ ἀγρῷ, der auf dem Felde sich befindet, kehre nicht zurück, nämlich zu der Stelle des Feldes, wo er bei Beginn der Arbeit das Oberkleid ablegt. Das Oberkleid legte man bei der Feldarbeit ab. — Χειμῶνος, Vulg. hieme, im Winter, wo Wetter und Wege die Flucht behindern. Μηδὲ σαββάτῳ, nicht am Sabbate, an dem sowohl durch die Sabbatfeier die Flucht an sich behindert als durch die Vorschrift rücksichtlich des Sabbatweges (cf. Act. 1, 12) ein weiteres Fliehen verboten ist. Nach Exod. 16, 29 bestimmte man die Länge des Weges, der am Sabbate gemacht werden durfte, auf 2000 Ellen (= 6 Stadien; 40 Stadien = 1 geographische Meile). Act. 1, 12 cf. Jos. B. J. V. 2, 3. Die Frage, wie Jesus das Sabbat= gesetz, welches für die Christen abrogirt wurde, als Hinderniß der Flucht hinstellen konnte, läßt sich einfach dahin beantworten, daß die Anführung der Fluchthindernisse nur eine beispielsweise ist, und daß das Sabbathinderniß sowie die zwei Beispiele (V. 17. 18) den jüdischen Verhältnissen entlehnt sind, unter denen die Zuhörer noch lebten. Nach Schanz liegt in den Worten eine Rücksicht auf die auch bei den Juden= christen noch fortdauernde Beobachtung der jüdischen Observanzen.

V. 21. Begründung der Nothwendigkeit zu bitten um unbehinderte Flucht: „denn es wird dann eine große Trübsal sein, dergleichen nicht gewesen ist vom Anfange der Welt bis jetzt, noch auch je sein wird." Die Hervorhebung der in der Weltgeschichte beispiellos dastehenden Noth deutet an, daß der Herr hier ein Zeichen namhaft macht, welches erst am Ende der Tage sich völlig erfüllen wird. Es sind demnach die großen Drangsale bei der Zerstörung Jerusalems ein Vorbild der beispiellosen Noth, welche vor der Wiederkunft Jesu hereinbrechen wird.

V. 22. Weitere Schilderung der großen Noth. „Und wenn nicht abgekürzt worden wären jene Tage (scl. der Trübsal, d. h. wenn ihre Anzahl nicht vermindert worden wäre), so wäre nicht gerettet worden jedes Fleisch (d. h. kein Mensch)." Ἐσώθη ist nicht blos von der

Rettung des Leibeslebens, sondern auch der Seele zu verstehen. „Aber um der Auserwählten willen (d. h. um der zur Seligkeit Berufenen wegen) werden jene Tage abgekürzt werden." Auch dieser Vers bezieht sich nicht nur auf die Drangsale bei der Zerstörung Jerusalems (so die Mehrzahl der Väter), sondern auch auf die große Noth am Ende der Tage (Schegg, Schanz u. A.). Bei der ersten Beziehung haben wir unter πᾶσα σάρξ das gesammte Judenvolk zu verstehen und sind die ἐκλεκτοί entweder jene bei der Zerstörung Jerusalems geretteten Juden, die sich nachher zum Christenthume belehrten, oder jener Theil ihrer Nachkommen, die im Laufe der Jahrhunderte in die Kirche Christi eintraten. Nach der zweiten Beziehung geht πᾶσα σάρξ auf die Menschheit überhaupt und sind die ἐκλεκτοί alle nach dem göttlichen Gnaden=rathschlusse zum Heile Berufenen. — Der Aorist ἐκολοβώθησαν (κολο-βοῦν verstümmeln, übertr. verkürzen) drückt die im Rathschlusse Gottes erfolgte Verminderung der Tage der Trübsal und Verführung aus; nach Weiß versetzt der Aorist an das Ende der Noth, um die ganze Furchtbarkeit derselben an ihren Wirkungen anschaulich vorzuführen.

Weissagung vom Untergange der Welt. 23—35.

V. 23. Τότε weiset dem Zusammenhange nach auf V. 21. 22 zurück: alsdann, wenn nämlich die große Trübsal eingetreten sein wird. Nach Maldonat im Anschlusse an Chrys., Hieronym., Theophyl. u. A. umfaßt τότε „quidquid inter Jerosolymitanam eversionem et mundi finem temporis interjacet". Die Zeit der Trübsale, welche der Kirche Christi durch alle Jahrhunderte hindurch nicht erspart bleiben, werden Betrüger benützen, um sich den Menschen als Erlöser hinzustellen. Darum die Warnung vor den Pseudomessiassen.

V. 24. Nähere Erläuterung der vorhergehenden Warnung durch den Hinweis auf das verführerische Wirken der falschen Messiasse und Pseudopropheten. Ψευδοπροφῆται, d. h. solche Menschen, die sich fälschlich für Gottgesandte, für Verkünder des göttlichen Willens ausgeben. Καί δώσουσιν σημεῖα . . . ist alttestamentliche Ausdrucksweise (cf. Deut. 13, 2): sie werden geben, d. h. wirken. Daß auch die Irrlehrer und falschen Messiasse große, staunenerregende Werke mittelst diabolischen Einflusses verrichten werden, ist zweifellos. Ὥστε πλανῆσαι . . ., so daß sie (die Irrlehrer) irreführen würden", nämlich durch ihr staunen=erregendes Wirken. Εἰ δυνατόν, „wenn es möglich wäre". Die Un=

verführbarkeit liegt in der göttlichen Gnade, mit welcher die Aus=
erwählten über alle diabolischen Versuchungen siegen.

V. 25. Προείρηκα, „ich habe es (nämlich das im Vorher=
gehenden geschilderte verführerische Wirken) zuvor gesagt", d. h. bevor
es eintraf, damit, wenn die Vorhersagung sich erfüllt, ihr schon gewarnt
seid. Das Perfectum ist vom Standpunkte der Zeit aus gebraucht, wo
das schon gesprochene Wort in Erinnerung kommen soll.

V. 26. Dieser Vers nimmt mit οὖν die schon V. 23 enthaltene
Warnung wieder auf. Weil Israel in der Wüste die erste große Gottes=
offenbarung empfangen hatte, weil dort der letzte große Prophet gewirkt
hatte, so durften die falschen Messiasse auf eine besondere Anziehungs=
kraft sicher rechnen, wenn sie ihre Wirksamkeit in die Wüste verlegten.
So suchten nach Jos. Flav. (B. J. II, 13, 4) schon die jüdischen Volks=
verführer die Menge gerne in die Einsamkeit der Wüste zu locken, und
so wird es am Ende der Tage auch geschehen.

V. 27. Grundangabe (γάρ), warum an das V. 26 enthaltene
Gerede nicht zu glauben sei: „Denn wie der Blitz ausgeht vom Auf=
gange und leuchtet bis zum Niedergange, so wird auch die Ankunft des
Menschensohnes sein." Der Vergleichungspunkt liegt darin, daß der
Blitz, wenn er am Himmel dahinflammt, überall und auf einmal sichtbar
ist. Ebenso (οὕτως) wird der im Lichtglanze wiederkommende Messias
überall und auf einmal sichtbar sein, so daß überhaupt weder ein Suchen,
noch ein sich Hinbegeben an einen bestimmten Ort nöthig ist, um ihn
zu sehen. Damit ist in einem Bilde die Wahrheit ausgesprochen, daß
die Wiederkunft Christi der ganzen Welt kund werden wird, weil der
Herr ja zum allgemeinen Gerichte kommt. Ἀστραπή (ἀστεροπή), Blitz,
Vulg. fulgur.

V. 28. Ueberall wird der im Glanze wiederkommende Messias
sichtbar sein, denn das messianische Strafgericht bei der Parusie wird
sich über die ganze Welt hin erstrecken. Diesen Gedanken kleidet der
Heiland in die sprichwörtliche Sentenz: „Wo nur immer das Aas ist,
dort werden versammelt werden die Adler." Πτῶμα (von πίπτω, Fall,
das Gefallene, Getödtete, cf. 14, 12) ist Bild des geistlich Todten
(cf. 8, 22), das dem göttlichen Strafgerichte verfallen ist. Ἀετοί, Vulg.
aquilae, sind die Vollstrecker des Strafgerichtes, als welche die Engel
bezeichnet werden. Cf. 13, 14. Weil, wie vielfach behauptet wird, der
Adler Aas verschmähen soll, so haben viele Exegeten an den eigentlichen
Aasgeier (vultur percnopterus) gedacht, den auch Aristoteles und Pli=

nius zum Adlergeschlechte rechnen. Ὅπου und ἐκεῖ sind nachdrucksvoll
gesetzt: Ueberall ohne Ausnahme, wo geistlich Todte sich finden, wird
das göttliche Strafgericht abgehalten werden.

V. 29. Hier gibt der Heiland in Beantwortung der Frage: Τί
τὸ σημεῖον τῆς σῆς παρουσίας die Zeichen am Himmel an, welche seiner
Parusie unmittelbar vorangehen werden. „Sogleich nach der Drangsal
jener Tage wird die Sonne verfinstert werden, und wird der Mond
nicht geben seinen Schein, und werden die Sterne vom Himmel fallen
und die Kräfte der Himmel erschüttert werden." — Mit εὐθέως μετὰ ...
ἐκείνων schließt sich die Schilderung an V. 21 an. Die gewaltigen Veränderungen am Sternenhimmel bei der Parusie schildert der Heiland
im Anschlusse an die prophetischen Schilderungen bei Jes. 13, 10, Ezech.
32, 7, Joel 2, 10. 3, 15 u. s. w. — Ὁ ἥλιος σκοτισθήσεται, „die
Sonne wird verdunkelt werden"; darunter wir nach dem Wortlaute
an eine wirkliche Verfinsterung der Sonne zu denken, nicht an eine
relative, als ob das Sonnenlicht durch den Glanz des verklärten Gottmenschen überstrahlt würde. Aber diese gewaltigen Erschütterungen am
Sternenhimmel bei der Wiederkunft des Herrn führen nicht zu einer
Vernichtung desselben, sondern bilden den Uebergang zu einer Verklärung auch der Himmelskörper, welche bezüglich des Mondes und der
Sonne schon Jes. 30, 26 mit den Worten verkündete: „Das Licht des
Mondes wird sein wie Sonnenlicht und das Licht der Sonne siebenfach,
wie die Helle an sieben Tagen." — Καὶ ἀστέρες ..., „die Sterne
werden vom Himmel fallen". Cf. Jes. 34, 4. Die Worte enthalten eine
an die kosmischen Vorstellungen der damaligen Zeit sich anschließende
prophetische Schilderung der großartigen Vorgänge und Veränderungen,
welche auch in der Sternenwelt bei der Wiederkunft Christi vor sich
gehen werden. — Καὶ αἱ δυνάμεις ..., „und die Kräfte der Himmel
werden erschüttert werden." Diese Worte werden verschieden interpretirt.
Einige fassen sie als paralleles Glied zu ἀστέρες und verstehen darunter
das Sternenheer; Andere denken an die Engelwelt „fore, ut angeli
ipsi obstupescant et quasi attoniti commoveantur"; Andere endlich
fassen die Worte von den Centralkräften des Himmelsgebäudes, um
welche und nach welchen sich das ganze Weltgebäude bewegt; Mald.:
Docet Christus cardines ipsos et quasi fundamenta coeli prae
timore commovenda esse. Die letzte Ansicht dürfte vorzuziehen sein.
— Von den hier geschilderten gewaltigen und tiefgehenden Veränderungen
am siderischen Himmel ist aber wohl zu unterscheiden der Weltbrand

am Ende der Tage, der sich auf unsere Erde und den dieselbe um=
gebenden Lufthimmel beschränken wird. Cf. 2 Petr. 3, 10.

V. 30. Mit den gewaltigen und tiefgehenden Veränderungen am
Himmel wird auch sichtbar das Zeichen des Menschensohnes: „Alsdann
wird erscheinen das Zeichen des Menschensohnes am Himmel.“ Tò
σημεῖον τοῦ υἱοῦ τοῦ ἀνθρώπου. Mit Recht versteht die große Mehr=
zahl der Väter und katholischen Theologen den Ausdruck vom Kreuze,
welches im eigentlichsten Sinne das Zeichen des Menschensohnes ist:
communis fuit semper opinio crucem signum filii hominis vocari,
Mald. Durch das Kreuz hat der Menschensohn gesiegt über die Welt
und den Satan, und mit dem Kreuze wird er kommen als Richter.
Am unermeßlichen verdunkelten Himmelsgewölbe wird dies Zeichen in
hehrem Lichtglanze leuchten und darum allen sichtbar sein (= φανήσεται).
Damit steht die Ankunft des Menschensohnes als Richter unmittelbar
bevor; und diese bevorstehende Katastrophe wird allgemeine Furcht her=
vorrufen; daher: „Und alsdann werden weheklagen alle Geschlechter
der Erde.“ Nachdem alle namhaft gemachten Zeichen auf der Erde und
am Himmel eingetroffen sind, ist der Moment der Parusie des Menschen=
sohnes gekommen: „Und sie werden sehen den Menschensohn kommen
auf den Wolken des Himmels mit großer Macht und Herrlichkeit.“ Zum
Ausdrucke „kommen in den Wolken des Himmels“ cf. Daniel 7, 13.
und die Erklärung zu 8, 20. „Mit großer Macht und Herrlichkeit“.
Die Macht des wiederkommenden Menschensohnes wird äußeren Aus=
druck finden in dem ihn begleitenden großen Engelheere; mit Herrlich=
keit wird er kommen zum Unterschiede von der ersten Ankunft in der
Niedrigkeit der Knechtsgestalt.

V. 31. Bei der Parusie findet statt die Sammlung aller Aus=
erwählten durch die Engel: „Und senden wird er seine Engel mit einer
Posaune lauten Schalles und versammeln werden sie seine Auserwählten
von den vier Winden (Himmelsgegenden) und von den Enden der Himmel
bis zu ihren Enden.“ Μετὰ σάλπιγγος φωνῆς μεγάλης kann übersetzt
werden: mit einer Posaune lauten Schalles oder: unter einer Posaune
lautem Schallen. Tischend. 8. Ausg. hat φωνῆς nach אL gestrichen, und
darnach ist zu übersetzen: mit einer großen, d. h. laut tönenden Po=
saune. Auf die Frage, ob die Posaune vera an metaphorica sein werde,
antwortet Mald.: Probabile metaphoricam esse, tubamque vocari
vocem aliquam magnam, sonoram, horrendam et tubae clangori
similem. Es ist also die Posaune ein Symbol der durch das ganze

Universum bringenden Stimme des Gottessohnes, welche den Beginn
des vollendeten Messiasreiches verkündet. Die Sammlung der Aus=
erwählten ins Reich der Vollendung ist eine allgemeine, alle Auserwählten
umfassende: „Von den vier Winden" und dies näher erläuternd fügt
der Herr hinzu: „Von den Enden der Himmel bis zu ihren Enden",
d. h. von einem Ende der Erde, wo das Himmelsgewölbe aufzuliegen
scheint, bis zum andern. Die Herbeiführung der Auserwählten hat die
Auferstehung derselben zur Voraussetzung, welche aber, weil dem Rede=
tenor ferneliegend nicht ausdrücklich erwähnt wird.

V. 32. 33. In einem lieblichen Gleichnisse weiset der Heiland
nochmals zurück auf die genannten Vorzeichen der Parusie, damit aus
dem Eintreffen derselben diese selbst als unmittelbar bevorstehend er=
kannt werde. Ἀπὸ τῆς συκῆς . . . παραβολήν, „Vom Feigenbaume
lernet das Gleichniß", i. e. lernet vom Feigenbaume, was er euch im
Gleichnisse zu lehren hat (nämlich über die Ordnung im Gottesreiche).
„Wenn sein Zweig bereits weich geworden ist und die Blätter hervor=
treibt, so merket ihr, daß der Sommer nahe ist." Ἁπαλός (Vulg. tener),
frisch, weich, nämlich durch den Saft. Subject zu ἐκφύῃ (Präsens con=
junctiv) ist κλάδος. Der Vulgata: „et folia nata" liegt die von Lachm.,
Tregell. recipirte Leseart ἐκφυῇ (2. Pass. Aorist) zu Grunde, welche sich
in EFG. findet. Die Anwendung (οὕτως) der im Gleichnisse liegenden
Lehre auf die Parusie ist im V. 33 enthalten: „So auch ihr, wenn
ihr alles dieses sehet, so wisset, daß es nahe ist vor den Thüren."
Πάντα ταῦτα, d. h. die von V. 4 an vorgeführten Vorzeichen der Parusie
Christi. Ὅτι ἐγγύς ἐστιν ἐπὶ θύραις, daß es nahe ist vor den Thüren,
nämlich die Wiederkunft Christi und das Weltende.

V. 34. Mit feierlichem Nachdrucke spricht der Heiland weiter:
„Wahrlich sage ich euch: Nicht wird vergehen dieses Geschlecht, bis
alles dieses geschehen sein wird." Die Erklärung dieses Verses hängt
ab von der Beantwortung der Frage, worauf wir πάντα ταῦτα zu be=
ziehen haben und wie γενεά αὕτη zu fassen sei. Πάντα ταῦτα ist wie
V. 33 auf die ganze Parusierede von V. 4 an zu beziehen, so daß es
das bezüglich der Zerstörung Jerusalems, der Vorzeichen der Wieder=
kunft Jesu, und dieser selbst Gesagte in sich schließt." Γενεά ist doppel=
sinnig gebraucht: diese (d. h. die gegenwärtig lebende) Generation, der
die Jünger angehörten, und: dieses Geschlecht (d. h. Volk), dessen Re=
präsentanten die zuhörenden Jünger waren. Diese Doppelfassung des
Ausdruckes γενεά wird gefordert durch den Context und ist begründet

im Sprachgebrauche des Wortes und im Wesen der prophetischen Rede. Das über Jerusalem hereingebrochene Strafgericht erlebte die gegenwärtige Generation, die Vorzeichen der Parusie und diese selbst wird dieses Volk (die Juden) erleben. Cf. Röm. 11; 30 ff.

V. 35. Daß die von Jesus gesprochenen Worte gewiß in Erfüllung gehen werden, verkündet der Heiland durch einen schon bekannten Ausspruch. Cf. 5, 18.

Aufforderung zur Wachsamkeit. 36 bis 25, 30.

V. 36. So sicher die Parusie, so ungewiß ist der Tag und die Stunde derselben; darum ist Wachsamkeit nothwendig. „Ueber jenen Tag aber und die Stunde weiß Niemand, auch nicht die Engel des Himmels, als nur mein Vater allein." Wenn der Heiland sagt, daß nur der Vater allein Tag und Stunde der Parusie wisse, so ist implicite damit ausgesprochen, daß auch dem Sohne ein solches Wissen nicht zukommt, was ausdrücklich Marc. 13, 32 sagt: οὐδὲ ὁ υἱός. Eine Andeutung, wie dieses Nichtwissen des Sohnes zu verstehen sei, hat der Herr selbst später seinen Aposteln gegeben. Auf die Frage, ob der auferstandene Jesus das Reich Israel herstellen werde, antwortet der Herr, daß Gott Vater vermöge der ihm eigenthümlichen Macht (ἐν τῇ ἰδίᾳ ἐξουσίᾳ) die Zeit und Zeitumstände der Entwickelung des Gottesreiches festgestellt habe (cf. Act. 1, 7); ebenso hat er auch die Zeit der Vollendung dieses Reiches, der Parusie festgesetzt. Mit Rücksicht auf diese Thätigkeit des Vaters wird ihm ein Wissen, dem Sohne aber ein Nichtwissen des Tages und der Stunde der Parusie zugeschrieben. Nach meinem Dafürhalten ganz zutreffend ist die Erklärung Mald.: „Mea quidem sententia eodem modo Christus loquitur, quo supra (20, 23) dixit: sedere autem ad dexteram et sinistram non est meum dare vobis, sed quibus paratum est a patre meo." Itaque indicat, quod magis est, se non solum ut hominem sed etiam ut Deum modo quodam diem judicii ignorare: non quod ignoret, sed quod non ipsius sit officium scire. Cf. 1, 18.

V. 37—39. Weil Tag und Stunde der Parusie unbekannt sind, darum wird es sich mit der Wiederkunft Jesu ebenso verhalten wie mit der Sündfluth, welche in den Tagen Noes die sorglos und in Vergnügungen dahin lebende Menschheit überraschte und vernichtete. Ἀι ἡμέραι τοῦ Νῶε; die Tage Noes sind die Zeit, da er die Arche baute, cf. 1 Petr.

3, 20. Die Partic. τρώγοντες und πίνοντες mit εἶναι als Umschreibung der Verba finita dienen dazu, das sorglose Thun der Menschen stärker hervorzuheben. Γαμοῦντες καὶ ἐκγαμίζοντες, uxores in matrimonium ducentes et filias collocantes. Καὶ οὐκ ἔγνωσαν, „und sie erkannten es nicht", nämlich daß die Tage der Fluth unmittelbar bevorstanden.

V. 40. 41. In anschaulicher Weise wird hier das Plötzliche der Parusie und des Gerichtes geschildert: es werden die Menschen bei ihren Beschäftigungen überrascht und plötzlich jene getrennt werden, die bisher durch dieselben irdischen Verhältnisse enge vereinigt waren. „Dann werden Zwei sein auf dem Felde; Einer wird aufgenommen, Einer wird zurückgelassen. Zwei werden mahlen in der Mühle; Eine wird aufgenommen, und Eine wird zurückgelassen." Εἷς παραλαμβάνεται, Vulg. unus adsumetur; der Ausdruck wird am besten verstanden von der Annahme durch Engel, welche bei der Parusie ausgesendet werden, um die Erwählten zu sammeln (cf. V. 31). Εἷς ἀφίεται, Einer wird gelassen werden, d. h. er wird nicht gerettet werden. Δύο ἀλήθουσαι (ἀλήθειν Nebenform von ἀλεῖν mahlen) duae molentes; das Mahlen mit der Handmühle war Sache der Weiber. Ἐν τῷ μύλῳ (so ist mit Lachm., Tregell., Tischend. nach אBL zu lesen statt ἐν τῷ μυλῶνι): am Mühlsteine (sich befindend).

V. 42. Mit οὖν folgert der Heiland aus dem 36—41 Gesagten die Ermahnung zur Wachsamkeit. Ποίᾳ ἡμέρᾳ, „an was für einem Tage"; so lesen Lachm., Tregell., Tischend. nach אBD. Die Vulg. hat qua hora nach der weniger verbürgten Lesart: ποίᾳ ὥρᾳ.

V. 43. Das Unerwartete der Wiederkunft Christi wird hier in einer Gleichnißrede nochmals hervorgehoben und die in der gebrauchten Vergleichung liegende Wahrheit den Zuhörern nachdrücklichst eingeschärft mit den Worten: ἐκεῖνο δὲ γινώσκετε. „Das aber erkennet", nämlich, „daß, wenn der Hausherr wüßte, in welcher Nachtwache der Dieb kommt, er wohl würde gewacht und nicht sein Haus würde durchbrechen haben lassen." Weil der Dieb zu einer Stunde kommt, in der er am wenigsten erwartet wird, so ist gegen ihn beständige Wachsamkeit nöthig; damit ist die Nothwendigkeit einer um so größeren Wachsamkeit rücksichtlich der Wiederkunft Christi schon ausgesprochen, weil es sich da nicht um irdische Habe, sondern um das ewige Heil handelt. — Daher

V. 44. die Ermahnung zu beständiger Bereitschaft rücksichtlich der Parusie. Die heil. Väter wenden diese Ermahnung zur Wachsamkeit durchgängig auf die Todesstunde des Menschen an, und mit Recht; denn „das Endschicksal der Gesammtheit wiederholt sich in seiner Weise an jeglichem Theilgliede des lebendigen Organismus der Kirche" Bisping. — Die unerwartete Wiederkunft Christi wird im neuen Testament öfters mit dem Kommen eines Diebes zur Nachtzeit verglichen. cf. 1 Thess. 5, 2. 2 Petr. 3, 10, Apoc. 3, 3. 16, 15.

V. 45—47. Im engen Anschlusse an die Forderung steter Bereitschaft auf Seite aller Menschen zeigt der Heiland, wodurch ein Diener in der Kirche sich als treu und klug erweiset, und welchen Lohn er dafür zu erwarten hat. Die Darstellung ist bildlich und erhält durch die Frageform Lebendigkeit. „Wer also ist der getreue und kluge Knecht, welchen sein Herr über sein Hausgesinde gesetzt hat, um ihnen die Nahrung zur (rechten) Zeit zu geben?" Τίς ἄρα . . . wer also . . . d. h. wer ist bei der Nothwendigkeit steter Bereitschaft ein treuer Knecht . . .? Δοῦλος; unter dem Bilde eines über das Hauswesen bestellten Dieners werden hier die Jünger hingestellt: sie wurden vom Herrn bestellt zur Leitung und Regierung seiner Kirche und waren gerade in dieser erhabenen Stellung im eigentlichsten Sinne Diener des Hausherrn, i. e. Christi. — Darum nennt sich Paulus in seinen Briefen durchgehends „Diener Jesu Christi". Πιστός, treu, d. h. gewissenhaft in der Besorgung der ihm vermöge seiner Stellung obliegenden Verpflichtungen; φρόνιμος, klug, nämlich durch verständige Wahl von Mitteln und Wegen, um seine Aufgabe erfüllen zu können. Οἰκετεία (so ist nach Lachm., Tregell., Tischend. zu lesen statt θεραπεία oder οἰκία) ist ein Wort der späteren Gräcität und bezeichnet Hausgesinde; Vulg. familia. Abgebildet ist die christliche Gemeinde, über welche die Apostel zu Verwaltern bestellt wurden (1 Cor. 4, 1). Αὐτοῖς, illis, geht in freier Beziehung auf οἰκετεία. Cf. 8. 4. Τὴν τροφήν bezeichnet in der Anwendung die geistliche Nahrung, Lehre und Gnadenmitteln, zu deren Ausspendung die Apostel berufen sind. — Auf die gestellte Frage gibt (V. 46) der Herr selbst die Antwort, und zwar um des Nachdruckes wegen in Form einer Seligpreisung: „Selig jener Knecht, welchen sein Herr, wenn er angekommen ist, also thun findet." Οὕτως ποιοῦντα, sic facientem, nämlich wie ihm (V. 45) aufgetragen worden ist. — Im Verse 47 verspricht Jesus seinen Jüngern einen großen Lohn für die getreue Verwaltung des übertragenen Amtes. Ἐπὶ πᾶσιν τοῖς ὑπάρχουσιν . . ., „über alle seine Habe wird er ihn setzen." In der Anwendung auf die Jünger enthalten die Worte denselben Gedanken wie 19, 28. Als Lohn für die treue Verwaltung des apo=

stolischen Amtes verheißet Jesus königliche Würde im Reiche der Voll=
eudung.

V. 48—51. Im Gegensatze (δέ) zum Vorigen wird hier das
pflichtwidrige Verhalten des bösen Knechtes und die ihn dafür treffende
Strafe geschildert. Ἐὰν δὲ εἴπῃ ὁ κακὸς δοῦλος ἐκεῖνος „wenn
aber jener böse Knecht spricht," d. h. wenn aber der Fall eintritt, daß
jener Knecht, dem die V. 45 beschriebene Stellung zugewiesen wurde,
statt treu zu sein, böse ist und in Folge davon spricht ... Χρονίζει ...,
„es zögert mein Herr zu kommen," d. h. seine Ankunft verzögert sich
und in Folge davon brauche ich nicht wachsam und treu in Verwaltung
meines Amtes zu sein. — Das pflichtwidrige Verhalten wird entsprechend
dem gebrauchten Bilde dargestellt: Statt Nahrung zu geben schlägt er
die Mitknechte, statt seiner Stellung gemäß das Aufsichtsamt zu ver=
walten, überläßt er sich selbst mit Schwelgern einem schwelgerischen
Leben. Ein solcher Diener wird unvermuthet bei seinem pflichtvergessenen
Treiben überrascht werden und der strengsten Strafe verfallen. Die
schwere Strafe wird ausgesprochen mit den Worten: διχοτομήσει αὐτόν...
„er wird ihn zertheilen" (mit der Säge, cf. 2 König. 12, 31). Der
Ausdruck ist natürlich bildlich zu fassen und die grausame Strafe des
Zersägens wird genannt, um die große und schwere Strafe auszudrücken,
welche jene Diener der Kirche treffen wird, die das in sie gesetzte Ver=
trauen mißbrauchen. Καὶ τὸ μέρος ... „und sein Antheil wird mit
den Heuchlern sein, d. h. sein Geschick wird sein das der Heuchler.
Worin dieser Antheil bestehen werde, sagen die Schlußworte: „dort
(in der Hölle) wird sein Heulen und Zähneknirschen." Cf. 8, 12.

25. Kapitel.

Parabel von den zehn Jungfrauen. 1—13.

Eruente Ermahnung zur Wachsamkeit durch die Parabel von den
zehn Jungfrauen, welche Matthäus allein mittheilt.

V. 1. Τότε, dann, wenn nämlich der Herr unerwartet zum Ge=
richte kommt. Ὁμοιωθήσεται ἡ βασιλεία τῶν οὐρανῶν δέκα παρθένοις,
„das Himmelreich wird gleich gemacht werden zehn Jungfrauen", d. h.
mit dem Himmelreiche (dem Reiche Gottes auf Erden) wird es sich
so verhalten, wie die Parabel von den zehn Jungfrauen lehrt. Obwohl
die Vergleichung sich bezieht auf das Thun der Jungfrauen und auf
die Folgen desselben, so wird doch das Himmelreich mit den Jungfrauen

selbst verglichen, weil sie die Hauptsache der Parabel bilden. Cf. 13, 24. Die Worte: καὶ τῆς νύμφης, welche D, Vulg., Itala nach νυμφίου lesen, sind späterer Zusatz. Im Unterschiede von der jüdischen Sitte, wornach der Bräutigam in Begleitung seiner Freunde (cf. 9, 15) die von Jungfrauen umgebene Braut in sein Haus zur Hochzeitsfeier abholte, läßt unsere Parabel den Bräutigam von Jungfrauen in das Haus der Braut geführt werden, in welches sie auch das Hochzeitsmahl verlegt. Der Grund der Abweichung liegt in dem durch die Parabel abgebildeten Sachverhältnisse. Christus kommt bei der Parusie auf die Erde, i. e. der Bräutigam zu seiner Braut, um nach der Wiederherstellung der gesammten Natur mit den von allen Seiten versammelten Auserwählten seine Hochzeit zu feiern, welche dann ohne Ende im Himmel fort= dauern wird.

V. 2—4. Von den zehn Jungfrauen waren fünf weise und fünf thöricht; die einen erwiesen sich als weise dadurch, daß sie außer den Lampen noch Oel in Gefäßen mitnahmen, während die Thörichten diese Vorsicht unterließen. Οὐκ ἔλαβον μεθ᾽ ἑαυτῶν ἔλαιον, „sie nahmen nicht mit sich Oel" nämlich außer dem in den Lampen befindlichen. Cf. V. 8. Ἀγγεῖον (τὸ ἄγγος), Gefäß.

V. 5. Χρονίζοντος τοῦ νυμφίου, „als aber der Bräutigam verzögerte", i. e. als seine Ankunft sich verzögerte. Ἐνύσταξαν πᾶσαι καὶ ἐκάθευδον, „alle nickten und schliefen ein". Das Imperfect ἐκάθευδον nach dem vorangehenden Aorist bezeichnet den lange an= dauernden Schlaf.

V. 6. Ἰδοὺ ὁ νυμφίος, „siehe der Bräutigam" (nämlich kommt). Das ἔρχεται der Recepta, Vulg. venit ist eingefügte Ergänzung. Ἐξ= έρχεσθε gehet heraus (i. e. aus dem Hause, in welchem die Jung= frauen unterwegs eingekehrt waren).

V. 7. Καὶ ἐκόσμησαν τὰς λαμπάδας ἑαυτῶν, und sie schmückten, i. e. brachten in Ordnung, ihre Lampen, durch Reinigung des Dochtes u. s. w. Ἑαυτῶν, jede die ihrige.

V. 8. Σβέννυνται (Vulg. exstinquuntur), sind im Begriffe auszulöschen. Es hatten also auch die thörichten Jungfrauen Oel mit sich, aber nur in ihren Lampen.

V. 9. Festzuhalten ist die Lesart: Μήποτε οὐκ ἀρκέσῃ, welche Tischend. 8. Ausgabe nach אALZ aufgenommen hat und womit auch die Vulg. ne forte non sufficiat stimmt; „daß es etwa nicht genüge", d. h. wir fürchten, daß . . . Wenn nach BCDX gelesen wird: μήποτε οὐ μὴ ἀρκέσῃ, so steht μήποτε selbständig mit aus dem Contexte zu supplirender Ergänzung und der Conj. ἀρκέσῃ hängt von οὐ μή ab: „nimmermehr (geben wir euch Oel); es wird gewiß nicht genügen . –.“

V. 10. Αἱ ἕτοιμοι, „die Bereiteten“, d. h. die klugen Jung=frauen; diese giengen mit dem Bräutigam in das Brauthaus, in dem die Hochzeit gefeiert wurde. Cf. V. 1.

V. 11. Das verdoppelte κύριε drückt die Dringlichkeit des Rufens der zu spät gekommenen Jungfrauen beim Anblicke der schon geschlossenen Thüre aus.

V. 12. Der Bräutigam antwortet: „ich kenne euch nicht“ scl. da ihr nicht unter den Brautjungfern waret, die mich empfingen.

V. 13. Mit οὖν folgert nun der Heiland aus dem Ausgeschlossen=werden der thörichten Jungfrauen die Ermahnung zur Wachsamkeit. „Wachet also; denn ihr wisset nicht den Tag noch die Stunde“, scl. der Wiederkunft. Diese Folgerung legt auch die Haupttendenz der Parabel klar; sie soll zeigen daß, weil Tag und Stunde der Parusie unbekannt sind, nur jene zur Theilnahme an der mit dieser Wiederkunft verbundenen ewigen Hochzeitsfeier zugelassen werden, welche bei der Wiederkunft Christi in Bereitschaft sind, während jene, die von der Parusie unvorbereitet überrascht werden, von dieser Hochzeit ausgeschlossen werden. Maldonat gibt im Anschlusse an Orig., Hil. und Hieronym. die Deutung der einzelnen Züge des Gleichnisses von den zehn Jung=frauen dahin: Sponsus est Christus (cf. 9, 15. 22, 2); decem virgines sunt omnes solique fideles; quinque sapientes sunt omnes homines, qui cum fide bona opera habent; lampades sunt fides; oleum bona opera; vasa sunt anima aut conscientia quae bonorum operum sedes et receptalum est; media nox nihil aliud significat, quam eo tempore venisse, quo minime expectabatur.

Parabel von den Talenten. 14—30.

Auch dieses Gleichniß begründet (γάρ) die Nothwendigkeit der Wachsamkeit; denn sie bildet die Wahrheit ab, daß man bereit sein müsse, bei der Parusie Rechenschaft abzulegen.

V. 14. „Denn wie ein Mensch, im Begriffe fortzureisen, seine Knechte rief und ihnen seine Güter übergab ....“ (Die mit ὥσπερ ein=geleitete Vergleichung wird nicht durchgeführt, denn es fehlt der ent=sprechende Nachsatz mit οὕτως. Indem nämlich die Parabel von V. 15

an in die specielle Schilderung übergeht, wurde der Nachsatz weg=
gelassen, der etwa so lauten würde: ebenso wird auch der Menschensohn
bei seiner Wiederkunft verfahren. Ἀποδημεῖν, in die Fremde gehen.
Τοὺς ἰδίους δούλους; ἰδίους hat den Nachdruck; es waren seine
eigenen Diener, welchen der Herr seine Habe übergab, und schon darum
verpflichtet, das Interesse ihres Herrn wahrzunehmen.

V. 15. Κατὰ τὴν ἰδίαν δύναμιν. Nicht gleichmäßig ver=
theilte der Herr seine Habe unter seine Knechte, sondern in verschiedenen
Summen, und zwar nahm er dabei Rücksicht auf die größere oder
geringere Fähigkeit, welche die einzelnen zur Verwaltung derselben be=
saßen. Εὐθέως ist mit der Recepta nach ACDL, Vulg. zu ἀπεδή-
μησεν zu beziehen: Sofort nach Vertheilung seines Vermögens reiste
der Herr in die Fremde, ohne vorher Verfügungen betreffs der Ver=
wendung des Geldes zu treffen. Angezeigt soll dadurch werden die Nicht=
beschränkung der freien und selbstständigen Benutzung des anvertrauten
Geldes. So die meisten Erklärer. — Tischend. 8 verbindet nach אB .⸱.
εὐθέως mit πορευθείς; durch diese Verbindung soll angedeutet werden,
daß die tüchtigen Knechte sich gleich daran machten, das anvertraute
Geld dem Willen des Herrn und ihren Fähigkeiten gemäß zu verwalten.

V. 16. 17. Die zwei ersten Knechte machten mit dem anvertrauten
Gelde Geschäfte, und zwar gewann der erste mit den fünf Talenten
weitere fünf, der zweite mit den zwei Talenten weitere zwei. — Ἐρ-
γάζεσθαι ἐν, womit Geschäfte machen; so auch bei Klassikern, doch
häufig mit dem bloßen Dativ. — Ἐποίησεν, er machte, i. e. gewann;
in der gleichen Bedeutung auch facere.

V. 18. Der Knecht, welcher ein Talent empfangen hatte, ging
hin und grub in der Erde, scl. eine Grube (ὤρυξεν ἐν τῇ γῇ = fodit
in terra) und verbarg daselbst das Talent. — Tischend. 8. Ausg.
hat nach אBC die Leseart ὤρυξεν τὴν γῆν, „er grub die Erde auf“ vor
gezogen. Das Verschulden dieses Knechtes lag darin, daß er gegen den
Willen seines Herrn vom anvertrauten Gelde gar keinen Gebrauch machte.

V. 19. Nach langer Zeit kehrt der Herr zurück, um Abrechnung
zu halten (= συναίρειν λόγον). — Das temp. praes. ἔρχεται schildert
anschaulich das beginnende Gericht.

V. 20. 21. Abrechnung mit dem Knechte, welcher fünf Talente
empfing. Dieser erklärt, zu den fünf anvertrauten Talenten fünf weitere
hinzugewonnen zu haben (ἐκέρδησα ἐπ’ αὐτοῖς, Vulg. superlucratus sum).
— Antwort des Herrn: „Schön, du guter und getreuer Knecht!...“

Es ist mit der Vulg. absolut zu fassen, da die Verbindung mit ἧς
πιστός (so Meyer, Bisping) doch zu unnatürlich ist. — Ἐπὶ ὀλίγα =
in Bezug auf Weniges. — Mit den Worten: „Gehe ein in die Freude
deines Herrn“, welche den Lohn der treuen Verwaltung ausdrücken,
geht die Parabel in die Deutung über. Unter χαρὰ τοῦ κυρίου ist die
himmlische Seligkeit zu verstehen.

V. 22. 23. Abrechnung mit dem Knechte, welcher zu den zwei
Talenten zwei weitere hinzuerwarb. Es wird ihm für seine Treue dasselbe Lob und derselbe Lohn wie dem ersten zu Theil.

V. 24—30. Abrechnung mit dem Knechte, welcher das ihm anvertraute Talent vergrub. Dieser trat an den Herrn heran mit den
Worten: „Herr, ich kannte dich, daß du ein harter Mann bist, ern-
tend, wo du nicht gesäet, und sammelnd, von wo (ὅθεν, d. h. von
dorther wo) du nicht geworfelt hast; und mich fürchtend, ging ich hin
und verbarg das Talent in der Erde. Siehe! da hast du das Deine.“
— In einer bildlichen, vom Ackerbau entlehnten Redeweise stellt dieser
Knecht seinen Herrn als einen solchen hin, der viel verlangt und sehr
schwer zu befriedigen ist, und glaubt damit seine Trägheit entschuldigen
zu können. — Διασκορπίζειν, zerstreuen, besonders, wie hier, Samen
ausstreuen.

Der Herr faßt nun den treulosen und trägen Knecht bei seinen
eigenen, als Entschuldigung vorgebrachten Worten und folgert (οὖν V. 27)
daraus, wie gerade dessen Wissen um die Strenge des Herrn ihn hätte
besonders pflichttreu machen sollen: „Du hättest also mein Geld den
Wechslern übergeben sollen, und zurückkommend, würde ich das Meine
mit Zins in Empfang genommen haben.“ Βαλεῖν, mit Emphase gesetzt,
bezeichnet hier das Mühelose des bezeichneten Handelns. Von den verschiedenen Arten des Geschäftsbetriebes mit dem übergebenen Talente
hebt der Herr das Müheloseste zu dem Zwecke hervor, um darzuthun,
daß der Knecht sich durch seine Handlungsweise im höchsten Grade träg
und treulos erwies. — Ὀκνηρός, saumselig, Vulg. piger. Ὁ τόκος
(von τίκτω) bezeichnet hier Gewinnst von ausgeliehenem Gelde.

Der Größe der Verschuldung entspricht darum auch die Größe
der Bestrafung: Nicht blos wird dem treulosen und trägen Knechte
das Talent genommen, sondern er wird auch vom Himmelreiche ausgeschlossen. — Zu V. 29 cf. 13, 12; zu V. 30 cf. 8, 12. 13, 42. 50.
22, 13. 24, 51.

Allgemeine Lehre der Parabel. Zunächst will der Hei-

land durch diese Parabel seine Jünger belehren, daß sie in gewissen=
hafter Arbeit im Berufe, welchen der Herr jedem nach seinen Fähig=
keiten zugetheilt, ihm nach seinem Weggange (in den Himmel) den
möglichst großen Nutzen schaffen sollen. Dafür werden bei der Wieder=
kunft jene, die gewissenhaft gewirkt haben, großen Lohn im Messiasreiche
erlangen, dagegen jene, welche treulos und träge in ihren Berufspflichten
gewesen sind, der Strafe der Hölle verfallen. Für jeden Gläubigen
enthält die Parabel eine Aufforderung zur gewissenhaften Benützung der
verliehenen Gnadengaben. Die Deutung der einzelnen Züge der Parabel
unterliegt keinen Schwierigkeiten, indessen gestaltet sich dieselbe verschieden
nach Maßgabe der verschiedenen Beziehung der Parabel selbst. Es können
nämlich unter den Knechten der Parabel entweder die Jünger des Herrn
im engeren Sinne, die Apostel und ihre Amtsnachfolger, oder die Jünger
im weiteren Sinne, alle Gläubigen verstanden werden. — Der Mann,
welcher im Begriffe ist fortzureisen, ist Christus; die Reise in die Fremde
ist der Hingang in den Himmel, von wo er am Ende der Tage wieder
in sein Reich auf Erden kommen wird. — Der Ort, wo er seine
Knechte zurückläßt, ist die Kirche Christi auf Erden; die Zeit vom
Weggange des Herrn der Parabel bis zu seiner Wiederkunft ist die
der Kirche auf Erden zubemessene Zeit, für jeden einzelnen Diener der
Kirche seine Lebenszeit, nach deren Ablauf er zur Verantwortung ge=
zogen wird. — Die Talente bezeichnen rücksichtlich der Diener der
Kirche die vom Herrn verliehenen Berufsgaben, rücksichtlich der Gläu=
bigen überhaupt: omnia dona, quae a Deo hominibus dari solent,
inter quae gratia primum locum tenet (Malb.); das Vermögen,
nach denen die Talente vertheilt werden, bezeichnet in Bezug auf die
Diener der Kirche die amtliche Stellung und Wirksamkeit, welche der
Einzelne in der Kirche einnimmt, sei es als Apostel oder Prophet, oder
Evangelist oder Hirt, cf. Ephes. 4, 11 (Schegg); in Bezug auf die
Gläubigen die innere Empfänglichkeit für die göttlichen Gnadengaben:
prout se quisque ad recipiendam gratiam disponit, Malb. — Der
Gewinn neuer Talente besteht für die Apostel zunächst in Ausbreitung
der Kirche durch sorgfältige Benützung der Amtsgewalt, für die Gläu=
bigen: accepta gratia bene utendo gratiae accessionem mereri,
Maldonat.

Beschreibung des letzten Gerichtes. 31—46.

V. 31. Dieser Vers schildert kurz die Wiederkunft des Menschen=
sohnes zum Gerichte. Mit ὅταν δὲ ἔλθη, schließt sich die folgende
Rede unmittelbar an V. 19—30 an: „Wenn aber der Menschensohn
(zum allgemeinen Gerichte) gekommen sein wird ...," dann wird das
Gericht in folgender Weise gehalten werden. — Zum Gerichte kommen
wird der Menschensohn „in seiner Herrlichkeit", d. h. in seiner verklärten
menschlichen Natur, umgeben mit der ihm eigenen göttlichen Glorie. Es
liegt in diesen Worten ein indirecter Hinweis auf den Unterschied der
ersten und zweiten Ankunft Christi; als Erlöser erschien er in der Arm=
seligkeit eines schwachen Kindes, als Richter wird er erscheinen im Glanze
seiner göttlichen Herrlichkeit. Als himmlischer König wird er kommen
mit himmlischem Gefolge; die ganze Engelschaar wird ihn begleiten:
omnes angelos cum eo venturos dixit, ut et declaret omnes illius
esse, et ut futuram adventus sui majestatem ante oculos ponat.
Malb. — Weil der Zweck der Wiederkunft das Gericht ist, so wird
Christus sitzen „auf dem Throne seiner Herrlichkeit" = super sede
sua gloriosa et illustri.

V. 32. 33. Schilderung des Gerichtes. Vor dem Richterstuhle
des Menschensohnes werden versammelt werden „alle Völker" = πάντα
τὰ ἔθνη. Weil nach der ausdrücklichen Lehre Christi das Evangelium
für alle Menschen bestimmt ist (cf. 28, 19) und weil nach seiner be=
stimmten Versicherung dasselbe am Ende der Tage allen Völkern ver=
kündet sein wird (cf. 24, 14), so muß sich auch sein Gericht auf alle
Menschen, Gläubige und Ungläubige erstrecken. In dieser die gesammte
Menschheit umfassenden Bedeutung ist der Ausdruck πάντα τὰ ἔθνη, wie
24, 14. 28, 19, Luc. 24, 47 auch hier zu nehmen, und dies um so
mehr als es zur Zeit des Weltgerichtes Ungläubige im Sinne von
Heiden, d. h. von Menschen, welchen die evangelische Heilsbotschaft un=
bekannt geblieben wäre, nicht mehr geben wird. Es ist somit die Be=
ziehung des hier erwähnten Gerichtes auf die Heiden mit Ausschluß der
Gläubigen (Olsh., Keim) nicht im Ausdrucke τὰ ἔθνη und auch nicht
im Contexte der Rede begründet; aber auch die Einschränkung des Ge=
richtes auf die Gläubigen (Hieronym., Euthym., Meyer, Weiß) ist nicht
zulässig. Gegen die Allgemeinheit des letzten Gerichtes kann auch nicht
Joh. 3, 18: „Wer an ihn glaubt, wird nicht gerichtet" geltend gemacht
werden. Es wird nämlich hier der Ausdruck κρίνειν im schlimmen Sinne:

verurtheilen, gebraucht, so daß der Sinn der Worte ist: der Gläubige wird beim künftigen Gerichte nicht verurtheilt werden. — Das allgemeine Gericht wird beginnen mit der Scheidung der guten und bösen Menschen, die in der Welt neben und durch einander gewohnt haben. Dies wird ausgedrückt in der bildlichen aus dem Hirtenleben entlehnten Ausdrucksweise: „Und er wird sie scheiden von einander, wie der Hirt scheidet die Schafe von den Böcken." Die friedlichen geduldigen Schafe sind Bild der Guten; die wilden, störigen Ziegenböcke Bild der bösen Menschen. Cf. das alttestamentliche Bild bei Ezech. 34, 17 ff. Ἔριφος ὁ, junger Bock; Demin. τὸ ἐρίφιον. — „Und er wird stellen die Schafe zu seiner Rechten, die Böcke aber zur Linken." Schon in dieser verschiedenen Aufstellung der gesonderten Menschen ist das für immer bevorstehende Schicksal angedeutet; denn die rechte Seite galt als Glück verheißend, cf. Luc. 1, 11. Marc. 16, 5. die linke bedeutet Unglück. Εὐώνυμος (von εὖ und ὄνυμα = ὄνομα) mit einem Namen von guter Vorbedeutung, oft wie hier euphemistischer Ausdruck für links.

V. 34. Ὁ βασιλεύς, der König, als solcher wird nämlich der Menschensohn zum Gerichte kommen. Dieser wird zu den auf der rechten Seite Stehenden sprechen: „Kommet ihr Gesegneten meines Vaters, nehmet in Besitz das euch von Grundlegung der Welt an bereitete Reich." — Οἱ εὐλογημένοι τοῦ πατρός μου, ihr von meinem Vater Gesegnete. „Gesegnete" werden die zur Rechten Stehenden genannt, weil sie jetzt im Begriffe stehen in das Messiasreich der Vollendung einzugehen, dessen Mitglieder sie auf ewig sein werden. Zum Ausdrucke κληρονομήσητε, „nehmet in Besitz", cf. 5, 5. 19, 29. Τὴν ἡτοιμασμένην ὑμῖν βασιλείαν..., „das Reich, welches für euch bereitet ist;" βασιλεία ist hier das Reich der Vollendung mit seinen Gütern. Dieses ist ihnen bereitet ἀπὸ καταβολῆς κόσμου, Vulg. a constitutione mundi, von Grundlegung der Welt an. Gewöhnlich wird die Ausdruck als gleichbedeutend mit πρὸ καταβολῆς κόσμου = vor Grundlegung der Welt, von Ewigkeit her, gefaßt. Die Berufung der Beseligten des Himmelreiches ist im ewigen Gnadenrathschlusse Gottes begründet. Cf. Ephes. 1, 4. — Schegg faßt ἀπὸ καταβολῆς κόσμου als Bezeichnung des Beginnes der Schöpfung und erklärt die Stelle dahin: der Rathschluß der Beseligung ist von Ewigkeit gefaßt, die Ausführung desselben, die Bereitung des Reiches, gehört zur Schöpfung, und fällt mit dieser zusammen.

V. 35. 36. Als Grund, warum ihnen Gott in seiner Gnade das

Himmelreich zuerkennt, wird angeführt, daß sie den Herrn gespeist, getränkt, aufgenommen, bekleidet und besucht haben. Schon Maldonat hat hervorgehoben, daß die Anführung der Werke der Beseligten eine beispielsweise sei. Aus der großen Zahl der Werke, durch welche sich das dem Willen Gottes conforme Leben der Gläubigen bekundet, sind die Werke der Barmherzigkeit, und zwar die der äußeren Mildthätigkeit hervorgehoben: quia nihil nobis magis commendatum esse voluit, quam eam caritatem, quae erga proximos esset, quae ipsa, quamvis multas habeat species, in hac potissimum observatur, si esurientes pauperes alamus. Mald. Nach Oswald (Eschatologie, 3 Aufl. p. 366) werden die Werke der Barmherzigkeit genannt, weil das letzte Gericht zur Unterscheidung vom besonderen als ein Gericht über die Menschen als Genus dargestellt werden soll; werden aber die Einzelnen gerichtet nach ihrer Beziehung zum Ganzen, so treten selbstverständlich die Pflichten gegen die Nächsten, als Mitglieder dieses Ganzen, in den Vordergrund. — Συνάγειν, zusammenführen, in das Haus aufnehmen; ἐπισκέπτεσθαί τινα, Jemanden besuchen, um sich seiner anzunehmen; περιβάλλειν τινά, Jemanden bekleiden, Vulg. operire.

V. 37—39. Entgegnung der Erwählten: „Herr! wann sahen wir dich hungern und speisten dich . . .?" So werden sie sprechen, weil sie die genannten Liebesdienste den Armen und nicht Christo selbst erwiesen haben, und weil sie in ihrer tiefen Demuth ungeachtet der Versicherung des Herrn (cf. 10, 40) es nicht wagen, die den Armen um Christo willen erwiesenen Liebesdienste als dem Herrn selbst erwiesen anzusehen.

V. 40. Der Heiland gibt jetzt mit Rücksicht auf die Einwendung von V. 37—39 eine nähere Erklärung über das V. 35. 36. Gesagte. Ἐφ᾽ ὅσον, in quantum, nicht ganz genau die Vulg. quamdiu: „In dem Maße, als ihr gethan habt Einem von diesen meinen geringsten Brüdern (nämlich die vorhererwähnten Liebeswerke), habt ihr mir gethan." — Unter ἀδελφοί haben wir hier die Gläubigen überhaupt und nicht speciell die Apostel zu verstehen. Sie werden ἐλάχιστοι, minimi genannt, weil sie die Armen im Geiste, die in den Augen der Welt Niedrigen, Verachteten und die Verfolgten sind; jetzt aber sind sie um Christi Thron geschaart, um die ihnen gemachten Verheißungen zu empfangen. — Es gehen demnach die von Gott Vater Gesegneten ins Reich der Herrlichkeit ein, weil sie den Jüngern Christi um Christi willen Barmherzigkeit erwiesen: weil sie einen durch Werke der Liebe lebendigen Glauben hatten.

V. 41. Urtheilsspruch über die zur Linken Stehenden. Sie müssen fort von Christo, bei dem allein Seligkeit, außer dem nur Unseligkeit ist: „Gehet von mir, ihr Verfluchten, in das ewige Feuer, welches dem Teufel und seinen Engeln bereitet ist." — Sie werden genannt κατηραμένοι (von καταράομαι), „Verfluchte"; der Ausdruck steht im Gegensatze zu εὐλογημένοι (cf. V. 34); und es fehlt hier die Näherbestimmung durch ὑπὸ τοῦ πατρός μου, weil Gott, der Vater des Erlösers nur segnet, und den Fluch der Mensch selbst durch sein sündhaftes Thun sich bereitet. — Der Ort, wohin sich die Verfluchten begeben müssen, ist die Hölle mit ihrem „ewigem Feuer". Von diesem sagt der Heiland nicht: es ist „euch" bereitet, sondern: dem Teufel und seinen Engeln. Der Engelfall war vor dem Sündenfalle der Menschen; jenen ist zunächst das ewige Höllenfeuer bereitet. Vom sündigen Menschen wird bis zum Ende die Bekehrung gehofft, und nur dann, wenn er in der Gemeinschaft der Schuld des Teufels verbleibt, verfällt er der dem Teufel bereiteten Höllenstrafe. Vom Höllenfeuer sagt endlich der Herr nicht, es sei dem Teufel bereitet ἀπὸ καταβολῆς κόσμου (cf. V. 34); denn die Schöpfung ist nach dem Willen Gottes zum Zwecke der Beseligung der Geschöpfe angelegt, und das höllische Feuer ist erst den bösen Geistern bereitet worden, als sie gegen ihren Herrn sich erhoben und in Sünde fielen.

V. 42. 43. Die Begründung des Strafurtheils über die Verdammten ist ganz analog jener des Segensspruches über die Beseligten. Cf. V. 35. 36.

V. 44. 45. Die Verfluchten vermeinen sich rechtfertigen zu können durch die Ausflucht, daß sie nie Gelegenheit gehabt hätten Jesu Liebesdienste zu erweisen. Die Antwort darauf lautet wie V. 40. — Alle jene Exegeten, welche hier nur ein Gericht über die Gläubigen mit Ausschluß der Ungläubigen annehmen (cf. V. 32. 33), betonen stark die Gegenrede der Verdammten, wodurch sie sich als Gläubige zu erkennen geben sollen. Allein dieser Schluß ist unzulässig. Streng genommen folgt aus der Anrede der Verdammten mit „Herr" und aus dem Hinweise Jesu auf seine „Jünger" nur, daß sie Kunde hatten vom Erlöser und seinen Gläubigen. Vergebens werden sich beim furchtbaren Weltgericht mit den im V. 44 enthaltenen Worten zu rechtfertigen versuchen bloßen Namenschristen und alle Ungläubigen, welche die ihnen gewordene Heilsbotschaft nicht angenommen haben.

V. 46. Vollzug des über die Gesegneten und Verfluchten gefällten

Richterspruches: „Und es werden diese hingehen in ewige Strafe, die Gerechten aber in ewiges Leben." Zweifellos lehrt hier der Heiland, daß sowohl das Endgeschick der Seligen als auch der Verdammten ein unabänderliches ist, und es steht somit die Lehre von der ἀποκατάστασις τῶν πάντων, wornach nicht blos die verdammten Menschen sondern auch der Satan mit seinem Anhange nach langer Strafzeit selig werden sollen, im directen Widerspruche mit dem klaren Schriftworte.

Berichtigungen und Ergänzungen.

S.   8, 1. Z. lies ἕως statt ἔως.
„   17, „ „   „ Ἱεροσόλυμα statt Ἱεροσόλυμα.
„   19, Z. 19 v. u. lies ἀστέρος statt ἀστερός.
„   25, „ 15 v. o. ist noch zu ergänzen: Ituräa.
„   30, „ 10 v. u. lies Ἀβραάμ statt Αβραάμ.
„   57, „ 10 v. o.   „   1, 25 statt 1, 35.
„   69, „ 10 v. u.   „   Ἱμάτιον statt Ἱμάτιον.
„ 110, „ 14 „ „   „   müßten statt mußten.
„ 116, „ 4 „ „   „   Alphäi statt Alphai.
„ 142, „ 14 „ „   „   caementarius statt coementarius.
„ 251, „ 10 v. o. „   im Hause Simons von Maria der Schwester des Lazarus
                        und der Martha statt: im Hause des Lazarus von Martha.